복음서 연구
— 정경과 외경

복음서 연구 — 정경과 외경

2019년 11월 18일 초판 1쇄 인쇄
2019년 11월 25일 초판 1쇄 발행

지은이 | 김득중
펴낸이 | 김영호
펴낸곳 | 도서출판 동연
등   록 | 제1-1383호(1992. 6. 12)
주   소 | 서울시 마포구 월드컵로 163-3
전   화 | (02)335-2630
전   송 | (02)335-2640
이메일 | yh4321@gmail.com
블로그 | https://blog.naver.com/dong-yeon-press

Copyright ⓒ 김득중, 2019

ISBN 978-89-6447-530-0 93230

복음서 연구

Studies on the Gospels
Canonical and Non-Canonical

정경과 외경

김득중 지음

동연

머 리 말

성경이 세계적인 베스트셀러이기에 누구나가 한 번쯤은 읽어볼 만한 책임에 틀림없다. 그러나 기독교인이라면 성경을 읽을 때, 믿지 않는 사람들이 성경을 대하는 태도와는 좀 달라야 할 것이다. 기독교인들에게 있어서는 성경이 "하나님의 말씀"이고, 신앙과 생활의 절대적인 표준이 되는 "경전"이기 때문이다. 벵겔(Bengel)이라는 성서 학자가 성경을 두고 "읽으면서 기도하고, 기도하면서 읽으라"고 권했던 유명한 말이 있지만, 필자로선, 오히려 "읽으면서 생각하고, 생각하면서 읽으라"고 권하고 싶다. 성경은 결코 쉽게 읽을 책이 아니고, 또 쉽게 이해되는 책도 아니기에, 성경 본문의 의미를 생각해가면서 읽을 필요가 있기 때문이다.

대부분의 기독교인들은 우리말로 번역된 성경을 읽는다. 그리고 성경은 하나님의 말씀이기 때문에 일점일획도 가감이 되어서는 안 되고, 일점일획이라도 틀림이 있어서는 안 된다고 믿고 있다. 그러나 분명한 사실은 헬라어로 기록된 신약성경의 원본은 이 세상에 존재하지 않고, 오직 그것을 베낀 사본들만이 수없이 많이 전해지고 있을 뿐이다. 더구나 그 수많은 사본들이 본문 상으로 서로 일치하고 있는 것도 아니다. 사본들이 만들어지는 과정에서 필기도구들의 열악성 때문에 그리고 또 베끼는 사람들의 인간적인 한계 때문에, 본의 아니게 이런저런 오류가 생겨서 성경의 원본이 원본 그대로 정확하게 필사되어 전달되지 못한 부분이 적지 않은 것이 사실이기 때문이다. 그런데다가 우리가 지금 우리말로 읽고 있는 성경은 그런 사본들을 중심으로 구성된 헬라어 성경 본문을 우리말로 번역한 성경이다. 그리고 결코 인정하고 싶지 않지만, 우리말로 번역하는 과정에서도 번역자들의 인간적인 한계 때문에 본의 아니게 헬라어 성경 원문을 저자의 의도 그대로 정확하게 번역하지 못한 경우들이 적지 않은 것 역시 또한 사실이다. 이런 이유들 때문에 성경을 올바로 정확히 이해하는 일이 그리 쉬운 일은 결코 아닐 수밖에 없다.

이 책에서 필자는 신약성경, 특히 복음서 연구에 관심을 가진 사람들에게 복음서 본문을 좀 더 올바로 이해하는 데 도움이 되도록 다음과 같은 세 가지 노력을 시도했다. 첫째는 복음서 본문을 올바로 연구하거나 이해하기 위해서는 (정확한 헬라어 성경 원문을 찾는 일은 하지 못한다고 하더라도) 최소한 성경 본문에 대한 정확한 번역 본문을 찾아 읽는 일에는 힘써야 한다는 점을 강조하고자 했다. 그것이 바로 복음서 본문을 기록한 저자의 의도를 올바로 이해할 수 있는 길이기 때문이다. 바로 이런 이유 때문에 필자는 이 책의 제1장에서 우리말로 번역된 성경 본문들 가운데서, 비록 그것이 오역은 아니라고 하더라도, 정확한, 혹은 적절한 번역이 아니라고 생각되는 몇몇 본문들을 골라서 성경 저자의 의도에 보다 적합한 올바른 번역을 나름대로 시도하여 소개해보고자 했다. 예를 들어, 마가복음 1:1에 대한 새로운 번역 시도와 마태복음 8:7에 대한 새로운 번역 시도가 대표적이라고 말할 수 있다. 그리고 다른 한편으로 '구레네 시몬의 십자가 처형 이야기'를 다룬 마가복음 15:21-24의 경우는 기존의 성경 번역 대부분이 헬라어 원문의 인칭 대명사(his)를 번역자의 선입감과 해석에 따라 원문과 다르게 실(實) 명사(Jesus)로 바꾸어 번역함으로 인해서 그리고 또 마가복음이 독자들에게 주려고 하는 신학적 메시지에 대한 충분한 이해가 부족함으로 인해서, 헬라어 원문의 메시지가 왜 곡되어 잘못 이해하게 만든 경우라고 생각된다. 그래서 그 본문에 대한 보다 정확한 번역을 통해서 마가복음 저자의 의도를 올바로 이해할 수 있는 새로운 해석을 제시해보고자 했다.

제2장에서는 복음서 연구와 관련된 여러 내용과 주제들에 대한 필자의 몇몇 연구 논문들을 소개함으로써 복음서들에 대한 보다 나은 이해를 얻는 데 도움을 주려고 했다. 특히 복음서를 잘 이해할 수 있는 하나의 방편으로, 특히 복음서를 기록한 저자들이 그 당시 아직 예수를 잘 모르고 있던 사람들에게 보다 효과적으로 예수를 알리며 그를 전파하기 위한 수단으로 사용한 문학적인 특징들, 곧 구약성서에 이미 잘 알려진 위대한 인물들인 모세와 다윗 그리고 엘리야/엘리사 선지자의 모형에 따라 예수를 증거 하려고 했던 '유형론'(typology)이라는 문학적 특징들을 소개해보려고 했다.

그리고 제3장에서는 복음서를 읽고 연구하며 이해하는 데 도움이 되게끔 주요 외경복음서 본문들을 각주 해설과 함께 소개하였다. 이제는 한국교회에서도 성경을 연구하는 사람들뿐만 아니라, 예수에 대해 좀 더 잘 알아보고 싶어 하는 사람들에게 외경복음서를 읽어보도록 권할 때가 되었다는 생각이 들어서다. 외경복음서들은 다음과 같은 이유에서 읽어볼 필요가 있다고 생각한다. 첫째는 외경복음서들이 초대교회 안에서는 처음 400년 동안, 즉 정경이 마지막으로 확정될 때까지, 정경복음서와 똑같이 신앙생활을 위한 "거룩한 문서들"로 널리 읽힌 문서들이기 때문이다. 따라서 외경복음서들을 읽음으로써 우리는 초대교회의 신자들이 어떤 문서들을 읽으며 신앙생활을 했는지, 즉 초대교회 교인들의 신앙이 어떠했는지, 특히 초대교회 신앙의 혼잡성과 다양성을 이해하는 데 도움이 될 뿐만 아니라, 무엇보다도 외경복음서들이 정경복음서들에 비해 무엇이 문제인지에 대해 알 수 있게 됨으로 인해서 정경복음서들에 대한 신뢰와 믿음이 더 공고해질 수도 있기 때문이다. 둘째는 외경복음서들을 통해서 우리는 정경복음서들에서는 전혀 들을 수 없었던 예수에 관한 새로운 사실들과 내용들에 대해 더 많이 알 수 있게 되기 때문이다. 물론 외경복음서들도 정경복음서들과 마찬가지로 예수에 관한 여러 가지 역사적 사실들을 전해줄 목적으로 기록된 문서는 아니다. 그렇지만 우리는 정경복음서를 통해 알 수 없었던 많은 역사적 사실들을 외경복음서들을 통해 새롭게 알 수 있게 되기 때문에 외경복음서를 읽는 일이 정경복음서를 이해하는 데도 적지 않은 도움이 된다고 말하지 않을 수 없다.

이번에 출간하게 된 『복음서 연구 ─ 정경과 외경』이 복음서 연구에 관심을 가진 신학도와 목회자들은 물론 관심 있는 평신도들에게도 작은 도움이 되기를 바라는 마음 간절하다. 특히 이 책의 출간은 전적으로 경복중고등학교 6년 그리고 서울 문리과대학 4년을 함께 다닌 10년 동창생, 이순길(영인과학 대표)의 격려와 출판비 지원으로 햇빛을 보게 되어 특별히 그에게 감사의 뜻을 전한다.

2019년 가을에
홍제동 인왕산 기슭에서
김득중

차 례

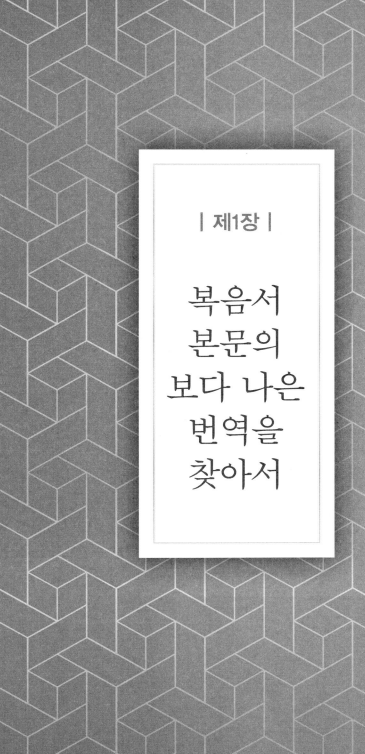

| 제1장 |

복음서
본문의
보다 나은
번역을
찾아서

무엇이 성경 본문의 올바른 이해를
가로막고 있는가?

    기독교인들에게 있어서 『성경』은 "하나님의 말씀"이다. 그래서 성경은 기독교인들의 신앙과 생활의 절대적인 규범이기도 하다. 따라서 『성경』을 다른 거룩한 문서들 혹은 외경들과 구별하여 "정경"(正經, canon)[1]이라고 부른다. 기독교인들에게 있어서 성경 본문의 일점일획이 중요할 수밖에 없는 이유가 바로 여기에 있다(마 5:18; 계 22:18-19). 이런 점을 고려할 때, 기독교인들에게 있어서 성경 본문에 대한 정확하고도 올바른 이해는 상당히 중요하다고 말하지 않을 수 없다.

    특히 개신교는 중세기 종교 개혁을 기점으로 해서 교회의 가르침, 즉 "전통"보다는 "성경"의 가치와 그 중요성을 더 강조해왔다. 마르틴 루터 종교 개혁의 표어 가운데 하나가 "오직 성경"(sola scriptura)이지 않았던가? 더구나 개신교 교회들은 전통적으로 자기들이 가톨릭교회와는 달리[2] 성경을 일반 대중의 손에 직접 쥐어주고, 직접 읽

---

1 헬라어로 "canon"은 "척도", 혹은 "잣대"라는 의미를 갖고 있어서, 정통과 이단을 가늠하는 척도와 잣대로 생각되고 있다.

게 해준 것을 자랑으로 삼아왔다. 그러나 그런 우월성의 태도를 취하게 해준 근거가 이제는 거의 사라져가고 있다. 왜냐하면 대부분의 개신교회들은 "성경"을 "하나님의 말씀"이라고 중요시하면서, 성경을 일반 교인들의 손에 직접 쥐어주어 읽게 해주었으면서도, 성경 읽기와 성경 이해의 필요성과 중요성에 대해서는 그렇게 강조하고 있지 못할 뿐만 아니라, 성경을 가르치는 정기적인 모임을 갖고 있는 교회를 찾아보기도 쉽지 않기 때문이다. 기독교인들이 주일 예배를 위해 교회에 출석할 때도 이제는 더이상 자기의 성경을 들고 가지 않는 경향이 있을 뿐만 아니라, 기독교인들이 성경에 대해서 들을 수 있는 유일한 통로인 설교에서도 성경 내용이 차지하는 비중이 그렇게 커 보이지도 않는 편이다. 뿐만 아니라 성경을 들고 다니는 사람은 많아도 성경을 좀 더 잘 알아보려고 노력하는 기독교인들도 그리 많아 보이지 않는다. 따라서 성경의 중요성을 그토록 강조하던 개신교에서 성경이 점차로 무시되어가고 있는 것은 아닌가 하는 염려가 생길 수밖에 없다.3

더구나 성경이 하나님의 말씀으로 우리 신앙과 생활의 절대적 규범이라는 사실을 믿고 받아들이면서도, 성경 말씀에 대한 정확한 이해가 중요하고 필요하다는 점을 절실하게 느끼고 있는 기독교인들이 그리 많지 않다는 것도 문제가 아닐 수 없다. 물론 오랜 기간 동안

---

2 로마 가톨릭교회는 근대에 이르기까지 공식적으로 라틴어로 번역된 Vulgate 성경만을 사용하였기에 라틴어를 공부한 신부들만이 성경을 읽을 수 있었고, 해석해줄 수가 있었다.

3 일찍이 James D. Smart는 개신교의 이런 현상을 지적하면서 *The Strange Silence of the Bible in the Church*라는 책을 출판했는데, 이 책이 우리말로는 『왜 성서가 교회 안에서 침묵을 지키는가?』라는 제목으로 번역 출간되기도 했다(김득중 번역, 서울: 컨콜디아사, 1982년).

의 신앙생활을 거치면서 설교와 교육을 통해 성경의 내용에 대해 어느 정도 잘 알고 있다고 생각하는 기독교인들도 많이 있다. 그리고 성경 통독을 한 번 이상 했다는 사실을 거론하면서 성경에 대해 많이 알고 있는 것처럼 생각하는 기독교인들도 많이 있는 것이 사실이다. 그러나 이런 허튼 자만심이 더욱 성경의 올바른 이해를 가로막는 장애물이 될 수 있다. 성경 내용을 잘 알고 있다는 것과 성경을 올바로 이해하고 있다는 것은 결코 같은 것이 아니다. 동시에 우리는 유한한 우리 인간이 무한하며 절대적인 존재인 하나님의 말씀인 성경을 올바로 이해하는 일이 그리 쉬운 일이 아닐 뿐만 아니라, 우리가 하나님의 말씀을 온전히 다 이해하고 파악할 수 없다는 점도 겸손히 받아들일 필요가 있다. 그래서 더욱 성경을 올바로 이해하려고 계속 노력하는 진지한 자세가 필요할 것이다.

여하튼 성경 말씀을 올바로 이해는 일은 결코 쉬운 일이 아니다. 성경을 기록한 사람들이 우리와는 완전히 다른 문화적 종교적 배경에서 살아온 사람들이기 때문이다. 더구나 그들이 기록한 성경은 지금으로부터 무려 2000년 전에 기록된 과거의 문서들이다. 성경이 전해주는 내용들이 우리와는 시간적으로 너무나 멀리 떨어진 과거의 이야기들이다. 지리적으로도 우리와는 너무 멀리 떨어진 중동 지방에서 기록된 다른 세계, 다른 문화권의 문서들이다. 쉽게 이해하기가 어려울 수밖에 없다.

그러나 이런 역사적이며 지리적인 그리고 문화적이며 종교적인 거리 때문에 생겨나는 어려움들만 있는 것이 아니다. 성경 말씀을 올바로 이해하는 것을 방해하는 걸림돌은 더 많이 있다. 첫째는 우리가 하나님의 말씀으로 읽는 "성경"의 본문 자체가 "원본"에 근거된 것이 아니라 사본들에 근거된 것이라는 점 때문이다. 제1세기 중엽으로부터 제2세기 중엽 사이에 기록된 것으로 알려지고 있는 신약성경 27권의 원본들은 지금 하나도 이 세상에 존재하지 않는다. 원본 자체가 애당초 오랫동안 잘 보존되기 어려운 파피루스(Papyrus)⁴나 양피지(羊皮紙)에 기록되어 있었기 때문이다. 현존하는 신약성서 사본들 중 가장 오래된 그래서 가장 권위 있는 것으로 알려진 사본이 4세기 중엽에 기록된 것으로 알려지고 있다. 원본이 기록된 시기로부터 무려 300여 년이 지난 후에 기록된 사본인 셈이다.

더구나 발견된 수많은 사본들을 통해 알게 된 사실은 원본이 원본 그대로 정확히 전달되지도 못했다는 점이다. 사본을 필사하는 사람들이 원본을 베끼는 필사 과정에서 자주 무의식적으로 혹은 때때로 고의적으로 원문과 다르게 필사한 경우들⁵이 많이 있다는 것을 알게 되었기 때문이다. 물론 사본 필사자들은 자신들이 필사하는 문서가 아주 중요한, "거룩한 문서들"(the holy scriptures)이라는 사실을 잘 알고 있었기 때문에, 나름대로 정확히 기록하려고 최선의 노력을 기울였던 것이 사실이다. 그러나 파피루스나 양피지에 기록된 원본 자체가 인쇄된 글이 아니라 손으로 쓴 글이기에 정확히 읽어내는 일

---

4 본래 '파피루스'는 이집트의 나일강 연안이나 지중해 연안에서 자라는 갈대 종류의 식물인데, 고대인들은 이 나무를 잘라서 껍질을 벗기고 그 줄기를 얇게 썰어 일정한 크기의 돌 판에 넣어 짓이겨서 말린 다음에 표면을 상아나 조개껍질 등으로 매끄럽게 만들어 종이와 같이 필기용으로 사용하였다. 현존하는 가장 오래된 파피루스 사본은 요한복음 18장의 네 구절이 기록되어 있는 파피루스 단편인데, 이 단편의 기록 연대는 제2세기 초반, 아마도 주후 125년경으로 추산되고 있다.

5 고의적으로 원본과 다르게 필사한 경우들은 대개 원본이 문법적으로 잘못되어 있는 경우 바로 잡아놓기 위해서이고, 때로는 교회 예전에 적합하도록 조정하기 위한 경우들로서 대부분 선의에서 나온 것으로 추정된다. 그러나 때로는 자기가 속한 신앙공동체의 독특한 신학을 주장하거나 합리화하기 위한 경우들도 있었던 것으로 알려지고 있다.

자체가 쉽지 않은 경우들도 많이 있었다. 원본이 기록된 파피루스나 양피지 자체의 열악한 재질 때문에 기록된 단어나 문장 자체가 쉽게 변색되어 일정한 시간이 지나게 되면 기록된 단어와 문장을 제대로 알아보기 어려운 경우들이 생겨날 수밖에 없었다. 이런 경우들에 있어서는 필사자 자신의 판단에 따라 사본을 기록할 수밖에 없었을 터인데, 그 판단이 사본 필사자들마다 똑같을 수가 없었고, 그 때문에 같은 원본을 베낀 사본들 간에도 적지 않은 차이가 생겨날 수밖에 없었다.6

    그러나 다행히도 성경의 원문을 찾아내고자 연구하는 학자들이 본문 비평(text criticism)이라는 방법을 통해 많은 사본들을 서로 비교 연구하는 가운데 필사자들이 잘못 필사한 부분들이 어떤 것인지, 왜 그런 잘못이 생기게 되었는지를 찾아낼 수 있게 되었고, 그런 노력의 결과로 어느 정도 원문에 가장 가깝다고 생각되는 본문을 찾아 놓을 수가 있었다. 그러나 문제는 그다음 단계에서도 또 생겼다. 가장 오래된 그래서 가장 권위 있다고 생각되는 사본들은 대부분 헬라어 대문자로 기록된 사본들7이었다. 대문자 사본들은 헬라어 알파벳

---

6 수많은 사본들이 기록되고 전달되는 과정에서 성경 원문이 많이 와전되었다는 사실과 그렇게 된 이유에 대해 알려주는 Bart D. Ehrman의 책 *Misquoting Jesus: The Story Behind Who Changed the Bible and Why*가 우리말로는 『성경 왜곡의 역사』라는 제목으로 출간된 바 있다(민경식 번역, 청림출판사, 2005년).

7 가장 오래된 권위 있는 대문자 사본은 〈시내 사본〉(codex Sinaicus)으로 알려져 있는데, 이 사본은 1859년에 시내 산의 기슭에 위치하고 있는 성 캐더린 수도원에서 독일의 성서학자인 Tischendort에 의해 처음 발견되었으며, 현재 영국 박물관에 보관 중이다. 이 사본의 기록 연대는 4세기 중엽으로 추산되고 있다. 이 이외에도 대문자 사본으로 유명한 것으로는 〈알렉산드리아 사본〉, 〈바티칸 사본〉, 〈베자 사본〉 등이 있다. 처음에는 모든 성경들이 대문자로 기록되었는데, 제9세기경부터 성경을 소문자로, 즉 초서체로 기록한 사본들이 출현하게 되었다.

의 대문자로만 기록된 사본들이다. 더구나 이 대문자 사본의 중요한 특징과 문제점은 본문에 띄어쓰기가 전혀 되어있지 않을 뿐만 아니라, 쉼표 및 마침표, 혹은 의문부호나 느낌표 등의 표기가 전혀 없다는 점이다. 그래서 읽는 사람에 따라, 혹은 사본 필사자들에 따라서, 띄어쓰기를 달리 이해하거나, 문장이 어디서 끝나는지 그리고 이 문장이 의문문인지 감탄문인지 올바로 판단하기가 어려울 수밖에 없었다. 그래서 같은 원본을 필사한 사본들 간에 많은 차이점을 보이는 것들이 하나둘이 아니다. 따라서 나중에 이런 사본들을 토대로 성경을 번역한 사람들의 경우, 띄어쓰기를 달리하여 읽음으로써 그리고 서술문을 의문문이나 혹은 감탄문으로 그리고 때로는 그 반대로 달리 이해함으로써, 원문과는 완전히 다른 의미의 문장으로 번역하는 경우들도 생길 수밖에 없다.

이밖에도, 성경 본문에 대한 정확한 이해를 가로막는 장애물은 또 있다. 헬라어 성경 원문을 우리말로 번역하는 과정에서 원문의 의미와는 다르게 변역되는 경우도 적지 않다는 점 때문이다. 무엇보다도 번역자의 실력 부족이나 때로는 판단 착오로 인해서 간혹 원문과 다른 의미로 번역되기도 하지만, 때로는 원문에 기록된 헬라어 단어들 가운데는 그 단어에 해당되는 적당한 말을 찾기 어려운 경우들도 많이 있을 수밖에 없다. 그런 경우들에는 어쩔 수 없이 그 단어에 가장 가까운 단어를 골라 번역할 수밖에 없는데, 이런 경우에도 번역자의 판단에 따라 원문의 의미와 상당히 달라진 의미로 번역되는 경우가 생길 수밖에 없다.

따라서 우리로서는 성경 본문을 보다 정확하게 이해하고자 한다면, 무엇보다도 먼저 우리가 읽고 있는 우리말 번역 성경이 일점일획

성경 원본과 똑같다는 생각부터 접어두고, 도리어 앞의 여러 가지 가능성을 염두에 두면서 성경 본문의 보다 정확한 의미를 찾아내기 위한 노력을 계속해야 할 필요가 있다. 물론 일반 평신도들에게까지 이런 요구를 강요할 수는 없다. 그러나 적어도 성경을 진지하게 연구하려는 성서 학도들이나, 특히 신학생이나 목사들이라면 이런 노력을 무시하거나 도외시해서는 안 될 것이다. 무엇보다도 성경 본문의 보다 정확한 의미를 찾아내기 위한 작업을 위해서는 우선 여러 다른 번역본들을 비교해보는 일이나 성서 주석들을 찾아보는 일들이 크게 도움이 될 수 있을 것이다. 필자가 제1장에서 나름대로 기존의 번역 성경 본문들과 다르게 새로운 번역을 시도해본 것도 헬라어 원문을 근거로 보다 정확한 의미를 찾아내보려고 하는 노력의 일환일 뿐이다.

마가복음 1장 1절은
"예수 그리스도는 하나님의 아들의 복음"인가,
"예수는 그리스도이며 하나님의 아들이라는 복음"인가

　　마가복음 1:1에 대한 일반적인 해석과 이해는 대체로 다음과 같이 요약될 수 있다. 첫째로 대부분의 기독교인들은 막 1:1이 마가복음이라는 문서의 본문 첫 장, 첫 절이라고 이해하고 있다. 둘째로 많은 기독교인들은 대부분의 번역 성경을 통해 막 1:1을 "예수 그리스도가 하나님의 아들" 즉 "예수 그리스도 = 하나님의 아들"이라는 "복음의 시작"이라고 이해하고 있다. 그리고 셋째로는 마가복음이 복음서들 중에서 제일 먼저 기록된 첫 번째 복음서로 알려지고 있기 때문에, 막 1:1은 '하나님의 아들 예수 그리스도에 대한 복음'의 "시작"(beginning)이라고, 즉 예수 그리스도를 하나님의 아들로 선포하는 복음의 "시작" 혹은 그 "첫 번째 시도"라고 이해하고 있다.

　　그러나 영어나 우리말 성경 번역 성경이 아닌 헬라어 원문 성경을 주의 깊게 읽어볼 경우, 우리는 앞에서 지적한 세 가지 이해와는 아주 다른, 어쩌면 더 올바른 해석과 이해를 가질 수 있다는 생각을 해볼 수 있게 된다. 즉 첫째로 막 1:1은 마가복음이라는 복음서 본문의 첫 장 첫 절이 아니라, 오히려 마가복음 전체의 "제목" 혹은 마가복음서의 본래 "명칭"이라고 이해하는 것이 마땅하다는 생각이다. 둘째로 막 1:1은 "예수 그리스도는 하나님의 아들"(예수 그리스도 = 하나님의 아들)이라는 복음을 전하고 있는 것이 아니라, 도리어 "예수는 그리스도이며 하나님의 아들"(예수 = 그리스도 + 하나님의 아들)이라는 복음을 전하고 있는 것으로 읽는 것이 더 옳다는 생각이다. 그리고 셋째로는 마가복음을 "복음의 시작"(beginning)으로 읽기보다는 도리어 "복음의 기원"(origin)으로 읽는 것이 더 낫지 않을까 하는 생각이다. 이런 생각을 가지고 막 1:1을 다시 읽을 경우 우리는 마땅히 마가복음이라는 문서의 제목 혹은 명칭을 "예수가 그리스도이며 하나님의 아들이라는 복음의 기원"이라고 읽고 이해하는 것이 더 옳을 것이라는 생각이다. 이런 세 가지 새로운 생각의 가능성과 타당성에 대해 하나씩 좀 더 깊이 살펴보기로 하자.

1. 막 1:1은 본래 마가복음 전체의 "제목" 혹은 "명칭"이다

「마가복음」이 영어로는 일반적으로 The Gospel According to Mark 혹은 The Gospel of Mark라는 명칭으로 알려지고 있다. 그런데 헬라어 원문 성경에서는 Kata Markon("마가에 의한")이라는 명칭으로만 표기되어 있을 뿐이다. 그러나 이 헬라어 명칭 자체도 저자 자신에 의해 붙여진 본래의 명칭이 아니라, 나중에 마가복음이 전달되는 과정에서 그리고 초대교회 안에서 사용되고 있던 유사한 다른 복음서들과의 구별을 위해 편의상 붙여진 명칭이나 표시에 지나지 않을 뿐이다. 그렇다면 마가복음이라는 문서의 본래 명칭은 도대체 무엇이었을까? 이 문제에 대해 관심을 갖는 연구가들 중에서는 현재의 마가복음 1:1("하나님의 아들 예수 그리스도의 복음의 시작" the Beginning of the Gospel of Jesus Christ the Son of God)이 마가복음 저자가 의도했던 본래의 제목 혹은 명칭이었을 것이라는 주장이 제기되기도 한다. 그런 주장이 제기될 수 있는 가장 중요한 이유 중의 하나는 이 첫 구절에서만은 동사 혹은 서술어가 전혀 사용되지 않았다는 점 때문이다. 즉 주어와 동사로 이루어지는 본문의 다른 문장들과는 달리 몇 개의 주요 명사들만이 사용된 문구 형태로 구성되어 있기 때문이다.[1]

더구나 지금 우리가 읽고 있는 마가복음이라는 문서의 제목이나 명칭은 물론이고 신약성경 모든 책들의 장(chapter)과 절(verse)의 구분 자체도 본래 저자 자신의 의도에 따라 정해진 것이 아니라, 후대에 다른 사람에 의해 편의상 만들어진 것이라는 사실도 간과하지 말아야 할 것이다.[2] 따라서 막 1:1을 마가복음 본문 내용의 첫 구절

---

1 〈한글 개역〉의 경우, "하나님의 아들 예수 그리스도의 복음의 시작이라", 〈새 번역〉의 경우는 "하나님의 아들 예수 그리스도의 복음의 시작은 이러합니다"라고 각각 서술어가 붙어있는데 이것 역시 원문과 다르게 번역된 잘못된 번역이라고 생각된다. 영어 번역 성경들 중에서는 예외적으로 New Living Translation이 〈한글 개역〉과 〈새 번역〉에서와 같이 "This is the Good News about Jesus Messiah, the Son of God"이라고 "This is"를 첨가하여 번역했다.

2 전승에 의하면, 장(chapter)의 구분은 1228년경 Canterbury와 Stephan Langton 대주교에 의해 이루어졌고, 절(verse)의 구분은 그 이후 1551년에 프랑스의 Robert Stephanus에 의해 이루어졌다. Stephanus가 1551년에 발행한 헬라어 신약성서 본문 제4판이 본문을 장절 형태로 구분한 최초의 헬라어 신약성서라는 점에서 중요한 의미를 갖는다. Stephanus가 이때 어떻게 장절을 구분했는지에 대한 재미있는 일화가 있다. 훗날 그의 아들이 전해준 이야기인데, Stephanus가 말을 타고 여행을 하던 중에 장절을 구분했다는 것이다. 물론 이 말은 자기 아버지가 "여행 도중에 작업을 했다"는 의미일 것이다. 다시 말하자면 Stephanus는 여행 도중 밤에 머물던 숙소에서 장절 번호를 적어 넣었다는 것이다. 그런데 그의 장절 구분을 비판하는 사람들은 그가 실제로 말을 타고

이라고 생각하는 것이 본래 마가복음 저자의 의도를 반영하는 것이라고 생각하기도 힘들다. 오히려 우리는 막 1:1이 본래부터 마가복음 전체의 제목이나 명칭이었다고 생각하는 것이 더 옳은 것이며,3 마가복음의 본문 내용은 실제로 막 1:2에서부터 시작되고 있다고 보는 것이 더 옳을 것이라고 생각된다.

2. 마가복음은 "예수가 그리스도이며 하나님의 아들이라는 복음"이다

막 1:1을 마가복음이라는 문서 전체의 제목이나 명칭으로 볼 것이냐, 아니면 마가복음 내용의 첫 장, 첫 구절로 읽을 것이냐 하는 문제보다 더 중요한 것은 이 첫 구절의 문구 자체를 어떻게 읽고 이해하야 하는가 하는 문제라고 생각된다. 많은 번역 성경들이 막 1:1을 "하나님의 아들, 예수 그리스도의 복음"이라는 의미로 번역했지만, 무엇보다도 초대 기독교인들에게 있어서, 특히 마가복음이 기록되던 당시 마가복음의 독자들에게 있어서 "예수 그리스도"가 마치 하나로 결합된 고유명사처럼 인식되어 사용되고 있었던 것은 아닌

이동하는 중에 작업을 했다고, 그래서 Stephanus가 탄 말이 갑자기 움직일 때, 그의 펜이 튀었고, 그 결과 절 구분이 엉뚱하게 되기도 했다고 말하기도 했다. Cf. 바트 어만/민경식 옮김, 『성경 왜곡의 역사: 누가, 왜, 성경을 왜곡했는가?』 (청림출판, 2005), 157-158.

3 Bruce M. Metzger는 막 1:1에 υἱοῦ θεοῦ 부분이 없는 사본과 관련하여 언급하는 가운데 사본 필사자들의 경우 책의 제목(titles or quasi-titles)을 확대하는 경향이 있다는 점을 지적함으로써 막 1:1이 마가복음의 제목일 가능성을 언급하고 있다. Cf. *A Textual Commentary on the Greek New Testament*, United Bible Societies (London-New York, 1975), 73.

것으로 생각된다. 마가복음 어느 곳에서도 "예수 그리스도"가 예수를 가리키는 고유명사처럼 사용된 적이 없다. 더구나 마가복음에서 "그리스도"는 "메시야"라는 의미를 갖고 있으며, 그래서 예수를 가리키는 신앙고백적인 명칭으로만 사용되고 있을 뿐이다(cf. 막 8:27). 따라서 막 1:1을 "예수 그리스도"가 "하나님의 아들"이라는, 즉 "예수 그리스도=하나님의 아들"이라는 의미에서 "하나님의 아들 예수 그리스도의 복음"이라고 읽기보다는 오히려 "예수는 그리스도요 하나님의 아들이라"는, 즉 "예수=그리스도+하나님의 아들"이라는 의미에서 "그리스도요 하나님의 아들이신 예수의 복음의 시작"이라고 읽는 것이 더 옳다고 생각된다.

더구나 이런 생각은 막 1:1에 나오는 헬라어 문구(ἀρχὴ τοῦ εὐαγγελίου Ἰησοῦ Χριστοῦ υἱοῦ θεοῦ)[4]의 '띄어쓰기'를 대부분의 번역 성경들과 달리하여 읽을 경우 더 분명해질 것으로 보인다. 이미 잘 알려진 바와 같이, 대부분의 권위 있는 헬라어 대문자 사본들의 경우에는 띄어쓰기나 쉼표나 마침표, 또는 의문형이나 감탄형의 표기 같은 것들이 전혀 없었다. 그래서 사본을 베끼던 필사자들의 입장에서는 원문의 띄어쓰기가 어떻게 되어있는지, 문장이 어디서 끝나고 어디서 시작되고 있는지를 판단하기가 쉽지 않았다. 그런 경우에는 자연히 필사자 자신이 자기의 개인적인 판단과 이해에 따라 사본을 읽고 기록할 수밖에 없었을 것이다. 따라서 그럴 경우에 때때로 원문 저자의 의도와 다르게, 즉 원문의 의미와는 다르게 문장을 띄어

---

4 시내산 사본 등 고대 권위 있는 사본들 가운데서는 막 1:1의 마지막 부분에 υἱοῦ θεοῦ가 없는 것들도 있다. 그래서 이 문구가 번역 성경들에서는 흔히 괄호 안에 표기되어 있기도 하다.

서 읽고 기록하는 일이 생겨나게 되었다. 이런 상황을 제대로 이해하기 위해서는 다음과 같은 예를 들어 생각해볼 수 있다. 가령 띄어쓰기가 전혀 되어있지 않은 다음 문장을 만났을 때, 우리는 다음 문장을 어떤 의미로 어떻게 읽어야 할 것인가?

GODISNOWHERE

이 문장은 띄어쓰기를 어떻게 하여 읽는가에 따라서 다음과 같이 서로 완전히 다른 의미의 문장으로 읽힐 수가 있다:

GOD IS NOW HERE(하나님은 지금 여기 있다).
GOD IS NOWHERE(하나님은 아무 곳에도 없다).

이처럼 띄어쓰기를 달리하여 읽을 경우, 하나는 유신론적인 의미로 그리고 다른 하나는 오히려 무신론적인 의미로 완전히 다르게 읽힐 수가 있다. 따라서 띄어쓰기가 전혀 되어있지 않은 헬라어 대문자 사본의 막 1:1을 어떻게 읽어야 할 것인지에 관한 문제는 그만큼 우리에게 중요한 문제가 아닐 수 없다.

대부분의 번역 성경들은 막 1:1의 경우, "예수 그리스도"를 하나로 묶어서, 즉 하나의 고유명사로 이해하여 "하나님의 아들"이라는 문구와 동격을 이루고 있는 것으로 보았다. 그렇기 때문에, "예수 그리스도는 하나님의 아들이라는 복음의 시작"이라는 의미로 해석한 셈이다. 이것을 헬라어 본문의 띄어쓰기로 표기한다면, ἀρχὴ τοῦ εὐαγγελίου Ἰησοῦ Χριστοῦ, υἱοῦ θεοῦ가 되는 셈이다. 그러나 최근 마가복음 연구가들 중에서는 '예수가 **그리스도**이며 **하나님의 아들**이라는 복음의 시작'(The Beginning of the Gospel of Jesus, Christ, the Son of God)이라고, 즉 "예수"와 "그리스도"를 분리시키고, "그리스도"와 "하나님의 아들"을 동격으로 병치시켜 읽어야 한다는 주장이 이미 제기된 바 있기도 하다.[5] 이 경우 막 1:1에 기록된 헬라어 본문의 띄어쓰기는 다음과 같이 되는 셈이다: ἀρχὴ τοῦ εὐαγγελίου Ἰησοῦ, Χριστοῦ, υἱοῦ θεοῦ. 그리고 이처럼 띄어쓰기를 달리 해서 읽을 경우 이 문장의 의미의 차이는 아주 클 뿐만 아니라 신학적으로도 아주 중요한 의미를 갖는다.

새로 제기된 이런 주장과 해석은 마가복음뿐만 아니라 모든 복음서들이 전하고자 하는 예수에 대한 올바른 신앙고백이 바로 "예수는 **그리스도**이며 **하나님의 아들**이라"는 것이기 때문에 더욱 설득력을 갖게 된다. 마태복음에서 베드로가 가이사랴 빌립보에서 예수를 가리켜 "당신은 **그리스도**시오 살아계신 **하나님의 아들**이니이다"(마 16:16)라고 고백한 것이 가장 모범적이며 이상적인 신앙고백으로 소개되고 있지 않은가? 또한 요한복음에서도 마르다가 예수를 향해 "당신은 **그리스도**이시며 세상에 오시는 **하나님의 아들**입니다"(요 11:27)라고 고백한 것을 중요한 신앙고백으로 소개하고 있는 것도 마찬가지이다. 더구나 요 20:31에서는 복음서를 기록한 목적이 "예수께서 **그리스도요 하나님의 아들**이심을… 믿게 하려는 것이라"고 말하고 있는 점에서도 우리는 똑같은 사실을 확인할 수 있다. 그밖에도 요한1서에서 "예수가 **그리스도**이심을 믿는 사람은 누구나 하나님에게서 난

---

5 Cf. 이진경, "마가복음 1장 1절에 나타난 두 개의 기독론 칭호 연구",「신약논단」, 제20권 제2호 (2013), 409-442.

사람"(요일 5:1)이고 "예수가 **하나님의 아들**이심을 고백하면 하나님
께서 그 사람 안에 계시고 그도 또한 하나님 안에 있다"(요일 4:15)고
말한 것이나 "예수가 그리스도이심과 (하나님의) 아들이심을 부인하
는 사람은 적그리스도요 거짓말하는 사람"(요일 2:22)이라고 말한
것도 예수가 "그리스도이며 하나님의 아들"이라고 고백하는 것이
올바른 신앙고백의 시금석이며, 그래서 그것이 신약성서가 증거하
고 있는 예수에 대한 올바른 신앙고백이라는 점을 잘 확인시켜주
고 있다.

이런 점들로 보아 마가복음 저자는 마가복음이라는 문서 기록을
통해서 그 당시의 유대인 독자들과 이방인 독자들 모두를 염두에 두
고, '예수는 **그리스도**이시며 **하나님의 아들**이라는 복음'을 전하려고
했다고 이해하는 것이 옳을 것이다. 마가복음이 기록될 당시에는 아
직 "예수 그리스도"라는 명칭이 오늘날의 경우처럼 예수의 이름으로
잘 알려지지도 않았을 뿐만 아니라,6 그 당시 마가로서는 유대인 독
자들에게는 예수가 "**그리스도**"라는 점을 그리고 이방인 독자들에게
는 예수가 "**하나님의 아들**"이라는 점을 선포하는 것이 그만큼 중요했
고 필요했을 것으로 보인다. 왜냐하면 첫째로 예수가 메시야라는 고
백이 비록 이방인들에게는 거의 의미가 없는 것이었지만, 같은 유대
인들 중에서도 예수를 메시야로 믿기 시작한 기독교인들에게는 이

---

6 마가복음에서 "나사렛 예수"(막 10:47; 14:67), 혹은 "다윗의 자손 예수"(막 10:47)라
는 명칭은 사용된 바 있지만, "예수 그리스도"라는 명칭은 한 번도 사용된 적이 없다.
바울이 "그리스도 예수"라는 말을 자주 사용하고 있는 점만 보더라도 "예수 그리스도"
라는 명칭이 초기에 널리 정착된 것으로 보이지는 않는다. 따라서 막 1:1에서 사용된
문구인 Ἰησοῦ Χριστοῦ는 "예수 그리스도"라는 명칭이 아니라 "예수"와 "그리스도"를
동격으로 표시함으로써 "예수는 그리스도"라는 의미를 나타내고 있는 것으로 보아야
할 것이다.

고백이 참 신앙의 시금석(the test of true faith)이었고, 다른 유대인들에게는 이단의 시금석(the test of heresy)이 될 수밖에 없는 중요한 신조문이 될 수밖에 없었기 때문이다.[7] 둘째로 예수가 하나님의 아들이라는 고백은 문화적이며 민족적인 경계를 초월하여 많은 이방인들에게 예수가 메시야라는 고백을 보충 설명해줄 수 있는, 그러면서도 메시야 칭호보다 훨씬 더 그 의미가 확대된 보다 보편적인 고백이 될 수 있었기 때문이다.[8]

그래서 실제로 마가복음에서 제일 먼저 예수를 "그리스도"로 고백한 사람은 유대인 베드로였고(막 8:29, "당신은 그리스도이십니다"), 제일 먼저 예수를 "하나님의 아들"로 고백한 사람은 예수의 처형을 진두지휘하던 이방인 로마 백부장으로 소개되고 있다(막 15:39, "진실로 이 사람은 하나님의 아들이었도다"). 이런 관점에서 볼 때, 마가복음 1:1은 당연히 '하나님의 아들 예수 그리스도의 복음의 시작'으로 읽을 것이 아니라 도리어 '예수가 그리스도이며 하나님의 아들이라는 복음의 시작'이라고 읽어야 할 것이라고 생각된다.

3. 마가복음은 "복음의 시작"이기보다는 "복음의 기원"이다

"시작"이라고 번역된 막 1:1의 ἀρχή라는 헬라어 단어는 마가복음에서 10:6과 13:8과 13:19에서 다시 사용된 바 있다. 그런데 막 10:6에서는 "하나님께서 창조의 시작 때부터 인간을 남자와 여자로

---

7 James D.G. Dunn, *Unity and Diversity in the New Testament: An Inquiry into the Character of Earliest Christianity* (London: SCM Press, 1977), 44.

8 Cf. James D.G. Dunn, *Unity and Diversity in the New Testament*, 46-50.

지으셨다"는 의미로 그리고 13:8에서는 마지막 때에 "민족이 일어나 민족을 치고 나라가 일어나 나를 치며 여기저기서 지진이 나고 기근이 있을 것인데, 이런 일들이 진통의 시작이라"는 의미로 그리고 막 13:19에서는 막 10:6에서와 같이 "창조의 시작 때로부터"라는 의미로 번역되어 사용되어 있다. 우리말 번역 성경들에서는 대체로 모두다 "시작"이라는 의미로 번역하였다. 그러나 ἀρχή라는 헬라어에는 "시작"이라는 의미 이외에 "기원"(origin)이라는 의미도 있다는 점을 먼저 염두에 둘 필요가 있다. 따라서 이런 의미로 막 1:1을 읽을 경우, 우리는 "예수가 그리스도이며 하나님의 아들이라는 복음의 기원"이라고 읽을 수 있게 되며, 이것이 마가복음의 본래 제목으로 보다 더 적절하다는 생각을 해볼 수 있게 된다. 마가복음 저자는 단순히 예수가 그리스도이며 하나님의 아들이라는 복음을 "시작"하고 있는 것이 아니라, 예수가 그리스도이며 하나님의 아들이라는 복음의 "기원"에 대해 기록해주려고 예수의 이야기들을 수집하여 마가복음을 기록하고 있다고 생각되기 때문이다. 즉 예수가 그리스도이며 하나님의 아들이라는 복음의 기원을 알려주기 위해서 예수의 행적과 교훈 그리고 특히 그의 십자가 수난의 이야기를 소개하고 있는 것이라고 생각되기 때문이다.

마태복음 1장 1절은
"아브라함과 다윗의 자손 예수 그리스도의 세계"인가,
"아브라함과 다윗의 자손 예수 그리스도의 창세기"인가

　　대부분의 번역 성경들에서는 마 1:1이 마태복음의 첫 장, 첫 구절
로 번역되어 있다. 그래서 마태복음을 읽는 대부분의 독자들은 마
1:1을 마태복음의 첫 장, 첫 구절로 알고 그렇게 읽고 있다. 그러나
우리는 마태복음 헬라어 원문에는 처음부터 장과 절의 구분이 전혀
없었다는 사실을 기억할 필요가 있다. 실제로 초대교회에서는 파피
루스나 두루마리 형태로 전해진 헬라어 원문 마태복음(물론 다른 책
들도 마찬가지)이 아주 오랫동안 장과 절의 구별이 없이 사용되었다.
그러나 그런 형태로는 수시로 성경의 내용을 다시 찾아보는 데 여간
불편한 것이 아니었을 것이다. 그래서 나중에, 그것도 무려 천 년 이
상의 세월이 지나서야 사용상의 편의를 위해 장과 절이 구분되기 시
작했다. 저자가 아닌 다른 사람의 손에 의해서 말이다.

　　전승에 의하면, 최초로 장(chapter)을 구분한 사람은 1228년경
캔터버리(Canterbury)와 스테판 랑톤(Stephan Langton) 대주교였
던 것으로 알려져 있고, 그 이후 다시금 절(verse)이 구분된 것은

1551년에 이르러 프랑스의 로버트 스테파누스(Robert Stephanus)에 의해 이루어진 것으로 알려지고 있다. 스테파누스가 1551년에 발행한 헬라어 신약성서 본문 제4판이 본문을 장절 형태로 구분한 최초의 헬라어 신약성서라는 점에서 아주 중요한 의미를 갖는다고 볼 수 있다.[1]

이렇게 아주 후대와 와서, 그것도 저자가 아닌 다른 사람에 의해서 장과 절의 구별이 이루어지면서, 마 1:1이 마태복음의 첫 장, 첫 구절로 구분되기는 했지만, 그러나 마 1:1이 본래 마태복음이라는 문서 전체의 제목 혹은 명칭이라는 지적이 일찍부터 제기되기도 했다. 이런 주장의 타당성은 우선 마태 1:1이 주어와 서술어, 명사와 동사로 구성된 하나의 문장이 아니라는 점에서 찾아볼 수 있다(이것은 마가복음의 경우도 마찬가지이다). 다시 말하자면, 마 1:1에는 1:2 이하의 문장에서와 달리, 동사나 서술어가 없이, 다음과 같이 오로지 명사들로만 구성되어 있다.

βίβλος γενέσεως Ἰησοῦ Χριστοῦ υἱοῦ Δαυὶδ υἱοῦ Ἀβραάμ
(the book of genesis of Jesus Christ, the son of David, the son of Abraham)

이런 점을 염두에 둘 때, 우리는 대부분의 한글 번역 성경들이 이 문장을 원문 그대로 정확히 번역하지 않았음을 알 수 있다. 왜냐하면 번역자들이 이 구절을 번역하면서 다음과 같이 원문에 없는 술어를 넣어 번역했기 때문이다:

---

1 제1장 주 9 (24~25쪽) 참조.

- 개역: "아브라함과 다윗의 자손 예수 그리스도의 세계라."
- 개역 개정: "아브라함과 다윗의 자손 예수 그리스도의 족보라."
- 공동번역: "아브라함의 후손이요 다윗의 자손인 예수 그리스도의 족보는 다음과 같다."
- 새 번역: "예수 그리스도의 계보는 이러합니다. 예수 그리스도는 다윗의 자손이요 다윗은 아브라함의 후손입니다."
- 표준 새번역 개정: "아브라함의 자손이요 다윗의 자손인 예수 그리스도의 계보는 이러하다."

영어 번역본들 가운데서도 다음과 같이 우리나라 한글 번역본의 경우처럼 헬라어 원문에는 없는 술어를 첨가하여 번역한 것들도 있기는 하다.

- NIV: *This is* the genealogy of Jesus the Messiah the son of David, the son of Abraham.
- NLT: *This is* a record of the ancestors of Jesus the Messiah, a descendant of David and of Abraham.
- NET: *This is* the record of the genealogy of Jesus Christ, the son of David, the son of Abraham.

그러나 영어 흠정역(King James Version)과 영어 개정표준판(Revised Standard Version)과 같은 권위 있는 주요 영어 번역본들에서는 원문 그대로 아무런 술어의 첨가가 없이 번역되어 있다. 따라서 한글 번역 성경들이 대부분 원문에 없는 술어를 첨가하며 번역한 셈인데, 이것은 분명히 원문 왜곡이라고 말하지 않을 수 없다.

이 밖에 한글 번역 성경의 경우, 원문을 원문 그대로 정확하게 번역하지 못한 부분도 있는 것으로 생각된다. 예를 들어, 〈개역〉과 〈개역 개정〉이 마 1:1을 "아브라함과 다윗의 자손"이라고 번역하였는데, 이것도 원문 그대로 정확하게 "아브라함의 자손이며, 다윗의 자손"이라고 번역해야 마땅하다. 그리고 〈새 번역〉과 〈공동번역〉의 경우, "예수 그리스도는 다윗의 자손이요 다윗은 아브라함의 후손입니다"라고 번역했는데, 왜 같은 문장 안에서 같은 단어를 두고 한 번은 "자손"으로, 그리고 또 한 번은 "후손"으로 번역되었는지 이해하기가 힘들다. 분명히 원문과는 다른 의미로 읽힐 수 있는 것이기에 "예수 그리스도는 다윗의 자손이요 아브라함의 자손이라"고 번역하는 것이 옳을 것이다.

마태복음 1:1에 기록된 βίβλος γενέσεως Ἰησοῦ Χριστοῦ υἱοῦ Δαυὶδ υἱοῦ Ἀβραάμ가 본래 마태복음 전체의 제목이라고 보는 견해는 기독교 역사의 아주 초기인, 초대교회 교부인 제롬(Jerome)에게까지 소급되고 있다. 그런데 최근에 와서는 데이비스와 알리슨(W.D. Davies and D.C. Allison)에 의해서 다시 제기되고 있다.[2] 만약 우리가 마 1:1을 단지 마 1:1-17에 나오는 족보의 서론으로만 보지 않고, 책 전체의 제목으로 이해한다면, 마 1:1은 당연히 원문 그대로 "아브라함의 자손이며 다윗의 자손인 예수 그리스도의 창세기"(Book of Genesis of Jesus Christ, the Son of David, the Son of Abrahm)라고

---

2 W.D. Davies and D.C. Allison, *Matthew I*, ICC (Edinburgh, 1988), 150, n.6에서는 이런 견해를 지지하는 다른 학자들을 제시하고 있다. J.D. Kingsbury도 그의 책, *Matthew: Structure, Christology, Kingdom* (London, 1975), 10, n.54에서 이런 견해를 지지하는 학자들을 소개하고 있다.

번역해야 할 것으로 보인다.3 그리고 이렇게 번역할 경우, 우리는 구약성서의 첫 번째 책이 하나님에 의한 「창세기」, 곧 the Book of Genesis이듯이, 신약성서의 첫 번째 책은 예수 그리스도에 의한 제2의 새로운 「창세기」(the book of genesis)라는 의미로 이해할 수 있게 된다. 다른 한편으로 후랑켄묄리(H. Frankemoelle)에 의하면, 유대교 묵시문학이나 쿰란 공동체 문서들의 경우를 보면, βίβλος라는 단어가 문서의 표제어에서 나타날 경우에는 거의 다 책 전체를 가리키고 있기 때문에 마태복음의 경우에도 βίβλος γενέσεως는 책 전체의 제목으로 이해하는 것이 옳다는 주장이다.

물론 마 1:1을 책 전체의 제목으로 이해할 경우, 다음과 같은 문제가 제기될 수 있다. 마 1:1에서 사용된 γενέσεως라는 단어가 마 1:18에서 예수의 탄생 이야기와 관련하여 다시 나타나고 있는데, 저자가 사용한 같은 단어가 거의 같은 문맥 가운데서 이처럼 두 가지로 서로 다르게 번역될 수 있겠는가 하는 것이 문제라는 것이다. 더구나 1:18의 의미를 "탄생" 혹은 "나심"(birth)이라는 뜻으로 받아들일 경우, 마 1:1의 똑같은 단어를 책 전체의 제목으로 생각하기가 어렵다는 생각이 들 수밖에 없다. 이런 문제 때문에 데이비스(Davis)는 γενέσεως가 γεννvεσις(=birth)로 수정되어야 한다고 주장하고 있기는 하다. 그러나 그렇게 기록된 사본 증거를 찾아볼 수 없다는 점이 또 문제이다.

더구나 스텐톤(G.N. Stanton)은 구약성서에서 βίβλος γενέσεως

---

3 "Book of the History of Jesus Christ"라고 번역되거나(Zahn처럼), 아니면 "Book of the New Genesis(Creation) brought about by Jesus Christ"라고 번역되는 것도(Davies and Allison처럼) 받아들일 만하다.

(the book of genesis)라는 문구가 사용된 유일한 두 경우인 창 2:4와 창 5:1을 근거로 마 1:1을 책 전체를 가리키는 제목으로 볼 수 없다고, 그래서 마태복음의 제목을 "Book of Genesis", 곧 "New Creation"으로 이해하려는 최근의 시도들은 비록 흥미롭기는 하지만 설득력이 없다고(interesting but unconvincing) 일축하기도 했다.[4]

그런데 마태복음 1:1에서 가장 중요한 단어는 두 번째 단어인 genesis이다. 결국 이 단어를 어떻게 해석하는가 하는 것이 문제이다. 많은 주석가들은 그 단어를 "족보"라고 번역하며, 그렇게 함으로써 그 단어의 기능이 마 1:2-17, 곧 예수의 조상들의 목록을 소개하는 것이라고 생각한다.[5] 그러나 그 단어를 "origin"의 의미로 해석하여 1:1이 1:2-25를,[6] 혹은 1:2-2:23[7] 또는 심지어 1:2-4:16을[8] 소개하기 위한 것으로 생각할 수도 있다. 그러나 세 번째 가능성도 있는데, 곧 1:1이 처음으로 전체 복음서를 위한 명칭이라고 해석하는 것이다(Jerome의 경우처럼). 이런 해석을 받아들일 경우, genesis라는 단어는 "역사"(history) 또는 "창세기"(genesis)(="새 창조", new creation)를 뜻하는 것으로 이해할 수도 있다. 데이비스와 알리슨은

---

4 G.N. Stanton, *A Gospel for a New People: Studies in Matthew* (Edinburgh: T. & T. Clark, 1992), 13.

5 McNeile, 1; Lagrange, 3; Lohmeyer, Matthaeus, 4; Lambertz (v), 201; Schmid, Matthaeus, 35; Trilling, 93; Tatum (v), 526.

6 A. Vegle, "Die Genealogie Mt 1:2-16 und die mattheische Kindheitsgeschichte", in *Evangelium*, 73; Luz I, 88.

7 Plummer, 1, and Allen, 1-2.

8 E. Krenz, "The Extent of Matthew' Prologue: Toward the Structure of the First Gospel", *JBL* 83 (1964), 414.

이 세 번째 경우가 가장 가능성이 있다고 주장한다. 이런 주장의 근거는 다음과 같다.

1) βίβλος γενέσεως(the book of genesis)가 조상들의 목록을 가리키는 명칭이 될 수 없다. 이 문구가 칠십인역에서 오직 두 번, 곧 창 2:4와 5:1에서 나타나고 있다. 창 5:1의 경우, 그 문구에 뒤이어 "후손들"(아담의 후손들)의 명단이 나온다. 그러나 마태복음의 경우처럼 "조상들"의 명단이 나오는 것은 아니다. 그리고 2:4의 경우에는 그 문구가 족보와 연관되어 있지도 않다. 그 대신 그 문구는 1:1-2:3에 나오는 천지 창조의 설명을 결론짓거나 혹은 창세기 2장에 나오는 남자와 여자의 창조 이야기를 시작하는 역할을 하고 있다. 더구나 칠십인역에서 족보의 머리말로 흔히 사용되고 있는 문구는 hautai hai geneseis이지 마태복음의 경우처럼 βίβλος γενέσεως가 아니다.

2) βίβλος γενέσεως라는 문구가 창 2:4에 나오는 설화 자료(P자료나 J자료의 창조 설화)와 연관되어 있는데, 이것은 창 5:1의 경우도 마찬가지이다. 창 5:1-32에는 족보 자료보다 더 많은 내용이 포함되어 있다. 즉 그 부분에서는 아담과 이브의 창조, 에녹의 승천 등이 포함되어 있다. 따라서 오히려 창세기의 헬라어 번역본에 익숙해진 사람들에게는 βίβλος γενέσεως라는 문구가 아담의 족보 목록 이상의 것을 생각나게 해주었을 것으로 생각된다. 즉 일반적으로 창조 당시의 역사를 생각나게 해주었을 것으로 생각된다. 이것은 곧 마태가 그의 복음서를 그런 말로 시작한 것은 하나의 시작과 또 다른 시작 간의 평행, 곧 한편으로는 우주 및 아담과 이브의 창조와 다른 한편

으로는 메시야에 의해서 시작된 새로운 창조 간의 평행을 돋보이게 만들기 위한 것이었다고 해석할 수 있다.

3) 이런 생각은 세 번째 생각으로부터도 지지를 얻게 되는데, 곧 신약성서 다른 곳에서도 예수의 오심이 창세기에 설명된 창조 설화에 해당되는 것으로 생각되기도 한다는 점이다. 예를 들어서 바울은 여러 번에 걸쳐서 "새 창조"를 말하고 있으며(고후 5:17; 갈 6:15), 그는 주님을 "마지막 아담"에 비유하고 있기도 하다(롬 5:12-21; 고전 15:42-50). 또한 요한복음 서론(1:1-18)이 예수의 이야기를 창세기 창조 이야기를 배경으로(ἐν ἀρχῇ) 시작하고 있다는 점도 주목할 일이다.

4) 칠십인역 구약성서의 첫 번째 책의 명칭이 이미 마태복음이 기록되던 당시에 "창세기"(Genesis)로 확정되어 있었다. "창세기"라는 명칭은 이미 마태 시대 이전부터 헬라어 토라의 첫 번째 책의 명칭이 되었다. 그래서 칠십인역의 최초 사본들에 Genesis라는 말이 있을 뿐만 아니라 저스틴(Justin)과 오리겐(Origen) 등도 이미 그런 명칭으로 알고 있었다. 그런데 "창세기"는 βίβλος였다. 그리고 그 이름이 바로 "창세기"였다. 따라서 우리는 마태가 그의 복음서 서두에 βίβλος γενέσεως라는 문구를 사용함으로써 마태복음 독자들로 하여금 토라의 첫 번째 책을 상기하게 하면서 동시에 일종의 "새로운 창세기"(new genesis) 즉 예수 그리스도의 새로운 창세기가 시작된다는 것을 예상하게 만드는 것이 아닌가 하는 생각을 해보게 된다. 그래서 데이비스와 알리슨은 "달리 생각하기가 어렵다"(It is difficult

to think otherwise)고 주장한다.[9] 마태는 그의 복음서를 다른 책의 명칭, 곧 구약성서의 첫 번째 책인 「창세기」로 시작함으로써 분명히 예수의 이야기를 창세기 이야기에 해당되는 것(counterpart)으로 제시하려고 했다는 생각을 할 수가 있다. genesis라는 단어가 칠십인역의 어떤 다른 책들에서보다도 창세기에 더 많이 나오고 있기 때문에 마태가 그 단어를 사용한 것이 구약성서의 첫 번째 책을 상기시키려고 했다는 생각을 더욱 잘 뒷받침해주고 있다.

5) 일단 마 1:1을 잠깐 제쳐 놓는다고 하더라도, 신약성서 전반에 걸쳐서 biblos라는 단어는 "책"(book) 이외에 다른 어떤 것을 의미하지 않는 것으로 생각된다. 교부들의 시대의 경우에도 람페(Lampe)의 자전(字典)에 보면 그 단어는 오직 두 가지 의미만을 갖는데, 곧 "파피루스"와 "책"이었다. 마 1:2-17이나 심지어 마 1:2-2:23이나 1:2-4:16에 "책"이라는 명칭을 붙일 수 없는 것이기에, 마 1:1에 나오는 biblos는 자연히 복음서 전체를 포함하는 것으로 보아야 한다.

6) 마 1:1이 책 전체의 제목인지를 다루는 문제는 마땅히 다음과 같은 점을 함께 고려해야 한다. 즉 유대교의 예언서나 묵시문학 또는 교훈적인 문서들에의 경우 책의 내용을 알려주는 제목과도 같은 독자적인 문장으로 시작되는 것이 일종의 관례라는 사실이다. 예를 든다면 다음과 같다:

■ 나훔 1:1, "An oracle concerning Nineveh. Book of the vi-

---

9 Davies and Allison, *Matthew* (vol. I), 151.

sion of Nahum of Elkosh."

- 도빗 1:1, "Book of the acts of Tobit the son of Tobiel, son of Ananeil⋯."
- 바룩 1:1, "These are the words of the book which Baruch the son of Neraiah, son of Gabael⋯."
- 아브라함 묵시록의 제목, "The book of the revelation of Abraham, the son of Eerah, the son of Nahor⋯."
- 제2 에스드라서 1:1-3, "The second book of the prophet Ezra the son of Seraiah, son of Azariah⋯."

이런 문서들에서 실제로 bilblos라는 말이 책 전체의 제목처럼 사용된 것 이외에 "○○의 아들"이라는 문구가 저자나 주제를 맨 처음 언급할 때 나타나고 있는 사실에 주목할 필요가 있다. 마 1:1에서도 biblos라는 단어와 함께 "○○의 아들"이라는 문구가 나타나고 있기 때문에, 마태 1:1을 책 전체의 제목으로 이해해야 한다는 생각을 잘 뒷받침해주는 셈이다. 마태가 그의 책을 biblos라는 말로 시작하면서 아울러 "○○의 아들"이라는 문구를 사용할 때 그는 분명히 그 당시의 관습을 그대로 따르고 있는 것이라고 말할 수 있을 것이다.

7) 유대교는 종말론적인 구원(redemption)과 renewal을 새로운 시작(a new beginning)으로 생각했다. 마지막 구원자(메시야)는 첫 번째 구원자(모세)와 비슷할 뿐만 아니라, 마지막 때의 세상이 다시금 "태초"(in the beginning) 때와 같게 될 것이다. 더구나 유대인들에게 있어서 출애굽 사건이 창조의 사건과 밀접히 연관되어 있는

점을 고려한다면, 마태복음에 모세 유형론, 혹은 출애굽 유형론이 강하게 드러나고 있는 것도 결국은 마 1:11을 "새로운 창조"(a new creation)에 비추어 해석하는 것이 결코 마태에게 낯선 생각을 본문에 강요하는 것이 아님을 알 수 있다.

8) 마태가 마태복음을 기록할 때, 모세 오경을 염두에 두었다는 생각은 오늘날 널리 인정되고 있다. 마태가 그의 복음서의 기본 구조를 모세 오경의 다섯 두루마리를 생각하여 예수의 설교를 다섯 뭉치로 묶어 기록했고, 그래서 마태복음이 "마태 오경"이라고 불리기도 했다. 이런 사실을 부인할 수 없다면, 마태가 "마태 오경"을 기록하면서 모세 오경의 첫 번째 책인 "창세기"를 자기 책의 제목으로 삼았을 것이라는 생각을 쉽게 지울 수도 없을 것으로 보인다. 이런 여러 가지 점들을 근거로 판단할 때 마 1:1은 마태복음 전체의 제목으로서 "아브라함의 자손과 다윗의 자손인 예수 그리스도에 의한 새로운 창조의 책(Book of the New Creation)"이라는 의미에서 "아브라함과 다윗의 자손이 예수 그리스도의 창세기"라고 번역되고 이해되는 것이 더 적절하다고 생각된다.

마가복음 1장 14절은 "하나님의 '나라'가 가까웠다"인가, "하나님의 '통치'가 가까웠다"인가

이른바 "하나님의 나라" 개념은 예수의 메시지는 물론, 신약성서의 복음을 이해하는 데 있어서 아주 중요한 개념이다. 복음서들 중 최초로 기록된 것으로 알려진 마가복음에 보면, 예수는 갈릴리에서 그의 공생애 활동을 시작하면서 "하나님의 복음"을 전파하는 가운데, "때가 찼다. 하나님의 나라가 가까웠다"(막 1:14)고, 그러니 "회개하고 복음을 믿으라"고 외쳤다. 마태복음에 보더라도 예수가 갈릴리에 나타나 그의 공생애 활동을 시작하면서 외쳤던 첫 메시지는 "회개하라 천국이 가까웠느니라"(마 4:17)였다.[1] 그런데 예수는 열두 제자들을 선택하여 사도로 세운 후에 그들을 파송하면서도 그들에게 "천국이 가까웠다"(마 10:7)는 메시지를 전파하라고 명령하셨다. 그러니까 마태복음의 경우는 예수의 선구자인 세례 요한의 메시지나, 예수 자신의 메시지나, 또한 예수의 후계자들인 제자들의 메시지가 모두 "천국" 즉 "하나님의 나라가 가까이 왔다"는 것을 선포하는 것이라는

---

1 마태복음에서는 예수의 공생애 활동 첫 메시지(4:17)가 그의 선구자였던 세례 요한의 첫 메시지(3:2)에서도 똑같은 내용으로 소개되고 있다.

점에서 통일되어 있는 셈이다. 그래서 마태는 예수께서 전하셨던 복음을 가리켜 한마디로 "천국 복음" 곧 "하늘나라의 복음"이라고 그의 복음서에서 세 번에 걸쳐 명명하기도 했다(4:23; 9:35; 24:14).

이런 점에서 "하나님 나라"에 대한 올바른 이해는 예수의 메시지와 신약성서의 복음을 올바로 이해하는 데 있어서 아주 중요하다고 말하지 않을 수 없다. 더구나 예수에게 있어서 "하나님 나라"의 선포가 아주 중요하다는 사실은 그의 지상 공생애 활동이 "하나님 나라"에 대한 선포로 시작되었을 뿐만 아니라, 그의 공생애 활동이 주로 "하나님 나라의 복음"을 전파하는 것이고,[2] 또 사도행전 1:3에 의하면 예수가 부활한 후 40일 동안 세상에 머무르면서 하셨던 일도 "하나님 나라에 관한 것을 가르치는 일"이었다는 점에서도 분명히 드러나고 있다. 예수는 그의 공생애 활동 가운데서나 그의 부활 이후의 활동에서나 오직 하나님 나라에 대한 선포나 교훈을 아주 중요시했던 것으로 증거되고 있다.

뿐만 아니라 예수는 그의 제자들로 하여금 세상에 나아가 전도할 때, "하나님 나라가 가까이 왔다"고 전파하라고 명령하셨을 뿐만 아니라, 그의 제자들로 하여금 기도할 때에도 "당신의 나라가 임하옵소서"라고 하나님 나라의 조속한 도래를 간구하도록 가르치기도 하셨다(마 6:10). 따라서 "하나님의 나라가 가까이 왔다"는 메시지는 예수의 공생애 활동 첫 번째 메시지로서 중요한 의미를 가질 뿐만 아니라, "하나님의 나라가 가까이 왔다"는 선포는 제자들의 전도의 내용이기도 했고, 또 "(당신의) 나라이 임하옵소서"라는 간구는 예수를 따

---

2 예수 교훈의 핵심이 복음서에서 "천국 비유" 혹은 "하나님 나라 비유"들의 형태로 제시되고 있는 점에 주목할 필요가 있다.

르는 제자들의 끊임없는 기도의 제목이 되어 있기도 하다. 그리고 우리 기독교인들은 일반적으로 하나님 나라가 임하는 때가 세상의 종말이고 그때가 우리의 마지막 구원의 때라고 생각하고 있다. 이와 같은 점들은 "하나님의 나라" 개념이 예수에게 있어서 뿐만 아니라 초대 기독교에 있어서 그리고 오늘날 우리들의 신앙생활에 있어서도 얼마나 중요한 개념인가 하는 것을 잘 말해주고 있는 셈이다.

그러나 이토록 중요한 개념이 많은 기독교인들에게 있어서 정확히 제대로 이해되고 있지 않은 것 같아 보인다. 주요 원인은 "하나님 나라"라고 번역된 헬라어 원문 ἡ βασιλεία τοῦ θεοῦ가 처음부터 정확히 올바로 번역되지 못했기 때문이 아닌가 하는 생각이 든다. 물론 헬라어 원문을 영어로 the Kingdom of God 그리고 우리말로 "하나님의 나라"라고 번역한 것을 꼭 잘못된 번역이라고 말할 수는 없을 것이다. βασιλεία라는 헬라어가 "나라"라는, kingdom이라는 의미를 갖고 있는 것이 사실이기 때문이다. 그러나 그 단어를 그 단어가 갖고 있는 또 다른, 어쩌면 더 중요한 의미를 살려서 번역하지 못함으로써 그 말의 개념을 보다 올바로 이해할 수 없게 된 것이나 아닌가 하는 생각을 하게 된다. 그런 점에서 특히 하나님의 "나라"(kingdom)이라고 번역한 헬라어 원문 βασιλεία의 의미에 대해 좀 더 깊이 살펴보면서 "하나님의 나라"라는 말이 갖고 있는 본래의 의미가 무엇인지 알아볼 필요가 있을 것이다. 먼저 우리는 여기서 헬라어 βασιλεία라는 단어가 kingdom, 즉 "나라"라는 의미 이외에 "통치" 혹은 "지배"라는 뜻을 갖고 있다는 점을 염두에 둘 필요가 있다. 그리고 만일 우리가 이런 의미를 진지하게 받아들일 경우, "하나님의 나라"라는 말의 의미를 보다 더 잘 이해할 수 있게 될 것으로 보인다. 그러나 그보다 먼저 우리는 복음서에서 "하나님의 나라"(the kingdom of God)라는 말 이외에 "하늘나라"(the kingdom of heavens)라는 말이 거의 같은 의미로 사용되고 있는 점부터 살펴보기로 하자.

1. "하나님 나라"와 "하늘나라"

복음서에서는 "하나님의 나라"라는 말을 나타내기 위해서 두 가지 서로 다른 형태의 표현이 사용되고 있다. 하나는 "하나님의 나라"(the Kingdom of God)이고, 다른 하나는 "천국" 혹은 "하늘나라"(the Kingdom of Heavens)이다. 물론 표현은 좀 다르지만 두 용어의 의미에는 아무런 차이가 없어 보인다. 이 점은 마태가 그의 복음서 19:23-24에서 "내가 진정으로 너희에게 말한다. 부자가 **하늘나라**(the kingdom of *heavens*)에 들어가기가 어렵다. 내가 다시 너희에게 말한다. 부자가 **하나님 나라**(the kingdom of *God*)에 들어가는 것보다는 낙타가 바늘귀로 나가는 것이 더 쉬울 것이다"라고 두 표현의 문구를 같은 의미로 바꾸어 사용하고 있는 점에서도 분명히 알수가 있다.

그렇다면 복음서에서 이처럼 서로 다른 용어가 사용되고 있는 이유는 무엇일까? 이 점을 이해하기 위해서는 먼저 신약성서 저자들 가운데 "하나님의 나라"라는 명칭 대신에 "하늘나라", 곧 "천국"이라는 말을 사용하고 있는 사람이 오직 마태라는 사실을 기억할 필요가 있다.3 신약성서 27권 중에서는 마태가, 오직 마태만이 "하늘나라"

---

3 그러나 마태도 그의 복음서에서 예외적으로 "하나님의 나라"라는 표현을 세 번 사용하기도 했으며(19:24; 21:31; 21:43), "내 아버지의 나라"라는 문구를 사용하기도 했다

라는 말을 사용했던 이유는 일반적으로 그가 유대인으로서 유대인 독자들을 향해 복음서를 기록했기 때문인 것으로 알려지고 있다. 왜냐하면 유대인들에게는 그들의 종교적 경건성 때문에 지극히 거룩하고 고귀한 하나님의 이름을 죄인의 입으로 함부로 사용하는 것을 꺼리는 경향이 있었기 때문이다. 그들에게 있어서 하나님의 계명 중의 계명으로 알려진 십계명 가운데서도 "여호와의 이름을 망녕되게 부르지 말라"는 명령이 있지 않은가? 그 때문에 경건한 유대인들은 "하나님"이라는 말 대신에 그 말의 대용어, 혹은 별칭으로 "하늘"[4]이라는 단어를 사용하는 습관을 갖고 있었다.[5] 따라서 마태가 "하나님의 나라"라는 말 대신에 "하늘나라"라는 말을 사용했다고 해서 그가 "하나님의 나라"와는 다른 어떤 것을 의미하고 있다고 생각해서는 안 될 것으로 생각된다.

그러나 마태가 유대인들의 종교적이며 문화적인 전통에 따라 "하나님" 대신에 "하늘"이라는 대용어를 사용했지만, 그래서 그들에겐 "하나님"과 "하늘"이라는 말의 의미에 대해 아무런 혼동이 없었지만,

---

(26:29).

4 특히 마태의 경우, 거의 대부분 "하늘"이라는 단어가 항상 복수형으로 사용되고 있는데, Butler가 지적했듯이 "하늘"을 복수형으로 표현하는 것은 희랍 언어에서는 찾아볼 수 없는 히브리적 용법이다. Cf. B.C. Butler, *The Originality of St. Matthew* (Cambridge, 1951), 147.

5 유대인들이 하나님의 거룩한 이름을 직접 입에 담지 않기 위해 택한 또 다른 방법 가운데 하나는 말이나 문장을 수동형으로 표현하여 하나님이라는 단어의 직접적인 사용을 피하는 방법이었다. 예를 들면, 마 5:4에서 "하나님이 그들을 위로하실 것이다"라고 말하는 대신에 "그들이 위로를 받을 것이라"고 수동형으로 표현하는 것이다. 이런 것을 가리켜 학자들은 "하나님의 수동형"(the divine passive)라고 말한다. J. Jeremias는 공관복음서에서만 이런 수동태가 96번 사용되어 있다고 지적한다. Cf. J. Jeremias, *New Testament Theology*, 11: 마가복음에서 21번, 마태복음과 누가복음의 평행본문에서 23번, 마태복음에서만 27번, 그리고 누가복음에서 25번 나타나고 있다.

그런 문화를 잘 이해하지 못하는 사람들에게 있어서 "하나님" 대신에 "하늘"이라고 사용한 것은 오히려 중요한 오해를 일으키게 된 계기가 되었던 것으로 보인다. 왜냐하면 "하나님"이라는 인격적인 개념이 "하늘"이라는 장소적인, 영토적인 개념으로 바뀜으로 인해서 그 본래의 의미를 쉽게 오해할 수 있게 되었기 때문이다. 실제로 "하나님의 나라"를 "하늘나라" 혹은 "천국"이라고 번역함으로써 "하나님의 나라"를 마치 "하늘"의 어느 곳에 있는 "천당"이나 "낙원" 같은 특별한 지역이나 영토로 오해하는 경향이 생겨난 것으로 보인다. 그러나 여하튼 "하나님의 나라"나 "천국"은 복음서 기자들에게 있어서 그리고 초대교회에 있어서도 모두 똑같은 의미를 가진 용어들이며, 그 뜻은 무엇보다도 "하나님이 직접 다스리시는 통치와 지배"를 의미하는 것이었다.

2. "하나님 나라"(the Kingdom of God)와 "하나님의 통치"(the rule of Heavens)

결국 "하나님의 나라" 개념을 이해하는 데 있어서 중요한 것은 "하나님의 나라"와 "하늘나라" 중 어떤 것이 더 적절한 표현일까 하는 문제가 아니다. 즉 "하나님"이나 "하늘"이라는 말이 중요한 것이 아니라는 말이다. 우리가 "나라"(kingdom)라고, 그래서 천국이라고 "國"이라는 한자를 사용해서 번역한 이 단어의 헬라어 원어는 앞에서 이미 언급했듯이 βασιλεία라는 단어이다. 그런데 이 단어를 과거에는 성서 번역자들이 영어로 번역할 때는 일반적으로 kingdom이라고 번역했고, 그것을 다시 우리말로 번역할 때는 "나라"라고 번역하였다.6 그러나 "하나님의 나라"라는 개념을 이해하는 데 있어서 정말로 중요한 것은 일반적으로 "나라"(kingdom)라고 번역된 이 헬라어 βασιλεία라는 말을 어떻게 이해하고 어떻게 번역해야 하는가에 달려 있다.

과거에는 모든 영어 번역본들이 거의 일률적으로 kingdom이라고 번역해왔지만, 그러나 최근에 와서는 성서학자들이 헬라어 βασιλεία를 영어로 kingdom이라고 그리고 우리나라 말로는 "나라"라고 번역하여 사용하는 것에 대해 반대하는 분명한 경향을 보이고 있다. 왜냐하면 비록 kingdom이라고 번역한 것이 잘못된 오역은 아니라고 하더라도 원어의 의미를 보다 적절하게 전해주는 올바른 번역은 아닐 수 있다는 생각 때문이다. 오히려 kingdom이나 "나라"라고 번역하는 것이 원어가 갖고 있는 또 다른, 더 중요한 의미를 간과하게 만들어 결과적으로 예수의 근본 메시지를 오해하게 만들 수도 있다고 보기 때문이다.

물론 헬라어 βασιλεία에 kingdom 즉 "나라"라는 의미가 있는 것은 분명하다. 그래서 실제로 "하나님 나라" 혹은 "천국"(=하늘나라)이라는 말이 공간적인 의미로 사용된 경우들도 있는 것으로 보인다. 예를 들어, "하나님 나라에 들어간다"(막 9:47; 10:25; 마 21:31)는 말들이 그렇다. 그래서 하나님 나라는 특히 의인들을 위해 하늘의 잔치가 베풀어지는 곳으로 묘사되고 있기도 하며(막 14:25), 이런 의미에서

---

6 King James Version을 비롯한 대부분의 영어 번역본은 거의 예외 없이 "the Kingdom of God"이나 "the Kingdom of Heavens"라고 번역했다. 예외적으로 James Moffatt의 개인 번역본인 *The New Testament: A New Translation*에서는 "kingdom"이라는 말 대신에 "reign"이라는 말로 번역하였다. 개역 성경을 비롯한 대부분의 우리말 한글 번역본들은 거의 예외 없이 "하늘나라" 혹은 "하나님의 나라"라고 번역했다.

"하나님의 나라"는 구원이 성취되어 아브라함과 이삭과 야곱과 더불어 기쁨의 구원을 나누는 축복된 장소라는 의미로 사용되고 있기도 하다.

그러나 최근에 와서 성서학자들은 헬라어 βασιλεία라는 말이 갖고 있는 일차적인 의미에 따라서 영어로 kingdom, 혹은 우리나라 말로 나라라고 번역하여, 영토적인 의미 혹은 지역적이며 공간적 의미를 부각하는 것보다는, 오히려 βασιλεία라는 말이 갖고 있는 또 다른 중요한 의미, 곧 "통치"(reign), "다스림" 혹은 "지배"(rule)와 같은 역동적(dynamic)인 의미를 부각시켜 번역하는 것이 예수의 메시지와 신약성서의 교훈에 보다 더 적절하다는 점을 강조하고 있다. 그래서 영어권의 성서학자들은 최근에 와서 "the kingdom of God" 대신에 "the rule of God"(하나님의 지배) 혹은 "the reign of God"(하나님의 통치)이라는 말로 번역하여 사용하는 경향으로 바뀌어 가고 있다.7 이런 표현이 "하나님 나라"라는 말이 갖고 있는 본래의 뜻을 더 잘 나타내주고 있다고 생각되기 때문이다.

결국 복음서 기자들이 "하나님 나라"라는 말을 사용할 때, 그들은 일차적으로 "하나님이 다스리시는 영토나 지역"을 생각한 것이 아니라, 무엇보다도 "하나님의 다스리심", "하나님의 직접적인 통치나 지배"를 생각했다고 보는 것이 더 옳을 것으로 생각된다. 세례 요한과

---

7 Robert J. Miller가 편집한 *The Complete Gospels: Annotated Scholars Version* (A Polebridge Press Book, 1994)에서는 헬라어 βασιλεία τοῦ θεοῦ를 "kingdom of God"이라는 말 대신에 일관되게 "God's imperial rule"이라고 번역하고 있다. Robert W. Funk, Roy W. Hoover, and The Jesus Seminar가 편집한 *The Five Gospels: The Search for the Authentic Words of Jesus* (HarperCollinsPublishers, 1993)에서도 똑같이 "kingdom of God"이라는 번역 대신 "God's imperial rule"이라고 번역하였다.

예수와 그의 제자들이 "하나님의 나라가 가까이 왔다!"고 선포했을 때, 그들은 지역이나 영토적인 의미에서 하나님의 나라가 지금 이 지상으로 우리에게 가까이 접근하고 있다는 것을 말한 것은 아니라고 생각된다. 예수 당시 유대인들은 오랜 유대교의 묵시문학의 전통에 따라서 하나님이 더 이상 악한 세력들이 이 세상을 통치하며 다스리는 것을 참지 못하고, 이제 세상의 새로운 질서를 회복하기 위해 하나님께서 직접 통치하며 다스리시려고 나설 때가 가까이 임박했음을 믿었고, 예수와 복음서 기자들이 바로 그것을 선포한 것으로 보인다.

이런 선포는 그 당시 로마 제국의 지배, 또는 악의 세력, 또는 각종 세상 사람들의 지배 아래서 많은 고난을 당해오면서, 늘 그런 것들로부터의 해방을 고대하면서 하나님이 직접 다스리시는 구원의 때가 빨리 임할 것을 갈망하고 있던 사람들에게는 분명히 "기쁜 소식" 곧 "복음"이 되었을 것이다. 따라서 우리는 먼저 하나님 나라 개념이 갖고 있는 정적인(static) 의미보다는 그 말의 역동적인(dynamic) 의미에 그리고 하나님 나라의 공간적이며 영토적인 의미보다는 하나님의 직접적인 지배와 통치라는 역동적인 의미를 담아 예수의 "하나님 나라 선포"를 이해해야 될 것으로 생각된다. 따라서 예수의 공생애 활동 첫 메시지는 오히려 "때가 찼다. 하나님의 통치가 가까이 왔다"(막 1:14)라고 그리고 "회개하라. 하늘의(=하나님의) 통치가 가까이 왔다"(마 4:17)라고 읽는 것이 복음서 저자의 본래 의도에 더 가깝게 읽는 것이라고 생각된다.

마태복음 8장 7절은 "내가 가서 고쳐주마!"인가, "내가 가서 고쳐주어야 하나?"인가

헬라어로 처음 기록된 신약성경 〈원문〉(the original text)은 현재 이 세상 어디에도 존재하지 않는다. 다만 그 원문을 베껴놓은 사본들만이 수없이 존재할 뿐이다. 그러나 유감스럽게도 원문을 필사하는 과정에서 성경 원문이 여러 필사자들의 손에 의해서 적지 않게 와전된 것이 사실이다. 물론 대부분의 사본 필사자들이 나름대로 원문을 정확히 전달하여 보존하려고 애썼던 사람들이었다는 점은 틀림없다. 그러나 필사자들로서는 본의 아니게, 또는 무의식적으로 원문과 다르게 기록함으로써 원문과는 다른 본문을 전해주기도 했다.[1] 이와 같은 본문의 와전은 헬라어 사본들의 경우, 특히 권위 있는 고

---

1 물론 본의 아니게 무의식적으로 본문을 와전시키는 경우도 있었지만 때로는 필사자들이 의도적으로 원문과 다르게 기록하는 일도 간혹 있었다. 이런 경우 비록 의도적이기는 했지만 대부분 좋은 의도에서 나온 것으로 생각된다. 왜냐하면 어느 정도 전문적인 지식을 갖고 있는 필자자의 입장에서 볼 때, 헬라어 본문 자체에 문법적으로 틀린 곳이나 혹은 철자법이 제대로 지켜지지 않는 단어나 문장이 있을 경우, 잘못된 원문의 철자법이나 문법적 과오를 바로 잡아 교정하는 일이 있었기 때문이다. 그러나 이 경우에도 비록 선한 의도로 원문의 문법적 오류를 바로 잡아 기록한 일이라고 하더라도 원문을 원문 그대로 정확하게 기록하여 전하지 않았다는 비난은 면할 수 없을 것이다.

대 대문자 사본들의 경우, 파피루스나 양피지에 기록된 원문의 글자들이 파피루스나 양피지 재질의 열악성 때문에 많이 변색되거나 혹은 부분적으로 파손 또는 훼손되어서 원문 자체를 정확히 읽어낼 수가 없어서 생기는 경우들도 많았다.

그러나 그런 것들만 있었던 것은 아니다. 고대 권위 있는 사본들인 헬라어 대문자 사본들에서는 '띄어쓰기'나 '쉼표'나 '마침표', 또는 '의문형'이나 '감탄형'의 표기 같은 것들이 전혀 없었기 때문에, 필사자들의 입장에서는 원문의 문장이 어디서 끝나고 있는지 그리고 때로는 그 문장이 '서술형'인지 '질문형'인지를 판단하기가 매우 어려울 수밖에 없었다. 글로가 아니라 말로, 즉 입으로 전해주던 구전 시대에는 문장이 어디서 끝나고 있는지? 그리고 서술형인지? 질문형인지? 말해주는 사람의 숨고르기와 억양 때문에 듣고 이해하는 데 별다른 문제가 없었을 것으로 생각된다. 그러나 나중에 기록된 글, 그것도 띄어쓰기나 마침표 그리고 의문형이나 감탄형의 표기 같은 것이 전혀 없는 대문자 사본을 글을 통해서만 읽게 되는 필사자들의 입장에서는 문장이 어디서 끝나는지 그리고 의문형인지, 감탄형인지, 확실히 알기 어려운 경우가 많았고, 따라서 그런 경우에는 자연히 필사자 자신의 개인적인 판단에 따라 사본을 기록할 수밖에 없었을 것이다. 그런데 바로 그런 경우, 간혹 원문의 의도와는 다르게 단어나 문장을 띄어쓰기할 때도 있었고, 때로는 서술형의 문장을 의문형으로, 혹은 의문형의 문장을 서술형으로 기록함으로써 원문 저자가 의도했던 것과는 다른 의미의 문장을 기록하여 전해주는 일이 생겨나기도 했다. 따라서 성경 본문을 정확히 찾아내서 올바로 해석해 내려는 연구가의 입장에서는 이런 모든 가능성을 염두에 두고 성경 본문의 의미, 곧 저자의 의도를 정확히 찾아내도록 노력해야만 할 것이다.

이런 점을 염두에 두고, 마태복음 8:7의 본문을 다시 읽어보면서, 이 구절을 어떻게 읽고 번역하는 것이 가장 옳을지 알아보고자 한다. 마 8:7의 경우, 이 본문을 '서술형' 문장으로 읽을 때와 '질문형' 문장으로 읽을 때의 의미가 아주 달라질 수밖에 없기 때문이다. 물론 이와 똑같은 문제를 우리는 우리 말 성경 다른 곳에서도 많이 찾아볼 수 있다. 예를 들어, 겟세마네 동산에서 예수가 세 번 물러가 기도한 후, 세 번째로 제자들에게 돌아왔을 때, 제자들은 여전히 자고 있었다. 그때 예수께서 잠들어 있는 제자들을 보시고 하신 말씀이 〈개역〉에서는 "이제는 자고 쉬라. 그만이다. 때가 왔도다"라고 서술형 혹은 명령형으로 번역되었는데, 〈새 번역〉에서는 "아직도 자느냐? 아직도 쉬느냐? 그만하면 넉넉할 것이다. 때가 왔다"라고, 또 〈공동번역〉에서도 "아직도 자고 있느냐? 아직도 쉬고 있느냐? 그만하면 넉넉하다. 자, 때가 왔다"라고 질문형으로 번역되어 있다. 그러나 이 경우에는 예수의 이 말씀 자체가 신학적으로 그렇게 중요한 의미를 가진 것이 아닐 수 있기에, 본문의 의미 해석에 큰 영향을 주지 않는다고 생각할 수도 있다.

그러나 마 8:7의 경우는 좀 다르다. 이 구절은 예수가 이방인 백부장의 종을 고쳐주는 이적 이야기 가운데 나오는 예수의 말씀인데, 이것을 서술형으로 읽을 것인지 아니면 질문형으로 읽을 것인지가 본문 해석에 중대한 영향을 주기 때문이다. 이 이적 이야기는 마태복음과 누가복음에 거의 비슷한 내용으로 소개되어 있다. 이 사건의 무대는 가버나움이었고(마 8:5; 눅 7:1), 병 고침을 원했던 사람이 모두 이방인인 로마의 백부장이었다(마 8:5; 눅 7:2). 그리고 두 복음서에서 모두 예수는 병자 자신을 직접 만나보지도 않은 상태에서 말씀으로만 병자를 고쳤다. 이른바 원거리 치료(a healing at distance)라고 하는 점에서 공통점을 갖고 있다.

그러나 두 본문 간에 주목할 만한 차이점들도 있다. 첫 번째 차이점은 예수의 병 고침이 필요했던 사람이 마태복음에서는 백부장의 '아들'(son)이지만, 누가복음에서는 '종'(servant)이었다. 그러나 헬라어 단어 ὁ παῖς가 "어린아이"(child), "아들", "종"을 다 의미할 수 있기 때문에 이 차이도 본문의 해석과 이해에 그렇게 중요해 보이지 않는다. 그러나 두 번째 차이점은 아주 중요해 보이며, 따라서 우리가 여기에 특별히 주목할 필요가 있다. 즉 마태복음의 경우에는 백부장이 예수를 직접 찾아와 자기 종을 고쳐달라고 부탁한 것으로 되어 있다(마 8:5-6). 그러나 누가복음에서는 백부장이 예수를 직접 찾아와 부탁한 것이 아니라, 자기 대신에 유대인의 장로 몇 사람을 예수께 보내 자기 종을 고쳐 달라고 부탁하였다(눅 7:3). 이 백부장은 "주님… 저는 주님을 제 집에 모실만한 사람이 못 됩니다. 그래서 저 자신이 감히 주님을 만나 뵈올 생각조차 못합니다"(눅 7:6-7)라고 말한 데서 알 수 있듯이, 그는 감히 주님을 직접 만나보려는 생각조차 못하고 있었다. 백부장이 그렇게 말한 배경에는 그 당시 유대인이 이방인과 접촉하는 것이 율법에 금지되어 있었기 때문에,[2] 예수가 이방인 백부장을 직접 만나주지 않을 것이라는 생각도 반영되어 있는 것

---

2 그 당시 유대인이 이방인과 접촉하는 것은 율법으로 금지되어 있었을 뿐만 아니라(cf. 행 10:28, "유대사람으로서 다른 나라 사람들과 사귀거나 가까이하는 일이 불법이라"), 유대인이 사마리아인과도 만나지 않았다(cf. 요 4:9, "유대사람과 사마리아사람들은 상종하지 않기 때문입니다").

으로 보인다. 그래서 백부장은 자기가 직접 예수를 찾아가 만나서 부탁할 생각을 하지 못하고 자기의 유대인 장로 친구들을 중개자로 내세워 예수께 부탁했던 것으로 생각된다.

그런데 마태복음에서는 누가복음의 경우와 달리 백부장이 예수를 직접 찾아와 "주님, 제 종이 중풍병으로 집에 누워 몹시 괴로워하고 있습니다"(마 8:6)라고 말하면서 자기 종을 고쳐달라고 부탁한 것으로 되어 있다. 그런데 문제는 이것이 쉽게 이해하기 어려운 아주 놀라운 사실이라는 점이다. 왜냐하면 복음서들 중에서 마태복음은 가장 보수적인 유대인의 관점을 드러내고 있는 복음서로 알려지고 있는데, 이런 마태복음에서 오히려 누가복음의 경우와 달리 이방인 백부장이 직접 예수를 찾아와 부탁한 것으로, 그래서 유대인 예수가 이방인 백부장을 직접 만났던 것으로 기록되어 있기 때문이다.

그런데 우리말 번역 성경을 그대로 받아들일 경우, 우리는 그것보다 더 놀랍고도 더 중요한 사실은 보게 된다. 그것은 마태복음에서 예수가 백부장의 요청을 직접 받고 난 후에, 조금도 주저함이 없이 곧바로 "내가 가서 고쳐주마"(마 8:7)라고 말씀하신 점이다.[3] 예수의 이 말씀은 마태복음이 그의 복음서 여기저기에서 유대인과 이방인 간의 관계에 대해 누가복음보다 훨씬 더 보수적인 유대적인 관점을 강하게 드러내고 있는 점을 고려할 때 이해하기 어렵다. 즉 마태복음에서 예수는 열두 제자들을 선택한 후에 그들을 전도 파송하면서 "이방사람들의 길로도 가지 말고, 또 사마리아 사람들의 도시에도 들어

---

3 〈개역〉에서는 "내가 가서 고쳐 주리라", 〈새 번역〉과 〈공동 번역〉에서는 "내가 가서 고쳐주마." 영어 번역본들에서도 대체로 "I will come and heal him"이라고 번역하였다 (KJV, RSV, ASV, NET, 등등).

가지 말라. 다만 이스라엘 집의 잃은 양에게로 가라"(마 10:5-6)고 말씀하신 분이다. 그리고 이방인 여인, 곧 가나안 여인이 예수를 찾아와 귀신들린 자기 딸을 고쳐달라고 부탁했을 때에도 "나는 오직 이스라엘 집의 잃은 양을 위해서만 보내심을 받았다"(마 15:24), "자녀들의 떡을 취하여 개에게 던져줌이 마땅치 않다"(마 15:26)고 말씀하신 분이다. 이 예수가 마태복음에서 이방인 백부장을 직접 만나주었을 뿐만 아니라, 거기서 더 나아가 아무런 거리낌이나 주저함이 없이 이방인의 집을 찾아가겠다고 말하면서, 그에게 "내가 가서 고쳐주마"라고 말한 것은 정말이지 놀라운 일이요, 이해하기 어려운 일이 아닐 수 없다. 누가복음에서 오히려 유대인 예수와 이방인 백부장의 직접적인 만남 사이에 주저하는 모습이 나타나고 있는 점을 감안할 때, 마태복음에서 예수가 이처럼 이방인 백부장의 요청에 대해 아무런 거리낌이나 주저함이 없이 곧바로 대응하는 것은 정말이지 이해하기 어려운 이상한 일이라고 생각하지 않을 수 없다.

더구나 마태복음 8:7에 기록된 예수의 이 말씀은 마태복음에만 나오며, 평행 본문인 누가복음에서는 찾아볼 수 없는 말씀이다. 따라서 누가복음의 경우, 백부장이 예수께 직접 나아가 병 고침을 요청하지 못하고 자기 대신에 유대인의 장로 몇 사람을 보낸 점이나, 또 그들이 예수께 백부장의 요청을 들어줘야 할 이유를 길게 설명하고 있는 점만을 본다면, 마태복음의 예수가 오히려 이방인과의 만남에 대해 보다 더 적극적이고도 즉각적인 의지를 갖고 있는 것처럼 보인다. 마 8:7에서 볼 수 있는 이와 같은 예수의 모습은 전혀 유대인답지 않은 모습, 그리고 특히 마태복음의 예수답지 않은 모습이라고 말하지 않을 수 없다.

우리가 마태복음에서 이런 이해하기 어려운 예수의 모습을 만나게 되는 이유는 무엇일까? 한 마디로 그 이유는 마 8:7의 헬라어 원문을 잘못 이해하고, 잘못 번역했기 때문에 생겨난 것이라고 볼 수밖에 없어 보인다. 만일 우리가 이 구절의 헬라어 원문을 다시 주의 깊게 읽어본다면, 다른 의미로 읽을 수 있게 될 뿐만 아니라, 마태복음의 예수다운 모습을 제대로 볼 수 있게 된다. 우리는 여기서 다시금 마태복음에서 예수가 이방인에게 나아가 도움을 주는 일에 대해 분명히 부정적이거나 혹은 상당히 주저하는 그런 조심스런 태도를 보이고 있다는 사실을 기억할 필요가 있다. 마 10:5-6에서 열두 제자들로 하여금 "이방인의 길로도 가지 말고 사마리아인의 고을에도 들어가지 말고 오히려 이스라엘 집의 잃어버린 양에게로 가라"고 명령했던 예수를 기억할 필요가 있다. 그리고 또 마 15:21-28에서 "나는 오직 이스라엘 집의 잃은 양을 위해서만 보내심을 받았다"고, 그래서 "자녀의 떡을 취하여 개들에게 던짐이 마땅치 않다"고 말씀하셨던 예수를 기억할 필요가 있다. 이런 예수의 모습이 바로 그 당시 이방인에 대해서 갖고 있던 보통 유대인들의 일반적인 모습이다. 이런 예수가 누가복음과도 달리 이방인 백부장을 직접 만나준 것도 이상하거니와, 그의 부탁을 받고는 조금도 주저함 없이 곧바로 "내가 가서 고쳐주마"라고 말씀하신 것은 더욱 이해하기가 어려운 일이 아닐 수 없다.

우리가 마태복음 8:7에서 유대인 예수답지 않은 예수의 모습을 보게 되는 원인은 한마디로 말해서 번역자들이 마 8:7을 '질문형'으로 읽지 않고 '선언문'으로 읽고, 그렇게 번역했기 때문이다. 물론 마 8:7($\dot{\epsilon}\gamma\dot{\omega}$ $\dot{\epsilon}\lambda\theta\dot{\omega}\nu$ $\theta\epsilon\rho\alpha\pi\epsilon\acute{\upsilon}\sigma\omega$ $\alpha\dot{\upsilon}\tau\acute{o}\nu$)의 헬라어 대문자 사본에는 본

래 아무런 구두점 표시가 없었기 때문에, 사실상 선언문으로 읽을 수도 있고, 또 질문형으로 읽을 수도 있기는 하다.[4] 그런데 과거 대부분의 번역자들은 예수가 평소에 늘 병든 사람들을 지체 없이 고쳐주셨던 점을 생각하면서 이 본문을 번역함에 있어서도 예수가 아무런 주저함이 없이 이방인 백부장을 만나고 곧바로 그의 집을 찾아가 그의 아들을 고쳐주려고 했던 것으로 이해하고, 그렇게 서술문 혹은 선언문으로 번역했던 것으로 보인다. 그러나 마 8:7은 선언문("내가 가서 고쳐주마")로 읽을 문장이 아니라, 질문형 혹은 의문문("내가 가서 고쳐줘?")라고 읽어야 할 문장이다. 의문문으로 읽을 경우, 마 8:7의 의미는 "내가 유대인으로서 어떻게 이방인의 집에 들어가 고쳐 줄 수가 있나?"라는 의미가 될 수 있다. 그런데 다행히 마 8:7을 다른 많은 영어 번역들과는 달리 실제로 의문형으로 "내가 가서 그를 고쳐주어야 하나?"라고 번역한 사람도 있었고, 그렇게 번역한 영어번역본도 있다.[5]

그리고 특히 독일의 성서학자인 울리히 루츠(Ulrich Luz)는 그의

---

4 아마도 이 이야기가 구전으로 전해질 때는 전하는 사람의 그 당시 억양 때문에 '서술문'과 '의문문'의 식별에 별다른 어려움이 없었을 것이다. 그러나 나중에 이 이야기가 대문자 사본으로 기록되어 문서로 전해질 대에는 띄어쓰기나 구두점 표시들이 없었기 때문에 읽는 사람에 따라 그때그때 마다 달라질 수 있었을 것으로 보인다.

5 E.V. Rieu는 그의 복음서 연구서인 *The Four Gospels*에서 "Am I to come and heal him?"이라고 질문형으로 번역했다. Cf. *The New Testament from 26 Translations*, ed. by Curtis Vaughan (Zondervan Publishing House, Grand Rapids, Michigan, 1967), 30; 그리고 New International Verson에서도 "Shall I come and heal him?"이라고 '질문형'으로 번역했다. R.T. France도 마 8:7을 "Jesus' testing question"으로 보고 있다. Cf. *Matthew: Evangelist and Teacher* (Exeter: the Pater- noster Press, 1989), 233: "Jesus' testing question, 'Shall I come and heal him?', raises the issue of the appropriateness of a Jewish healer being called to a Gentile patient, or even entering a Gentile house...."

『마태복음 주석』에서 이 구절은 마땅히 '질문형' 혹은 '의문문'으로
이해해야 한다고 강력히 주장하면서,6 예수가 백부장의 요청을 들어
준 것이 아니라, 실제로 "거부"했는데, 그것은 예수가 그 당시 유대인
으로서 이방인을 만날 수도 없고, 또 이방인의 집에 들어갈 수 없었
기 때문이라고 말한다. 따라서 울리히 루츠의 번역에 따라 8장 7절
을 읽으면 본문은 "아니 내가 유대인으로서 도대체 어떻게 이방인의
집에 들어가 고쳐 줄 수가 있나?"라는 의미로 읽을 수 있게 된다. 예
수가 마태복음에서 다른 어떤 복음서들에서보다 훨씬 더 율법에 충
실한 유대인으로 소개되고 있기 때문에 이런 번역과 이해가 더 옳다
고 보아야 마땅할 것이다.

　그리고 이렇게 본문을 읽고 이해할 때, 우리는 예수가 처음에는
이방인과의 접촉에 대해 주저, 혹은 거부하는 태도를 보이기는 했지
만, 그러나 "지금까지 내가 이스라엘사람들 가운데서 이런 믿음을 본
일이 없다"(마 8:10)고 말한 예수의 말씀에서 알 수 있듯이, 어느 이
스라엘사람이나 어느 유대인보다도 더 대단한 이 백부장의 믿음을
확인하고, 끝내 예수가 직접 가서 고쳐준 것으로 읽을 수 있게 된다.
그리고 이 백부장은 결국 '예수가 유대인으로서 처음에는 이방인을

---

6 Ulrich Luz는 자신의 해석이 타당한 이유에 대해 다음과 같은 두 가지 이유를 제시하고
있다. 첫째는 8장 7절에서 문장의 주어인 "내가"(ἐγώ)라는 인칭대명사가 문장의 제일
앞에, 즉 강조의 위치에서 사용되고 있는데 이것이 '질문형'으로 이해할 때에만 의미가
통하기 때문이다. 왜냐하면 헬라어 문장에서 보통 인칭대명사는 사용되지 않는데, 여기
서 "내가"(ἐγώ)라는 인칭대명사가 사용된 것은 "아니 유대인인 내가…"라는 그런 강조
의 의미를 가지고 있는 것으로 보이기 때문이다. 그리고 둘째는 예수가 마태 15장에서
도 이방인인 가나안 여인의 요청을 거부하고 있기 때문이라고 말한다. Cf. Ulrich Luz,
Matthew 8~20: Commentary, Hermeneia - A Critical and Historical Commentary
on the Bible (Minneapolis: Fortress Press, 2001), 8.

반대하고 거부했음에도 불구하고 끝까지 포기하지 않았던 이방인',
다시 말해 "믿음"으로 예수의 반대와 거부를 끝내 극복하고 자신의
소원을 성취한 이방인으로 소개되고 있다고 보아야 할 것이다. 따라
서 우리는 마 8:7을 많은 번역 성경들의 경우처럼 서술문이나 선언
문으로 읽을 것이 아니라, 일부 번역 성경이나 특히 독일 성경학자인
울리히 루츠의 주장대로 질문형이나 의문문으로 읽어야 할 것이다.
그것이 그 당시 유대인이었던 예수의 입에서 들을 수 있는 당연한
말씀일 뿐만 아니라, 마태복음 저자가 의도했던 본래의 의도에도 더
가까운 본문이라고 생각되기 때문이다.

마가복음 11장 16절에서 σκεῦος는 "물건"인가, "제사용 그릇"인가

예수가 예루살렘에 입성한 후에 성전에 들어가 성전 안에서 매매하는 자들을 내쫓고 돈 바꾸는 자들의 상과 비둘기를 파는 자들의 의자를 뒤엎었던 일은 모든 복음서들에 다 기록되어 전해지고 있다.[1] 이 이야기는 일반적으로 예수가 성전을 "숙정" 혹은 "청소"하신 이야기라고 알려져 있다. 그래서 우리말 〈새 번역 성경〉은 이 본문에 "성전을 깨끗하게 하신 예수"라고 그리고 〈개역 개정〉은 "성전을 깨끗하게 하시다"라고 원문에도 없는 제목을 달아 소개하고 있기도 하다.[2] 그러나 이런 본문 제목들은 마가복음 저자의 본래 의도를 제대로 이해하지 못하게 만드는 잘못된 명칭들이라고 생각한다.

이 본문을 이야기를 가리켜 "성전 청소" 혹은 "성전 숙정"이라고 부르는 것은 마가복음 저자의 본래 의도를 잘못 이해한 결과이고, 독자의 본문 이해를 오도할 수 있는 잘못된 명칭이라는 점은 분명해

---

1 막 11:15-19; 마 21:12-17; 눅 19:45-48; 요 2:13-22.
2 영어 성경들에서도 대부분 이 본문에 "the cleansing of the temple"이라는 명칭을 붙이고 있다.

보인다. 이 점은 마가복음 연구가들에 의해서 이미 잘 지적된 바 있다. 마가는 이 본문 이야기를 '무화과나무 저주 사건'과 밀접히 연결시켜 소개함으로써3 이 본문 이야기를 '무화과나무 저주 사건'과 짝을 이루는, 아니 그것에 맞먹는 '성전 저주 사건'으로 소개하고 있기 때문이다. 그래서 마가복음 연구가들은 과거에 이 본문에 무비판적으로 붙여온 "성전 청소" 혹은 "성전 숙정"이라는 명칭은 결코 마가의 의도에 적합한 명칭이라고 볼 수 없다고 지적하였다. 마가의 본래 의도는 이 본문 이야기를 통해서 "성전의 종말"(the ending of the temple), 혹은 "성전의 무력화"(the disqualification of the temple)를 선포하는 데 있다고 보기 때문이다. 그래서 켈버(Werner H. Kelber)는 이 본문이 말하는 것은 "성전이 갖고 있는 상업적이며 종교적인 기능의 폐쇄"(the shutting down of the business and religious function of the temple)라고 말한다.4 바로 이런 점에서 마가의 본문 이야기는 마태와 누가가 그리고 요한이 소개하는 "성전 숙정 이야기"들과도 아주 다른 메시지를 갖고 있다고 볼 수 있다.5

---

3 마가복음 연구가들은 마가가 그의 복음서를 기록할 때, 한 이야기를 다른 이야기 가운데 삽입 첨가하여 소개하는 그런 독특한 편집 방법을 사용하고 있다고 그리고 이것이 마가 의 특별한 문학적 기교 가운데 하나라고 인정하면서 이런 방법을 가리켜 "inclusio", "intercalation", "intertwine" 혹은 "sandwich" 방법이라고 말한다. 이 경우는 '성전 저주 사건'(11:15-19)이 '무화과나무 저주 사건'(11:12-14, 20-25) 가운데 편집되어 있다.
4 W.H. Kelber, *Mark's Story of Jesus* (Philadelphia: Fortress Press, 1979), 62. Ched Myers도 Kelber와 비슷하게 "shutting down of temple operations altogether"라고 말한다. Cf. *Binding the Strong Man: A Political Reading of Mark's Story of Jesus* (New York: Orbis Books, 1988), 301.
5 누가복음의 경우에는 예수가 성전을 청소한 후에 성전에서 가르치셨다고 말함으로써 성전 청소의 목적이 성전에서의 교훈을 위한 준비 작업이었음이 드러나고 있다. 이렇게 누가는 성전을 예수의 교육 장소로 보고 있기에 성전에 대해 어느 정도 긍정적인 관점을 갖고 있다고 말할 수 있다. 마태복음의 경우 예수는 성전을 청소한 후에 "성전 뜰에서"

마가의 이런 독특한 메시지를 올바로 이해할 수 있는 열쇠는 오직 마가복음 본문 가운데서만 읽을 수 있는 다음과 같은 언급, 곧 "아무나 물건을 가지고 성전 안으로 지나다님을 허락하지 아니하셨다"(막 11:16)는 말에서도 찾을 수 있다. 그런 점에서 막 11:16에 대한 올바른 이해는 아주 중요하다고 말하지 않을 수 없다. 그런데, 유감스럽게도 우리말 성경들이 그 구절을 정확히 번역하지 못함으로써 그 구절과 함께 그 본문 이야기의 메시지 전체를 올바로 이해할 수 없게 만들었다는 생각을 들게 만든다. 문제는 막 11:16에 나오는 헬라어 단어 σκεῦος를 제대로 보다 정확하게 번역하지 못했기 때문인 것으로 보인다. 먼저 우리말 성경들이 그 구절을 어떻게 번역했는지 살펴보기로 하자:

- 개역 한글: "아무나 기구를 가지고 성전 안으로 지나다님을 허치 아니하셨다."

맹인이나 앉은뱅이 같은 병자들을 고쳐주셨다고 말함으로써 성전을 예수께서 사람들을 온전케 만드는 곳으로 이해하고 있다. 이 점에서 마태 역시 성전에 대해 긍정적인 관점을 갖고 있다고 볼 수 있다. 이런 의미에서 누가의 경우에는 "성전 청소", 마태의 경우에는 "성전 숙정"이라는 명칭이 더 잘 어울릴 수 있다. 그러나 요한복음의 경우에는 마가와 마찬가지로 성전에 대해 아주 부정적이다. 요한은 성전 청소의 이야기를 예수가 갈릴리 가나의 혼인 잔치에서 물로 포도주를 만든 표적 뒤에 소개함으로써, 즉 먼저 나온 포도주보다 나중 나온 포도주가 훨씬 더 맛있다는 이야기를 통해 먼저 나온 유대교 신앙보다 나중 나온 기독교 신앙이 훨씬 좋다는 종교적 변증 뒤에 소개함으로써 그리고 다른 복음서에서는 나타나지 않는 말씀, 곧 "이 성전을 허물어라. 그러면 내가 사흘 만에 다시 세우겠다"(요 2:19)라는 말씀과 함께 "예수께서 말씀하신 그 성전은 자기 몸을 두고 하신 말씀이었습니다"(요 2:21)라는 말씀을 첨가함으로써 유대교의 성전이 보다 나은 성전인 예수에 의해 대치될 것임을 증거하고 있다. 따라서 "성전 저주"(the cursing of the temple)를 선언하고 있는 마가와 마찬가지로 "성전 대치"(the replacement of the temple)를 주장하고 있는 요한은 똑같이 성전에 대해 부정적인 관점을 보이고 있는 셈이다.

- 개역 개정: "아무나 물건을 가지고 성전 안으로 지나다님을 허락하지 아니했다."
- 공동 번역: "물건들을 나르느라고 성전 뜰을 질러 다니는 것도 금하셨다."
- 새 번역: "누구든지 물건들을 가지고 성전 뜰을 통로처럼 사용하는 것을 금하셨다."
- 현대어성경: "물건들을 가지고 성전 뜰을 지나다니는 것도 못하게 하셨다."

거의 예외 없이 헬라어 단어 σκεῦος를 "기구" 혹은 "물건"으로 번역하였다. 그런데 "기구" 혹은 "물건"이라는 번역은 아주 애매하여 성전 안에서의 예수의 행동을 바로 이해하는 데 별로 도움이 되지 않는다고 생각된다.

물론 헬라어 σκεῦος라는 단어가 "기구" 혹은 "물건"이라는 의미를 갖고 있어 그렇게 번역하는 것을 가리켜 꼭 잘못된 오역이라고 말할 수는 없을지 모른다. 실제로 그 단어가 마가복음 3:27에서는 "사람이 먼저 강한 자를 결박하지 않고는 그 강한 자의 집에 들어가 세간(σκεῦος)을 강탈하지 못한다"고, "세간"이나 "기구" 혹은 "그릇"이나 "물건"을 의미하는 것으로 사용되어 있기도 하다.[6] 그러나 그 단어가 성전과 관련해서 사용될 경우에는 "제의용 기구" 혹은 "제사용 물건들"을 가리키는 것이기에 막 11:16을 번역할 때는 도리어 "제의용 기구들"이라고 번역하는 것이 더 적절하고, 또 예수의 금지 명

---

6 그리고 복음서 다른 곳에서도 "물건"이나 "그릇"을 가리키는 의미로 사용되기도 했다 (눅 8:16에선 "그릇"; 17:31에선 "세간"; 요 19:29에선 "그릇" 등등).

령의 의미를 보다 더 확실하고 분명하게 이해할 수 있게 해준다고 생각된다. 예를 들어, 히브리서 9:21에 보더라도, 모세의 율법에 따라 거의 모든 물건이 피로써 정결케 되기 때문에, "피를 장막과 섬기는 일에 쓰는 모든 그릇(σκεῦος)에 뿌렸느니라"고 기록되어 있다. 이때에 사용된 "그릇"(σκεῦος)은 분명히 제사용 그릇들이다. 따라서 예수가 성전에 들어가 제사가 행해지는 "성전 뜰"에서 "아무나 물건(σκεῦος)을 가지고 성전 안으로 지나다님을 허락하지 않았다"는 말은 결코 일반적인 "물건"이나 "기구"가 아니라, 또는 일반적인 의미의 "그릇"이 아니라, "제사용 그릇" 즉 "제의용 물건"들이라고 보아야 옳을 것이다. 따라서 막 11:16은 당연히 예수가 성전의 제사 기능을 완전히 정지시킨 것으로 이해할 수 있게끔 "예수가 성전 뜰에서 제사용 그릇이나 제의용 물건들을 갖고 다니는 것을 금지한 것"이라고 명확히 번역하는 것이 더 좋다고 생각된다.

요한복음 4장 9절은 "상종하지 않았다"인가, "같은 그릇을 사용하지 않았다"인가

우리말 번역 성경들은 거의 예외 없이 요 4:9를 유대인과 사마리아인이 "상종하지 않았다"는 의미로 번역하였다:

- 개역 성경: "유대인이 사마리아인과 상종치 아니함 이러라."
- 공동 번역: "유다인들과 사마리아인들은 서로 상종하는 일이 없었던 것이다."
- 새 번역: "유대사람들과 사마리아사람들은 상종하지 않았기 때문입니다."

여기서 "상종하다"라고 번역된 헬라어 원문 동사는 συγχρῶνται이다. 그런데 이 동사의 본래 의미는 "같은 그릇을 사용하다"라는 뜻이다. 그래서 영어 번역본 가운데서는 New English Bible(NEB)이 요 4:9를 원문의 의미에 가장 가깝게 "Jews and Samaritans... do not use vessels in common"이라고 정확히 번역하였다.[1]

---

1 KJV, RSV, ASV, ESV 등은 "the Jews have no dealings with the Samaritans"라고,

이 구절의 의미를 올바로 이해하기 위해서는 무엇보다도 대부분의 한글 번역본처럼 "상종하다"라고 번역하여 읽기보다는 오히려 영어 번역본 NEB의 경우처럼 원문의 의미 그대로 "같은 그릇을 함께 사용한다"라는 의미로 읽는 것이 훨씬 낫다는 생각을 하게 된다. 이런 생각을 이해하기 위해서는, 먼저 예수 당시 혹은 초대교회 당시 유대인과 사마리아인 간의 관계가 어떠했는지에 대한 이해가 필요할 것으로 보인다. 남쪽 유대인들과 북쪽 사마리아인들 간의 적대 감정의 역사는 역사적으로 아주 오랜 뿌리를 갖고 있었는데, 그런 상호 적개심의 역사는 주전 제8세기에 북 왕국 이스라엘(후에 사마리아)이 앗수르에 의해 멸망당한 후, 많은 사람들이 앗수르에 포로로 잡혀 갔고 나중에 많은 앗수르 이민들과 함께 돌아와 북 왕국에 정착하면서 시작되었다. 이처럼 앗수르 이민들이 들어와 북왕국의 이스라엘 사람들과 섞여 살게 되면서 북쪽 사마리아인들과 앗수르인들 간에 문화와 종교가 서로 혼합되기 시작했고 이른바 국제결혼이라는 형태의 잡혼까지 성행하기에 이르렀다. 이런 일을 보면서 주전 제8세기로부터 남 왕국 유다에 살던 유대인들은 북쪽 이스라엘의 주민들, 즉 북 왕국에 사는 사람들은 이미 선택된 하나님의 백성이 아닌 불결하고 불순한 사람들로 생각했으며, 그래서 더 이상 같은 하나님의 백성이나 같은 종교의 신봉자로 여기지도 않았다.

사마리아인에 대한 유대인들의 이런 적개심은 예수 시대에까지도 전혀 아무런 변함이 없이, 아니 더욱 더 강력하게 이어져왔다. 눅 17:18에 보면 예수가 고침을 받고 돌아와 감사한 사마리아 문둥병

TCNT, NIV, CSV 등은 "the Jews do not associate with Samaritans"라고 번역하였다.

자를 두고 "이 이방인 외에는 하나님께 영광을 돌리러 돌아온 자가 없느냐?"고 말한 데서도 우리는 그 당시 사마리아인이 유대인들에게는 여전히 "이방인"으로 여겨졌음을 잘 확인할 수 있다. 그리고 행 10:28을 통해서도 알 수 있듯이, 유대인들은 "유대인으로서 이방인과 교제하며 가까이 하는 것이 위법" 곧 율법에 어긋나는 일이라고 알고 있었다. 따라서 유대인은 모세의 정결법에 따라서 이방인과의 접촉은 물론이고, 이방인들이 사용하는 그릇이나 도구들이 모두 부정한 것들이기에 이방인들이 사용하는 도구나 그릇들을 사용하는 것 역시 율법에 의해 금지된 일이었다.

이런 관점에서 볼 때, 우리는 요한복음 저자가 그의 복음서 4:9에서 "유대인과 사마리아인들이 서로 같은 그릇을 사용하지 않았다"고 한 말의 의미를 보다 잘 이해할 수 있게 된다. 물론 "유대인과 사마리아인들이 서로 상종하지 않았다"고 번역한 대부분의 한글 번역을 가리켜 잘못된 오역이라고까지 말할 수 없을는지도 모른다. 오히려 그 나름의 훌륭한 의역이라고 말할 수 있을지도 모른다. 그러나 "상종하지 않았다"는 그런 무미건조한 번역보다는 유대인들의 정결법 규정을 고려하여, 원문의 의미에 보다 가깝게 "서로 같은 그릇을 사용하지 않았다"라고 번역하는 것이 보다 더 바람직한 그리고 보다 더 성경 본래의 의미에 더 적절한 번역이 아닐까 하는 생각을 갖지 않을 수 없다.

이런 생각을 할 수밖에 없는 더 중요한 이유는 요한복음 자체가 4:9에 이어서 예수가 사마리아 동네에서 사마리아 사람들과 함께 "이틀을 유하셨다"(4:40)고 전해주고 있기 때문이다. 요한복음 저자는 예수가 유대인의 정결법이 금하고 있는 일, 곧 사마리아 동네에 들어가 사마리아 여인과의 만났을 뿐만 아니라, 나중에는 사마리아 사람들의 요청을 받아들여 사마리아 동네에서 그들과 함께 "이틀 동안을 유숙"하신 분, 곧 "이틀 동안"이나 "사마리아 사람들과 같은 그릇을 사용하여 식사를 하셨을 뿐만 아니라, 그들이 거하는 숙소에서 그들이 사용하던 침상에서 유숙"하신 분이라고 전해주고 있기 때문이다.

따라서 우리는 요한 4:9를 원문에 가깝게 "같은 그릇을 사용한다"라고 번역하여 읽을 때, 예수가 사마리아인들의 숙소에서 그리고 그들의 침상에서 "이틀 동안"을 유숙하며 같은 그릇으로 식사했다는 요한복음의 증언의 의미를 보다 잘 이해할 수 있게 될 것이라고 생각된다.[2] 따라서 요 4:9는 "유대인과 사마리아인이 서로 같은 그릇을 사용하지 않았기 때문이라"고 번역하는 것이 단순히 "서로 상종하지 않았다"고 번역하는 것보다는 더 적절하다고 생각하지 않을 수 없다.

---

2 요한복음 저자가 이 이야기를 소개하는 의도에 관해서는 본 저서 제2장에 나오는 "사마리아 여인을 만난 예수 이야기"를 참조할 수 있다.

마태복음 10장 2절은 "베드로를 비롯하여"인가, "첫째는 베드로"인가

성경 본문에 대한 정확치 않은 부적절한 번역 때문에 성경 본문을 제대로 이해하지 못하고 지나치는 경우들이 많이 있다. 완전히 잘못된 오역(誤譯)인 경우들도 가끔 있기는 하지만, 더 많은 경우는 비록 오역(誤譯)이라고까지는 말할 수 없다고 하더라도, 정확치 않은, 부적절한 번역들이 적지 않고, 바로 그런 번역들 때문에 성경 본문을 올바로 이해하지 못하는 경우들이 있다는 말이다. 물론 이런 잘못된 혹은 정확치 못한 번역들이 나중에 발견되어 개정판에서 시정되는 경우들도 더러 있다. 그러나 과거의 부족한 번역들이 아무런 개정 없이 그대로 읽혀지고 있는 것은 좀 안타까운 일이라고 생각된다. 여기서 다루려고 하는 마태복음 10:2의 번역이 바로 그런 것 가운데 하나라고 생각된다.

우리나라 기독교인들이 가장 신뢰할 수 있다고 생각하여 애용하고 있는 번역본인 〈개역 성경〉과 그 후에 나온 〈개역 개정판〉 그리고 〈표준 새 번역〉에서도 마 10:2는 다음과 같이 번역되어 있다:

- ■ 〈개역〉과 〈개역 개정〉: "열두 사도의 이름은 이러하니 베드로라 하는 시몬을 비롯하여 그의 형제 안드레와 세베대의 아들 야고보와 그의 형제 요한…."
- ■ 〈표준 새 번역〉: "열두 사도의 이름은 이러하다. 베드로라고 부르는 시몬을 비롯하여, 그의 동생 안드레와 세베대의 아들 야고보와 그의 동생 요한과…."

오래전 개신교와 가톨릭교회가 함께 번역한 〈공동 번역〉에서도 다음과 같이 번역되어 있다:

〈공동 번역〉: "열두 사도의 이름은 이러하다. 베드로라고 하는 시몬과 그의 동생 안드레를 비롯하여 제베대오의 아들 야고보와 요한 형제…."

2005년에 한국천주교 중앙협의회에서 출간한 가톨릭교회의 성경에서도 마 10:2는 다음과 같이 번역되어 있다: "열두 사도의 이름을 이러하다. 베드로라고 하는 시몬을 **비롯하여** 그의 동생 안드레아, 제베대오의 아들 야고보와 그의 동생 요한…."

우선 앞에서 지적한 한글 번역본 성경들의 정확치 못한 부적절한 번역은 "시몬을 **비롯하여**"라고 번역한 데 있다고 생각된다. 〈공동 번역〉에서는 약간 달리 "베드로라고 하는 시몬과 그의 동생 안드레를 비롯하여"라고 베드로의 동생 안드레까지 포함하여 "비롯하여"라는 말을 쓰고 있다. 나중에 한국천주교 중앙협의회에서 출간한 가톨릭 성경에서는 이것을 개정하여 "베드로라고 하는 시몬을 비롯하여 그의 동생 안드레아…"라고 다시 개정하였다. 문제는 "베드로를 비롯하여"라고 번역한 것이 과연 적절하냐는 말이다.1

먼저 헬라어 원문 성경은 어떻게 되어있는지? 그리고 헬라어 원문에 가장 가깝게 번역된 것으로 인정되고 있는 영어 흠정역(King James Version)에는 어떻게 번역되어 있는지부터 알아보기로 하자:

- 헬라어 원문: πρῶτος Σίμων ὁ λεγόμενος Πέτρος καὶ Ἀνδ–ρέας ὁ ἀδελφὸς αὐτοῦ.
- 흠정역 본문: *The first*, Simon, who is called Peter, and Andrew his brother.

헬라어 원문에 보면, 마태복음 저자는 열두 사도의 명단을 소개하면서 제일 먼저 베드로의 이름을 언급하면서 그 이름 앞에 πρῶτος(영어로 "first," 우리말로 "첫째는")라는 단어를 첨가하였다.2 그래서 모든 영어 번역본들은 흠정역과 똑같이 원문 그대로 "first"라는 말을 베드로라는 이름 앞에 첨가하여 번역하였고, 달리 번역한 번역본은 거의 찾아보기가 어렵다. 그런데 우리나라 번역 성경에서, 〈새 번역〉과 〈표준 새 번역 개정판〉을 제외한 모든 번역본들이 πρῶτος라는 헬라어를 "비롯하여"라고 번역하였다. 이 점이 정확치 못한, 부적절

---

1 다행히 우리말 번역 성경 중 〈새 번역〉에서는 그리고 〈표준 새 번역〉을 개정한 〈표준 새 번역 개정판〉에서는 "첫째로 베드로"라고 보다 정확히 번역되어 있다.

2 마태가 "첫째는"이라는 말을 첨가했다고 보는 이유는 그가 문서 자료로 사용했던 마가복음의 제자 명단(막 3:13-16)에서는 "첫째는"이라는 말이 없기 때문이다. 누가가 소개하는 제자들의 명단들(눅 3:13-19; 행 1:13)에서도 "첫째는"이라는 말은 찾아볼 수가 없다.

한 번역이라고 생각된다. 왜냐하면 마태복음을 기록한 저자가 열두 명의 제자들의 이름을 소개하면서 "베드로"라는 이름 앞에 헬라어 πρῶτος를 붙였을 때는 다만 "베드로를 위시해서" 혹은 "베드로를 처음으로 시작해서" 다른 제자들의 이름을 소개하고 있는 것이 결코 아니라고 생각되기 때문이다.

그렇다면 마태복음 저자가 베드로의 이름 앞에 πρῶτος라는 말을 첨가한 의도와 이유는 무엇일까? 마태가 예수의 열두 제자 명단을 소개하면서3 베드로 앞에 πρῶτος"라는 말을 붙인 의도는 베드로가 예수의 제자가 된 순서에서, 즉 역사적으로나 시간상으로 베드로가 제일 먼저 부름을 받은 제자였기 때문은 결코 아닌 것으로 보인다. 물론 마태복음의 문서 자료인 마가복음에 보면, 예수가 공생애 활동에 나서면서 제일 먼저 갈릴리 해변에 나가 고기잡이를 하고 있던 베드로와 그의 형제 안드레를 그리고 다음으로 야고보와 요한을 제자로 불러낸 것으로 기록되어 있기는 하다(막 1:16-18). 그러나 마태가 이런 기록을 근거로 베드로를 가리켜 πρῶτος(the first)라고 말한 것으로 생각되지는 않는다.

요한복음에 의하면, 오히려 예수의 공생애 활동 중, 제일 먼저 예수의 제자가 된 사람, 즉 열두 제자들 중 제일 처음으로 예수의 제자가 된 사람은 베드로가 아니라 "안드레"이다(요 1:35-40). 베드로는 오히려 안드레에 의해 예수 앞으로 인도를 받아 나온 사람이었다(요 1:41-42). 베드로는 안드레의 소개와 전도에 의해 예수 앞에 나와 예수의 제자가 된 사람이지 예수가 직접 불러내서 제자가 된 사람도

---

3 예수의 열두 제자들의 명단은 막 3:13-19; 마 10:1-4; 눅 6:12-16; 행 1:13에서 모두 4번 소개되고 있고, 그 모든 명단에서 베드로의 이름이 맨 처음에 나온다.

아니었다. 따라서 마태가 10:2에서 열두 제자의 명단을 소개하면서 "첫째는 베드로"라고 말했을 때, 그것은 예수의 제자가 된 순서를 가리키는 것이 아니라, 예수의 열두 제자들 가운데서 그 중요성에 있어서, 혹은 서열에 있어서 "첫째"라는 말이었을 것으로 생각해야 할 것이다.

물론 〈개역〉이나 〈개역 개정〉의 경우처럼 그리고 가톨릭 성경의 경우들처럼, "첫째는 베드로"라는 말 대신에 "베드로를 비롯하여"라고 번역한 것 자체가 열두 제자들 중 베드로의 수위성(primacy 혹은 pre-eminence)을 전제하고 있는 것이라고 말할 수 있을는지도 모른다. 『대국어사전』에 의하면,[4] "비롯하다"라는 말의 뜻은 "① 여럿 중에서 최초의 것으로 하다, 위시하다. ② 처음으로 시작하다. 처음으로 시작되다"이다. 이런 의미로 〈개역 성경〉이나 〈공동 번역〉을 읽을 경우, "베드로를 비롯하여"라는 말이 "베드로를 위시하여"라는 의미이고, 여기에 베드로의 중심성, 혹은 우선성이 어느 정도 전제되어 있다고 생각할 수도 있을 것이다. 하지만 우선 이런 의미로 읽는다고 하더라도, 〈공동 번역〉에서 "베드로라고 하는 시몬과 그의 동생 안드레를 비롯하여"라고 번역한 것은 정확하지 않다. "베드로와 안드레" 두 사람을 비롯해서라고 읽을 수는 없기 때문이다. 더구나 비록 "비롯하여"라고 번역하는 것이 오역은 아니라고 하더라도, 그 표현이 과연 "첫째는"(πρῶτος, the first)이라는 말이 갖고 있는 중요성과 서열상의 "첫째"라는 의미를 잘 드러내주고 있는가 하는 의문은 여전히 남는다. "첫째는"이라는 이 분명한 말을 "비롯하여"라는 분명치 않은 말로 번역한 이유 자체가 잘 이해되지 않기 때문이다.

---

4 삼영출판사, 1984년 수정판 10쇄.

기독교인들은 누구나 베드로가 예수의 열두 제자들 중 "수제자" (首弟子) 곧 "으뜸(the first) 제자"로 알고 있고, 교회가 그렇게 가르쳐왔다. 그러나 성경 어느 곳에도 그리고 초대교회의 어떤 문서들에서도 베드로를 가리켜 "수제자"라는 단어를 사용한 적이 없다. 예수가 열두 제자들 중에서 특별히 베드로를 수제자로 임명했다는 아무런 증거도 없다. 그렇다면 교회가 베드로를 예수의 수제자라고 가르치는 근거는 어디에 있는가? 그 근거가 바로 마 10:2이다. 이 때문에 베드로를 수제자로 만든 것은 예수가 아니라 마태복음 저자라는 말을 할 수도 있다. 이런 점들을 보더라도 마 10:2에 대한 정확한 번역은 아주 중요하다고 말하지 않을 수 없다.

　　마 10:2를 "베드로를 비롯하여"라고 번역해야 할지 아니면, "첫째는 베드로"라고 번역해야 할지를 확정짓기 위해서는 먼저 마태복음 저자가 그의 복음서를 기록하면서 베드로에 대해 어떤 입장을 보이고 있는지부터 알아볼 필요가 있을 것이다. 마태가 그의 복음서를 기록하면서 베드로를 아주 중요시하면서, 그를 아주 중요한 제자, "제자들 중의 제자"(the disciple par excellence), 곧 열두 제자들 가운데서 "첫째" 혹은 "으뜸"이 되는 제자라는 의미에서 "수제자"로 강조하려는 분명한 의도를 가지고 있었다는 점에 대해서는 의심의 여지가 없을 것이다. 마태의 그런 의도는 마태복음의 다른 부분에서도 여러 번 분명히 드러나고 있기 때문이다.

　　마 10:2에 못지않게 베드로를 가장 중요한 제자로 부각시키고 있는 마태복음의 대표적인 본문은 마 16:17-19일 것이다. 이 구절들도 마태가 그의 문서 자료인 마가복음 본문에 삽입한 편집적인 첨가 구절이다.5 공관복음 전승에 의하면 예수께서 가이사랴 빌립보 지경에서 제자들에게 "사람들이 나를 누구라고 하느냐?"고 물은 후에 다시 제자들에게 "너희는 나를 누구라고 하느냐?"는 질문을 했고, 그때 베드로가 "당신은 그리스도이십니다"(you are the Christ)라고[6] 대답한 것으로 전해지고 있다. 그리고 마태가 문서 자료로 사용했던 마가복음 본문에 따르면, 베드로가 신앙고백을 마쳤을 때, 예수는 곧바로 "이 말을 아무에게도 이르지 말라"고 경계하시고는(막 8:30), 곧바로 자신이 장차 고난을 받고 십자가에 죽었다가 다시 살아날 것을 예고하셨다.

그러나 마태는 베드로의 신앙고백 자체를 보다 완전하고 모범적이며 이상적인 형태로,[7] 즉 "당신은 그리스도시오 살아계신 하나님의 아들이십니다"(You are the Christ, the Son of Living God)라고 수정했을 뿐만 아니라, 거기서 더 나아가 예수께서 베드로의 신앙고백을 들으시고는 베드로에게 특별한 축복과 약속의 말씀을 주신 것으로 기록하였다. 이 특별한 축복과 약속의 말씀은 마태가 별도로 첨

---

5 예수의 축복 선언("makarios")은 마가복음에는 나오지 않는 것으로서 마태복음에 자주 나오는 마태의 애용어이며(마태에서만 13번 사용됨), "하늘에 계신 내 아버지"라는 문구도 마태복음에서만 사용되는 마태의 전형적인 문구라는 사실(마 6:9 참조) 등으로 미루어 이 구절들은 마태의 편집적 결과의 산물로 보인다. Bultmann도 "마 16:17-19를 예수의 진짜 말씀으로 생각할 수 있는 가능성이 전혀 없는 것"으로 보고 있다. Cf. *History of the Synoptic Tradition*, 138-140.

6 눅 9:20에 의하면 "You are the Christ of God"라고 약간 확대되어 있고, 마 16:16에 의하면 "You are the Christ, the Son of living God"으로 좀 더 확대되어 있다.

7 마가복음에서 베드로가 예수를 "그리스도" 곧 "메시야"로 고백한 것이 잘못된 고백인지 아니면 불완전한 고백인지에 대해서는 논란이 있지만, 마태복음에 나오는 베드로의 신앙고백과 관련해서는 예수께서 이 신앙고백을 듣고 축복하신 사실 그리고 예수께서 베드로의 신앙고백을 혈육이 아닌 하나님의 계시라고 말하면서 교회의 반석이라고 하신 점들로 미루어 마태복음에서는 이 신앙고백이 참되며 올바른 것이라는 사실에 대해서는 의심의 여지가 없다.

가한 것인데, 곧 "바요나 시몬아 네가 복이 있도다! 이를 네게 알게 한 이는 혈육이 아니요 하늘에 계신 네 아버지시니라. 또 내가 네게 이르노니 너는 베드로라.8 내가 이 반석 위에 내 교회를 세우리니 음부의 권세가 이기지 못하리라. 내가 천국 열쇠를 네게 주리니 네가 땅에서 무엇이든지 매면 하늘에서도 매일 것이요, 네가 땅에서 무엇이든지 풀면 하늘에서도 풀리리라"(16:17-19)는 말씀이다. 마태에 의하면 예수는 베드로가 신앙고백을 했을 때, 첫째로 그에게 축복 선언(makarios)을 주시면서, 이 고백이 혈육이 아닌 하나님의 계시의 결과임을 말씀했고, 둘째로 베드로라는 이름을 주시면서 교회의 반석이 되게 하셨고, 셋째로는 천국의 열쇠와 더불어 하늘과 땅의 모든 권세를 주셨다. 오직 베드로에게만 주어진 특권이 아닐 수 없다. 마태는 이 구절들을 첨가하여 삽입함으로써 베드로가 "주님의 축복을 받은 사람으로 거명된 복음서의 유일한 제자이며, 예수에 관한 그의 통찰력은 예수의 아버지로부터의 계시였다고 확인되고 있다."9 이 점에서 마태복음의 베드로는 분명히 다른 제자와는 구별되었고 달랐다. 그는 "수제자"이며, "제자들 중의 제자"이고, 가장 훌륭한 제자(the disciple par excellence)이다.

다음으로 마태가 마가복음 본문에 다시 베드로의 이야기를 첨가

---

8 Cullmann은 예수가 베드로의 신앙고백에 대한 대답으로 "너는 베드로라"고 말한 것이 일종의 counter confession으로 보고 있다. 베드로가 "You are the Chris"라고 말한 것과 예수가 "You are Peter"라고 대답한 것이 정확히 평행을 이루고 있다는 것이다. 더구나 마가와 누가에서는 베드로의 신앙고백에 대한 예수의 응답이 전혀 없는데(침묵 명령 이외에는) 마태만이 베드로에게 직접적인 대답을 하면서 베드로를 부각시키고 있다. Cf. O. Cullmann, *Peter: Disciple-Apostle-Martyr* (Philadelphia: the West-minster Press, 1953), 177-180.

9 R.E. Brown(ed.), *Peter in the New Testament* (New York: Paulist Press, 1973), 89.

시켜 베드로를 중요하게 부각시키고 있는 본문은 마 14:22-33이다. 여기서 마태는 막 6:45-52의 본문, 곧 예수께서 물 위를 걸으신 이야기를 소개하면서, 마가복음에는 없는 내용, 곧 베드로가 예수의 명령에 따라 배에서 내려와 물 위를 걸었다는 이야기(14:28-31)를 삽입하여 첨가하였다. 누가복음의 평행 본문에도 없는 말씀이다.10 요한복음 6:15-21에 비슷한 평행 본문이 나오기는 하지만, 거기서도 마태가 삽입한 베드로의 이야기(마 14:28-31)는 나오지 않는다. 따라서 마 14:28-31은 마태만이 삽입하여 첨가한 구절들임이 거의 틀림없다. 마태는 마가의 이야기에서 "나다. 두려워하지 말라"(6:50)는 예수의 말씀과 예수께서 배에 오르시자 바람이 잔잔해졌다는 마가복음의 결론 구절(6:51-52) 사이에 "베드로의 이야기"를 삽입하여 첨가하였다.11 마태가 첨가한 부분의 내용에 의하면, 베드로는 예수께서 물 위로 걸어오시는 것을 보고 "주님, 만일 주님이시라면 나를 명하사 물 위로 걸어오라고 명하십시오"라고 말했다. 그리고 예수께서는 그런 베드로의 요구를 들으시고는 "오라"고 명하셨으며, 그 명령에 따라서 베드로는 배에서 내려 물 위를 걸어 예수께로 향하여 갔다. 그러나 베드로가 풍랑을 보고 무서워했을 때, 물에 빠지게 되었고, 그때 베드로가 주님을 향해 "주님, 나를 구원하소서" 하니 예수께서 손을 내밀어 그를 붙잡으시며, "믿음이 적은 사람아, 왜 의심하

---

10 막 6:45-52는 이른바 누가가 그의 복음서에서 막 6:45-8:26 전체를 생략한 "the great Lucan ommission" 부분에 해당된다.

11 H.J. Held는 첨가 부분의 용어들이나 어휘들 모두가 다 "이 삽입이 실제로 마태의 손으로부터 유래되었다는 사실을 가리킨다"고 말한다. Cf. "Matthew as Interpreter of the Miracle Stories", In: *Tradition and Interpretation in Matthew* (Philadelphia: the Westminster Press, 1963), 205.

느냐?"고 말씀하신 것으로 전해지고 있다.

베드로가 풍랑을 보고 무서워했을 때 물에 빠졌다는 이야기(14:30)라서 간혹 이 본문을 "물에 빠진 베드로"의 이야기라고 부르기도 한다. 그리고 또 베드로가 예수로부터 "믿음이 적은 자야"(14:31)라는 말을 듣게 된 이야기라서 베드로를 부정적으로 소개하는 본문처럼 생각되기도 한다. 그러나 이 본문에서 정말로 중요한 점은 베드로가 다른 제자들과는 달리 그리고 비록 잠시 동안이기는 했지만, 예수의 명에 따라서 예수처럼 물 위를 걸었던 제자로 소개되고 있다는 점이다. 그래서 우리는 이 본문(14:28-31)을 다른 많은 복음서 연구가들처럼 "물 위를 걸은 베드로의 이야기"로 이해하여야 할 것이다.12 마태는 이 본문에서 베드로가 예수처럼 물 위를 걸었다는 사실을 언급함으로써 다른 제자들과의 차별성을 분명히 하고 있고 (pre-eminence or primacy of Peter), 동시에 오직 잠간 동안만 물 위를 걷게 함으로써 예수와의 차별성도 분명히 하고 있는 것으로 보인다. 따라서 브느와(P. Benoit)가 이 본문을 "베드로의 수위성을 예증하는 장면"(a scene that illustrates the primacy of Peter)으로 보고 있는 것은 올바른 파악이라고 생각된다.13

마지막으로 마태가 베드로의 이야기를 통해서 베드로를 다른 제자들과는 달리 아주 중요한 제자로 부각시키는 또 다른 본문 하나를 살펴보기로 하자. 이 본문은 성전세에 관한 이야기(마 17:24-27)로

---

12 실제로 많은 복음서 연구가들은 이 본문에 대해서 "the story of Peter walking on the water"라는 말을 하고 있다. Cf. Held, "Matthew as Interpreter of the Miracle Stories", 206; Davies and Allison, *Matthew*, vol. II, 497; U. Luz, *Matthew 8-20*, 318.

13 Brown(ed.), *Peter in the New Testament*, 82, n. 187.

오직 마태복음에서만 나오는 이야기이고, 바로 그 때문에 이 본문은 마태의 특별한 관심을 나타내고 있다고 볼 수 있다. 물론 이 본문 가운데서 우리는 이미 기독교인이 된 사람들이 성전세를 내야 하는가 하는 문제에 관한 마태의 관심을 찾아볼 수도 있을 것이다. 그러나 우리는 이 본문 가운데서 나타나는 베드로에 대한 마태의 관심에 더 주목할 필요가 있다고 생각한다. 베드로의 수위성 혹은 탁월성(primacy or pre-eminence)을 보여주는 본문으로 이해될 수 있기 때문이다.

우리는 이 본문에서 세 가지 점에서 마태가 베드로의 탁월성을 드러내고 있음을 보게 된다. 첫째는 성전세를 받으러 다니는 사람들이 "베드로에게" 와서 그에게 "당신들의 선생은 성전세를 바치지 않습니까?"라고 묻고 있다. 예수나 다른 제자들을 상대하지 않고 베드로를 상대하고 있는 점에 주목할 필요가 있다. 세금을 받으러 다니는 사람들도 역시 베드로가 예수와 그 일행의 대변자 혹은 대표자의 역할을 하고 있는 것으로 알고 있었다. 둘째로는 예수께서 베드로에게 하신 말씀 가운데서도 베드로의 탁월성이 드러나고 있다. 즉 예수는 베드로에게 "네가 가서 바다에 낚시를 던져 먼저 떠오르는 고기를 가져 입을 열면 돈 한 세겔을 얻을 것이니 가져다가 나와 너를 위하여 주라"(17:20)고 말씀하셨다. 그런데 예수께서 이 말씀을 하실 때는 주변에 분명히 다른 제자들도 있었던 것으로 보이는데도 불구하고(cf. 17:22; 18:1), 예수는 오직 "나와 너를 위하여"(for me and you)[14] 세금으로 내라고 베드로만을 자신과 동격으로 강조함으로써 베드로

---

14 더구나 베드로를 가리키는 "너"(sou)가 헬라어로 강조형으로 그리고 또한 문장의 마지막 강조의 위치에서 사용되어 강조의 강도가 드러나고 있다.

를 다른 제자와 구별 혹은 차별화하고 있다. 셋째로 더 중요한 것은 이 이야기를 소개하는 문맥이다. 이 본문은 마태복음에서 14-17장 으로부터 18장으로 옮겨가는 전환점을 이루고 있다.[15] 그리고 18장 에 나오는 교회에 관한 설교는 "천국에서는 누가 제일 크냐?"(18:1) 는 제자들의 질문으로 시작되고 있다. 베드로의 탁월성을 강조하는 마태 특유의 본문들(14:28-31; 16:17-19)이 나오는 설화 부분에서 18장의 교회에 대한 설교로 넘어가는 전환점에서 마태는 이 본문을 가지고 "누가 제일 크냐?"는 질문에 대한 대답을 제시하려고 했던 것 으로 보인다. "마태가 18장의 설교를 소개하기 위해서 천국에서는 누가 제일 크냐는 질문을 사용하고 있는 점을 고려할 때, 베드로에 대한 부가적인 언급은 새로운 의미를 갖는다. 누가 제일 크냐는 질문 은 마태가 (18장 이전의) 설화를 매듭짓기 위해 사용한 성전세에 관 한 이야기를 새로운 빛 가운데 놓고 있다."[16] 즉 베드로를 가장 큰 제자, 제자 중의 제자, 가장 탁월한 제자(the apostle par excell-ence)로 돋보이게 만들고 있다. 이런 점에서 마태복음은 가히 복음 서들 중 "가장 친 베드로적인 복음서"(the most pro-Petrine Gospel) 혹은 "베드로복음서"(the Petrine Gospel)라고 불릴 수 있을 것으로 보인다.

이런 모든 점들로 볼 때, 마태복음은 다른 어떤 복음서들보다도 베드로를 가장 중요한 제자(the disciple par excellence)로 그리고 베드로의 수위성(the primacy or pre-eminence)을 가장 강조하는

---

15 Peter F. Ellis, *Matthew: His Mind and His Message* (Minnesota: The Litergical Press, 1974), 64.
16 Peter F. Ellis, *Matthew*, 64.

복음서라고 말하지 않을 수 없다.[17] 바로 이런 점 때문에도 마태 10:2의 번역은 당연히 "베드로를 비롯해서"라는 불분명한 표현보다는 "첫째는 베드로"라는 좀 더 분명한 표현으로 번역되어야 옳다고 생각된다.[18]

---

17 마태가 이처럼 그의 복음서에서 특히 베드로의 중요성과 수위성을 강조하는 이유에 대해서는 다음과 같은 두 가지 견해가 있다. 하나는 마태복음이 "기독교인을 위한 교과서"(a textbook for Christians)와 같은 성격의 복음서이기 때문에 마태로서는 새롭게 성장해가고 있는 마태 공동체 안에서 권위의 서열이 분명해지는 것이, 그래서 베드로의 권위 확립이 필요했을 것이라는 견해이다. 다른 하나는 마태 공동체의 배경이 유대 기독교라는 사실과도 연관되었을 것으로 보인다. 바울의 활발한 선교 활동으로 초대교회 안에서 이방인 기독교의 세력이 확대되고 아울러 바울의 영향력이 크게 증대되는 것을 경계하면서 오히려 베드로를 가장 중요한 그리고 가장 탁월한 사도로 높이려고 했다는 견해이다.

18 이런 점으로 볼 때, 베드로의 수위성을 어느 교회들보다도 가장 강조하는, 그래서 베드로를 초대 교황이라고까지 주장하는, 가톨릭교회에서 번역한 한글 번역 성경들에서 마 10:2를 "베드로를 비롯하여"라고 번역하여 사용하는 것은 쉽게 이해되지 않는다.

마태복음 11장 12절은
"천국은 침노하는 자가 빼앗느니라"인가,
"천국은 뚫고 나오는 사람들이 차지한다"인가

　　"천국"(the kingdom of heaven), 곧 "하나님의 나라"(the king-dom of God)는 예수가 전한 복음을 이해하기 위한 핵심적인 주제라고 말할 수 있다. 마태는 예수가 전한 복음을 가리켜 "천국 복음"(5:23; 9:35)이라고도 말하고 있지 않은가? 따라서 "천국"에 대한 올바른 이해는 예수가 전한 복음과 함께 예수의 공생애 활동을 이해하는데 중요한 열쇠가 될 수 있다. 그런데 불행하게도 복음서에 소개된 천국에 대한 예수의 말씀 가운데는 천국에 대한 우리의 이해에 도움이 되기는커녕 오히려 혼란과 오해를 불러일으키는 말씀들이 있다. 그 중의 하나가 마태복음 11:12에 나오는 말씀에 대한 부적절한 번역 때문이라고 생각된다.

　　마 11:12에서 천국과 관련되어 소개된 예수의 말씀이 한글 번역 성경에서는 다음과 같이 번역되어 있다:

　■ 개역 성경: "요한의 때부터 지금까지 천국은 침노를 당하나니, 침

노하는 자는 빼앗느니라."

- 개역 개정: "세례자 요한 때로부터 지금까지, 하늘나라는 힘을 떨치고 있다. 그리고 힘을 쓰는 사람들이 그것을 차지한다."
- 새 번역: "세례 요한의 때부터 지금까지 하늘나라는 공격을 받고 있다. 공격하는 자들이 하늘나라를 점령한다."

세 번역이 모두 비슷하면서도 서로 다른데, 모두 그 의미가 분명하지 않고 애매하다는 점에서는 별다른 차이가 없어 보인다. 천국과 관련해서 이 말씀은 도대체 무엇을 뜻하는 말일까? 우리말 번역 성경을 가지고서는 이 말씀의 의미를 제대로 이해하기가 쉽지 않다. 그렇다면 도대체 그 이유는 무엇일까? 우선 헬라어로 기록된 성경 본문을 우리말로 번역하는 과정에서 원문을 정확히 이해하지 못한 데서 나온 잘못은 아닐까 하는 생각을 해볼 수 있다. 우리말 번역 성경이 예수의 말씀으로 전해지고 있는 이 구절의 헬라어 원문의 의미를 제대로 이해하지 못한 채 정확히 번역하지 못했기 때문일 수가 있다.

한글 개역성경의 번역은 주로 영어 흠정역(King James Version)의 다음과 같은 번역의 영향을 크게 받은 것으로 보인다: "And from the days of John the Baptist until now, the kingdom of heaven suffereth violence, and the violent take it by force" (천국은 폭력을 당하고 있나니, 폭력을 행하는 자가 힘으로 그것을 취하리라). 다른 대부분의 영어 번역들도 흠정역(the King James Version)과 크게 다르지 않다.[1] 그런데 이런 영어 번역 역시 한글 개역성경의

---

1 ASV와 RSV의 경우, the King James Version과 대부분 다 같고, 오직 하반 절에서 "the violent"를 "men of violence"로 표현한 것만이 다를 뿐이다.

번역과 마찬가지로 상당히 애매하여, 그 의미가 무엇인지 정확히 파악하기가 쉽지 않다는 데 문제가 있다. 결국 그 이유는 아마도 이런 번역 자체가 헬라어 원문에 대한 "부적절한 번역"(improperly translated)이고, "잘못된 이해"(wrongly understood)이기 때문일 수 있다.[2]

이 구절 말씀에 대한 "잘못된 이해"와 "부적절한 번역"의 배후에는 다음과 같은 두 가지 생각이 깔려있는 것으로 생각된다. 첫째는 이 구절의 말씀은 천국이 얼마나 힘 있는 자들에 의해 공격을 당하고 박해를 당하고 있는지를 말해주는 것으로 생각되었고, 둘째는 좀 더 엉뚱한 경우인데, "폭력을 행하는 자가 힘으로 천국을 취할 것이라"고 이해할 경우, 예수가 폭력(violence)을 그의 천국 메시지의 일부로, 그래서 천국을 차지하기 위해 폭력이 필요하다고 마치 폭력을 옹호한 것처럼 생각되기도 했다. 특히 후자의 경우에는 예수가 열심당원 중의 한 사람이었기 때문에, 예수가 그들과 마찬가지로 정치적 목적을 달성하기 위해 폭력을 어느 정도 옹호했다고 생각되기도 했다. 그러나 "화평케 하는 자"(peace-maker)를 축복했던 예수와 그를 따르는 제자들을 과연 열심당원들과 같이 "침노하는 자" 혹은 "폭력을 행하는 자"(men of violence)들이라고 생각할 수 있겠는가 말이다.

이 구절 말씀이 예수의 핵심 메시지인 "천국"(the kingdom of heaven)과 관련된 말씀이라는 점에서 그리고 또한 예수가 과연 "메시야"인지에 관한 질문(마 11:1-6)과 관련되어 나온 말씀이라는 점

---

2 Cf. Brad H. Young, *Jesus the Jewish Theologian*(Grand Rapids: Baker Academic, 1995, 50: "This saying of Jesus has been improperly translated, wrongly understood, and often removed from its original context concerning John the Baptist."

에서 이 구절 말씀의 올바른 이해는 아주 중요해 보인다. 그런데도 여러 번역본들의 번역 자체가 너무도 애매하여 그 진의를 알아내기가 쉽지 않다. 그렇기에 더욱 우리로서는 이 구절 말씀의 의미를 제대로 이해하기 위해서라도 이 구절에 대한 올바른 번역이 어떤 것인지를 알아보아야 할 필요가 있다고 생각된다.

마 11:12에 나오는 예수의 이 말씀을 올바로 이해하기 위해서는 무엇보다도 먼저 세례 요한의 활동이 예수의 사역과 겹치게 되던 제1세기 유대인들의 역사적 상황에 비추어서 이 말씀을 적절히 번역할 수 있어야만 할 것이다. 그런 관점에서 이 본문을 읽을 경우, 우리는 먼저 세례 요한이 새로운 시대를 열기 위해 과거라는 이름의 벽의 갈라진 틈을 부수고 나오는 사람이라고 생각할 수 있다. 마 3:2에서 알 수 있듯이 세례 요한은 예수보다도 앞서서 "천국이 가까이 왔다"고 선포한 사람이었다. 이처럼 세례 요한이 새로운 시대의 벽을 부수고 나오기 시작하면서 천국 곧 하나님의 통치는 안으로부터 벽을 뚫고 밖으로 나오게 되었다. 예수도 세례 요한에 이어 "천국이 가까이 왔다"(마 4:17)고 선포하였는데, 그 선포의 의미도 "천국이 새 시대의 벽을 뚫고 나온다"는, 즉 "하나님의 직접적인 통치가 바야흐로 시작된다"는 것이었다. 예언자들의 시대는 예수의 길을 준비하고 있던 세례 요한이 때까지이다. 그러나 이제 예수와 그의 추종자들의 운동과 함께 이 고통스런 세상에서 하나님의 직접적인 통치가 치유와 구원을 위한 능력으로 힘 있게 역사하기 시작했다.

"천국"이, 즉 "하나님의 통치"가 어떻게 침노를 당한단 말인가? 흠정역(King James Version)의 번역 그리고 다른 대부분의 영어 번역본대로만 본문을 읽을 경우, 이 구절의 의미를 제대로 이해하기가 아주 어렵다. 그런데 다행히도 영어 번역 가운데 〈새 국제 번역〉 (New International Version)은 이 구절을 다음과 같이 새롭게 번역해서 우리의 눈길을 끌고 있다: "From the days of John the Baptist until now, the kingdom of heaven has been forcefully advancing, and forceful men lay hold of it"(세례 요한의 날로부터 지금까지 천국이 힘 있게 전진해 나오고 있다. 그리고 힘쓰는 자들이 그것을 취하고 있다). 아마도 마태복음의 이 구절에 관한 한, 다른 어떤 영어 번역본보다도 이 〈새 국제 번역〉(NIV)이 본문의 의미를 가장 잘 파악하여 제대로 번역한 것으로 생각된다.[3]

예수의 이 말씀을 올바로 이해하기 위해서, 특히 "침노당한다"(개역 성경)는 헬라어의 히브리어 원문을 알아보기 위해서, 구약성서 미가서 2:13에 나오는 말씀, 곧 "길을 여는 자가 그들 앞서 올라간다…"는 말씀을 살펴볼 필요가 있다. 흠정역(King James Version)이 "폭력을 당한다"라는 의미로 번역한 헬라어 원문 동사는 biazo이다. 그런데 앞에서 살펴보았듯이 〈새 국제 번역〉은 그 헬라어 단어를 "forcefully advancing"(힘 있게 전진해 나온다)이라고 번역했다. biazo라는 동사를 이렇게 번역하는 것이 수동태 형태로 "침노당한다"(개역 성경) 혹은 "폭력을 당한다"(KJV)라고 번역하는 것보다는 훨씬 더 적절한 것으로 생각된다. 왜냐하면 능동태적인 의미가 그 동사의 뜻을 보다 정확히

---

3 이런 점에서 우리는 Miles Coverdale이 1538년도에 라틴어와 영어로 출판한 〈Coverdale 2개국어판〉의 Paris edition 서론에서 성경의 다른 번역본들의 가치와 중요성에 대해 다음과 같이 말한 것을 기억할 필요가 있다: "하나의 번역이 다른 번역을 밝혀주고, 설명해주고, 해석해주며, 그래서 많은 경우에 한 번역이 다른 번역에 대한 간소한 주석이 되고 있다"(one translation declareth, openeth and illustrateth another, and … in many cases one is a plain commentary unto another).

전해줄 뿐만 아니라, 하나님 통치(=천국)의 점진적인 움직임을 잘 말해주고 있기 때문이다.

가끔 "뚫고 나온다"(to break forth)는 의미를 가진 히브리어 동사인 paratz가 〈칠십인역〉(the Septuagint)에서 헬라어로 biazo로 번역이 되었다는 점에도 주목할 필요가 있다. biazo라는 헬라어 동사가 전해주는 의미에는 분명히 "뚫고 나오는"(breaking forth) 행동이 담겨져 있다.4 더구나 예수가 말한 이 말씀의 히브리적 배경은 실제로 강한 힘을 가지고 뚫고 나오는 행동을 가리키고 있다. 따라서 현재의 문맥에서 biazo라는 동사에 대한 가장 좋은 번역은 "뚫고 나오다"일 것이다. 행동은 언제나 내부로부터 시작되어 외부로 움직이게 되어 있다. 그것이 헬라어 언어의 중간태(middle voice)에서 볼 수 있는 행동 형태이기도 하다. 천국이 갖고 있는 힘의 근원은 내적인 것이지 외적인 것이 아니다. 그래서 biazo라는 헬라어 동사에서 파생된 명사인 biastai라는 단어가 "the violent"(KJV처럼 "폭력을 행하는 자")나 "forceful men"(NIV처럼 "힘 있는 사람")로 번역되기도 했지만, 그러나 biastai라는 명사가 그 동사형인 biazo로부터 파생되었고, 미가서 2:13과 밀접히 연관되어 있기 때문에, 그 명사는 당연히 "뚫고 나오는 사람들"(the breakers) 즉 "벽 안으로부터 뚫고 나올 때 더 넓게 뚫는 사람들"이라고 번역되어야 한다고 본다. 그들은 천국, 곧 하

---

4 W. Arndt and F.W. Gingrich의 *A Greek-English Lexicon of the New Testament and Other Early Christian Literature* (2d ed.; Chicago: University of Chicago, 1979), 140-141에 보면, "intr. makes its way w. triumphant force"라고 그리고 H.G. Liddell and R. Scott의 *A Greek-English Lexicon* (Oxford: Clarendon, 1976), 314 에 보면, "having broken through all these restraints" 혹은 "may sail out by forcing their way"라고 되어 있다.

나님의 통치와 함께 뚫고 나오는 사람들이다.

결국 예수의 말씀은 미가 선지자의 말씀과 연관되어 있다: "길을 여는 자가 그들 앞서 올라가고 그들은 성문들을 부수고 바깥으로 나갈 것이다. 그들의 왕이 앞장서서 걸어가며, 나, 주께서 선두에 서서 그들을 인도할 것이다"(미가 2:13). 여기서 아주 중요한 것은 두 주요 인물이다. "부수고 나가는 사람"과 "그들의 왕"이다. 이 두 인물이 모두 예수의 말씀, 곧 "세례 요한의 때로부터 지금까지 천국은 뚫리고 있다…"는 말과 연관되고 있다. 천국을 "뚫고 나가는 사람"은 세례 요한이다. 세례 요한과 더불어 종말이 시작되고, 세상의 역사 속으로 이제 결정적인 폭발이 일어나고 있지 않은가? 세례 요한이야말로 "뚫고 나가는 자"이고, 그가 벽을 뚫기 시작하고 있는 것이다. 그렇다면 "그들의 왕"은 곧 예수이다. 유대인들이 마지막 구원을 기대할 때도 언제나 두 인물이 중요했다. 엘리야가 먼저 와서 벽을 뚫게 될 것이고, 그 뒤를 이어 그들의 왕인 메시야가 올 것이라는 기대가 바로 그것이다.

지금까지 우리는 예수 말씀의 전반부가 "세례 요한의 때로부터 지금까지 천국이 뚫리고 있다…"라고 번역하는 것이 좋다는 점을 말했다. 그러나 예수 말씀의 후반부에 더 중요한 문제가 달려있다. NIV는 후반부 말씀을 "and forceful men(the breakers) lay hold of it"(힘을 쓰는 자들이 그것을 차지할 것이다)라고 그리고 KJV은 "and the violent take it by force"(폭력을 쓰는 자들이 힘으로 그것을 가질 것이다)라고 번역했다. "차지할 것이다"(lay hold of, NIV)와 "힘으로 가질 것이다"(take by force, KJV)라고 번역된 헬라어 동사는 harpazo이다. 도대체 "힘을 쓰는 자들"(biastai)과 "차지한다"(harpazo)라는 이 두 단어를 어떻게 번역하는 것이 가장 좋을까? 브래드 영(Brad H. Young)에 의하면, harpazo라는 헬라어 동사가 성서 히브리어에서는 히브리어 동사, gazal(훔치다), lakach(가지다) 그리고 lakad(붙잡다)를, 혹은 성서후기 히브리어에서는 히브리어 동사 natal(취하다)이나 tafas(잡다)를 번역할 때 사용되었다는 점을 지적하면서, 아마도 마태가 사용한 헬라어 동사는 히브리어의 radaf(추구하다) 혹은 bakesh(구하다)라는 동사를 번역한 것이라고 주장한다.[5]

따라서 그는 마태가 6:33에서 "너희는 먼저 그의 나라와 그의 의를 구하라"라고 말했을 때의 "구하다"라는 말이 harpazo의 의미일 것으로 생각한다. 이 경우 예수 말씀의 후반부는 다음과 같이 번역될 수 있다: "세례 요한의 때로부터 지금까지 천국은 뚫리고 있고, 뚫고 나오는 사람들이 그것을 추구하고 있다"(From the days of John the Baptist until now, the kingdom of heaven breaks forth and those breaking forth are pursuing or seeking it). 이 번역이 마 11:12의 의미를 좀 더 잘 밝혀주는 것으로 생각된다. 그리고 이런 번역으로 본문을 읽을 경우 우리는 마태가 마태복음 11:12에서 소개하고 있는 예수의 말씀이 시편 34:14에 나오는 말씀, 곧 "평화를 찾기까지 있는 힘을 다 하여라"라는 말씀과 아주 비슷한 것으로 생각하게 된다.

---

5 Brad H. Young, *Jesus the Jewish Theologian*, 55.

마가복음 15장 21-24절에서 구레네 시몬은 "자기의 십자가"를 짊어졌는가, "예수의 십자가"를 짊어졌는가?
― 구레네 시몬의 십자가 처형 이야기*

1. 문제 제기

대부분의 번역 성경들에서는 예수가 십자가를 지고 처형장으로 가는 도중에 잠깐 등장했던 구레네 시몬의 이야기(막 15:21-24)를 거의 예외 없이 다음과 같이 번역하여 전하고 있다: "빌라도는 바라바를 놓아주고 예수는 십자가에 못 박게 내어주었다. … 군인들은 예수를 십자가에 못 박으려고 끌고나갔다. 길에서 구레네 시몬을 붙들어 억지로 **예수의 십자가를 지고 가게 했다.** 그들은 골고다라는 곳으로 갔다. 그리고 **그들은 예수를 십자가에 못 박았다**"(막 15:15-24). 따라서 이 본문의 이야기를 번역 성경들을 통해 읽는 대부분의 독자들은

* 이 글은 한국신약학회 학회지인 「신약논단」 제26권 제1호 (2019년 봄)에 발표했던 논문이다.

마가복음 저자가 주후 30년경에 있었던 '예수의 십자가 처형 이야기'를, 즉 로마 군인들이 빌라도 총독의 명에 따라 예수를 십자가에 못 박기 위해 처형장으로 끌고 가던 도중에 길에서 만난 구레네 시몬으로 하여금 억지로 예수의 십자가를 대신 날라주게 했던 이야기라고 그리고 마가는 그 사건이 있는 후 무려 40년이 지난 주후 70년경에 이것을 그의 복음서에 기록하여 전해주고 있는 것이라고 생각하게 된다.

그런데 문제는 대부분의 번역 성경들이 전해주는 이런 이야기가 과연 헬라어 원문이 증거하려고 했던 마가복음 저자의 본래의 의도와 의미를 올바로 전해주고 있는가 하는 점이다. 막 15:21-24의 본문을 구레네 사람 시몬이 예수가 십자가 처형장인 골고다로 끌려가는 도중에 길에서 재수 없게 붙잡혀서, 그러나 결과적으로는 영광스럽게도 예수의 십자가를 대신 날라주었다는 이야기로 읽도록 번역된 이 성경 본문은 마가가 기록한 헬라어 본문을 완전히 왜곡한 잘못된 번역이라고 생각되기 때문이다. 마가의 헬라어 본문을 이처럼 잘못 왜곡해서 번역하여 읽게 된 데에는 주로 다음과 같은 세 가지의 원인들이 있었던 것으로 생각된다.

첫째는 마가가 기록한 본문(15:21-24)을 대부분의 성경 번역자들이 본문 그대로 정확히 번역하지 않고, "선입감"과 "해석"에 근거하여 잘못 번역한 것이 하나의 원인이다. 헬라어 원문의 의미가 애매하거나 불확실할 경우, 그럴수록 더욱 원문에 충실하게 정확히 번역해야 함에도 불구하고 대부분의 번역자들이 막 15:21의 "**그의** 십자가"를 "**예수의** 십자가"라고 그리고 또 막 15:24에서 십자가에 못 박힌 "**그를**"(him), "**예수를**"(Jesus)이라고 잘못 이해하고 그렇게 잘못 번역한 것이 문제의 발단으로 보인다. 달리 말하자면, 막 15:21의 헬라어 원문은 구레네 시몬이 "그의(*his*)"(혹은 "자기의") 십자가를 짊어졌다고만 말하고 있는데, 대부분의 번역 성경들은 원문과 달리 이 문구를 원문과 달리 "예수의 십자가"를 짊어진 것이라고 잘못 번역하였고, 아울러 막 15:24에서도 "그를 십자가에 못 박았다"고 기록된 본문을 "예수를 십자가에 못 박았다"고 잘못 번역하였기 때문이다.

둘째는 로마 당국의 십자가형 집행 관례에 따르면 언제나 처형될 죄인이 직접 십자가를 처형장까지 나르게 했다는 사실을 그리고 로마 당국이 처형될 죄인이 아닌 다른 사람으로 하여금 십자가를 대신 날라주게 했다는 전례를 찾아보기가 어렵다는 사실을[1] 쉽게 간과해 버렸기 때문이다. 흔히 예수가 산헤드린 앞에서 그리고 로마의 군인들 앞에서 심한 고문을 당해서 친히 십자가를 처형장까지 나를 수가 없었고 그래서 부득이 다른 사람으로 하여금 잠시나마 대신 나르게 했다는 생각들을 하고 있기는 하지만, 그런 생각은 본문 상의 뒷받침이 전혀 없는 상상에 지나지 않을 뿐이다. 따라서 요한복음 저자가 "예수께서 자기의 십자가를 지시고 해골(히브리 말로 골고다)이라 하는 곳에 나가셨다"(요 19:17)고 증언하고 있는 것이 오히려 역사적 사실에 더 가까운 것으로 생각되고 있다.

셋째는 마가가 '예수의 십자가 처형 이야기'를 소개하는 도중에

---

1 "In the Oneirokritika(2:56) of Artemidorus Daldianus we read: '먼저 십자가에 못 박힐 사람이 십자가를 (처형 장소까지) 나른다.' 따라서 로마 군인들이 다른 사람으로 하여금 예수의 십자가를 나르게 한 것은 정상이 아니다(not normal)." Cf. R.E. Brown, *The Death of the Messiah*, 914. "The customary practice was for the condemned man himself to carry the patibulum, or crossbeam, of his cross." Cf. C.S. Mann, *Mark: A New Translation with Introduction and Commentary* (The Anchor Bible, Doubleday & Company: New York, 1986), 645.

의도적으로 자신이 구성한 '구레네 시몬의 십자가 처형 이야기'(15:21-24)를 "첨가 삽입"[2]하였다는 사실을 제대로 파악하지 못한 채, 본문을 그냥 '예수의 십자가 처형 이야기'의 일부로만 읽고 이해했기 때문인 것으로 보인다. 막 15:21-24가 "첨가 삽입된 본문"이라고 볼 수 있는 근거는 우선 이 본문이 없을 경우, 오히려 '예수의 십자가 처형 이야기'가 아무런 문제없이 혹은 별다른 무리도 없이 막 15:20에서 15:25로 잘 연결되고 있다는 점에 있다. 마가가 이처럼 특별한 의도를 가지고 하나의 이야기를 또 다른 이야기 가운데 삽입 첨가하여 소개하는 것이 마가의 주요 편집적 특징이라는 점은 이미 마가복음 연구가들에 의해 잘 지적된 바 있다.[3]

---

2 "마가의 첨가문"(Markan addition). Cf. E. Best, *The Temptation and the Passion: The Marcan Soteriology* (Cambridge: The University Press, 1965), 97. "구레네 시몬의 이야기는 마가의 본래 전승의 일부는 아니었지만, 상당한 이유가 있어서… 삽입된 (inserted) 것이라는 추측이 아마도 정확할 것이다." Cf. C.S. Mann, *Mark: A New Translation with Introduction and Commentay* (The Anchor Bible, Double- day & Company, 1986), 644. 다른 한편으로 Robert W. Funk and the Jesus Seminar도 "마가는 이 약간 이상한 이야기(this odd bit of detail)를 시몬이라는 이름을 가진 또 다른 인물과 연관시키려는 그 자신의 설화적 목적을 위해 첨가하였다(adds)"고 지적하고 있다. Cf. Robert W. Funk and the Jesus Seminar, *The Acts of Jesus: The Search for the Authentic Deeds of Jesus*, 154.

3 이미 많은 마가복음 연구가들이 마가가 그의 복음서를 기록할 때, 한 이야기를 다른 이야기 가운데 삽입 첨가하여 소개하는 그런 독특한 편집 방법을 사용하고 있고, 이것이 마가의 특별한 문학적 기교 가운데 하나라고 인정한 바 있다. 다만 학자들에 따라서 이런 방법을 "inclusio", "intercalation", "intertwine" 혹은 "sandwich"라고 각각 서로 다른 명칭을 붙이고 있기는 하다. Robert W. Funk and the Jesus Seminar는 마가가 죄 사함의 권세에 관한 논쟁(2:5b-10)을 중풍병자를 고친 이야기(2:1-5a, 10b-12) 가운데 그리고 안식일 준수에 관한 논쟁(3:4-5a)을 손 마른 사람을 고친 이야기 (3:1-3, 5b-6) 가운데 그리고 예수가 바알세불의 힘으로 귀신을 쫓아낸다는 서기관들의 비난(3:22-29)을 예수의 진짜 가족에 대한 논쟁(3:20-21, 31-35) 가운데 삽입한 것 등이 대표적으로 "두 이야기를 하나로 엮는"(intertwining two stories) 실례들이며 이런 편집 기술이 마가복음의 "문학적 DNA"라고 말한다(cf. *The Acts of Jesus: The*

이와 함께 마가가 이 본문을 기록한 목적이 과거 주후 30년경에 있었던 '예수의 십자가 처형 이야기'를 사실 그대로 전해주는 데 있었던 것이 아니라, 오히려 마가복음이 기록되던 당시인 주후 70년경에 자기 시대 교인들이 과거 예수처럼 십자가 처형을 당하고 있는 박해 상황을 보면서, '자기 십자가를 지고, 십자가에 못 박혔던 구레네 시몬의 처형 이야기'를 통해 당시 독자들에게 나름대로 의미 있는 신앙적인 교훈을 주려고 했다는 점을 제대로 인식하지 못한 것이 문제라면 문제일 것이다.

따라서 우리는 다음과 같은 두 가지 점을 염두에 두고 마가가 기록한 본문 이야기를 다시 주의 깊게 읽어볼 필요가 있다. 첫째는 마가가 마가 교회 구성원들이 처해 있던 박해 상황을 염두에 두고 '예수의 십자가 처형 이야기'를 소개하면서, '구레네 시몬의 십자가 처형 이야기'(15:21-24)를 "첨가 삽입"하여 소개하고 있다는 점이다. 이

Search for the Authentic Deeds of Jesus [HarperCollins Publishers, 1998], 140). 다른 한편으로 R.H. Stein은 이런 마가의 자료 편집 방법을 "the placing of one pericope into another"(=sandwiching method)라고 말하면서, 그런 본문들의 실례를 다음과 같이 지적하고 있다:

Mark 3:22-30 into Mark 3:19b-21 and 31-35;

Mark 5:25-34 into Mark 5:21—24 and 35-43;

Mark 6:14-29 into Mark 6:6b—13 and 30f.;

Mark 11:15-19 into Mark 11:12-14 and 20-25; and

Mark 14:3-9 into Mark 14:1-2 and 10-11; and possibly

Mark 14:55-65 into Mark 14:53-54 and 66-72;

Mark 15:16-20 into Mark 6-15 and 21-32.

Cf. *Gospels and Tradition: Studies on Redaction Criticism of the Synoptic Gospels* (Grand Rapids: Baker Book House, 1991), 62. 그러나 유감스럽게도 Robert W. Funk and the Jesus Seminar와 R.H. Stein 등은 '구레네 시몬의 십자가 처형 이야기'(막 15:21-24)가 '예수의 십자가 처형 이야기' 가운데 sandwich되어 있다는 사실은 제대로 보지 못했던 것으로 보인다.

와 관련해서 마가복음이 박해 가운데서 고통을 당하고 있던 교회 (ecclesia pressa)를 위해 기록된 일종의 '박해 문학'이라는 점을 기억할 필요도 있다.4 둘째는 우리가 본문 이야기를 올바로 이해하기 위해서는 무엇보다도 먼저 〈번역 본문〉이 아니라 마가가 기록한 〈헬라어 원문〉의 의미를 올바로 찾아보아야 한다는 점이다. 번역 본문이 흔히 원문의 파괴가 될 수 있기 때문이다.

이런 두 가지 전제를 염두에 두고 이 본문을 다시 읽을 경우에 우리는 이 본문 이야기가 '예수의 십자가 처형 이야기' 도중에 구레네 시몬이 잠시나마 **예수의 십자가**를 대신 날라주었다는 이야기가 아니라, 도리어 '구레네 시몬의 십자가 처형 이야기', 곧 구레네 시몬이 예수처럼 붙잡혀 **"자기 십자가를 지고"**(15:21) 처형장까지 가서 **"십자가에 못 박힌"**(15:24) 이야기라는 점을 그리고 마가가 이 이야기를 교훈적인 목적 때문에 '예수의 십자가 처형 이야기'와 나란히, 혹은 그것에 빗대어 소개하고 있는 것이라는 점을 알게 될 것이다.5

---

4 Ralph Martin, *Mark: Evangelist and Theologian* (Michgan: Zondervan Publishing House, 1973), 65-66. 이와 관련하여 Martin Kaehler가 일찍이 복음서를 가리켜 "확대된 서론이 첨가된 수난 설화"(the passion narratives with an extended introduction)라고 말한 점에 주목할 필요가 있다(cf. *The So-called Historical Jesus and the Historic, Biblical Christ*, Trans. by Carl E. Braaten [Philadelphia: Fortress Press, 1964], 80, n.11). 이 말은 특히 마가복음에 가장 잘 적용될 수 있는 말이기 때문이다. 같은 의미에서 J. Weiss도 그 이전에 이미 마가복음을 "eine nach rueckwaert erweiterte Passionsgeschichte"라고 규정한 바 있다(*Die Schriften des Neuen Testaments*, vol. 1 [Goettingen: Vandenhoeck & Ruprecht, 1917], 43). 이렇게 마가복음의 중심이 "수난 설화" 자체에 있다는 인식은 마가복음이 과거의 예수처럼 박해 가운데서 고통을 당하고 있는 마가 신앙공동체를 위해 기록된 복음서라는 사실과 연관되어 있는 것으로 알려져 있다.

5 이 점은 마가복음 저자가 예수의 수난 이야기가 본격적으로 시작되는 막 14장 직전에 막 13장에서 예수를 믿고 따르는 마가 공동체 구성원들이 당하고 있는 고난이 그들의 주님인 예수가 당했던 고난과 동일한 것임을 인식시키고 있는 사실에서 잘 드러나고 있

2. "자기의 십자가"를 짊어진 구레네 시몬(15:21)

우리가 먼저 제기해보아야 할 질문은 구레네 시몬의 짊어졌던 십자가가 "예수의 십자가"인가? 아니면 구레네 시몬 "자기의 십자가"인가 하는 문제이다. 이런 질문 자체가 처음에는 많은 사람들에게 뜬금없는, 뜻밖의 질문처럼 들릴 수도 있다. 왜냐하면 번역 성경만을 읽었던 대부분의 사람들은 당연히 구레네 시몬이 "**예수의 십자가**"를 대신 짊어지고 골고다까지 갔던 것으로 알고 있기 때문이다. 막 15:21에 대한 대부분의 한글 번역 성경이 거의 예외 없이 그렇게 번역하였다:6

다. 즉 예수가 자기의 제자로부터 배신을 당했듯이(14:46), 마가교회의 교인들도 그들의 가족들로부터 배신을 당할 것이다(13:12); 예수가 공회 앞에서 심문을 당한 것처럼(14:55; 15:1), 그들도 공회 앞에서 심문을 당하게 될 것이다(13:9); 예수가 공회 앞에서 담대히 자신을 증거 하셨듯이(14:58-65), 그들도 공회 앞에서 담대히 증거해야 했다(13:11); 예수가 빌라도에게 넘겨졌듯이(14:44, 65; 15:1), 그들도 총독들과 임금들 앞에 넘겨지게 될 것이다(13:9, 11-12); 예수가 매질을 당했던 것처럼(14:65), 그들도 매질을 당하게 될 것이다(13:9); 예수가 지나가는 모든 사람들로부터 미움과 조롱을 받았던 것처럼(15:29-30, 35), 그들도 모든 사람들로부터 미움을 받게 될 것이다(13:13). 즉 그들이 당하고 있는 고난이 바로 예수께서 당하신 고난과 똑같다는 점을 깨닫게 하기 위한 것이었다. 마가복음의 수난 이야기는 결국 마가 교회 교인들의 수난 이야기인 셈이다.

6 대부분의 한글 번역 성경들이 거의 예외 없이 "예수의 십자가"라고 번역하였지만, 영어 번역 성경들에는 이 구절과 관련하여 다음과 같은 세 종류의 번역들이 있다. 첫 번째는 헬라어 원문 그대로 "his cross"라고 번역한 성경들이고, 두 번째는 우리말 번역 성경처럼 "carry *Jesus' cross*"라고 번역한 성경들(New Living Translation[NLT]과 Holman Christian Standard Bible[HCSB]) 그리고 이와는 달리, 그러나 거의 같은 의미로 "carry his cross"의 "his"가 "예수"를 가리키는 것이라고 "해석"하여 영어 대문자로 "*His cross*"라고 번역한 성경들이다. 그리고 세 번째로는 "예수의" 십자가인지 "구레네 시몬의" 십자가인지가 분명치 않아서 그랬는지 인칭대명사("his")를 번역하지 않은 채 그냥 "cross"라고만 번역한 성경도 있다(New International version [UK]).

- 개역 개정판: "마침 알렉산더와 루포의 아버지인 구레네 사람 시몬이 시골로부터 와서 그들이 그를 억지로 같이 가게 하여 <u>예수의 십자가를 지우고</u>…."
- 표준 새번역 개정판: "… 그들은 그에게 강제로 <u>예수의 십자가를 지고 가게 하였다.</u>"
- 새 번역: "… 사람들은 그를 붙들어 억지로 <u>예수의 십자가를 지고 가게 했습니다.</u>"

　　그러나 문제는 막 15:21의 헬라어 원문에서는 이런 번역들과 달리 "예수의 십자가"라는 말이 없고, 다만 **"그의(혹은 자기의) 십자가"**라고만 되어 있을 뿐이다. 결국 한글 번역 성경을 비롯하여 많은 영어 번역 성경들이 헬라어 원문을 기록되어 있는 그대로 정확히 번역하지 않음으로 인해서 헬라어 원문이 말하는 것과는 다른 의미로 읽혀지게 된 것으로 보인다.

　　그렇다면 막 15:21의 헬라어 원문이 어떻게 되어 있는지부터 먼저 확인해볼 필요가 있다. 참고로 헬라어 원문 성경 본문과 함께 그 본문에 가장 가깝게 번역된 영어의 흠정역(KJV)을 소개하면 다음과 같다:

- καὶ ἀγγαρεύουσιν παράγοντά τινα Σίμωνα Κυρηναῖον ἐρ-χόμενον ἀπ᾽ ἀγροῦ τὸν πατέρα Ἀλεξάνδρου καὶ Ῥούφου ἵνα ἄρῃ <u>τὸν σταυρὸν αὐτοῦ</u>.
- And they compel one Simon a Cyrenian, who passed by, coming out of the country, the father of Alexander and

Rufus, to bear his cross.

즉 헬라어 원문에서는 시몬이 "그의(혹은 자기의) **십자가를 지
고**"(*carry his cross*) 갔다고 기록되어 있다. 그런데 대부분의 한글 번
역 성경들(그리고 다수의 영어 번역 성경들)은 여기서 "그의 십자
가"(his cross)라는 말이 "예수의 십자가"를 의미하는 것으로 "생각"
혹은 "해석"하여 "**예수의** 십자가"라고 번역했다. 그러나 헬라어 원문
에서는 분명히 "**그의** 십자가"(*his* cross)라고만 기록되어 있다. 그리
고 이 문구는 분명히 "자기의 십자가"라고도 읽을 수 있는 말이다.
따라서 헬라어 원문대로 막 15:21을 읽을 경우, 구레네 시몬은 "예수
의 십자가"를 진 것이 아니라 "자기의 십자가"를 진 것이라고 읽을
수 있게 된다. 그것이 바로 헬라어 원문의 기록이며, 마가복음 저자
가 본래 의도했던 의미일 수도 있다. 마가복음의 헬라어 본문에 따르
면, 시몬은 예수가 처형장으로 끌려가던 길을 지나가다가 붙잡혀, 억
지로 "자기의 십자가"를 지고 골고다라는 곳으로 갔다고 기록되어
있을 뿐이다. 이런 점을 완전히 무시하고 대부분의 번역자들이 헬라
어 원문의 "그의 십자가"라는 문구를 "예수의 십자가"라고 번역하여
마치 구레네 시몬이 "예수의 십자가"를 대신 짊어지고 간 것처럼 번
역한 것은 분명히 번역자의 "선입감"과 "해석"이 가미된 잘못된 번역
이고, 결과적으로 성경 원문의 왜곡과 파괴라고 볼 수밖에 없다.7

---

7 마태(27:32)는 마가 15:21의 표현과 문구를 그대로 반복하여 "to bear his cross"라고
  소개하고 있으나, 누가(23:26)는 마가의 본문을 수정하여 "laid on him the cross, to
  carry it behind Jesus"라고 기록하였는데, 누가의 본문에서도 구레네 시몬이 예수의
  뒤를 따라 짊어지고 날랐던 "십자가"가 예수의 십자가인지, 구레네 시몬의 십자가인지
  분명치가 않다. F.W. Danker는 누가가 이 장면을 통해서 "discipleship as

다른 한편으로 대부분의 우리말 번역 성경들이 전해주고 있는 것처럼 구레네 시몬이 "예수의 십자가"를 대신 짊어지고 골고다까지 갔다는 식으로 본문을 읽고 이해하는 데에는 또 다른 문제가 있다. 무엇보다도 구레네 시몬이 "예수의 십자가"를 대신 짊어지고 날랐다는 생각 자체가 그 당시 로마 당국의 십자가 처형 관례는 물론이고 예수의 십자가 처형에 관한 다른 복음서들의 기록들과도 일치하지 않는 것으로 보이기 때문이다. 우선 우리는 구레네 시몬이 예수의 십자가를 대신 날랐다는 이야기가 다른 복음서들의 기록은 물론이고, 그 당시의 십자가 처형 관례와도 일치하지 않는다는 사실에 주목할 필요가 있다. 우선 요한복음 19:17에 의하면, "예수가 친히 십자가를 지시고 해골의 곳이라는 데로 가셨습니다"(한글 새 번역)라고 전해주고 있을 뿐, 구레네 시몬에 대한 언급은 전혀 없다. 그리고 "복음서 전승 가운데 가장 최초의 수난 이야기"[8]로 알려지고 있는 그리고 무엇보다도 예수의 십자가 죽음과 부활에만 초점을 맞추어 기록한 것으로 알려지고 있는 외경복음서인 '베드로복음서'를 보더라도 예수의 십자가 처형과 관련하여 예수 아닌 다른 사람, 예를 들어 "구레네 시몬"이 처형장으로 가는 도중에 예수를 대신해서 예수의 십자가를 지고 골고다까지 나갔다는 이야기는 어느 곳에서도 찾아볼 수가 없다.[9]

---

willingness to identify with Jesus"(cf. Luke 9:23; 14:27)로 강조하면서 "this Simon is a model for those of Luke's public"이라고 주장한다. Cf. F.W. Danker, *Jesus and the New Age: A Commentary on St. Luke's Gospel* (Philadelphia: Fortress Press, 1988), 370-371.

8 Robert J. Miller, *The Complete Gospels* (Polebridge Press Book, 1994), 400.

9 바로 이런 이유 때문에 Danker(그리고 또한 Linnemann)는 구레네 시몬이 최초 마가 이전 전승의 일부가 아니었다고(not part of the earliest pre-Marcan tradition) 주

이와 같이 구레네 시몬의 경우처럼, 십자가에 처형될 죄인이 아닌 다른 사람이 예수의 십자가를 대신 지고 처형장까지 갔다는 이야기에 대해 전혀 아무것도 모르고 있는 다른 복음서들이 있다는 엄연한 사실을 고려할 때, 과연 마가복음 15:21의 본문을 구레네 시몬이 예수의 십자가를 대신 짊어지고 처형장까지 갔다는 식으로 읽는 것이 얼마나 역사적인 사실에 부합되는 기록인지에 대해 의문을 제기해볼 수도 있다. 이런 의문은 특히 다음과 같은 두 가지 이유 때문에 어느 정도 정당화될 수 있는 것으로 생각된다. 첫째는 무엇보다도 그당시 로마 당국의 십자가 처형 관례 및 관련된 여러 기록들을 보더라도 십자가에 처형될 죄수가 직접 자기 십자가를 처형장까지 직접 날랐지 도중에 다른 사람이 대신 십자가를 날라준 그런 역사적 사실에 대해서 전혀 알려진 바 없기 때문이다. 둘째는 로마 제국의 십자가 처형 관례에 의하면, 십자가형을 언도받은 당사자가 자기의 십자가(patibulum, 즉 세로대 기둥이 아닌 가로 지름대)를 처형 장소까지 운반하도록 되어 있었다.[10] 따라서 예수가 산헤드린 공의회와 빌라도 법정으로 이어지는 과정에서 여러 가지 고문들을 당한 것(cf. 막 14:65; 15:16-20) 때문에 더 이상 직접 십자가를 나를 수 없게 되어서 부득이 도중에 다른 사람을 붙잡아 대신 나르게 했다는 생각 자체도 단지 상상에 지나지 않는 것이라서 그대로 받아들이기가 어렵다. 이런 점

장하기도 한다. Cf. R.E. Brown, *The Death of the Messiah* (New York: Doubleday, 1993), 913.

10 "정상적인 경우 십자가의 수직 기둥(stipes, staticulum [scaffold])은 처형 장소에 세워져 있고, 정죄 받아 처형될 자는 십자가의 수평 부분(patibulum, i.e. a bar for closing a door; or antenna, a sail yardarm)만을 날랐다." Cf. R.E. Brown, *The Death of the Messiah*, 913.

들 때문에 예수의 십자가 처형에 관한 한, 「요한복음」과 외경 「베드로복음서」의 기록이 오히려 역사적으로 더 신빙성이 있다는 생각을 할 수도 있다.

이와 함께 우리는 앞에서 지적했듯이, 마가복음 전체가 다 그렇듯이 마가가 전해주는 구레네 시몬의 이야기도 자기 시대 교인들을 신앙적으로 지도하기 위해 기록한 마가의 설교라는 점을 염두에 둘 필요가 있다. 그리고 이런 점 때문에 우리는 마가복음이 말해주는 구레네 시몬의 이야기를 마가복음이 기록될 당시 마가 교회가 처해 있었던 역사적 상황에 비추어 다시 읽어볼 필요가 있다. 마가복음은 주후 64년에 로마제국의 네로 황제에 의한 기독교에 대한 박해가 시작된 이후, 예수를 믿는 기독교인들이 수시로 붙잡혀 각자 자기의 십자가를 지고 처형장으로 끌려가 처형되던 시기인 주후 70년경에 기록된 복음서로 잘 알려져 있다. 마가복음은 그런 박해 상황 가운데서 믿음을 지켜나가던 교인들을 신앙적으로 격려하며 지도하기 위해 기록된 일종의 설교였다. 그 당시 마가 시대 기독교인들은 박해를 피해 카타콤과 같은 지하 무덤에 모여서 예배를 드리기도 했다. 그럼에도 불구하고 마가 시대 교인들 중에는 예수 시대의 가룟 유다와 같은 배신자들이나 밀고자들, 곧 제2, 제3의 가룟 유다들이 생겨나서 마가 교회 구성원들이 계속 체포되어 각자 "자기의 십자가를 지고" 처형장으로 끌려가는 일이 벌어지게 되었다. 마가복음 저자로서는 이처럼 함께 숨어서 같이 예배를 드리던 동료 기독교인들 가운데 한두 사람씩 체포되어 각자 "자기의 십자가를 지고" 처형장으로 끌려가는 것을 직접 지켜보면서 그리고 또한 그런 것을 함께 지켜보면서 두려움과 공포에 사로잡혀 있던 당시 주변의 많은 교인들을 위해서, 자기 십자가를 지고 처형장으로 나갔던 '구레네 시몬의 이야기'를 통해 나름대로 신앙적으로 의미 있는 격려의 메시지를 주려고 했던 것으로 생각된다.

구레네 시몬이 "자기의 십자가"를 짊어지고 처형장으로 끌려갔다는 이야기는 바로 그런 상황에 처해 있던 교인들을 위한 설교의 일환으로 현재의 본문, 곧 '예수의 십자가 처형 이야기'에 첨가되어 소개된 이야기 중의 하나였다고 생각된다. 마가복음 저자에게는 예수처럼 "자기의 십자가를 지고" 처형장으로 가는 구레네 시몬이 마가 교회 교인들을 위한 훌륭한 신앙적 모델로 생각되었을 것으로 보인다. 그래서 마가는 '예수의 십자가 처형 이야기'를 언급하는 가운데, 막 15:21에서 예수가 십자가를 지고 처형장으로 가는 도중에 구레네 시몬이 예수처럼 붙잡혀 "자기의 십자가"를 짊어지고 처형장으로 끌려갔다는 이야기를 소개하고 있는 것으로 생각된다. 비록 그가 억지로 짊어지게 되었다고는 하지만, 그러나 결과적으로 그는 예수처럼 "자기의 십자가"(his cross)를 지고 처형장으로 간 셈이다. 바로 이런 점에서 그는 분명히 예수처럼 자기 십자가를 짊어졌던 사람으로 자기 시대 기독교인들을 위한 훌륭한 신앙인의 모범이 될 수 있다고 생각했을 것이다.

이것이 이 이야기를 소개하는 마가의 의도였을 것이라는 생각은 이미 마가가 막 8:34에서 "누구든지 나를 따르려거든 자기를 부인하고 '자기 십자가를 지고'(to carry his cross) 따르라"는 예수의 말씀을 강조하고 있는 점에서도 잘 엿볼 수가 있다. 여기서 마가복음 저자가 사용한 "자기 십자가를 지고"(to carry his cross)라는 문구는 마가복음 전체에서 오직 막 8:34와 막 15:21에서만 나온다. 마가복음은 예수의 첫 번째 수난 예고(막 8:31)와 관련하여 참다운 제자가 되기 위한 길이, 곧 각각 "자기 십자가를 지고(to carry his cross) 따르는 길"이라는 점을 말한 바 있다. 그런데 정작 예수 자신이 예고했던 대로 예수가 십자가를 짊어지고 처형장으로 가는 수난의 현장에서 마가복음 저자는 다시금 똑같은 문구를 이용하여 구레네 시몬이 "자기 십자가를 지고"(carry his cross) 예수를 따라 처형장으로 나갔다는 이야기를 소개하고 있다. 바로 이런 점 때문에 실제로 레이낙 (Reinach)은 구레네 사람 "시몬의 역할은 막 8:34를 극적으로 구성하기 위해 만들어졌다"(invented to dramatize)는 주장한 바 있다.[11] 결국 마가복음에서 구레네 시몬은 예수처럼 자기의 십자가를 짊어지고 처형장으로 끌려감으로써 예수께서 앞서 제자들에게 가르치셨던 참 제자직에 관한 말씀(막 8:34)을 그대로 실천에 옮긴 모범적인 인물로 소개되고 있는 셈이다.

이와 관련해서 우리가 특별히 주목해야 할 점은 마가복음에서 예수가 맨 처음에 불러낸 제자의 이름이 "시몬"이라는 베드로였다는 점이다. 그리고 이 시몬 베드로가 가이사랴 빌립보에서 위대한 신앙고백을 한 직후에 다른 제자들과 함께 예수로부터 "나를 따르려거든 자기를 부인하고 **자기의 십자가를 지고** 나를 따르라"는 말씀을 들었는데, 그는 끝내 이 말씀대로 따르지 못했다. 그런데 정작 예수가 십자가를 지고 처형장으로 가는 장면에서 이번에는 또 다른 "시몬" 곧 "구레네 사람 시몬"이 **자기의 십자가를 지고** 예수의 뒤를 따른 것으로 기록되어 있다. 달리 말한다면, "**자기 십자가를 지고**"라는 문구가 처

11 S. Reinach, "Simon de Cyrene," in: *Revue de L'Universite de Bruxelles* 17(1912), 721-28. Requoted from R.E. Brown, *The Death of the Messiah*, 913.

음 사용되었을 때(8:34)는 베드로라는 "시몬"이 예수의 첫 번째 수난 예고(막 8:31)에 반발하여 예수를 "꾸짖은"(8:32) 직후였는데, 똑같은 문구가 두 번째로 사용되었을 때는, 구레네 사람 "시몬"이 예수의 수난의 현장에서 예수처럼 그리고 또 예수의 말씀(8:34)처럼 실제로 자기의 십자가를 짊어졌을 때였다는 점이다.[12]

이런 점 때문에 로버트 펑크와 예수 세미나(Robert W. Funk and the Jesus Seminar)도 똑같은 관점에서 다음과 같이 지적하고 있다: "앞에서 예수는 그의 제자들에게 만일 그들이 자기를 따르기 원한다면, 각자 자신들을 부인하고, 자기들의 십자가를 지고, 자기를 따라야 한다고 가르친 바 있다. 그런데 시몬 베드로가 예수의 가르침을 따르지 못했기 때문에(그는 예수가 체포되었을 때 다른 제자들과 함께 예수를 버렸다), 마가는 다른 시몬으로 하여금 그렇게 하게 했다."[13] 즉 마가는 "신실하지 못했던 시몬" 베드로와 달리 예수의 가르침대로 자기 십자가를 지고 예수를 따랐던 "또 다른 진실한 시몬"을 소개하고자 했던 것으로 보인다. 이런 관점에서 본다면, 마가가 소개하고 있는 구레네 시몬의 이야기는 비슷한 상황에 처해 있던 마가공동체 구성원들을 염두에 둔 설교를 위해 구성된 "마가의 문학적 상상력의 산물"(the product of Mark's literary imagination)[14]이라고도 볼 수 있을 것이다.

---

12 Cf. Ched Myers, *Binding the Strong Man: A Political Reading of Mark's Story of Jesus* (New York: Orbis Books, 1988), 385.

13 Robert W. Funk and the Jesus Seminar, *The Acts of Jesus: The Search for the Authentic Deeds of Jesus* (HarperSanFrancisco, A Division of Harper Collins Publishers, 1998), 154-155, and cf. 261, 360.

14 Robert W. Funk and the Jesus Seminar, *The Acts of Jesus: The Search for the Authentic Deeds of Jesus*, 261.

결국 마가의 의도는 박해 중에 체포되어 구레네 시몬처럼 십자가를 지고 형장으로 끌려가는 마가 교회 교인들을 향하여, 너희가 비록 원치 않게, 억지로 십자가를 짊어지고 처형장으로 끌려가는 몸이 되었지만, 너희야말로 구레네 시몬처럼 각자 "자기의 십자가를 지고" 예수께서 가신 길을 따라가는 참다운 제자들이라고 말해줌으로써 그들을 위로하며 격려해주면서, 참다운 제자가 되는 길이 이처럼 바로 각자 "자기의 십자가"를 지는 것이라고 가르치려고 했던 것으로 생각된다. 따라서 우리는 마가가 예수의 십자가 처형 이야기에 빗대서 마가 시대 교인들의 십자가 처형 이야기를 그리고 보다 구체적으로는 "알렉산더와 루포의 아버지인 구레네 사람 시몬"의 경우를 예로 들어 설교하고 있는 것으로 읽을 때, 본문을 보다 더 잘 이해할 수 있게 될 것으로 생각된다.

마가는 이런 설교를 위해 '예수의 십자가 처형 이야기'를 소개하는 도중에 의도적으로 '구레네 시몬의 십자가 처형 이야기'를 "그들이 예수를 십자가에 못 박으려고 끌고 나갔습니다"(15:20)라는 언급 바로 뒤에 "첨가" 혹은 "삽입"한 것으로 보인다. 이런 생각이 가능한 것은 현재의 마가복음 본문 가운데서 15:21-24를 삭제해 버릴 경우, 예수의 십자가 처형 이야기는 다음과 같이 보다 더 자연스럽게 읽혀질 수 있게 되기 때문이다:

20(군인들이) 희롱을 다 한 후 자색 옷을 벗기고 도로 그의 옷을 입히고 십자가에 못 박으려고 그(=예수)를 끌고 나가니라.

25때가 제 삼 시가 되어 그(=예수)를 십자가에 못 박으니라.

26그 위에 있는 죄 패에 유대인의 왕이라 썼다(막 15:20-26).

따라서 구레네 시몬에 대해 언급하고 있는 막 15:21-24는 분명히 이미 전해지고 있던 '예수의 십자가 처형 이야기' 도중에 의도적으로 삽입된 이야기로 보는 것이 옳을 것이며, 이 구절들이 삽입된 의도는 분명히 마가 당시의 교인들을 위한 설교적 목적 때문이었다고 보아야 할 것이다.

3. "십자가에 못 박힌" 구레네 시몬(15:24)

마가가 15:21을 통해서 구레네 시몬이 "자기의 십자가"를 짊어졌다고 말해주고 있다는 점에 주목하는 일도 중요하지만, 그것에 못지않게 마가복음 저자가 막 15:24에서 "구레네 시몬"이 "십자가에 못박혔다"고 말하고 있는 점에도 주목할 필요가 있는 것으로 생각된다. 이런 주장 역시 의외라고 생각되는 이유는 대부분의 한글 번역 성경은 막 15:24를 다음과 같이 번역하였기 때문이다:[15]

- 새 번역 성경: "그들은 **예수를 십자가에 못 박은 후에**···"
- 표준 새 번역 개정: "그들은 **예수를 십자가에 못 박고**···"

그러나 여기서도 마가가 기록한 헬라어 원문에서는 다만 "**그를 십**

---

15 대부분의 영어 번역 성경들이 15:21의 경우와 달리 15:24에서 십자가에 못 박힌 "him"을 "Jesus"라고 번역하지는 않고 그냥 원문대로 "him"이라고 번역하였다. 그러나 New American Standard Bible과 또한 Holman Christian Standard Bible(HCSB)은 "they crucified Him"이라고, 즉 "him"("그를")을 대문자로 "Him"("그분을")이라고 번역함으로써 십자가에 못 박힌 사람이 "예수"라고 "해석"하여 그렇게 이해하도록 번역하였다.

자가에 못 박았다"고 기록되어 있을 뿐이다. 이렇게 원문의 "그(him)를"이라는 표현을 "예수를"이라고 번역한 것은 처형장에 도착하여 십자가에 처형된 사람이 "예수"라고 "생각"한 "선입감" 때문일 것이다. 그러나 헬라어 원문, 그리고 그 원문에 가장 가깝게 번역된 흠정역(KJV)에도 보면 분명히 다음과 같이 기록되어 있다:

- καὶ <u>σταυροῦσιν αὐτὸν</u>.
- and they had *crucified him*,···"

즉 헬라어 원문과 영어 흠정역(KJV)은 "그들이 **그를** 십자가에 못 박았다"라고 말하고 있을 뿐이다. "예수"를 십자가에 못 박았다고 말하고 있지 않다는 말이다. 그렇다면 막 15:24에서 십자가에 못 박힌 "그 사람"(him)은 과연 누구일까? 예수인가? 아니면 구레네 시몬인가? 이점을 밝히기 위해서는 다시금 헬라어 원문으로 돌아가 확인해 볼 필요가 있다. 먼저 마가가 기록한 헬라어 원문을 있는 그대로 정확히 번역하여 읽으면 다음과 같다:

²⁰그들(군인들)이 **그(=예수)를** 십자가에 못 박으려고 끌고 나갔습니다.

²¹그리고 그들은 시골로부터 올라와 그곳을 지나가고 있던 알렉산더와 루포의 아버지인 구레네 시몬이라는 사람으로 하여금 억지로 **그의(혹은 자기의)** 십자가를 지게 했습니다.

²²그리고 그들은 **그를** 골고다라는 곳으로 데려갔습니다.···

²³그리고 그들은 **그에게** 몰약을 섞은 포도주를 마시게 했으나 **그는** 그

것을 받지 않았습니다.

²⁴그리고 그들이 **그를** 십자가에 못 박았습니다(막 15:20-24).

대부분의 한글 번역 성경들과 대다수의 영어 번역 성경들이 처형장인 골고다에서 십자가에 못 박혀 죽은 사람은 당연히 예수라고 "생각"하여 그렇게 읽도록 번역한 것으로 보인다. 그러나 마가가 기록한 헬라어 원문을 원문 그대로 주목해서 읽어보면, 막 15:21에서 구레네 시몬이 등장함으로써 막 15:24에서 처형장에 도착하여 십자가에 못 박혔다는 "그 사람"(him)은 당연히 구레네 시몬이라고 읽어야만 할 것이다. 물론 만약 막 15:21에서 구레네 시몬에 대한 언급이 없었다면, 로마 군인들이 예수를 십자가에 못 박으려고 끌고 나갔고, 그들이 그를 골고다라는 곳으로 데려갔고, 그에게 몰약이 섞인 포도주를 마시게 했으나, 그가 그것을 받지 않았고, 그래서 끝내 그들이 예수를 십자가에 못 박아 죽였다는 '예수의 십자가 처형 이야기'로 읽을 수 있게 된다. 그리고 이것이 우리가 이미 잘 알고 있는 예수의 십자가 처형에 대한 역사적 사실이기도 할 것이다.

그러나 마가는 15:21에서 구레네 시몬을 등장시켰고, 또 "구레네 시몬"이 분명히 "자기의 십자가"를 짊어지고 갔다고 말했기 때문에 자연히 그 다음 구절인 15:22에서 골고다로 끌려간 "그 사람"(him)은 당연히 십자가를 억지로 짊어진 채 골고다까지 끌려간 구레네 시몬일 수밖에 없고, 15:23에서 몰약이 섞인 포도주를 거절한 "그 사람"(him)이나, 15:24에서 십자가에 못 박힌 "그 사람"(him) 역시 15:21에서 "자기 십자가"를 짊어졌던 구레네 시몬이라고 생각할 수밖에 없다. 헬라어 성경 원문이 그렇게 기록되어 있기 때문이다. 더

구나 마가는 "그들이 그를(=구레네 시몬) 십자가에 못 박았다"(καὶ στ
αυροῦσιν αὐτὸν, 15:24)고 구레네 시몬의 십자가 죽음에 대해 언급
한 이후에, 다시금 그 다음 구절에서 구레네 시몬의 십자가 죽음과는
별도로 "때가 제 삼 시가 되어", "그들이 그(=예수)를 십자가에 못 박
았다"(καὶ σταυροῦσιν αὐτὸν, 15:25)는 말로 예수의 십자가 죽음에
대해 언급하고 있다.16 뿐만 아니라 예수의 십자가 죽음은 또 다시 막
15:33-37에서 예수가 큰 소리로 '엘로이 엘로이 라마 사박다니' 하고
부르짖은 후 숨을 거두셨다는 말로 거듭 언급되고 있다.

　한 가지 흥미 있는 점은 마가가 전해주고 있는 구레네 시몬의 이
야기의 헬라어 원문 자체가 그렇게 기록되어 있기 때문에, 초대교회
의 지도자 가운데 한 사람이었던 초대 교부인 바실리데스(Basilides)
는 헬라어 본문에 기록된 그대로 충실하게 읽어서, "십자가에 못 박
혀 죽은 것은 예수가 아니라 구레네 시몬이다"라고 주장한 바 있었다
는 사실이다.17 바실리데스가 이런 주장을 한 것 때문에 나중에 초대
교회로부터 이단자라는 낙인을 받아 파문되기는 했다. 물론 바실리
데스가 본문을 그렇게 읽고 해석한 배경에는 하나님의 아들인 신적
인 존재인 예수가 인간의 손에 의해 죽임을 당할 수 없다고 생각하는

---

16 R. Bultmann도 일찍이 예수의 십자가 처형 이야기와 관련하여 "그들이 그를 십자가에
　못 박았다"(καὶ σταυροῦσιν αὐτὸν)는 문장이 본문 가운데 두 번, 즉 24절과 25절에
　서 반복되어 있는 점("a doublet of 'καὶ σταυροῦσιν αὐτὸν'")을 지적한 바 있다
　(Cf. *The History of the Synoptic Tradition* [Harper & Row: New York, 1963],
　273). 그러나 "그들이 그를 십자가에 못 박았다"라는 언급이 연이어 두 번이나 반복되
　어 기록된 이유에 대해서는 아무런 언급도 하지 않았다.
17 Cf. Irenaeus, *Heresies I.* 24:4. 바실리데스(Basilides)에 대한 더 많은 이해를 위해서
　는 다음을 참조할 수 있다: Birger A. Pearson, *A Companion to Second-Century Christ
ian 'Heretics'* (Leiden: Boston: Brill, 2005), 1-31.

그 자신의 영지주의적 견해가 크게 작용했던 것이 사실이기는 하지만, 그래서 결국 끝내 그가 영지주의자로 정죄되어 파문되기도 했지만, 그러나 헬라어 성경 본문 말씀에 관한 한, 바실리데스야말로 헬라어 원문에 보다 충실하게 읽고 해석을 했던 사람이라고 말할 수밖에 없다.

여기서 다시 한 번 더 우리는 마가가 지금 주후 30년경에 있었던 예수의 처형과 관련된 이야기를 하고 있는 것이 아니라, 주후 70년경 자기 시대 기독교인들이 당하고 있던 십자가 처형 이야기에 대해 말하고 있는 것이라는 점을 기억할 필요가 있다. 마가복음 저자 자신이 의도적으로 '예수의 십자가 처형 이야기' 가운데 '구레네 시몬의 십자가 처형 이야기'(15:21-24)를 삽입 첨가하여 독자들로 하여금 알렉산더와 루포의 아버지인 구레네 사람[18] 시몬이 예수께서 처형장으로 가던 길에서 "예수처럼" "자기의 십자가를 짊어진 것"으로 그리고 끝내 "예수처럼," 처형장에서 "십자가에 못 박혔다"고 읽을 수 있게끔 본문을 기록했다고 생각하는 것이 옳을 것이다.

그런데 많은 성경 번역자들이 본문을 오로지 '예수의 십자가 처형 이야기'로만 읽었기 때문에 그 이야기와는 별도로, 그러나 그 이야기에 빗대어 소개되고 있는 독자적인 '구레네 시몬의 십자가 처형 이야

---

18 구레네(cyrene)는 북부 아프리카 Libya 지역에 위치한 Cyrenaica 지방의 수도였는데, 주전 300년경에 Ptolemy I Soter이 애굽 장악을 견고화하기 위해 많은 유대인들을 그곳에 정착시켰던 것으로 전해지고 있다. 예루살렘에 구레네 사람들의 회당이 있었다는 언급(행 6:9), 구레네 사람들이 안디옥에 있는 헬라사람들에게 복음을 전도했다는 기록(행 11:20), 또 안디옥 교회 지도자들 가운데 구레네 사람 루기오라는 사람이 이름이 거론되고 있는 점(행 13:1)들로 미루어 볼 때, 마가복음이 기록되던 주후 70년경에 마가 교회 안에 시몬과 그의 두 아들 알렉산더와 루포 등 구레네 사람들이 많이 있었을 가능성은 충분하다.

기'가 완전히 무시 혹은 도외시되면서, 구레네 시몬은 단지 예수의 십자가 처형 과정에서 잠간 등장하여 예수의 십자가를 대신 날라준 인물로만 오해를 받게 되었다. 이런 잘못된 오해의 근원은 결국 막 15:21-24가 독자적인 '구레네 시몬의 십자가 처형 이야기'라는 점과, 마가가 그 이야기를 '예수의 십자가 처형 이야기' 가운데 삽입하여 첨가하고 있다는 점 그리고 이처럼 특별한 의도를 가지고 한 이야기를 다른 이야기에 삽입 첨가하여 소개하는 것이 마가의 주요 편집적 특징이라는 점을 제대로 이해하지 못했다는 점에 있다고 보아야할 것이다.

4. 마가 교회를 위한 참 제자직의 모델

막 15:21-24를 이처럼 독립된 '구레네 시몬의 십자가 처형 이야기'로 그리고 '예수의 십자가 처형 이야기' 도중에 첨가 삽입된 이야기로 볼 수 있는 이유는 앞에서도 언급했던 바와 같이 '구레네 시몬의 십자가 처형 이야기'(15:21-24)가 없을 경우, 오히려 마가의 본문이 '예수의 십자가 처형 이야기'로 보다 순조롭게, 아무런 오해의 소지가 없이 잘 읽혀질 수 있다는 점 때문이다. 그러나 그 점 이외에도 막 15:21-24를 첨가 삽입된 본문으로 볼 수 있는 근거 가운데 가장 중요한 점은 "그들이 그를 십자가에 못 박았다"는 똑같은 언급이 막 15:24에서 그리고 또 15:25에서 연이어 두 번이나 반복되어 있다는 사실이다. 이 경우 막 15:24에서 **"그들이 그(him)를 십자가에 못 박았다"**고 했을 때, 십자가에 못 박힌 "그 사람"(him)은 물론 구레네 시몬이고, 막 15:25에서 "(제삼 시에) **그들이 그(him)를 십자가에 못 박았**

다"고 했을 때, 십자가에 못 박힌 "그 사람"(him)은 예수라고 생각된다. 그런데 흥미롭게도 마가복음에서 두 번이나 반복되어 사용된 "그들이 그를 십자가에 못 박았다"는 문구가 마태복음과 누가복음의 평행 본문에서는 오직 막 15:24만 한 번 기록되어 있을 뿐, 막 15:25에 대한 언급은 없다. 아마도 로마 당국의 박해가 이미 끝나버린 시기에 복음서를 기록하게 된 마태와 누가는 결국 마가복음에 나오는 '구레네 시몬의 십자가 처형 이야기'를 자기들의 복음서에서 소개하지 않은 채, '예수의 십자가 처형 이야기'만을 소개하고 있기 때문이었던 것으로 생각된다.

그런데 마가는 "그들이 그를 십자가에 못 박았다"라는 말을 두 번 사용하되, 15:24에서 사용했을 때는 현재형 동사형(σταυροῦσιν)으로 그리고 15:25에서는 단순과거형 동사형(ἐσταύρωσαν)으로 표현했다. 15:24에서 십자가에 못 박힌 "그 사람"은 마가 시대 구성원들에게 의미 있는 "구레네 시몬"을 가리키는 것이었고, 반면에 15:25에서 십자가에 못 박힌 "그 사람"은 과거의 "예수"를 뜻하는 것이기 때문이었을 것으로 생각된다. 이 밖에도 "몰약을 탄 포도주를 그에게 주었다"(막 15:23)는 말과 "해면에 적신 신 포도주를 그에게 주었다"(막 15:36)는 비슷한 말이 같은 문맥 가운데서 또 다시 반복되고 있는데, 여기서도 15:23에서 "몰약을 탄 포도주"를 받은 "그 사람"은 아마도 구레네 시몬일 것이고, 15:36에서 "해면에 적신 신 포도주"를 받은 "그 사람"은 예수였다고 생각할 수 있다. 이런 중복된 기록들 자체도 마가복음에서는 '예수의 십자가 처형 이야기'와 '구레네 시몬의 십자가 처형 이야기'가 서로 연결되어 소개되고 있기 때문인 것으로 생각될 수밖에 없다.

마가가 '구레네 시몬의 십자가 처형 이야기'를 소개하면서 구레네 시몬을 가리켜 "알렉산더와 루포의 아버지"라고 구체적으로 구레네 시몬의 아들들의 이름까지 밝힌 이유는 아마도 구레네 사람 시몬의 두 아들인 "알렉산더와 '루포'[19]"가 이미 마가의 신앙공동체 구성원들에게는 잘 알려져 있던 인물이었기 때문이었을 것으로 생각된다.[20] 이것이 사실이라면, 그들의 아버지 이름인 "시몬"이 언급된 이유도 그의 아들들과 친구들이 소속해 있는 마가의 신앙공동체 구성원들을 위한 신앙적 교훈을 목적한 것이기 때문일 수 있다. 아마도 마가는 이미 그의 신앙공동체에서 잘 알려져 있는 알렉산더와 루포의 아버지가 예수처럼 처형장으로 가던 길에서 붙잡혀 "자기 십자가를 짊어졌고"(15:21) 또 끝내 "십자가에 못 박혀 죽은"(15:24) 이야기를 통해서, 마가의 신앙공동체 구성원들 모두 알렉산더와 루포의 아버지인 구레네 시몬처럼 각자 "자기의 십자가를 지고" 예수의 뒤를 따라야 할 뿐만 아니라, 처형장에서 "십자가에 못 박히는" 일까지도 감당해야 할 것이라는 그리고 이것이 예수의 말씀대로 진정 예수

---

19 바울이 롬 16:13에서 "루포와 그의 어머니에게" 문안해달라고 부탁하면서 "루포의 어머니"를 두고, "그의 어머니는 곧 내 어머니이기도 하다"고 말하고 있는데, 이 "루포"가 막 15:21의 "루포"와 같은 인물이라면, 구레네 시몬의 가족은 초대교회 안에서 이미 널리 알려져 있었고, 또 "그(=루포)의 어머니"에게 특별히 문안해 달라고 부탁한 것을 보면, 바울도 그녀의 남편인 '구레네 시몬의 십자가 처형 이야기'를 잘 알고 있었기 때문인 것으로 생각된다.

20 마태복음과 누가복음이 마가복음처럼 각각 "구레네 시몬"의 이름을 거론하면서도 그를 가리켜 구체적으로 "알렉산더와 루포의 아버지"라는 점을 언급하지 않고, 그 문구를 생략한 것도 "알렉산더와 루포"라는 이름이 마태 교회와 누가 교회들에서는 전혀 알려진 바 없는, 그래서 그들의 이름을 언급할 이유와 필요가 전혀 없었기 때문일 것으로 보인다. Cf. Frank J. Matera, *Passion Narratives and Gospel Theologies: Interpreting the Synoptics through Their Passion Stories* (New York: Paulist Press 1986), 181.

를 따르는(8:34) 제자의 길이라는 메시지를 전하고자 했을 것으로 생각된다.

따라서 우리는 무엇보다도 먼저 '구레네 시몬의 십자가 처형 이야기' 본문(15:21-24)이 마가복음이 기록되던 주후 70년경 마가의 교회가 당하고 있던 박해 상황을 염두에 두고 기록되었다는 점을 기억해야 한다.[21] 그리고 다음으로 이 본문을 번역 성경을 통해서 읽을 것이 아니라 마가가 기록한 헬라어 원문을 통해서 읽어야 한다. 그럴 경우 우리는 마가가 이 본문을 통해서 단순히 구전으로 전해지던 '예수의 십자가 처형 이야기'를 그리고 그 가운데 구레네 시몬이 도중에 잠간 예수의 십자가를 대신 날라주었다는 이야기를 전해주려고 했던 것이 아니라, 도리어 '예수의 십자가 처형 이야기'를 언급하는 가운데 그것에 빗대어 "알렉산더와 루포의 아버지"인 '구레네 시몬의 십자가 처형 이야기'를 첨가 삽입하여 그 당시 박해 상황 속에서 비슷한 처형 위기에 처해 있던 자기 시대 교인들을 신앙적으로 지도하고자 했던 것임을 알 수 있게 될 것이다. 마가는 결국 자기 시대 교인들 가운데서 과거의 예수처럼 자기 십자가를 지고 처형장으로 끌려가 십자가에 못 박힌 구레네 시몬을 마가 교회가 기억하고 따라야 할 참된 제자의 모델로, 즉 "자기 십자가를 지고 예수의 뒤를 따르는"(cf. 막 8:34) 훌륭한 순교의 모델로 제시하려고 했던 것으로 보인다.[22]

---

21 주후 64년경에 시작된 네로 황제의 기독교인들에 대한 잔인무도한 박해의 참상에 대한 기록은 다음과 같은 로마 역사가들의 문헌 가운데서도 찾아볼 수 있다. cf. Tacitus, *Annals*, 15:44; Suetonius, *Nero*, 16; Sulpicius Severus, *Chronicle*, ii. 29.

22 구레네 시몬의 이야기에 대한 해석사를 위해서는 다음을 참조할 수 있다: U. Luz, *Matthew 21-28. A Commentary* (Minneapolis: Fortress, 2005), 527-530.

5. 맺는말

오늘날 대부분의 개신교회들이 "오직 성경"을 외치면서 성경만이 최고의 권위이며 신앙의 올바른 잣대(canon)라고 받아들이고 있다. 기독교인들에게 있어서 성경은 곧 하나님의 말씀이다. 하나님의 말씀은 "천지가 없어지더라도 일점일획도 결코 없어지지 않을 것이며"(cf. 마 5:18), 그래서 하나님의 말씀인 성경에 일점일획이라도 가감해서는 안 된다(cf. 계 22:18-19)고 믿고 있다. 그런데 우리는 앞에서 살펴보았듯이, 막 15:21-24에서 성경번역자들이 헬라어 성경 원문을 "기록된 그대로" 정확히 번역하지 않고 자신들의 선입감과 해석에 따라서 원문과 다르게 번역함으로써, 저자가 증언하고 있는 '구레네 시몬의 십자가 처형 이야기'를 엉뚱하게도 '예수의 십자가 처형 이야기'로, 그래서 구레네 시몬이 예수의 십자가를 대신 날랐던 이야기로 둔갑시켜버리고 말았다. 결과적으로 잘못된 오역으로 인해 헬라어 성경 원문의 의미가 크게 왜곡되고 파괴되어버린 셈이다.

만약 성경 번역자들이 마가복음 저자의 복음서 기록 목적, 마가복음 저자의 독특한 문학적 편집 방법 그리고 로마 당국의 십자가 처형 방법과 역사적 관례에 대해 충분한 이해가 있었다면, 막 15:21의 "그의 십자가"를 "예수의 십자가"라고 그리고 15:24의 "그를 못 박았다"를 "예수를 십자가에 못 박았다"고 잘못 번역하는 일은 없었을는지도 모른다. 오히려 로마 군인들이 구레네 시몬에게 "자기의 십자가"를 짊어지게 했고, 처형장에 끌고나가 "그를(구레네 시몬을) 십자가에 못 박았다"고 원문 그대로 정확히 번역함으로써, 막 15:21-24가 '예수의 십자가 처형 이야기'에 덧붙여 소개하고 있는 '구레네 시몬의 십자가 처형 이야기'라는 점을, 그리고 이것이 막 8:34에서 분명히 밝히고 있듯이 예수를 따르는 참된 제자직의 모델이라는 점을 제대로 이해할 수 있게 했을 것으로 생각된다. 따라서 막 15:21-24 본문에 대한 잘못된 번역은 당연히 헬라어 "원문 그대로" 다시금 정확히 번역되어 더이상 마가복음 저자의 본래 의도와 다르게 이해되는 일은 없어야 할 것으로 생각된다.

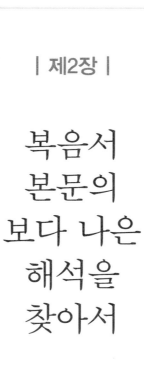

| 제2장 |

복음서
본문의
보다 나은
해석을
찾아서

예수의 가족들에 대한 연구

　복음서는 예수를 "그리스도와 하나님의 아들로 믿게 하기"(요 20:31) 위해 기록된 문서이다. 그래서 그 내용이 주로 예수의 행적과 말씀들에 대한 기록에 치중되어 있는 점은 쉽게 이해할 수 있다. 그러나 그럼에도 불구하고 예수를 믿고 따르는 사람들에 의해 기록된 복음서들 그리고 다른 정경 문서들에, 예수의 친족들, 곧 예수의 부모와 그의 형제와 누이들에 대한 언급이 거의 나오지 않는 것은 좀 의외라고 생각된다. 초대교회 안에서 오직 주님이신 예수 이외에는 더 이상 그의 부모 및 형제와 누이들인 예수의 친족에 대한 관심이 그렇게도 없었다는 말인가? 복음서 이전에 기록된 것으로 알려진 바울의 서신들에서조차도 마리아라는 이름을 포함하여 예수의 다른 가족들에 대한 언급은 전혀 찾아볼 수 없지 않은가?

　이처럼 예수를 믿고 따르는 신앙 공동체가 예수 친족들의 이름과 그들의 행적에 대한 무관심한 태도를 보이며 상당히 침묵을 지키고 있는 사실은 사실 좀 의외의 일이며, 놀라운 일이라고 말할 수도 있을 것이다. 그래서 우리는 혹시 그럴 수밖에 없었던 무슨 특별한 이유라도 있었던 것은 아닐까 하는 의문을 가져보게 된다. 그리고 그 이유의 실마리를 어쩌면 예수의 친족들이 예수의 공생애 활동 기간 중에 예수와 그의 사역에 대해 보여주었던 호의적이지 못했던 태도에서 찾아볼 수 있을 것 같다는 생각도 든다. 다른 말로 한다면, 예수의 친족들이 갖고 있었던 예수에 대한 믿음이 그 당시 보잘것없는 상태였거나, 혹은 아주 적절치 못했기 때문에 그들에 대해 전혀 언급할만한 형편이 아니었을 수 있다는 말이다.

실제로 요한복음에 보면 아주 분명하게 "그의 형제들조차 그(=예수)를 믿지 않았다"(7:5)는 말이 나오는데, 우리는 이런 증언에서 그런 점을 엿볼 수 있다. 이런 이유 때문에 결국 예수의 제자들이나 추종자 명단에서 우리는 그 친족과 형제들의 이름을 전혀 찾아볼 수 없게 된 것으로 생각된다. 그리고 예수의 공생애 활동 중, 사람들이 예수에게 "당신의 어머니와 형제들과 누이들이 밖에서 당신을 찾고 있습니다"라고 전했을 때에, 예수가 "내 어머니와 내 형제들이 누구냐?"고 반문하면서 자기를 둘러앉은 사람들을 가리키면서 "보라, 여기 내 어머니와 형제들이 있다. 누구든지 하나님의 뜻을 행하는 자가 곧 내 형제요 자매요 어머니이다"(막 3:31-35)라고 말한 것도 자기 형제자매들을 다른 사람들 앞에 내세울 처지가 전혀 아니었기 때문일 것이라고 생각해볼 수도 있다. 요한복음이 예수의 마지막 십자가 처형 장면에서 예수의 어머니를 예수의 친족 형제들의 어머니로가 아니라 "사랑하는 제자"의 어머니로 소개하고 있는 것(요 19:26-27)도 같은 이유 때문일 것으로 보인다.

그런데 복음서 저자들 중에서 누가복음이 예수의 친족들에 대해 비교적 호의적인 관심을 갖고 있는 것으로 보인다. 이 점은 오직 누가만이 비록 예수께서 부활 승천하신 후이긴 하지만, 예수 부활 승천 직후에 열두 제자들이 예루살렘 성내의 다락방에 모여 기도할 때 그곳에 "예수의 어머니 마리아와 예수의 동생들"이 함께 있었다고 전해주고 있는 사실에서 엿보인다(행 1:14). 이 다락방의 기도 모임이 실제로 초대 기독교의 시작을 알리는 첫 모임이기도 했다는 점을 감안할 때, 누가가 이 모임의 참석자들로 예수의 열두 제자들 이외에 "예수의 어머니 마리아와 예수의 동생들"이 있었다고 언급한 것은 예수의 친족들이 초대교회 안에서 어느 정도 중요한 역할을 하게 될 것을 예상하였거나, 아니면 실제로 어느 정도 그런 역할을 하고 있었기 때문일 수도 있다. 실제로 예수의 친족 형제들 중에서 예수의 형제인 "야고보"가 나중에 초대교회 안에서 중요한 지도자가 되어 예루살렘 첫 사도 회의의 사회권을 행사하는 역할을 하고 있었다는 사실을 전해주고 있는 사람이 바로 누가가 아니었던가(행 15장:12-29; 21:17-26).

이 밖에도 누가가 예수의 친족들에 대해 비교적 더 호의적이었다는 사실은 다음과 같은 기록들에서도 드러나고 있다. 첫째로 마가복음에 보면, 예수의 적대자들, 보다 구체적으로 서기관들이 예수가 귀신들린 사람들을 고쳐주는 것을 두고, "예수가 귀신 들려서 귀신의 힘으로 귀신을 쫓아내는 것이라"고 비난을 했는데(3:22), 마가는 이런 이야기와 관련하여 "예수의 친족들이 예수가 정신 나갔다는 소문을 듣고 예수를 붙들러 나섰습니다"(3:21)라는 이야기를 전해주고 있다. 예수의 친족들이 예수가 귀신을 쫓아낸다는 이야기를 듣고는 "예수가 정신 나갔다"고, 곧 "예수가 미쳤다"(개역 개정)고 생각했었다는 이야기이다. 그런데 누가는 그의 복음서 평행본문(눅 11: 14-23)에서 예수의 친족들이 예수가 미쳤다고 생각했었다는 마가의 기록

(3:21) 자체를 아예 삭제해버림으로써 예수의 친족들이 예수에 대해 부정적인 잘못된 생각을 가지고 있었다는 인상을 없애버렸다.

또 예수의 모친과 형제들이 예수를 만나려고 찾아와, 사람들이 예수에게 "보십시오. 당신의 어머니와 형제들과 누이들이 밖에서 당신을 찾고 있습니다" 말을 전했을 때에, 막 3:33-35에 보면, 예수는 "내 어머니와 내 형제들이 누구냐?"라고 반문하면서, 도리어 자기를 둘러앉은 사람들을 가리키면서 "보라, 여기 내 어머니와 형제들이 있다. 누구든지 하나님의 뜻을 행하는 자가 곧 내 형제요 자매요 어머니다"라고 말했다. 친족인 어머니와 형제와 누이들의 중요성을 폄하하면서 오히려 "하나님의 뜻을 행하는 자들"을 더 중요시하는 본문임에 틀림없다. 그런데 누가는 이 본문을 그의 복음서에 소개할 때도, "내 어머니와 내 형제들이 누구냐?"라는 반문을 삭제한 채, "하나님의 말씀을 듣고 행하는 이 사람들이 내 어머니요 내 형제다"(눅 8:21)라고 말한 것으로 수정하였다. 마가의 본문보다는 훨씬 더 부드럽고 긍정적인 표현이라고 볼 수밖에 없다.

또 마가는 막 6:4에서 "예언자가 자기 고향과 친척과 가족을 제외하고는 어디서나 누구에게나 존경을 받는다"라고 말함으로써 예수가 자기 고향에서 친족과 가족들로부터 존경을 받지 못했다는 점을 암시하고 있지만, 누가는 "친족과 가족들"에 대한 언급을 완전히 생략한 채, "예언자가 자기 고향에서는 환영을 받지 못한다"(4:24)는 속담을 소개하는 것처럼 기록함으로써 예수의 친족과 가족들에 대한 부정적인 인상을 상당히 완화시켜버렸다.

그러나 비록 누가가 이처럼 예수의 친족과 형제들에 대해 비교적 우호적인 태도를 보이고 있다고는 하지만, 복음서 기록 가운데, 예수 자신이 자기가 고향에서 친척과 가족들로부터 별다른 존경을 받지 못했다는 말씀을 하신 점(막 6:4)이나, 또는 예수의 모친과 형제들이 예수의 사역을 두고 미쳤다고 생각하기도 했었다는 점(막 3:21) 그리고 요한복음 저자가 예수의 형제들이 예수를 믿지 않았다(7:5)고 증언하고 있는 점 등으로 볼 때, 예수의 공생애 사역 동안 예수의 친족과 형제들이 예수의 공생애 활동에 대해 별로 탐탁지 않게 생각했었고 그래서 별로 호의적이지도 않았다는 점은 부인할 수가 없을 것 같다. 그리고 그들의 그런 태도들 때문에 그들이 복음서 저자들의 특별한 관심의 대상이 될 수 없었던 것으로 보인다.

이런 상황에서 우리가 알 수 있는 예수의 부모에 대한 정보는 예수의 탄생 이야기와 관련하여 마태복음과 누가복음에서 "요셉"과 "마리아"가 예수의 부모로[1] 여러 번 언급된 것과 또 요한복음에서 "예수의 모친"이 예수가 행한 첫 번째 표적 이야기(2:1-12)와 예수의 마지막 십자가 처형 장면(19:25-27)에 등장하고 있는 것이 거의 전부라고 볼 수 있다. 그리고 예수의 형제와 누이들에 대해서는 "예수의 모친"이 예수의 형제들과 함께 예수를 만나러온 이야기(막 3:31-35; 마 12:46-50; 눅 8:19-21) 가운데서 예수의 형제들[2]과 누이

---

1 그래서 예수는 "요셉의 아들"(눅 4:22), 혹은 "마리아의 아들"(막 6:3)로 언급되고 있다
2 신약성경에서는 adelphos(형제)라는 말이 여러 다른 의미로 사용되기도 했다. 첫째는 같은 어머니에게서 태어난 a blood brother(frater germanus)를 의미했고, 둘째는 adelphos(형제)라는 단어가 이복형제(a step-brother)를 뜻하기도 했다. 막 6:16-17에 보면 빌립을 가리켜 헤롯의 동생(adelphos)이라고 불렀는데, 실제로 빌립은 헤롯의 이복동생이었다. 셋째는 막 3:34-35에서 엿볼 수 있듯이, 같은 신앙을 가진 "제자들"을 뜻하기도 했고, 또는 같은 종교의 신봉자(co-religionist)를 가리키기도 했고(롬 9:3, "나는 내 동족인 형제를 위하여 나 자신이 저주를 받아 그리스도에게서 끊어질지라도 오히려 나는 한이 없겠습니다"), 또 "이웃"(neighbor)을 가리키는 말로 사용되기도 했다(마 5:22, "형제를 향하여 성내는 사람은 누구든지 재판을 받게 되고…"). 물론 이

들[3]의 존재에 대해 언급하고 있는 막 3:32[4]와 예수의 고향 사람들의 입을 통해 예수 형제들의 이름이 구체적으로 "야고보와 요세와 유다와 시몬"이라고 언급되고 있는 막 6:3(마 13:55-56)이 거의 전부인 것처럼 보인다.

예수의 가족에 대해 알 수 있는 정보가 이처럼 극히 미천한 상태이지만, 그럼에도 불구하고 우리는 여기서 예수의 가족들, 곧 예수의 부모인 마리아와 요셉 그리고 그의 형제들에 대해서 좀 더 자세히 알아보고자 한다. 그들이 예수의 "거룩한 가족들"(sacrada familia)이기 때문이다.

1. 예수의 모친 마리아

예수의 가족들 가운데서 가장 많이, 그래서 가장 잘 알려진 사람은 예수의 모친인 마리아이다. 그러나 우리가 복음서에서 마리아를 처음 만나게 되는 때는 마리아가 요셉과 정혼한 후에 예수를 잉태하고 해산하는 때였다. 즉 성년 이후의 마리아에 대해서만 알고 있다는 말이다. 그러나 우리는 외경복음서를 통해서 마리아의 부모가 누구

글에 말하고 있는 "예수의 형제"라는 단어는 첫째 의미, 즉 a blood brother를 뜻한다.

3 Epiphanius는 예수의 형제들과 누이들로 언급된 이들이 요셉의 이전 아내의 몸에서 태어난 자녀들이라고 주장하기도 했다(Heresies, 78). 그런가 하면 로마의 Helvidius는 이미 Tertulian과 다른 사람들이 주장을 그대로 따라서 그들은 예수 이후에 태어난 요셉과 마리아의 자녀들이라는 해석을 제기하기도 했다. 다른 한편으로 Jerome은 Helvidius에 대한 반론을 제기하는 가운데 그들은 알패오가 "글로바의 아내 마리아"(요 19:25)를 통해 얻은 예수의 사촌들이라는 새로운 이론을 주장하기도 했다.

4 막 6:3의 평행 본문인 마 12:47과 눅 8:20에서는 각각 "누이들"에 대한 언급이 나오지 않는다.

이며, 그가 어떻게 자랐났으며, 그가 어떻게 요셉과 정혼하는 관계에 이르게 되었는지에 대해서 알게 된다.

외경인 「야고보의 유아기복음서」에 따르면, 마리아는 부유하고 의로운 그러나 아이가 없던 요아킴과 안나 부부를 통해 태어났다. 요아킴은 늘 하나님께 제물을 두 배씩이나 바치는 믿음이 좋은 사람이었다. 그러나 아이를 얻지 못해 아주 슬퍼하고 있었다. 요아킴은 광야에 나가 장막을 치고는 "여호와 나의 하나님께서 나를 찾아 은혜를 베풀 때까지 나는 먹고 마시는 일을 하지 않으리라"고 작정하여 "사십 주야를 기도"한 후에(1:10-11), 끝내 하나님의 응답을 받게 되었고, 그래서 안나가 임신을 하여 마리아를 낳게 되었다. 마리아는 이렇게 요아킴과 안나의 기도의 열매로 태어났다. 마리아가 세 살 되었을 때, 요아킴과 안나는 마리아를 하나님께 바치기로 서약했던 것을 지키기 위해 마리아를 성전으로 보냈으며, 그래서 마리아는 세상의 불결하거나 더러운 것으로부터 지켜지는 가운데(6:4) 그곳에서 비둘기처럼 하늘 천사들의 손으로부터 음식을 받아먹으며 살았다(8:2). 마리아는 이처럼 어려서부터 순결을 지켜온 동정녀로 소개되고 있다.[5]

우리가 정경복음서에서 마리아의 이름을 처음 만나게 되는 곳은 마태복음이 소개하는 예수의 족보 가운데서이다(마 1:16). 여인들의 이름이 족보에 오르지 않은 것이 일반적인 관례인 가부장적인 유대 사회에서 마리아의 이름이 예수의 족보 가운데 오른 것은 좀 놀라운

---

5 「야고보의 유아기복음서」 4장-5장에서는 마리아가 태어나기까지의 이야기가, 6장-7장에서는 마리아의 어린 시절에 대한 이야기가 그리고 8-9장에서는 마리아가 요셉을 만나게 되는 이야기가 나온다.

일이 아닐 수 없다. 그런데 더 놀라운 사실이 있다. 마태복음에 나오는 예수 족보의 특징은 "아브라함이 이삭을 낳았고… 다윗이 솔로몬을 낳았고"라는 식으로 "누가 누구를 낳았다"고 기록하고 있는데, 오직 예수와 관련해서는 "요셉이 예수를 낳았다"고 기록되어 있지 않고, "마리아에게서 그리스도라 칭하는 예수가 나시니라"(마 1:16)고 되어 있다. 아비인 요셉을 제쳐두고 어미인 마리아의 몸에서 예수가 태어났다고 말하고 있는 것이다. 이것은 그만큼 예수의 부친인 요셉보다 그의 모친인 마리아가 더 중요시되고 강조되고 있다는 점을 보여준다.

누가복음에서는 마태복음 경우보다도 더 예수의 부친인 요셉보다 그의 모친인 마리아에 대한 강조가 더 분명하게 드러나고 있다. 의도적으로 마리아를 더 중요하게 부각시키고 있는 것으로 보인다. 예를 든다면, 마태복음에서는 천사에 의한 예수의 탄생 고지("요셉아, 두려워하지 말라.… 아들을 낳거든 이름을 예수라 하라", 마 1:20-21)가 요셉에게 주어지고 있지만(마 1:20-21), 누가복음에서는 거의 똑같은 천사의 탄생 고지가 모친인 마리아에게 주어지고 있다("두려워하지 말라, 마리아야. … 아들을 낳을 터인데 그 이름을 예수라 하라", 눅 1:30-31). 이뿐만 아니라, 예수의 탄생 이야기와 관련해서 요셉과 마리아라는 이름의 언급 횟수가 마태복음에서는 5대 3으로 요셉이 더 많은데, 누가복음에서는 오히려 9대 2로 마리아가 더 많이, 더 자주 언급되고 있다. 이런 점 때문에도 마태복음에서 예수 탄생 이야기가 요셉을 중심으로 기록되었다면, 누가복음에서는 마리아를 중심으로 기록되었다고 말하기도 한다.

이런 점은 들에서 양을 치던 목자들이 다윗의 동네에 구주 예수가 나셨다는 천사의 메시지를 듣고 달려가 "마리아와 요셉과 구유에 누인 아기를 찾아 만났다"(눅 2:16)고 마리아의 이름을 요셉의 이름보다도 앞서 먼저 기록하고 있는 사실에서도 잘 엿볼 수 있다. 그리고 아기 예수가 정결 예식을 위해 팔일 만에 성전에 올라가 시므온을 만났을 때에도, 시므온은 요셉을 향해서가 아니라 마리아를 향해서 "보시오, 이 아기는 이스라엘 중의 많은 사람을 넘어지게도 하고 일어나게도 하며, 또 사람들의 반대를 받는 표징으로 세워진 분입니다"(눅 1:34)라고 말하고 있는 사실에서도 잘 드러나고 있다. 또 예수의 부모가 열두 살이 된 예수를 데리고 예루살렘 성전을 방문했다가 돌아가는 길에 예수를 잠시 잃어버렸다가 성전에서 다시 찾았을 때, 예수에게 "아이야, 어찌하여 우리에게 이렇게 하였느냐? 보라 네 아버지와 내가 근심하여 너를 찾았노라"(눅 2:48)고 말할 때도 아비 요셉이 아니라 "모친" 마리아가 주도적으로 나서서 말하고 있다.

이 밖에도 누가는 예수의 탄생 이야기에 앞서 세례 요한의 탄생 이야기를 소개하는 가운데서 세례 요한의 모친인 엘리사벳의 입을 통해 마리를 축복받은 여인으로 강조하고 있다: "당신은 여인들 중에 복이 있도다"(눅 1:42). 그리고 마리아를 두고 엘리사벳은 "주께서 하신 말씀이 반드시 이루어지리라고 믿은 그 여자에게 복이 있도다"(1:45)라고 축복하고 있다. 마리아는 이런 축복에 대한 대답으로 교회의 예배 전통에서 '성모 마리아의 찬가'로 잘 알려진 이른바 "마그니피카트"(Magnificat, 1:46-55)를 노래한 것으로 소개되고 있다. 누가에게 있어서 마리아는 "하나님의 아들"을 잉태한(눅 1:35) "믿음의 여인"이었고, 그래서 예수의 탄생 이야기와 관련해서 가장 중요한 인물은 역시 요셉이 아니라 마리아이다.

예수의 모친 마리아의 중요성에 대한 강조는 요한복음에서도 분명히 드러나고 있다. 요한복음은 한 마디로 예수의 모친이 중요한 역할을 하는 이야기로 시작해서 예수의 모친이 중요한 역할을 맡는 이야기로 끝나고 있다. 즉 예수의 모친 마리아는 복음서의 서두에서, 즉 예수의 공생애 활동 중 첫 번째 표적이 일어났던 갈릴리 가나의 혼인 잔치에서 주요한 역할을 하고 있는 것으로 소개되고 있다(요 2:1-12). 물론 이 이야기의 중심과 강조점이 예수에게 있는 것은 틀림없다. 그래서 혼인 잔치와 관련된 이야기이면서도 신랑과 신부에 대한 언급이 전혀 없는 이유가 바로 여기에 있다. 그러나 이 이야기에서 예수와 제자들이 혼인 잔치에 초청을 받았다는 언급(2:2)이 있기도 전에 예수의 모친이 이미 그곳에 계셨다는 언급(2:1)이 먼저 나오고 있다. 더구나 혼인 잔치 도중에 포도주가 떨어진 사실을 알고 예수에게 맨 처음 알려준 사람이 예수의 모친이었고(2:3), 잔칫집 일꾼들에게 예수가 명하시는 대로 하라고 지시했던 사람도 예수의 모친이었다(2:5). 예수가 행한 첫 번째 표적에서 예수의 모친이 이처럼 중요한 역할을 하고 있다는 점에 주목할 필요가 있다.[6]

그런데 요한복음의 마지막 클라이막스인 예수의 십자가 처형 장면에서 예수의 모친 마리아가 다시 등장하고 있다. 그리고 여기서 마리아는 예수의 십자가 최후 발언을 통해 "사랑하는 제자"를 예수를 대신하는 아들로 받아들이고 있다. 만일 요한복음에서 "사랑하는 제자"가 모든 믿는 사람들을 위한 상징적 존재를 뜻하는 것이라면, 이 사랑하는 제자를 맡아서 아들로 돌보아야 할 책임이 예수의 모친에

---

6 R.E. Brown(ed.), *Mary in the New Testament* (New York: Paulist Press, 1978), 187.

게로 돌려지고 있는 것은 아주 중요한 의미를 갖는다. 사랑하는 제자는 예수의 모친을 어머니처럼 받들어야 하며, 예수의 모친은 사랑하는 제자를 자신의 아들로 돌보아야 한다. "사랑하는 제자"를 아들로 받아들여야 한다는 예수의 이 마지막 말씀은 결국 예수의 모친 마리아가 요한 공동체의 영적인 어머니가 되어야 한다는, 즉 요한 공동체의 새로운 영적 지도자가 되어야 한다는 말씀으로 이해될 수도 있을 것이다. 초대교회 안에서, 특히 요한의 신앙공동체 안에서 예수의 모친이 얼마나 중요시되고 있는지를 잘 볼 수 있는 점이 아닐 수 없다.

더구나 예수의 아비 요셉이 예수의 탄생 이야기에서만 그 이름을 드러내고 있는 것에 비한다면, 예수의 모친 마리아는 예수의 공생애 시작부터 공생애 마지막까지만 아니라, 예수가 태어날 때부터 그가 십자가에서 마지막 숨을 거둘 때까지 등장하여 중요한 역할을 하고 있다. 그래서 예수의 모친 마리아는 정경복음서에서만 아니라 외경복음서들에서도 우리 주님의 어머니로서 순결과 믿음의 본보기로 높이 추앙되고 있다.

2. 예수의 부친 요셉

예수의 아버지로 알려지고 있는 "요셉"이 예수의 족보(마 1:16; 눅 3:23)와 탄생 이야기(마 1:18-25; 2:4,16) 가운데서 몇 번 언급되는 것 이외에는 거의 다시 언급된 적도 없고, 더 이상 알려진 바도 없다. 예수의 형제와 누이들의 이름이 소개되고 있는 막 3:31-35와 막 6:1-6에서조차도 요셉의 이름은 찾아볼 수 없다. 요셉의 이름이 이처럼 예수의 다른 가족들과 함께 다시 나타나지 않는 이유에 대해 일찍이 브라운(R.E. Brown)은 "예수의 아버지가 언급되지 않은 이유는 그가 죽었기 때문이라"[7]고 주장하기도 했다. 외경인 「야고보의 유아기복음서」 9:8에 보면, 요셉이 처음 마리아를 만나게 될 당시에 요셉 자신이 "나는 이미 아들들이 있는 몸이고, 나는 늙은이입니다" 라고 말했던 것으로 전해지고 있는데, 그 점을 고려한다면, 예수가 공생애 활동에 나섰을 당시에는 요셉이 더 노쇠했을 것이고, 그 이후 복음서들이 기록되던 때에는 요셉이 이미 죽어서 사람들의 관심의 대상에서 거의 사라져버렸을 가능성도 있어 보인다.

막 6:3에 보면, 고향 사람들이 예수를 가리켜 "마리아의 아들"이라고 불렀던 것으로 알려지고 있는데, 이때 이미 요셉은 더 이상 예수의 가족, 혹은 마리아의 가족의 일원으로 생각되지 않았을 것으로 보인다. 엘리야가 죽은 사르밧 과부의 아들을 다시 살린 이야기에서 과부의 아들을 가리켜 "여인의 아들"이라고 말하고 있는 것(왕상 17:17)도 과부가 된 지 이미 오래된 터이라, 더 이상 아이의 아비에 대한 기억이 없었기 때문이었을 것으로 생각된다. 더구나 초대교회 안에서 '동정녀 탄생'에 대한 믿음이 생겨나면서 그리고 예수를 점차 "하나님의 아들"로 믿기 시작하면서, 예수의 아비인 요셉은 더더욱 의도적으로 관심의 대상에서 밀려나기 시작했을 것으로 보인다.

정경복음서들에서는 요셉의 이름이 그가 마리아와 정혼한 사이였다는, 그래서 마리아가 예수를 잉태하고 해산하는 이야기 가운데서 처음으로 등장하고 있다(마 1:18-20). 그 이후 요셉이 마리아와 아기 예수를 데리고 애굽으로 피난을 다녀온 이야기(2:13-15, 19-22)에서 우리는 다시 그 이름을 읽을 수 있다. 그러나 아기 예수가 정결 예식

---

7 Brown(ed.), *Mary in the New Testament*, 64.

을 위해 예루살렘에 올라갔을 때의 이야기(눅 2:22-38)나 예수가 열두 살 되어 예루살렘 성전을 방문했을 때의 이야기(눅 2:41-52)에서도 "예수의 부모"(2:27, 33, 41, 43)가 언급될 뿐 요셉의 이름이 별도로 언급되고 있지도 않다. 그 이후 우리는 복음서에서 더 이상 예수의 아비인 요셉을 더 이상 만날 수가 없다. 정경복음서뿐만 아니라 다른 신약성서 문서들 가운데서도 요셉은 거의 언급되지 않는 인물이다. 그래서 그에 대해서 우리가 알고 있는 것이라고는 별로 없는 것이 사실이다.

그런데 다행히 외경 가운데 하나인 「야고보의 유아기복음서」를 통해서 우리는 예수의 아비인 요셉에 대해 정경복음서들을 통해서는 전혀 들어보지 못한 많은 이야기를 들을 수 있게 된다. 그렇지만 「야고보의 유아기복음서」에서도 정경복음서들의 경우와 마찬가지로, 요셉은 성년이 된 마리아의 남편감으로 선택되는 과정에서 처음으로 그 모습을 드러내고 있을 뿐이고, 그의 부모나 가정 배경에 대해서는 별로 알려진 것이 없다. 마리아는 태어난 후 세 살이 되었을 때부터 성전에 보내져서 성전에서 자랐는데, 마리아가 열두 살 성년이 되었을 때, 성전을 섬기던 제사장들은 성년이 된 마리아가 피를 흘리는 일로 인해 하나님의 성소를 오염시키는 것에 대해 염려하게 되었고, 결국 마리아로 인한 성전 오염을 막기 위한 조치에 대해 논의를 시작하게 되었다. 그리고는 대제사장이 열두 방울이 달린 예복을 입고 지성소에 들어가서 마리아를 위해 기도하였는데, 하나님의 천사가 나타나 마리아는 "여호와 하나님께서 표적을 보이는 사람의 아내가 될 것이라"(8:8)고 말한다. 그래서 하나님의 뜻을 알기 위해 모인 사람들 가운데서 제비를 뽑았는데, 비둘기 한 마리가 요셉의 머리 위에 내려앉았다. 제비에 뽑혀 선택된 사람이 바로 목수 일을 하던 요셉이었다. 대제사장이 곧바로 요셉에게 말했다: "네가 여호와의 동정녀를 돌보며 보호하도록 제비에 뽑혔느니라"(9:7).

요셉이 처음에는 "나는 이미 아들들이 있는 몸이고, 나는 늙은이입니다. 그녀는 젊은 여인일 뿐입니다. 내가 이스라엘 백성들 가운데서 조롱거리가 되는 것이나 아닌지 두렵습니다"(9:8)라고 말하면서 "동정녀를 돌보며 보호하는" 남편의 역할을 거절한다. 그러자 대제사장은 요셉에게 선조들 가운데서 하나님이 하시는 일을 거절하여 멸망당한 예를 들어가면서 똑같은 일이 일어나지 않도록 조심해야 된다고 경고한다. 그 말을 듣고 요셉은 두려워하는 마음으로 마리아를 집으로 데리고 와서 돌보며 보호하였다. "동정녀를 돌보며 보호하도록"(9:7) 제비에 뽑혔기 때문에, 요셉은 마리아를 집으로 데리고 와서도 그대로 마리아를 "돌보며 보호하였다"(9:11). 여기서 주목해야 할 점은 요셉의 역할이 마리아를 "돌보며 보호하는" 일이라는 점이다. 요셉이 마리아의 남편으로서가 아니라 오히려 마리아의 보호자(protector)로 언급되고 있다는 점이다(9:11-12; 14:8).[8]

그래서 요셉은 마리아를 집으로 데려온 직후에, "마리아여, 나는 너를 여호와의 성전으로부터 데리고 왔지만, 그러나 이제 나는 너를 집에 두고 떠난다. 내가 집을 짓는 일을 위해 떠나지만, 그러나 내가 다시 네게 돌아올 것이다. 여호와께서 너를 지켜주실 것이다"(9:12)

---

[8] 히브리 산파가 요셉에게 마리아를 가리키며, '이 여인이 당신의 아내입니까?'라고 물었을 때에도 요셉은 "그녀는 여호와의 전에서 자라난 마리아입니다. 내가 제비에 뽑혀 그녀를 내 아내로 데려왔습니다. 그러나 그녀는 사실 내 아내가 아닙니다. 그녀는 성령으로 잉태했습니다"라고 대답했다(19:6-9). 요셉 자신도 자기를 마리아의 "남편"이라고 주장하지 않고 있다.

라는 말을 남기고 집을 떠났다. 마리아와의 동거를 의도적으로 피한 것으로 보인다. 그리고 나중에 요셉이 그가 집을 짓던 일로부터 집으로 돌아와 마리아가 임신한 것을 알게 되자,9 그는 얼굴에 큰 충격을 받고 삼베옷을 입고 땅에 엎드려, "내가 어떤 얼굴로 여호와 하나님을 대해야 한단 말인가? 내가 그녀를 여호와 하나님의 성전으로부터 동정녀로 받았는데, 그녀를 보호하지 못했으니, 내가 그녀를 위해 무슨 기도를 할 수 있단 말인가? 누가 나를 위해 이런 덫을 만들었단 말인가? 누가 내 집에서 이런 악한 일을 했단 말인가? 누가 이 동정녀를 나로부터 유혹해내서 그녀를 범했단 말인가?"(13:1-4)라고 가슴을 쳤다.10 결국 요셉 자신이 마리아와 동침한 적이 없다는 것을 그리고 마리아가 동정녀라는 점을 밝히고 있고, 그래서 마리아의 잉태에 대해 몹시 놀라고 있다.

그래서 요셉은 마리아를 불러놓고, "당신이 여호와 당신의 하나님을 잊었단 말입니까? 지성소에서 자라면서 하늘 천사들로부터 양육을 받은 당신이 어찌하여 이런 수치스런 일을 했단 말입니까?"라고 말했다. 그러나 마리아는 눈물을 흘리며 "나는 죄가 없습니다. 나는 어느 남자와도 함께 잔 것이 없습니다"라고 단호히 말한다. 그리고 요셉은 다시 "그렇다면 당신이 품고 있는 이 아이는 어디서 왔단 말입니까?"라고 물었고, 마리아는 내 하나님 여호와 앞에 맹세하거니와, 나는 이 아이가 어디서 왔는지 알지 못합니다"라고 대답한다 (13:7-10). 이런 모든 기록들은 결국 마리아가 잉태하게 된 것이 사

---

9 「야고보의 유아기복음서」에 의하면, 마리아가 예수를 잉태한 때는 마리아가 나이 열여섯이 되었을 때였다(12:9).

10 이런 기록들은 결국 마리아의 순결성과 예수의 동정녀 탄생에 대한 믿음을 반영하는 것으로 보인다.

람이 아닌, 하나님께서 하신 일이라는 점을 보여주고 있다.

요셉은 더 이상 마리아와 이야기하지 않았고, 마음속으로 혼자 고민하는 가운데 "만약 내가 그녀의 죄를 감추려고 한다면, 나는 결국 여호와의 율법을 범하게 될 것이다. 그리고 만일 내가 그녀의 상태를 이스라엘의 백성들에게 드러낸다면, 나는 그녀의 뱃속에 있는 아이가 하늘이 보낸 아이일 수도 있는 것이 두려우며, 결국 나는 무죄한 피를 사형선고에 넘겨주는 꼴이 되고 말 것이다. 그렇다면 내가 그녀를 어떻게 할 것인가? 알겠다, 내가 조용히 그녀와 이혼하리라"고 결심한다.[11] 그러나 밤이 되었을 때, 여호와의 천사가 갑자기 꿈에 나타나 "이 여자를 두려워 말라. 그녀의 뱃속에 있는 아이는 성령께서 하신 일이다. 그녀가 아들을 낳으리니 네가 그의 이름을 예수라 하라. 그 이름의 뜻은 '그가 그의 백성을 그들의 죄에서 구원할 것'이다"라고 말한다. 요셉이 잠에서 깨어나 자기에게 이런 은혜를 베푸신 이스라엘의 하나님을 찬양했고 그리고는 그가 그녀를 지키기 시작했다고 한다(14:1-8). 여기서 다시금 요셉이 갖고 있는 "보호자"로서의 역할이 강조되고 있다.

「야고보의 유아기복음서」 13장 이하에 보면, 나중에 대제사장이 마리아가 잉태한 것을 보고는, 마리아와 요셉이 동침한 줄 알고, 그들을 법정으로 불러내어, "마리아야, 네가 어찌하여 이런 일을 했느냐?"고 물었다. 마리아는 슬피 울면서, "살아계신 하나님 여호와를 두고 맹세하노니, 나는 당신 앞에 무죄합니다. 나를 믿어주십시오.

---

11 이 점은 정경 마태복음 1:19에서 "마리아의 남편 요셉은 착한 사람이어서 약혼자를 부끄럽게 할 마음이 없어 가만히 파혼하려 했습니다"(새 번역)라고 기록된 것과 같은 내용의 말이다.

나는 여느 남자와도 잔 적이 없습니다"라고 대답한다. 그러자 대제사장이 "요셉아, 네가 어찌하여 이랬느냐?"고 물었고, 요셉도 "여호와의 사심을 두고 맹세하노니, 나는 그녀와 관련해서 무죄합니다" 하고 대답한다. 대제사장은 이들이 말이 사실인지를 알아보기 위해 특별한 음료를 먹인 후 광야로 내보내는 음료 시험을 했고, 그들이 아무런 해를 입지 않고 돌아오는 것으로 무죄함이 드러나자, "만약 여호와 하나님께서 너희들의 죄를 드러내지 않으신 것이라면, 나도 너희를 정죄하지 않으리라"고 선언한다.

「야고보의 유아기복음서」에 나오는 요셉에 대한 이런 기록들은 요셉이 얼마나 하나님의 뜻에 순종하는 믿음의 사람이었는지 그리고 마리아의 잉태와 관련하여 그가 취했던 행동이 얼마나 사려 깊은 것이었는지를 잘 보여준다. 그는 성모 마리아를 지키고 돌보는 보호자의 역할을 끝까지 잘 감당했던 사람이었다.

그런데 다른 한편으로 외경복음서들 가운데 「도마의 유아기복음서」를 보면, 우리는 요셉이 예수의 아비로서 예수의 양육과 지도를 위해 많은 관심을 기울이고 있었다는 점을 알 수 있게 된다. 특히 예수가 어린 시절부터 그가 갖고 있는 초인적인 능력 때문에 이런저런 문제를 일으킬 때마다 어린 예수를 잘 양육하고 지도하려고 노력하는 요셉의 모습을 읽을 수 있게 된다. 예를 들어 「도마의 유아기복음서」 4장에 보면, 한 아이가 뛰어 지나가면서 예수의 어깨를 부딪치자, 예수는 성이 나서 그에게 "너는 네 길을 다 가지 못할 것이다"라고 말했는데, 그 순간에 그 아이는 넘어져 죽어버렸다. 그러자 죽은 아이의 부모가 요셉에게 와서 그를 비난하며 말했다: "당신이 저런 아이를 갖고 있기 때문에, 당신은 우리와 이 마을에서 함께 살 수 없소. 그렇지 않다면 아이에게 저주하지 말고 축복하도록 가르치시오. 그가 우리 아이들을 죽이고 있소." 그래서 요셉이 어린 예수를 불러 그에게 조용히 충고하면서 "왜 네가 이런 일을 하느냐? 사람들이 고통을 당하고 있고, 그래서 그들이 우리를 미워하며 괴롭히고 있다"라고 말한다. 그러자 예수는 "나는 내가 하는 말이 내 말이 아니라는 것을 압니다. 하여간 당신을 위해서라도 이젠 입을 닫고 있겠습니다"라고 대답했다.

또 삭캐오라는 이름의 선생이 어린 예수가 하는 말을 듣고는 "그가 단지 아이인데, 이런 말을 하는구나"라고 놀라서, 요셉을 불러 "당신은 정말 총명한 아이를 가졌소, 내게 그 아이를 맡기면, 내가 그에게 그가 알아야 할 것을 다 가르치겠소"(6:2)라고 말했다. 그런데 얼마 지나지 않아서 어린 예수를 가르치던 삭캐오 선생이 요셉을 불러 "제발 그를 데려가시오, 나는 그의 명석한 말솜씨를 당할 수가 없소. 이 아이는 결코 보통의 인간이 아니오"(6:3-4)라고 말한다. 그러자 요셉은 어린 예수의 적성을 그리고 나이에 비해 지성이 아주 뛰어남을 보고는 예수가 무식한 채로 남아 있어서는 안된다고 생각하여 그를 데리고 다른, 더 훌륭한 선생을 찾아가 그를 맡기기도 했다(14:1).

이런 이야기들은 물론 예수가 어린 시절부터 다른 아이들과는 다른 초인적인 능력과 지혜를 가진 아이였음을 전하려는 의도를 가진 것들이지만, 이런 이야기들을 통해서 우리는 또한 요셉이 아비로서 어린 예수를 잘 지도하고 양육하려고 노력했던 사람이었다는 이야기를 듣게 되는 셈이다.[12]

---

12 예수의 아비인 요셉이 어린 예수에 대해 잘 지도하고 양육하려고 했던 노력이 「야고보의 유아기복음서」에서 언급되고 있는 것에 비해서 「도마의 유아기복음서」에서 예수

3. "주님의 형제" 야고보

예수의 형제들 중에서는 야고보가 초대교회 안에서 가장 잘 알려진, 가장 중요한 인물이었던 것으로 보인다. 야고보가 예수가 십자가에 달려 처형된 이후, 예수의 뒤를 이어 예루살렘의 초대교회 안에서 아주 중요한 지도자의 위치에 올랐던 인물이기 때문이다.[13] 이 점은 무엇보다도 사도행전 15장에서 야고보가 예루살렘 사도 회의에서 사회권을 행사하고 있는 점에서 잘 드러나고 있다. 물론 우리는 사도행전의 시작 부분을 통해서 예수의 부활 승천 이후, 예루살렘 초대교회 안에서 지도자로 활동한 사람들이 열두 사도들, 그중에서도 특히 "베드로와 요한"이라는 사실을 잘 알고 있다(행 1-5장). 특히 그중에서도 베드로는 예수로부터 직접 교회의 반석으로 인정을 받으면서 천국의 열쇠와 함께 이 땅과 하늘에서 매고 푸는 권세를 부여받은 사람이다(마 16:19). 그런데 행 15장에 보면, 뜻밖에도 베드로와 바울이 참석했던 예루살렘의 사도 회의에서 그 회의의 의장 역할을 맡은 중심인물은 베드로나 요한이 아니라, 야고보였다. 그리고 예루살렘 사도 회의를 마감하면서 결정사항에 대해 마지막 발언을 한 사람 역시 야고보였고, 결국 이때의 야고보의 최종 발언이 그 회의의 최종

가 다섯 살 되었을 때(2:1), 여섯 살 되었을 때(11:1), 여덟 살 되었을 때(12:4) 그리고 열두 살 되었을 때(19:1)의 이야기들이 여러 번 나오는데도 예수의 유아기 이야기들과 관련하여 예수의 모친 마리아의 이름조차 전혀 언급되지 않고 있는 것은 좀 의외라고 생각된다.

13 신약성경 27권 중 하나인 「유다서」의 저자가 자신을 "야고보의 동생 유다"(1절)라고 언급함으로써 예수의 친족임을 암시하고 있는데, 이 유다가 막 6:3에서 예수의 형제들로 언급된 "유다"라고 생각할 경우, 우리는 예수의 형제들 중 야고보 이외에 "유다"도 초대교회 일부에서 지도자로 활동했다고 생각할 수 있게 된다.

결정으로 확정된 것으로 보인다(행 15:13-21).

　뿐만 아니라 사도행전에 보면 이 사도 회의 이후에 예수의 다른 사도들은 거의 모습을 감추고 말았지만, 야고보만은 예루살렘 교회에서 계속 교회의 치리권을 행사한 것으로 나타나고 있다. 예를 들어, 바울이 첫 번째 이방인 선교를 마치고 예루살렘을 방문했을 때에도, 바울은 자신의 일행("우리")을 이끌고 야고보를 찾아와 인사하고, 자신의 이방인 선교에 대해서 보고한 것으로 전해지고 있다(행 21:17-19). 더구나 이때 야고보 및 그와 함께 있던 장로들은 바울이 이방인들에게 복음을 전파하면서, 이방인들 가운데 사는 유대인들에게 모세를 배척하고 자식들에게 할례도 주지 말고 유대인의 풍속대로 살지도 말고 가르친다는 소문을 전해 들었기 때문에, 그것이 사실이 아니라 오해라는 점을 밝히고 싶어 했다. 다시 말하자면 야고보와 장로들은 바울이 율법을 잘 지키며 바로 살아가고 있다는 점을 예루살렘 교회에 증명해 보이기를 원했다. 그래서 바울에게 "하나님 앞에 스스로 맹세한 사람 넷을 데리고 성전에 가서 함께 정결 예식을 행하고 그들의 머리를 깎고 그 비용을 담당하라"고 지시했다(행 21:21-24). 그런데 바울은 이런 지시에 대해서 아무런 이의를 제기하지 않고, 다음 날 네 사람을 데리고 성전에 들어가 성결 예식을 행했다. 이것은 바울이 야고보 및 그와 함께 있던 장로들의 권위에 전적으로 복종하여 순종했다는 사실을 공개적으로 선언하는 것에 다름없었다. 따라서 이 이야기는 당시 예루살렘의 초대교회 안에서 야고보의 권위가 어떠했는지를 잘 반영해 주는 좋은 사례이기도 하다.

　이처럼 야고보가 예루살렘 초대교회에서 실질적으로 중심적인 지도자가 되어 있었다는 분명한 사실은 야고보가 초대 기독교의 중심지인 예루살렘에서 "게바와 요한"과 더불어 "기둥 사도" 가운데 한 사람이었다고 하는 사도 바울의 증언을 통해서도 잘 드러나고 있다(갈 2:9). 더구나 바울은 "기둥 사도"로 알려진 세 사도들, 곧 "야고보와 게바와 요한"의 이름을 거론하면서도 야고보를 제일 먼저 언급하고 있다. 그리고 바울이 할례받지 않은 자들을 위한 사도직을 인정받고, 이방인들에게로 가서 복음을 전할 수 있게 된 것도 바울이 예루살렘을 방문하여 예루살렘 교회의 세 기둥 사도들인 "야고보와 게바와 요한"을 만나서 "친교의 악수"를 나누는 일을 통해서, 즉 그들의 암묵적인 재가를 받은 후에야 비로소 가능하게 되었던 것으로 보이는데(갈 2:8-9), 이런 점 역시 당시 초대교회 안에서의 야고보의 권위가 어떠했는지를 잘 보여주는 증거가 아닐 수 없다.

야고보의 이런 권위는 예루살렘 사도 회의 이전에도 이미 확립되어 있었던 것으로 보인다. 우리는 그런 점을 베드로가 헤롯 아그립바에 의해 감옥에 투옥되었다가 천사에 의해 풀려나온 후에, 예루살렘을 떠나 다른 곳으로 가기 전에 먼저 요한의 어머니 마리아의 집으로 가서, 그곳에 모여 있던 성도들에게 주께서 자기를 감옥에서 인도해 낸 사실을 설명한 후에, 자기가 감옥에서 풀려난 사실을 야고보에게 꼭 전하도록 지시한 사실(행 12:17)에서 잘 엿볼 수가 있다. 이 사실은 예루살렘 초대교회 안에서 야고보는 당연히 그런 보고를 받아야 하는 중요한 위치에 있는 중요한 인물이었다는 사실을 반영하고 있는 것으로 생각된다.

"주의 형제 야고보"(갈 1:19)는 예수의 공생애 활동 중에서 전혀 그 모습을 찾아볼 수 없었던, 그래서 거의 알려진 바가 없었던 인물이다.[14] 그런 야고보가 예루살렘의 초대교회 안에서 베드로와 요한을 제치고 갑자기 그토록 중요한 지도적 인물로 등장하게 된 것은 좀 의외의 일로 생각된다.15 그래서 그 배경이 궁금해질 수밖에 없다. 도대체 야고보가 갑자기 초대교회 안에서 중요한 지도자로 등장하게 된 역사적 배경은 무엇인가? 이 질문에 대한 분명한 해답을 성경에서 쉽게 찾아보기는 매우 어렵다. 그러나 성경 여기저기에서 나타나는 몇몇 언급들을 통해 우리는 그 해답의 실마리를 찾아볼 수 있게 된다.

첫째로 우리가 주목해야 할 성경 본문은 예수가 부활 승천한 직후에 예수의 제자들이 예루살렘의 다락방에 모여 기도했을 때, 그 모임에 "예수의 모친"과 함께 "예수의 형제들"이 함께 참여하고 있었다는 기록이다(행 1:14). 이 구절은 예수의 부활 승천 이후 초대교회가 시작되기 이미 직전에 예수의 친족으로서 예수의 모친과 함께 예수의 형제들이 다른 열두 제자들과 밀접히 연관되고 있었다는 첫 번째 언급인 셈이다. 그리고 이 기도 모임이 초대교회의 첫 발기 모임이라고 생각할 경우, 바로 여기에서 야고보의 이름이 거론되었다는 것은 앞으로 초대교회의 발전 과정에서 야고보가 어떤 역할을 할 것이라는 일종의 "예고"처럼 읽혀질 수도 있다.

---

14 Epistula Apostolorum이라는 외경 문서에 소개된 '가나의 혼인 잔치 이야기'에 보면, 그 혼인 잔치에는 예수가 그의 모친과 형제들과 함께 초청을 받았다는 기록이 나온다 ("Then there was a wedding in Cana of Galilee, and he was invited with his mother and his brothers. And he made water into wine..."). 이 기록은 예수의 모친과 함께 예수의 형제들이 예수의 공생애 활동 중에 등장하고 있음을 보여주고 있다. Cf. Brown(ed.), *Mary in the New Testament*, 263.

15 S.G.F. Brandon은 초기 기독교 역사에서 교회의 지도권이 이처럼 초기에 열두 제자들로부터 야고보에게로 갑자기 넘어가게 된 사실을 두고 "예상치 못한 변화"라고 지적한 바 있다. Cf. *The Fall of Jerusalem and the Christian Church* (London: SPCK, 1981). 5.

둘째로 우리는 바울이 부활하신 예수께서 자신의 몸을 나타내 보여준 예수 부활의 목격자 명단 가운데 야고보의 이름을 거론하고 있는 사실에 또 주목해야 한다(고전 15:7). 어떻게 야고보가 초대교회 안에서 지도적인 위치에 오르게 되었는가 하는 우리의 질문에 대해서 브루스(F.F. Bruce)는 "부활하신 예수께서 야고보에게 나타나 보이셨다는 바울의 진술이 우리 질문에 대한 대답을 제시하고 있다"[16] 고 말한다. 초대교회에서는 부활하신 주님을 만난 것이 권위의 상징이요 사도의 요건으로 생각되었다(cf. 행 1:22). 바울이 고전 15장에서 부활하신 예수께서 부활한 자신의 몸을 나타내 보인 사람들의 명단을 소개하면서(고전 15:4-7) 마지막으로 "맨 나중에 만삭되지 못하여 난 자와 같은 내게도 보이셨느니라"(고전 15:7)고 말한 것도 자신을 부활하신 예수의 목격자로 그래서 자기도 사도라고 주장하기 위한 것이라고 생각할 수 있다. 이런 관점에서 볼 때, 부활하신 예수가 자신을 야고보에게 나타내 보여주었다는 바울의 증언은 초대교회 안에서 야고보가 중요한 지도자로 등장하게 된 것과 관련해서 아주 중요한 의미를 가질 수밖에 없다.

더구나 제롬(Jerome)이 소개하고 있는 「히브리 복음서」의 단편 가운데는 "주님의 부활에 대한 설명"이 있은 후에 다음과 같은 내용이 나온다. "그러나 주님께서는 자신의 세마포 옷을 제사장의 하인에게 건네주신 후에 야고보에게 가셔서 그에게 나타내 보이셨다"(왜냐하면 야고보는 주님의 잔을 마신 때로부터 주님께서 잠자는 자들 가운데서 다시 살아나신 것을 볼 때까지 음식을 먹지 않겠다고 맹세했기 때문이다:

---

16 F.F. Bruce, *Peter, Stephen, James & John: Studies in Non-Pauline Christianity* (Eerdmans: Grand Rapids, 1979), 87.

De viris inlustribus II). 여기서 우리가 주목해야 할 점은 야고보가 주님의 마지막 만찬에 참여했고, 부활한 예수가 최초로 그에게(베드로나 다른 사도들에게가 아니라) 나타나셨다는 점이다. 물론 이 복음서가 야고보가 초대교회에서 가장 중요한 인물로 숭상되던 공동체로부터 나온 것이라고 생각되고 있지만, 야고보가 주님의 마지막 만찬에 참여한 사람이었을 뿐만 아니라, 야고보는 예수의 부활에 대한 권위 있는 보증이었다. 부활한 예수가 야고보에게 최초로 나타내 보이셨기 때문이다.

그래서 브루스(F.F. Bruce)는 부활하신 예수를 만나보게 된 "이 경험이 분명 야고보에게는 나중에 바울이 겪었던 비슷한 경험에 맞먹는, 그런 혁명적인 효과를 만들어냈을 것이라"[17]고 말한다. 마치 바울이 부활하신 그리스도를 만남으로써 예수의 박해자로부터 예수의 추종자와 전도자로 그의 인생에 혁명적인 변화를 경험했듯이, 야고보도 부활하신 그리스도를 만나는 경험을 통해 그의 인생에 혁명적인 새로운 전환을 맞아 예수를 따르게 되었고, 끝내는 초대교회 안에서 가장 중요한 지도자의 반열에 오르게 되었던 것으로 보인다.

셋째로 우리는 야고보가 초대교회에서 그토록 중요한 지위에 오를 수 있었던 이유를 야고보가 주님이신 예수의 동생이며 혈육이기 때문이라는 사실에서 찾아볼 수도 있을 것이다. 예수 시대의 유대인들에게는 세습 왕조가 일반적인 규범이었다. 헤롯 왕조라든지, 하스모니아 왕조가 다 그러했다. 대제사장과 귀족 제사장들도 다 세습되었다. 바리새파 사람들뿐만 아니라, 메시아 운동을 일으켰던 젤롯 지도자들의 경우도 그러했다. 따라서 예수의 운동과 같은 메시아 운동

---

17 F. F. Bruce, *Peter, Stephen, James & John*, 87.

에서도 혈연관계가 더욱 중요하게 생각되었을 것으로 짐작된다. 다윗의 혈통에 정통성이 있으니 더욱 그럴 수밖에 없었을 것이다. 예수가 다윗 왕의 후손이라면, 당연히 그의 형제인 야고보도 다윗 왕의 후손이 아닌가? 그러니 예수가 죽은 뒤에 야고보가 예수의 뒤를 이어 예수의 공동체를 이끄는 지도자로 나서거나 추앙되는 데 아무런 문제가 없었을 것이다. 따라서 야고보가 "교회 안에서 권력의 자리에 오르게 된 것은 그가 예수와 혈연관계에 있다는 지고의 사실 때문이라"는 점은 오늘날 일반적으로 받아들여지고 있다. 더구나 야고보는 초대교회 당시 많은 유대인들로부터 그리고 유대 당국자들로부터도 "의로운 사람"(James the just)으로 존경과 인정을 받고 있던 사람이었기에 더욱 가능했을 것으로 보인다. 특히 가이사랴의 유세비우스 (Eusebius of Caesarea)의 다음과 같은 글에서 우리는 유대 백성들 가운데서 야고보가 얼마나 존경받던 인물이었는지를 알 수 있다: "야고보는 의롭다고 해서 널리 존경을 받는 인물이었다. 그래서 훌륭하다는 유대 지식인들마저 그의 순교가 곧바로 예루살렘에 대한 포위 공격으로 이어졌다고 생각했다"(『교회사』, 2:23).

그런데 야고보가 예루살렘 초대교회 안에서 중요한 지도자의 위치에 올라서, 큰 영향력을 행사했던 것이 사실이긴 하지만, 그가 정상에 오른 이후 곧바로 초대교회 역사의 무대에서 퇴장해버린 것 또한 사실이다. 성경 어느 곳에서도 그에 대한 더 이상의 언급을 찾아볼 수가 없다. 야고보가 그토록 갑작스럽게 초대교회의 역사 속에서 사라지게 된 이유는 무엇일까?

첫째는 야고보 자신의 갑작스런 죽음 때문에 더 이상 초대교회 안에서 지도자로서의 영향력을 발휘할 수 없게 되었을 것으로 보인다. 야고보는 주후 62년에 갑자기 죽은 것으로 알려지고 있다. 그 당시 예루살렘에 거주하고 있었던 요세푸스(Josephus)가 야고보의 죽음이 있은 후 30년에서 35년 후에 기록된 것으로 알려진 『유대인의 고대사』(Antiquities)에서 야고보의 죽음에 대해 비교적 상세한 기록을 남겼다. 유대 땅 총독이었던 베스도(Festus)가 공무 중에 죽어서 알비누스(Albinus)가 그 뒤를 잇게 되었는데, 베스도가 죽었다는 소식이 유대 땅에서 로마까지 전해지는 데 최소한 다섯 주가 걸리고, 또 새로운 총독이 부임하기 위해 로마로부터 유대 땅에 이르는 데도 또 다시 최소한 다섯 주가 걸리기 때문에, 베스도 총독이 죽고 난 이후 후임자가 도착하기까지는 최소한 세 달 간의 공백이 있게 된다. 그런데 그 사이에 헤롯 아그립바 2세가 요 18:13에 등장하는 가야바의 장인인 안나스(Annas) 대제사장의 아들인 대제사장 아나누스(Ananus)를 대제사장으로 임명하였다. 요세푸스의 말에 의하면 대제사장 아나누스는 충동적이며 모험적인 성격의 인물이었다. 그래서 그는 베스도 총독이 죽고 아직 알비누스 총독이 도착하지 않은 것이 자기로서는 기회라고 생각하여 산헤드린 재판소를 소집하여 그리스도라고 알려진 예수의 형제인 야고보와 다른 몇몇 사람을 재판정에 세웠고, 그들이 율법을 어겼다는 이유로 고소하여 돌로 쳐서 죽이도록 그들을 내주고 말았다.

야고보의 죽음은 그가 15년에 걸친 아주 어려운 시기 동안, 아주 성실하고 지혜롭게 이끌어오던 초대교회에는 치명적인 타격이 될 수밖에 없었다. 사실상 예루살렘 교회는 그 타격으로부터 회복될 수가 없었다. 예수의 친족 중 다른 인물이 오래지 않아 야고보의 자리를 채우도록 선택되었다.[18] 그러나 몇 해가 지나지 못해서 예루살렘 교회는 로마에 대한 유대 항쟁이 터지면서 예루살렘 성을 떠나 펠라 지역으로 그리고 요단강 건너편 다른 지역과 애굽으로 이주하게 되었다. 그 이후 예루살렘 교회는 디아스포라 교회 신세가 되어버리고 말았다. 야고보서 1:1에서 저자가 "세계에 흩어져 사는 열두 지파에게" 문안한 것도 아마 그 때문일 것으로 보인다.

둘째는 야고보가 주도하던 예루살렘 교회의 쇠퇴 자체가 야고보의 죽음과 함께 야고보 명성의 급속한 퇴조를 가속시켰다. 야고보의 이름을 역사의 뒷전으로 밀어내는 데 일조한 예루살렘 교회의 쇠퇴는 어쩌면 역사 발전의 자연스런 결과일지도 모른다. 초대교회는 이방지역 출신들인, 헬라파 사람들인 일곱 지도자의 등장(행 6-8장)과 이방인의 사도 바울의 등장(행 9장)으로 점차 그 중심이 유대적인 기독교로부터 이방적인 기독교, 혹은 세계적인 기독교로 옮겨가는 추세였다. 그런데도 야고보의 예루살렘 교회는 여전히 "할례자의 복음"에 집착하면서 보수적인 "유대적 신앙"의 틀 안에 그대로 머물고 있었던 것으로 보인다. 이런 점은 물론 예루살렘 교회의 구성원이 주로 유대인 기독교인들로 구성되어 있었을 뿐만 아니라, 보수적인 유대인 개종자들이 많았기 때문이었을 것으로 생각된다. 처음에 예루살렘 교회 안에서 "제자들의 수효가 부쩍 늘어날" 때, "수많은 제사장들"이 개종하였고(행 6:7), "바리새파에 속했다가 신도가 된 사람들"(행 15:5)도 있었다. 이런 사람들은 대개 "모세의 관례대로 할례를 받지 않으면 구원을 얻을 수 없다"(행 15:1)고 믿는 사람들이며,

---

18 Josephus에 의하면, 야고보가 죽은 후에는 다시금 예수의 아버지인 요셉의 형제였던 크로파스의 아들인 시므온이 예수의 사촌으로서 야고보의 뒤를 이어 공동체의 수장이 된 것으로 전해지고 있다(『교회사』, 3.11). Cf. Reza Aslan, 『젤롯』, 398.

그래서 "이방사람들에게도 할례를 주고 모세의 율법을 지키도록 일러주어야 한다"(행 15:5)고 주장하는 사람들이었다. 이런 기록들에서 "우리가 얻게 되는 인상은 예루살렘 기독교인들이 마지막 한 사람에 이르기까지 율법에 열심인 자들(zealots for the law)이라는 것"[19]이다.

이처럼 야고보가 주도하던 예루살렘의 유대 기독교회가 너무나도 유대적이었다는 점을 보여주는 또 다른 분명한 증거는 바울이 선교 여행 중에 예루살렘에 돌아와 야고보를 방문했을 때, 야고보와 예루살렘 교회 장로들이 바울에게 요구했던 다음과 같은 내용들에서도 찾아볼 수 있다. 그들은 바울에게 "유대사람들 가운데는 이미 믿는 사람이 여러 만 명이나 되며 그들은 모두 율법에 골몰한 사람들"(행 21:20)이라고 말하면서 그런 관점에서 볼 때, 바울 "당신은 이방사람들 가운데 사는 모든 유대사람들에게 모세를 배척하고 자식들에게 할례도 주지 않고 유대사람의 풍속대로 살지도 말라고 가르치는" 사람(행 21:21)이라고 지적했다. 그리고는 자기들이 바울에 전해 들은 것이 사실이 아니라는 것을 보여주기 위해서라도 바울로 하여금 서원한 네 사람을 "데리고 함께 결례를 행하고 그들을 위하여 비용을 내어 머리를 깎게 하여… 당신이 율법을 지키며 율법대로 살고 있다는 것을" 다 알게 하라고 요구하였다(행 21:24). 그리고 "믿는 이방사람들에게도 이미 우리가 우상의 제물과 피와 목매어 죽인 것과 음란을 삼가야 한다고 결의한 것"을 다 지켜야 한다고 강조하였다.[20]

---

19 F.F. Bruce, *Peter, Stephen, James & John*, 99-100.

20 예루살렘 사도 회의 중 야고보의 의견으로 제시된 내용, 곧 이방인에게 "우상에게 제사함으로 더러워진 것과 피와 목매어 죽인 것과 음란을 멀리해야 한다"(행 15:19-20)는 내용이 나중에 사도 회의 결의문으로 확정되었고(행 15:29), 뒤에 다시금 야고보가

이런 요구와 주장을 하는 야고보와 예루살렘 교회가 얼마나 스데반과 빌립의 사역과 거리가 있는 것인지 그리고 이방인 백부장 고넬료의 집에 들어가 유숙하면서 그 가정에 세례를 베푼 베드로의 사역을 뒤로 되돌리는 것인지가 분명해 보인다.

베드로가 환상 가운데 하늘 음성의 지시를 받고 이방인 고넬료의 집에 며칠 동안을 유하면서 "하나님은 외모로 사람을 가리시지 않는 분이어서 그를 두려워하고 의를 행하는 사람이면 어느 나라 사람이든지 다 받으시는 줄 내가 참으로 깨달았습니다"(행 10:34-35)라고, 또 "하나님은 만민의 주가 되시는 예수 그리스도를 통하여 평화의 복음을 전한다"(행 10:36)고 전파한 일을 두고도 베드로를 크게 비난한 사람들이 바로 예루살렘 교회의 "할례받은 사람들"이다(행 11:2). 베드로가 헤롯 아그립바의 박해 가운데 감옥에 갇혔다가 "주의 천사"의 안내로 탈출했을 때(행 12:5-11), 베드로가 "주께서 자기를 감옥에서 인도해내신 사실"을 야고보와 다른 형제들에게 알리라고 전하면서 예루살렘을 떠나 "다른 곳으로 갔던"(행 12:17) 것도 물론 일단은 헤롯 아그립바의 손에서 벗어나야 할 필요가 있었기 때문이기도 하지만, 베드로 입장에서는 너무나도 유대적인 틀을 고집하는 예루살렘 교회에 더 이상 머물러있기가 어렵다고 생각했기 때문일 수도 있다.

결국 야고보가 지도자로 있던 예루살렘의 "유대적 기독교회"(the Jewish Christianity)는 변화하는 세계 속에서 계속 발전하지 못한

바울에게 그 내용을 상기시키고 있다(행 21:25). 이 네 가지 금지사항은 모세의 율법에 의해(레 17:8-18:26) 이스라엘에 거주하는 이방인들에게 요구되는 사항인데, 사도행전에서 3번씩이나 야고보의 이름과 연관되어 제시되고 있다.

채, 과거의 뿌리에 너무 집착하는 가운데 새로운 시대의 요구에 대한 적응력과 개방성을 잃어버림으로써 끝내 살아남지 못했던 것으로 보인다. 주후 62년 야고보의 죽음과 주후 70년에 있었던 예루살렘의 몰락과 유대 나라의 멸망 이후 수 세기가 지나도록 유대 땅에는 여전히 보수적인 유대적 가르침을 따르는 유대 기독교적 신앙공동체가 남아있었던 것으로 알려지고 있는데, 이들이 바로 에비온파(Ebionism)라고 알려진 사람들이다.[21] 그런데 이런 후대 "에비온파의 전승" 가운데서 야고보가 여전히 거룩한 교회의 감독이며 역사적 예수의 믿을 만한 전승의 수호자이며 보증인으로 등장하고 있다. 결국 야고보가 주도했던 예루살렘 교회가 에비온 사상의 텃밭이었던 것으로 생각된다. 제임스 던(James D.G. Dunn)이 "에비온 사상은 기독교가 변화하고 발전해야만 하는 그런 상황에서 그렇게 하지 못했기 때문에 끝내 거부되었다"[22]고 말했는데, 결국 기독교 역사 속에서 에비온 사상으로 기울어가던 예루살렘 교회가 점차 쇠퇴의 길을 걸으면서 그 지도자였던 야고보의 명성까지 쇠퇴하면서 곧바로 많은 사람들의 기억 속에서조차 망각되는 결과가 초래된 셈이라고 보아야 할 것이다.

---

21 Cf. 레자 아슬란/민경식 옮김, 『젤롯』 (서울: 미래엔, 2014), 401. Andrew Chester 는 "야고보가 유대 기독교의 특수한 형태를 대표하고 있다"(representative of a specific form of the Jewish Christianity)고 말한다. Cf. *The Theology of the Letters of James, Peter, and Jude* (New Testament Theology, Cambridge University Press, 1994), 15.

22 James D.G. Dunn, *The Unity and Diversity in the New Testament*, 244.

4. "야고보의 형제" 유다

앞에서 살펴본 바와 같이 예수의 형제들 가운데 "야고보"는 초대교회 안에서 가장 잘 알려진 중요한 인물이었다. 그런데 예수의 다른 형제들에 대해서는 알려진 것이 거의 없는 형편이다. 다만 신약성서 27권 가운데서 「유다의 편지」(the Letter of Jude) 또는 「유다서」의 저자로 알려진 "유다"가 예수의 또 다른 형제들 중 하나로 거론되면서 주목을 받고 있을 뿐이다. 만일 막 6:3에 나오는 예수의 형제들 명단(야고보, 요셉, 유다, 시몬) 가운데 세 번째 인물로 언급된 그리고 마 13:53에 나오는 예수 형제들 명단(야고보, 요셉, 시몬, 유다) 가운데서는 네 번째로 언급된 "유다"(Jude)라는 인물이 「유다서」의 저자라면, 그가 예수의 형제들 중에서는 야고보 이외에 초대교회 역사 가운데 이름을 남긴 또 다른 중요한 인물일 가능성이 높아 보인다.

정경 가운데 하나인 「유다의 편지」[23] 첫 구절에서 저자는 자신을 가리켜 "예수 그리스도의 종이요 야고보의 동생"이라고 밝히고 있다. 이 주장을 글자 그대로 받아들일 경우 그리고 그가 언급한 야고보가 주님의 형제인 야고보(약 1:1; 갈 1:19; 2:9; 고전 15:7)를 가리킨다고 볼 경우, 그는 자신을 주님의 거룩한 가족의 일원으로, 그래서 야고보의 동생이며, 결국 주님의 형제임을 스스로 밝히고 있는 셈이다. 「유

---

23 이 편지는 25구절로 구성된 신약성서 27권 가운데 가장 짧은 문서이며, 그 내용이 "초기 팔레스틴 기독교"(early Palestinian Christianity)를 반영해주고 있는 점에서, 그의 형제인 야고보와 거의 같은 신학적 분위기를 보여주고 있는 것으로 생각된다. Cf. Ralph P. Martin, "The Theology of Jude, 1 Peter, and 2 Peter," 65-66. In: Andrew Chester & Ralph P. Martin, *New Testament Theology: The Theology of the Letters of James, Peter, and Jude* (Cambridge University Press, 1994).

다의 편지」내용 가운데, 저자가 「모세의 승천기」(the Ascension of Moses, 9절)와 「에녹의 묵시록」(the Enoch Apocalypse, 14절)과 유대교의 전설들(9절, 11절)과 같은 유대교의 묵시문학적 문서들을 잘 알고 있는 점으로 미루어 볼 때, 그가 유대 기독교인(the Jewish Christian)임이 분명해 보이며, 이런 점이 그가 주님의 형제인 "야고보의 형제"일 가능성을 더 높여주고 있기도 하다.

그러나 다른 한편으로 저자가 사용한 헬라어가 아주 세련된 헬라어라는 점 그리고 그가 헬라어로 기록된 에녹의 묵시록으로부터 인용하고 있는 점 등이 갈릴리 태생인 유다에게는 잘 어울리지 않는다는 사실을 들어 야고보의 형제이며 예수의 형제인 유다가 「유다의 편지」의 저자가 아니라는 주장이 제기되기도 했다.[24] 허지만, 비록 「유다의 편지」가 예수의 형제였던 유다의 손에 의해 직접 기록된 것이 아니라고 하더라도, 그래서 「유다의 편지」가 결국 익명의 위경 문서라고 하더라도, 초대교회의 일각에서 어느 누군가가 야고보의 형제이며 예수의 형제인 유다의 이름으로 「유다의 편지」를 기록했다는 사실과 또 그런 「유다의 편지」가 초대교회에서 유통되다가 끝내 정경으로 인정되었다는 사실 자체는 그 당시에 예수의 형제이며 야고보의 형제인 유다가 그만큼 중요한 인물이었다는 사실을 부인하기는 어려워 보인다. 초대 기독교인 중에서 그 어느 누구도 잘 알려지지도 않은 그리고 중요한 인물로 생각되지도 않는 인물의 이름으로 문서를 기록하려고 나서지는 않았을 것이기 때문이다. 이런 모든 점들을 고려할 때 우리는 예수의 형제들 가운데, 야고보에 이어 유다

---

24 Cf. W.G. Kuemmel, *Introduction to the New Testament* (London: SCM Press, 1978), 428.

도 초대교회 안에서 어느 정도 인정을 받았던 지도자로 활동했고, 그를 존경하며 추종하는 무리들이 있었을 가능성을 부인하기는 어렵다고 생각된다.

예수는 "목수"(막 6:3)인가, "목수의 아들"(마 13:55)인가

막 6:3-4에 보면, 예수의 고향 사람들이 예수의 지혜와 권능에 놀라서 "이 사람이 마리아의 아들,[1] 목수가 아니냐? 야고보와 요셉과 유다와 시몬의 형제가 아니냐? 그 누이들이 우리와 함께 여기 있지 아니하냐?"라고 말하면서, 예수를 배척한 것으로 전해진다. 마가는 예수를 "마리아의 아들"[2]인 "목수"라고 전해주고 있는 것으로 보인다. 그러나 그 평행구절인 마태 13:55-56에서는, 막 6:3과는 달리

---

[1] 예수의 고향 사람들이 예수를 가리켜 요셉의 아들이라고 말하지 않고, "이 사람은 마리아의 아들이 아닌가?"라고 말한 것이 예수가 사생아였다는 소문과 관련된 일종의 비방이었다는 해석도 있다. 즉 "팔레스타인에서 유대인이 첫아들을 어머니의 이름을 붙여 부르는 것 즉 요셉의 아들 예수가 아니라 '마리아의 아들 예수'는 이례적인 정도가 아니라, 있을 수 없는 일이었다. 적어도 이 표현은 계획된 비방이었다. 그래서 후대의 어떤 필사자는 이 구절을 '이 사람은 목수와 마리아의 아들이 아닌가?'라고 고칠 수밖에 없었다"는 해석이다. Cf. 레자 아슬란, 『젤롯』, 79-80.

[2] 누가는 사람들이 "요셉의 아들"이라고 말했다고 전한다(4:22). 그러나 마태의 경우도 예수를 "마리아의 아들"로 보는 입장인 것 같다. 마태복음에 나오는 예수의 족보에 보면, 계속 "누가 누구를 낳았다"고 언급하다가 마 1:16에서만은 "낳았다"는 능동태 동사가 아니라 수동태(the divine passive)가 사용됨으로써 요셉이 태어난 아기 예수와는 아무 관련이 없어 보인다. 더구나 "그리스도라 불리는 예수"는 "마리아로부터 태어났다"(마 1:16)고 기록되어 있어서 비록 요셉이 "마리아의 남편"으로 불리고 있기는 하지만, 요셉이 아들의 아버지로 언급되고 있는 것 같지는 않다.

"이 사람이 **목수의 아들**이 아닌가? 그의 어머니는 마리아라고 하는 분이고, 그의 아우들은 야고보, 요셉, 시몬, 유다가 아닌가? 그리고 그의 누이들은 이곳에 우리와 함께 있지 않은가?"라고 기록되어 있다. 마가는 예수 자신이 "목수"였다고 말하고 있는데, 마태는 예수가 목수가 아니라 "목수의 아들"일 뿐이며, 따라서 예수의 아비가 목수라는 의미를 드러내고 있는 셈이다. 그렇다면 예수가 "목수"인가? 아니면 예수는 "목수의 아들"일 뿐이고, 예수의 아비인 요셉이 목수라는 말인가? 마가와 마태의 이런 차이는 왜 생겨난 것이며, 어떻게 이해해야 할 것인가?

이 질문에 대한 답을 찾기 전에 먼저 "목수"($\tau\acute{\epsilon}\kappa\tau\omega\nu$)라는 헬라어 단어의 의미부터 알아보는 것이 필요할 것 같다. "목수"라는 이 단어는 헬라어 문헌들에서는 보통 손으로 물건을 만드는 사람을 가리키는 전형적인 단어로 사용되었다. 외경복음서인 「도마의 유아기복음서」13장에 보면 "예수의 아비는 그 당시 쟁기와 멍에를 만드는 목수였다"는 말이 나온다. 요셉이 "목수"였던 것은 틀림없어 보인다.[3] 그러나 또 다른 외경복음서인 「야고보의 유아기복음서」에 보면, 요셉이 집을 건축하는 일을 한 것으로 전하고 있다.[4] 따라서 이것은 오늘날에도 목수가 하는 일이 집을 건축하는 일인 것과 비슷하다. 한 외경복음서에 의하면, 요셉이 목수의 일을 하고 있을 때, 요셉이 작업

---

3 외경인 「야고보의 유아기복음서」9:1에 보면, 대제사장이 백성들을 불러 모았을 때 "요셉도 목수의 연장을 던져버리고 회의장에 갔다"는 말이 나온다.
4 「야고보의 유아기복음서」9:12에 보면, 요셉의 다음과 같은 말이 나온다: "마리아여, 나는 너를 여호와의 성전으로부터 데리고 왔지만, 그러나 이제 나는 너를 집에 두고 떠난다. 내가 집을 짓는 일을 위해 떠나지만, 그러나 내가 다시 네게 돌아올 것이다. 여호와께서 너를 지켜주실 것이다." 그리고 13:1에서는 "요셉이 집을 짓던 일로부터 집으로 돌아왔다"는 말도 나온다.

도중에 어려운 문제에 직면하여 일을 더 이상 진척시키지 못하고 있을 때, 곁에 있던 예수가 해결 방법을 가르쳐주어서 일을 잘 매듭짓게 된 일 때문에 요셉이 크게 놀라는 이야기도 전해지고 있다.5 그리고 후대의 기독교 문헌들 가운데서는 예수가 직접 "멍에와 문"을 만들었다는 기록이 전해지고 있기도 하다.6 따라서 이런 기록들을 보면, 예수가 주변 사람들로부터 "목수"로 인식되었을 가능성도 많아 보인다.

기독교 문헌들 가운데서 예수를 가리켜 "목수"라고 언급한 최초의 문서는 아마도 마가복음일 것으로 생각된다. 마가는 이처럼 예수를 가리켜 "목수"라고 말함으로써, 아마도 예수가 귀한 신분의 존재로 이 세상에 오신 분이 아니고 낮고 천한 모습으로 오신 분이라는 것을 암시하려고 했던 것으로 보인다. 마치 마가복음이 기록되기 이전에 이미 사도 바울이 예수를 가리켜 "그는 본래 하나님의 본체이셨으나 하나님과 동등 됨을 취하려 하시지 않고, 오히려 자기를 비워 종의 모습을 취한" 분이라고 소개했던 것과도 비슷한 의도일 것이다 (빌 2:6-7). 그리고 누가복음을 기록했던 누가가 예수의 탄생 이야기를 기록하면서 마태복음의 경우와 다르게 예수가 여관에 있을 곳이 없어 말구유에서 나신 분, 곧 낮고 천한 모습으로 오신 분, 그래서

---

5 「도마의 유아기복음서」 13:2-4, "① (요셉이) 한 부자로부터 자기가 쓸 침대를 만들어 달라는 부탁을 받았다. ② 한쪽 널판이 다른 쪽 널판보다 짧게 되어버리자 요셉은 어찌해야 좋을지 몰랐다. 아이 예수가 그의 아비에게 말했다: '널판 두 개를 내려놓고 한 줄로 놓아 보세요.' ③ 요셉은 아이가 말한 대로 했다. 예수는 다른 쪽 끝에 서서 짧은 쪽 널판을 움켜쥐고는 그것을 잡아당겨 다른 쪽 널판과 같은 길이로 만들었다. ④ 그의 아비 요셉은 이것을 보고 감탄했다. 그래서 아이를 껴안고 키스하면서 '하나님께서 이 아이를 내게 주시다니 나는 얼마나 복 받은 사람인가!' 하고 말했다."

6 Justin Martyr, *Dialogue with Trypho*, 88.

밤에 들에서 양을 치던 야간 일당 노동자들인 목자들의 첫 방문을 받은 분으로 소개하고 있는 것(눅 1:20)도 같은 의도에서 나온 것이라고 생각된다.

그런데 예수가 "목수"였다는 마가복음의 이런 최초 기록이 나중에 예수는 물론이고 예수를 믿고 따르는 기독교인들에 대한 비난과 공격의 빌미가 되었던 것으로 보인다. 마치 예수가 처녀의 몸에서 태어난 사생아라면서 초대 기독교를 비난하던 사람들이 있었던 것처럼, 예수가 "목수"라는 점을 들어 "목수"가 어떻게 메시야와 하나님의 아들이 될 수 있는가라는 비난을 퍼붓기도 했을 것이다. 이런 비난이 실제로 존재했었다는 구체적인 증거를 우리는 이교도 켈수스(Celsus)의 다음과 같은 기독교 논박 가운데서 찾아볼 수 있다: "추측하건대 그들의 주님의 직업이 목수였는데, 그건 그가 나중에 나무 십자가에 못 박혔기 때문이 아니겠는가? 만약에 그가 낭떠러지에서 떨어져 죽었거나, 구덩이에 매장당해 죽었거나, 밧줄로 목 졸려 죽었다면, 또는 만약에 그의 직업이 구두장이였거나 석공이었거나 대장장이였다면, 아마도 하늘 위에 생명의 절벽이 있었을 것이다. 또는 부활의 구덩이라든지 영원한 밧줄이 있었을 것이다. 아니면, 복된 돌이라든지, 사랑의 강철이라든지, 거룩한 짐승가죽이 있었을지도 모를 일이다. 갓난아이를 재우려고 자장가를 부르는 여인이라고 하더라도, 창피해서 도저히 이런 가사를 노래에 담아 부르지는 못하지 않겠는가?"(「켈수스 논박」, 6.34).7

아마도 이런 비난의 소리가 일부 초대 기독교인들의 귀에 거슬려서, 그런 비난에 대해 반박하는 목소리가 제기되기도 했던 것으로 보

---

7 바트 어만, 『성경 왜곡의 역사』, 373에서 인용.

인다. 실제로 켈수스와 논쟁을 하던 오리겐(Origen)이 켈수스의 기독교에 대한 비판에 맞서서, "네 개의 복음서 어디를 봐도 예수가 목수였다는 말은 없다"(「켈수스 논박」, 6.36)라는 주장을 한 바 있다. 그런데 흥미로운 사실은 사본들 가운데도 예수가 목수였다는 직접적인 언급이 빠져있는 사본들이 실제로 전해지고 있다는 점이다. 마침 오리겐이 활동하던 3세기 초의 것으로 추정되는 파피루스 사본 45번과 그 이후 몇몇 후대 사본들에 보면, 막 6:3이 다른 사본들과는 다르게, "이 사람은 목수의 아들이 아닌가?"라는 본문으로 바뀌어 기록되어 있다.[8]

이런 점으로 미루어 볼 때, 마가복음을 문서 자료로 사용하여 복음서를 기록했던 마태가 나중에 막 6:3의 본문을 마 13:55에서 "이 사람이 목수의 아들이 아닌가?"라고 수정하여 소개한 것도 아마 같은 의도 때문인 것으로 해석된다. 마태는 누가복음의 경우와는 달리, 예수의 탄생 이야기 가운데서 예수를 "왕으로 태어나신 이"(마 2:2), 그래서 동방박사들의 "경배"를 받으신 분(마 2:11)으로 소개하고 있다. 예수를 이처럼 "왕"으로 소개하고 있는 마태로서는 막 6:3에 기록된 그대로 예수를 "목수"라고 전하기 어려웠을 것으로 보인다. 그래서 마태는 예수가 "목수"가 아니라, "목수의 아들"이었을 뿐이라는 의미의 말로 바꾸어 기록했을 것으로 보인다.

후대의 몇몇 사본들에서 막 6:3의 "이 사람은 목수가 아닌가?"라는 문장이 "이 사람은 목수의 아들이 아닌가?"라는 문구로 바뀌어 있는 것도 마태복음의 선례를 그대로 따른 것이라고 생각된다. 이와 관

---

8 바트 어만, 『성경 왜곡의 역사』, 373. Cf. B.M. Metzger, *A Textual Commentary on the Greek New Testament* (London: United Bible Societies, 1975), 88-89.

련해서 우리는 이처럼 변증적인 이유에서 성서 본문이 조금씩 바뀐 경우가 실제로 적지 않다는 사실을 염두에 두고 성경을 읽을 필요가 있다.

알몸으로 도망한 청년 이야기 (막 14:51-52)

마가가 전하는 예수의 수난 이야기 가운데는 예수께서 제자들과 함께 겟세마네 동산에서 기도를 마치고 내려왔을 때, "대제사장들과 서기관들과 장로들"이 보낸 무리가 가룟 유다와 함께 몰려와 예수를 체포할 때의 이야기가 소개되고 있다. 그때 그들은 "검과 몽둥이"를 휘두르며, 예수를 붙잡고자 했고, "제자들 중의 한 사람"[1]이 "칼을 빼어 대제사장의 종의 귀를 쳐서 그 귀를 떨어뜨리는" 등, 약간의 무력 충돌까지 있었던 것으로 기록되어 있다. 그런 언급이 있은 직후에, 마가가 전해주는 그 이야기의 마지막 결론은 "제자들이 모두($πάν-τες$, all) 예수를 버리고 **달아났다**"($ἔφυγον$, 14:50)는 말이었다. 그래서 마가복음에 따르면, 제자들이 이때 예수를 버리고 도망한 이후에, 마가복음이 끝날 때까지, 베드로가 대제사장의 여종 앞에 나타나 예수를 세 번이나 모른다고 부인한 것 이외에는 두 번 다시 그 모습을 드러내지 않고 있다.[2]

---

1 요 18:10에 의하면, 예수께서 체포될 때 검을 빼어 대제사장의 종의 오른편 귀를 쳤던 "제자"는 "시몬 베드로"이고, 그 대제사장의 종의 이름은 "말고"였다고 밝혀져 있다.

2 이런 점에서 제자들이 "모두 다" 도망한 뒤를 이어 나타났다가 도망한 이 "젊은이"는 마가복음에서 예수를 따르던 "마지막 제자"(the last disciple)로 등장한 인물인 셈이다

그런데 마가는 흥미롭게도 "제자들이 모두 예수를 버리고 달아났다"(막 14:50)는 이 말에 바로 이어서, 아니 이 말과 직접 연관해서, "예수를 따르던 사람들" 가운데 "어떤 젊은이"(νεανίσκος τις)가 있었는데, 사람들이 그를 붙들려고 했을 때, 그는 몸에 걸치고 있던 베 홑이불을 던져버린 채, 알몸으로 도망했다는 이야기를 전해주고 있다(14:51-52). 예수와 그의 제자들이 당했던 수난 이야기와는 직접적으로 아무런 관련이 없어 보이는 이 "수수께끼 같은 구절들"3은 복음서들 가운데서 오직 마가복음에서만 나온다. 더구나 마가복음에서 예수의 수난 이야기를 전하는 가운데 느닷없이 소개된 이 이야기는 오히려 예수의 수난 이야기의 자연스런 흐름을 단절시키는 것처럼 생각되기도 한다. 이 이야기가 없을 경우에 오히려 예수의 수난 이야기는 좀 더 자연스럽게 잘 연결될 수 있다고 보이기도 한다. 아마도 마태와 누가가 마가복음을 문서 자료로 사용하여 복음서를 기록하면서도 예수의 수난 이야기와 관련하여 이 이야기를 똑같이 기록하지 않은 이유도 바로 그 때문일 것으로 보인다. 그렇다면 마가가 예수의 수난 이야기를 전하는 가운데 예수가 체포될 때 "제자들이 모두 다 예수를 버리고 **달아났다**"(ἔφυγον, 14:50)고 말한 직후에 그것에 이어서 그리고 그것과 연관시켜서, "예수를 따르던 사람들 가운데 어떤 젊은이"가 체포를 피해서 자기 몸에 걸치고 있던 베 홑이불을

("This would-be follower becomes 'the last disciple'"). Cf. R.E. Brown, *The Death of the Messiah: A Commentary on the Passion Narratives in the Four Gospels* (New York: Doubleday, 1994), 298.

3 D.E. Nineham, *The Gospel of Mark* (Baltimore: Penquin Books, 1973), 396; cf. also A.E.J. Rawlinson, *The Gospel According to St. Mark*, Westminster Commentaries (London, 1949), 215: "curious little episode."

벗어던지고 알몸으로 **달아났다**(ἔφυγεν, 14:52)는 이야기를 첨가하여 기록한 이유와 목적은 과연 무엇일까?[4]

과거에 어떤 주석가는 이 본문이 마가복음의 저자가 자신의 작품에 남긴 자신의 "자서전적인 서명"(signature)이라고 말하기도 했다.[5] 그리고 또 다른 연구가는 마가복음 저자가 자신이 기록한 내용에 대한 생생한 목격자를 등장시키려고 했던 것이라고 말하기도 했다.[6] 그러나 이런 해석들은 마가복음의 기록 목적과 마가의 신앙 공동체가 당하고 있던 당시의 역사적 상황을 완전히 무시해버린 잘못된 해석이라고 생각된다.[7]

그렇다면 우리는 마가가 이 본문 이야기를 예수가 체포되고 다른 제자들이 다 예수를 버리고 도망했다는 이야기와 연관시켜 기록한 이유를 다른 곳에서 찾아보아야 할 것이다. 우선 우리는 오래전부터 마가복음의 중심 내용이 '예수의 수난 이야기'에 있다고 지적해온 학

---

4 Ambrose로부터 Frank Kermode에 이르기까지 이 "젊은이"의 정체와 이 본문의 의미에 대한 다양한 해석들이 L. Williamson, Jr, *Mark* (IBCTP; Atlanta: John Knox Press, 1983), 262에 잘 요약되어 있다.

5 E. Trocme, *The Formation of the Gospel According to Mark*, translated by P. Gaughan (Philadelphia: Westminster Press, 1975), 247, n.2; C.E.B. Cranfield, The Gospel According to Saint Mark(Cambridge: The University Press, 1959), 438.

6 "예수의 체포에 대한 목격자." Cf. E. Lohmeyer, *Das Evangelium des Markus* (Goettingen: Vandenhoeck und Ruprecht, 1936), 324.

7 W.R. Telford는 "막 14:51-52에서 우리가 목격자의 증언이라는 인증을 갖고 있다거나 요한 마가가 거기서 그의 작품에 자신의 이름을 서명하고 있다고 생각하는 것은 순전히 낭만적인 상상(pure romantic fiction)이라"고 비판하고 있다. Cf. *The Theology of the Gospel of Mark* (Cambridge University Press,1999), 12. 다른 한편으로 Ched Myers는 "그와 같은 일시적인 주장은 복음서의 문학적 완전성을 모욕하는 것"일 수 있다고 일축해버리고 있다. Cf. *Binding the Strong Man: A Political Reading of Mark's Story of Jesus* (New York: Orbis Books, 1988), 368.

자들의 말에 대해 주목할 필요가 있다. 실제로 마가복음을 가리켜 "확대된 서론이 첨가된 수난 설화"(the passion narratives with an extended introduction)라고 말한 학자가 있었고,[8] 그의 이 말은 그 이후 복음서 연구 분야에서는 거의 "공인된 주장"(sententia re-cepta) 혹은 "교리"[9]처럼 받아들여져 왔다. 그렇다면, 마가가 그의 복음서를 기록하면서 '예수의 수난 이야기'를 중심으로 기록할 수밖에 없었던 이유, 그래서 마가복음에서 '예수의 수난 이야기'가 그토록 중요시될 수밖에 없었던 이유는 무엇이었을까? 그것은 "예수"가 당했던 수난 이야기 자체가 갖고 있는 역사적인 혹은 신학적인 의미가 중요했기 때문에 예수의 수난 이야기를 정확히 보존하여 전해줄 필요가 있다고 생각되었기 때문도 아니었다. 오히려 마가가 그의 복음서를 기록하면서 '예수의 수난 이야기' 전승에 관심을 가질 수밖에 없었던 보다 더 중요한 이유는 마가복음을 받아 읽어보게 될 마가 공동체 구성원들이 주후 70년경에 과거 그들의 주님이신 예수가 당했던 수난과 비슷한 박해의 고난을 당하고 있었기 때문이었을 것으로 생각된다. 그래서 마가는 구전으로 전해지던 예수의 여러 수난 이야기들을 가지고 그것들과 비슷한 고난에 처해 있던 마가 공동체를

---

8 Martin Kaehler, *The So-called Historical Jesus and the Historic, Biblical Christ*, Trans. by Carl E. Braaten (Philadelphia: Fortress Press, 1964), 80, n.11. 이보다 훨씬 전에 J. Weiss도 같은 의미에서 마가복음을 가리켜 "eine nach rueckwaert erweiterte Passionsgeschichte"라고, 즉 마가복음은 수난 설화를 중심으로 뒤쪽으로 확대된 복음서라고 말한 바 있다. Cf. *Die Schriften des Neuen Testaments*, vol. I (Goetingen: Vandenhoeck & Ruprect, 1917), 43.

9 "복음서 연구에 있어서의 교리." Cf. J.R. Donahue, "Introduction: From Passion Tradition to Passion Narratives," in: Werner H. Kelber(ed.), *The Passion in Mark: Studies on Mark 14-16* (Philadelphia: Fortress Press, 1976), 1.

위해 신앙적으로 적절히 지도하려고 했던 것으로 보인다.

이런 관점에서 볼 때, 마가복음에 나오는 예수의 수난 이야기에서 가룟 유다의 배반 이야기가 거론된 이유는 마가 교회 교인들이 로마 당국으로부터 정치적 박해를 당하던 상황에서 과거 예수를 배반했던 가룟 유다와 같은 제2, 제3의 배반자들이 교회 안에서 생겨났기 때문이었고, 베드로가 예수를 모른다고 부인했던 이야기를 거론한 것도 박해 상황에서 생명을 보전하기 위해 순간적으로 예수를 모른다고 부인하고 싶은 그런 유혹을 받던 교인들이 많이 있었기 때문이었을 것으로 짐작된다. 그리고 예수가 군인들로부터 그리고 지나가는 행인들로부터 학대와 조롱을 받은 이야기가 언급된 이유도 바로 마가 시대 교인들이 붙잡혀 바로 그와 비슷한 학대와 조롱을 받고 있었기 때문이었을 것으로 생각된다. 마가가 예수의 십자가 최후 발언으로 "나의 하나님, 나의 하나님, 어찌하여 나를 버리셨습니까?"라는 울부짖음 하나만을 소개한 이유도 그 울부짖음이 마가 시대 교인들이 박해의 와중에서 체포되어 십자가에 처형될 때 십자가 위에서 울부짖었던 소리였기 때문이었을 것이다.

이런 점들을 고려할 때, 예수가 겟세마네 동산에서 체포될 당시 곁에 있던 제자들이 모두 다 예수를 버리고 도망했다고 전하면서, 마가가 그 기록에 바로 이어서, 아니 그 기록과 연관해서, 과거에 예수를 버리고 도망했던 제자들처럼, "예수를 따르던 사람들 가운데 어떤 젊은이"가 몸에 걸쳤던 베 홑이불까지 다 던져버리고 "알몸으로" 도망했다는 이야기를 기록한 이유는 그 당시 "예수를 따르던" 마가 공동체 구성원들이 박해와 체포를 피해 정신없이 도망 다니던 상황을 반영해주고 있는 것이라고 생각해야 마땅할 것으로 보인다. 실제로 마가 공동체는 로마의 박해 가운데서 그들을 체포하려는 로마 군인들을 피해서 때로는 가진 것 모두를 다 던져버린 채 거의 "알몸으로" 도망 다녔을 것이기 때문이다. 마치 예수가 겟세마네 동산에서 체포될 때, 그를 버리고 정신없이 모두 다 도망했던 예수의 제자들처럼 말이다. 이런 관점에서 볼 때, 알몸으로 체포를 피해 도망한 젊은이는 로마의 박해를 피해 모든 것을 던져버리고 도망했던 마가의 신앙 공동체를 가리키는 "상징"(symbol)으로 받아들이는 것이 마땅할 것으로 생각된다.[10] 예수의 "체포"와 관련되어 사용된 동사(κρατέω, 14:49)가 젊은이를 "체포"할 때 사용된 동사(κρατέω, 14:51)가 똑같은 동사이고, 또한 제자들이 "도망"할 때 사용된 동사(φεύγω, 14:50)가 젊은이가 "도망"할 때 사용된 동사(φεύγω, 14:52)와 똑같은 동사라는 점에서도 그런 해석이 가능하다고 생각된다.

이런 점에서 볼 때, 분명히 마가는 겟세마네 동산에서 예수를 버리고 "다 도망한 제자들"의 이야기와 연관해서 몸에 걸쳤던 베 홑이불까지 다 던져버리고 알몸으로 "도망한 젊은이" 이야기를 의도적으로 나란히 대비시키고 있는 것으로 보인다. 예수가 당했던 박해 상황과 마가 공동체가 당하고 있는 박해 상황을 연관시키기 위함이었을 것이다. 처음에 예수의 부름을 받았을 때 "모든 것을 버리고" 따랐던 제자들(cf. 막 2:18, 20; 막 10:28)이었지만 그러나 그들이 체포와 죽음의 위험 앞에서는 "다 도망했던" 것처럼, 이제 "예수를 함께 따르

---

10 "a symbol of the discipleship community as a whole, which has just fled (14:50)." Cf. Ched Myers, *Binding the Strong Man: A Political Reading of Mark's Story of Jesus* (New York: Orbis Books, 1988), 369. 다른 한편으로 W.R. Telford는 이와 비슷하게 "알몸으로 도망한 청년"을 "전형적인 제자들"(paradigmatic disciples)로 보고 있기도 하다. Cf. *The Theology of the Gospel of Mark*, 219.

던(συνηκολούθει αὐτῷ)" 젊은이도 체포와 죽음의 위험 앞에서 몸에 두른 마지막 베 홑이불까지 던져버리고 알몸으로 도망하고 있다. 마가는 아마도 이런 점을 염두에 두고 미리 "내가 목자를 치면 양들이 흩어지리라고 성서에 기록되어 있는 대로 너희는 모두 걸려 넘어질 것이다. 그러나 내가 다시 살아난 후에 너희보다 먼저 갈릴리로 가겠다"(막 14:28)는 예수의 말씀을 기록했을 것으로 보인다.

마가복음을 문서 자료로 사용했던 마태복음과 누가복음이 나중에 '도망한 젊은이 이야기'를 그들의 복음서에서 삭제해버린 이유는 마태복음과 누가복음이 기록될 당시는 마가복음이 기록될 당시와 같은 박해 상황이 아니었기 때문에 마가가 기록한 '도망한 젊은이 이야기'가 마태복음과 누가복음 저자에게는 관심의 대상이 되지 못했을 것이고, 그래서 그 이야기를 소개할 필요를 느끼지도 못했을 것으로 보인다. 그러나 마가복음을 처음 받아 읽었던 마가 시대 교인들은 오히려 이 본문을 읽으면서 분명히 이 이야기가 단지 과거 예수와 그의 제자들의 이야기를 전해주고 있는 것이 아니라, 바로 자신들의 상황을 염두에 두고 증거해주는 자신들의 이야기로 읽고 받아들였을 것이라고 생각된다.

그러나 마가복음에서 이 "젊은이"는 붙잡히지 않기 위해 알몸으로 도망한 모습으로만 소개되고 있는 것이 아니다. 이 점이 좀 더 중요한 것으로 생각된다. 예수의 수난 현장인 14:51에서 도망했던 "젊은이"가 예수의 부활 현장인 16:5에서 다시 그 모습을 드러내고 있기 때문이다. 마가복음 전체에서 "젊은이"(νεανίσκος, young man)라는 이 단어가 오직 두 곳, 막 14:51-52와 막 16:5에서만 나온다는 사실에 주목할 필요가 있다. 바로 이런 이유 때문에 막 14:51-52는 자주 막 16:5와 연관되어 논의되고 해석되기도 했다. 실제로 젊은이가 도망갈 때 내던졌다는 "베 홑이불"(σινδόνα, linen cloth, 14:51)은 바로 예수께서 무덤에 묻힐 때, 아리마대 요셉이 예수의 몸을 감쌌다고 말했던 "베 홑이불"(σινδόνα, linen cloth, 15:46)과 같은 단어이기도 하다. 그러나 두 구절(14:51과 16:5)의 유사성은 똑같은 단어가 반복되는 것 이상으로 다음과 같이 뚜렷하다:

- 14:51, νεανίσκος... περιβεβλημένος σινδόνα
  (a young man having been clothed in a night gown)
- 16:5, νεανίσκον... περιβεβλημένον στολὴν λευκήν
  (a young man having been clothed robe in white).

언어상의 이런 밀접한 연관성은 마가복음 저자가 두 구절을 밀접히 연관시키려고 했던 의도적인 기록의 결과라고 생각된다. 14:51에서 베옷을 던져버리고 알몸으로 도망한 젊은이와 16:5에서 희고 빛나는 옷을 입고 나타난 젊은이를 연관시키며 대비시키기 위한 것이다. 젊은이가 처음에 도망할 때 벗어던진 옷은 "베 홑이불"이었는데, 젊은이가 두 번째로 빈 무덤에 등장했을 때의 그의 옷은 변화 산에서의 예수 옷처럼 "희고 빛나는" 옷이었다.[11] 14:51에서는 "젊은

---

11 Scroggs and Groff는 젊은이가 14:51-52에서 "베 홑이불"을 벗어던진 모습으로 그리고 16:1-8에서 다시 "빛나는 흰옷"을 입은 모습으로 등장하는 것을 초대교회의 세례 예식과 연관시켜 이해한 바 있다. 즉 "젊은이"는 기독교에 입교하기를 원하는 세례 지원자를 상징하며, 그래서 14:51-52에서 그가 벌거벗고 도망한 것은 그리스도와 함께 죽은 것을 그리고 부활의 현장인 16:5에서 다시 빛나는 흰옷을 입고 나타나는 것은 그리스도와 함께 부활하는 것을 상징한다고 보았다(cf. Robin Scroggs and K.I. Groff, "Baptism in Mark: Dying and Rising with Christ", *JBL* 92 (1973),

이"가 체포와 죽음을 피해 도망하는 불쌍한 모습이었는데, 16:5에서
는 젊은이가 오히려 예수 부활의 현장인 빈 무덤 안에서 "우편에 앉
아있는"[12] 당당한 모습이다. "우편의 자리"가 영광의 자리를 상징하
는 것이라는 점을 감안한다면, 수난의 현장에서 옷을 벗어던지고 도
망했던 젊은이가 부활의 현장에서는 완전히 달라진 모습으로 다시
나타나고 있는 셈이다.

이처럼 만일 막 14:51-52에서 베 홑이불을 벗어던지고 알몸으
로 도망한 "젊은이"가 박해 가운데 고통을 당하는 마가 교회를 상징
하고 있다면, 막 16:5에서 희고 빛나는 옷을 입고 등장한 "젊은이"는
박해의 고통을 이겨내고 다시 살아난 마가 교회를 상징한다고 볼 수
있다. 비록 마가 공동체가 박해 가운데서 도망하여 흩어지기는 했지
만, 그 이후에 또 다시 영광스럽게 회복될 수 있음을 상징하는 것으
로 이해할 수 있다. 예수가 사람들의 손에 붙잡혀 십자가에 달려 죽
었지만, 그러나 그가 끝내 빈 무덤을 남긴 채 다시 부활했듯이 말이
다. 이런 의도 때문에 마가는 그의 복음서에서 세 번씩이나 반복적으
로 이른바 예수의 "3차 수난 예고"를 소개하면서도(8:31; 9:31; 10:
32-33), 그때마다 일관되게 마치 후렴처럼 "죽은 지 삼일 만에 다시
살아날 것이다"라는 부활 예고의 말로 수난 예고를 끝맺고 있는 것
으로 보인다. 이 때문에 마가복음에 나오는 3차에 걸친 "수난 예고"

531-548). 그러나 이런 해석은 14:51-52와 16:1-8 사이의 다른 본문들을 세례 예식
과 연관시켜 해석할 여지가 별로 없다는 점과 또한 초대교회 세례 예식에서 옷을 벗고
세례를 받은 후에 다시 새 옷을 입는 습관에 대한 증거가 거의 없다는 점에서 설득력을
갖지 못하고 있다.

12 "오른쪽에 앉는다"는 이 문구가 마가복음의 다른 곳에서는 "영광의 자리"(10:37;
12:36; 14:62)에 앉는 것을 의미하고 있다. 따라서 16:5에서는 체포의 위협 때문에
도망했던 "젊은이"가 이제 영광의 자리로 회복되었음을 의미하는 것으로 보인다.

는 오히려 "부활 예고"라고 부르는 것이 옳다는 주장이 제기되기도 했다.

막 14:28에서 비록 "양들이 흩어지게 될 것"이 예언되었지만, 그러나 막 16:7에서 "흰옷을 입은 젊은이"의 말을 통해 흩어진 양들이 다시 갈릴리에서 부활하신 예수와 만나게 될 것이라고 약속되듯이, 14:51-52에서 베 홑이불을 벗어던지고 알몸으로 도망했던 "젊은 이"가 16:5에서는 다시 빛나는 흰옷을 입고 나타나고 있는데, 이것은 그가 이제는 완전히 달라졌다는 것을 의미한다. "젊은이"가 맨 처음에 그 모습을 드러냈던 때는 고난의 현장이었지만, 두 번째로 그 모습을 다시 드러냈을 때는 부활의 현장인 빈 무덤에서였다. 고난의 현장에서 실패한 모습이 부활의 현장에서 완전히 회복되었음을 의미하는 것이기도 하다. 결국 마가는 흩어져 도망한 제자들이 다시 갈릴리에서 부활하신 예수와 결합된다는 막 14:28의 말씀을 막 16:5와 연관시키듯이, 14:51-52와 16:5를 연관시킴으로써, 즉 베 홑이불을 버리고 알몸으로 도망했던 젊은이와 흰옷을 입고 예수의 부활현장에 나타난 젊은이를 연관시킴으로써 마가의 신앙 공동체가 박해와 체포, 죽음과 무덤을 넘어 부활의 공동체로 다시 새롭게 회복될 것임을 선포하고 있는 것으로 생각된다.

"아무에게 아무 말도 못했다"(막 16:8)
: 여인들의 침묵의 의미

가장 권위 있는 고대 사본들에 보면 마가복음은 16:1-8에 나오는 빈 무덤 이야기로 끝나고 있고, 따라서 오늘날 대부분의 복음서 연구가들은 마가복음이 본래 16:8에서 끝난 것으로, 따라서 우리말 성경에 나오는 막 16:9-20은 후대의 첨가문이라고 보고 있다.[1] 그런데 마가복음의 마지막 부분과 관련하여 중요한 문제, 그럼에도 불구하고 아직까지도 충분히 논의가 되지 못한 문제가 더 남아있는 것으로 생각된다. 마가복음의 마지막 본문(16:1-8)에 보면, 안식일 후 첫날 세 여인이 무덤을 찾았을 때, 무덤의 "오른편에 앉아있던 흰옷을 입은 젊은이"[2]가 예수는 다시 살아나셨다(16:6)고, 그러니 "가서 그의 제자들과 베드로에게 이르기를 예수께서 너희보다 먼저 갈릴

---

1 이 문제에 대해 R.H. Fuller는 다음과 같이 결론짓고 있다: "오늘날 어느 누구도 가장 오래된 그래서 가장 훌륭한 마가복음의 본문 전승이 8절에서 끝나고 있다는 점과 후대의 사본들에서 볼 수 있는 여러 형태의 끝부분들은 좀 부족해 보이는 부분들을 더 낫게 보충하려는 시도들이라는 점에 대해 문제를 삼지 않을 것이다." Cf. *The Formation of the Resurrection Narrativess* (Philadelphia: Fortress Press, 1980), 64.

2 후대의 복음서들인 마태복음과 누가복음은 각각 이 흰옷을 입은 젊은이"를 각각 "천사"로 해석하고 있다. Cf. 막 28:5; 눅 24:23.

리로 가시나니 전에 너희에게 말씀하신 대로 너희가 거기서 뵈오리라 하라"(16:7)고 말했다. 그러나 여인들은 너무 놀라고 무서워서 "아무에게 아무말도 못했다"(16:8)라는 말로 끝나고 있다. 결국 마가복음의 마지막 구절은 뜻밖에도 그리고 놀랍게도, 여인들이 천사로 생각되는 "흰옷 입은 젊은이"의 명령, 그것도 예수의 부활과 갈릴리 부활 현현과 관련된 중요한 명령을 따르지 않고, 침묵을 지켰다는 증언으로 끝나고 있는 셈이다.3

마가가 그의 복음서의 마지막 결론 구절에서 예수 부활 소식과 부활 현현의 약속에 대한 천사의 중요한 명령이 여인들의 "불순종"과 "침묵" 때문에 "제자들과 베드로에게" 전해지지 않았다는 의미의 언급으로 끝내고 있는 이유는 무엇일까? 도대체 복음서 전승 가운데 천사의 명령이 불순종과 침묵으로 이어진 경우가 또 있을까? 마가가 그의 복음서 마지막 결론 부분에서 여인들이 "제자들과 베드로에게"(16:7) 전해주어야 할 천사의 메시지, 곧 예수가 다시 살아났다는 부활의 소식과 갈릴리에서의 부활 현현의 약속을 아무에게도 전해주지 않았다는 이 말은 결국 "베드로"를 비롯하여 다른 예수의 "제자

---

3 그러나 '빈 무덤 이야기'와 관련하여 마가복음을 문서 자료로 이용한 것으로 알려진 마태복음의 평행 본문에서는, 마가복음과는 달리, 여인들이 천사의 부활 소식을 제자들에게 전하려고 달려간 것으로(마 28:8), 그래서 제자들이 결국 갈릴리에서 부활하신 예수를 만나 뵙고 위임 명령을 받은 것으로 수정되어 있다(마 28:16-20). 누가복음에서도 마가복음과 달리, 여인들이 빈 무덤에서 있었던 일을 제자들에게 전해주었던 것으로 기록되어 있다(눅 24:10). 그러나 누가는 예수의 부활 현현이 마가복음과 마태복음처럼 갈릴리에서가 아니라 예루살렘 인근에서 있었던 것으로 전하고 있다(눅 24:13-35에서는 엠마오로 가던 두 제자에게 그리고 눅 24:36-49에서는 열한 제자에게). 요한복음에서도 무덤을 찾았던 막달라 마리아가 "제자들에게 가서 자기가 주를 만난 일과 주께서 자기에게 이런 말씀을 하시더라는 것을 전했습니다"(요 20:18)라고 기록되어 있는 것을 보면, 무덤을 찾았던 여인들의 "불순종"과 "침묵"의 주제는 오직 마가복음에서만 나타나고 있음을 알 수 있다.

들"이 예수의 부활 소식을 전해 받지 못했을 뿐만 아니라, 그 때문에 부활하신 예수를 갈릴리에 가서 만나 뵙지도 못했다는 의미로 받아들일 수밖에 없지 않은가? 마가복음이 이처럼 그의 복음서 마지막 결론 부분에서 여인들이 천사로 생각되는 "흰옷 입은 젊은이"의 명령에 따르지 않았다는 "불순종"과 "침묵"을 강조한 것도 이해하기 어렵거니와 그와 함께 예수의 열두 제자들이 예수 부활의 소식을 전해 받지도 못한 사람이요 따라서 부활하신 예수를 만나볼 수도 없었던 사람들이라는 의미의 언급으로 끝내고 있는 점은 정말이지 쉽게 이해하기 어려운 점이 아닐 수 없다. 복음 전승 가운데서 "부활 현현 전승의 주요 특징과 기능이 … 처음 제자들이 부활하신 예수로부터 직접 위임 명령을 받았기 때문에 부활 이후 공동체 안에서 지도력을 갖게 되었음을 보여주는 것이라"4는 점을 생각할 때, 더욱 그럴 수밖에 없다. 따라서 우리는 마가가 그의 복음서를 이런 언급으로 끝내고 있는 의도가 도대체 무엇인지? 제대로 알아볼 필요가 있다.

　마가복음의 이런 마지막 언급은 분명히 마가가 그의 복음서에서 시종일관 열두 제자들을 상당히 부정적인 관점에서 소개되면서, 그들의 중요성이 상당히 폄하되고 있는 사실과도 연관되어 있는 것으로 생각된다. 따라서 우리는 먼저 마가복음의 주요 특징 가운데 하나라고 볼 수 있는 예수의 열두 제자들에 대한 부정적 관점5에 대해 좀

---

4 W.R. Telford, *The Theology of the Gospel of Mark*, New Testament Theology (Cambridge University Press, 1999), 142-143.

5 마가가 열두 제자들에 대해 부정적인 관점을 보이고 있다는 주장에 대한 반론이 제기되기도 했다(Robert C. Tannehill, P. J. Achtemeier, E. Best 등). 그러나 Telford는 제자들에 대한 마가의 부정적인 묘사들이 나중에 마태복음과 누가복음, 그리고 요한복음에서까지 일관되게 수정되거나 생략되거나 또는 좀 더 부드럽게 수정되어 표현되고 있다는 점들을 지적하면서 마가의 부정적 관점에 대한 반론을 일축하고 있다. Cf. *The*

더 면밀히 살펴보면서, 그것이 여인들의 "불순종"과 "침묵"을 강조하고 있는 마가복음의 마지막 구절(16:8)과 어떻게 연관되고 있는지 그리고 그런 말로 복음서를 끝내고 있는 마가복음 저자의 본래 의도가 과연 무엇인지를 찾아보고자 한다.

1. 열두 제자들에 대한 마가복음의 부정적인 관점

마가복음에서 예수의 제자들이 아주 부정적으로 소개되고 있다는 점을 가장 설득력 있게 주장한 사람은 아마도 위든(Th. J. Weeden)일 것이다. 그에 의하면, 마가복음에서는 예수의 열두 제자들이 예수와의 관계에 있어서 다음과 같이 세 단계로 점점 더 부정적으로 악화된 모습을 보이고 있다.[6]

1) 몰이해(imperceptivity)의 단계(1:16-8:26)

마가는 그의 복음서 처음 단계에서부터 예수의 열두 제자들이 예수의 교훈을 제대로 이해하지 못하는 사람들처럼 묘사하고 있다. 예수께서 잘 알아듣게 하려고 비유로 말씀하셨는데도, 제자들은 깨닫지 못해서, 예수께 비유에 대해 질문하였고, 예수로부터 "너희는 이 비유를 깨닫지 못하느냐? 그러면서 어떻게 다른 비유를 알겠느

Theology of the Gospel of Mark, 129-135.

6 Weeden의 이런 주장은 맨 처음 그가 Claremont 대학에서 James M. Robinson 밑에서 썼던 그의 학위 논문 가운데서 나타났고, 그 이후 1968년에 그 학위논문을 요약 발표한 "Heresy That Necessitated Mark' Gospel"이라는 논문에서 그리고 최종적으로는 1971년도에 출판된 그의 책 *Mark-Traditions in Conflict* (Philadelphia: Fortress Press, 1971)에서 그대로 잘 드러나고 있다.

냐?"(4:10)는 핀잔을 듣는다. 그런데 예수의 열두 제자들이 이렇게 예수의 비유와 가르침에 대해서만 깨닫지 못하고 있는 것이 아니라, 예수에 대해서도 제대로 이해하지 못하고 있는 것으로 기록되어 있다. 갈릴리 바다 한 가운데서 예수가 바람과 바다를 잔잔케 하여 제자들을 구해주었을 때에, 제자들은 예수로부터 "너희는 왜 그렇게 무서워하느냐? 어째서 믿음이 없느냐?"(4:40)는 책망을 들었을 뿐만 아니라, 그때 "제자들은 서로 말하기를 저가 뉘기에 바람과 바다라고 순종하는고?"라고 말하면서 아직까지도 예수가 누군지, 어떤 분인지, 제대로 깨닫지 못하고 있는 것처럼 기록되어 있다. 또 바다 한가운데서 파도 때문에 고통당하고 있는 제자들을 구하기 위해 예수가 물 위를 걸어 그들에게 다가갔을 때에도 제자들은 바다 위를 걸어오시는 예수를 제대로 알아보지 못한 채, 예수를 유령인 줄 알고 소리 질렀고(6:49), "그것은 떡 먹이신 일을 그들이 깨닫지 못했고 마음이 무디어져 있었기 때문이었다"(6:52)고 기록되어 있다. 이처럼 그들은 예수의 부름에 응하여 예수를 가까이서 따르면서 예수의 가르침을 받았음에도 불구하고, 예수로부터 계속 "아직도 알지 못하고 깨닫지 못하느냐? 아직도 마음이 둔하냐? 너희는 눈이 있어도 보지 못하고, 귀가 있어도 듣지 못하느냐? 잊어버렸느냐?… 너희가 아직도 깨닫지 못하느냐?"(8:17-21)는 책망만 들을 뿐이었다.

2) 오해(misconception)의 단계(8:27-14:9)

다행히 이런 무지와 몰이해의 단계를 지나 그들이 예수에 대해 제대로 눈을 뜨고 이해하는 단계에 들어서는 것으로 보이기도 했다. 이 두 번째 단계는 예수께서 벳세다 출신 한 맹인의 눈을 뜨게 해준

(8:22-26) 직후부터이다.7 드디어 가이사랴 빌립보에서 예수께서 "사람들이 나를 누구라 하느냐? 그리고 너희는 나를 누구로 알고 있느냐?"고 물었을 때, 베드로가 예수를 향해 "당신은 그리스도이십니다"라고 고백한다(8:29). 그러나 베드로는 예수를 유대인의 정치적인 메시야로 오해했던 것으로 보인다. 그 점은 베드로의 고백이 있은 직후, 예수께서 첫 번째 수난 예고를 했을 때(8:31), 베드로가 그 말을 듣고 예수를 "꾸짖었고"(8:32), 예수로부터 "사탄아 물러가라. 너는 하나님의 일을 생각하지 않고 도리어 사람의 일만 생각하는구나"(8:33)라는 책망을 받은 점에서 드러나고 있다. 더구나 예수는 수난 예고를 거듭하면서, 십자가를 지기 위해 예루살렘으로 올라가는데, 그의 뒤를 따르는 제자들은 길에서 서로 누가 더 높은가 하는 것으로 다투고 있었고(9:34), 세 번째 수난 예고가 있는 직후에도 야고보와 요한이 예수에게 오른쪽과 왼쪽의 영광의 자리를 예수께 요구하고 있다(10:35-45). 이처럼 제자들은 십자가를 향해 예루살렘으로 올라가고 있는 예수를 뒤따르고 있으면서 자기들이 따르고 있는 예수가 어떤 분인지를 제대로 이해하지 못한 채, 자신들의 영광의 자리만을 원하고 있는 것으로 소개되고 있다.

3) 배척(rejection)의 단계(14:10-72)

예수에 대한 이런 몰이해와 오해의 단계를 지나 마지막 세 번째 단계에서는 제자들이 더욱더 악화된 모습을 보이고 있다. 예수의 열두 제자 중 하나인 가룟 유다는 예수를 배반하여 은 삼십을 받고 예

---

7 흥미롭게도 요한복음 전승에 의하면, 베드로가 안드레와 빌립과 함께 "벳새다 사람"으로 알려지고 있다(요 1:44).

수를 제사장들에게 넘겨주었다(14:10-11, 43-46). 열두 제자 중 제일 먼저 부름을 받아서 늘 열두 제자의 대변인 역할을 하던 베드로도 대제사장의 계집종 앞에서 예수를 모른다고 세 번씩이나 부인했다 (15:66-71). 더구나 예수가 겟세마네 동산에서 대제사장과 율법학자들과 장로들이 보낸 무리들에 의해 체포될 때, 제자들은 "모두 다" (14:50) 예수를 버리고 달아난 것으로 기록되어 있다. 예수가 십자가에서 처형당할 때, 멀리서 예수를 지켜보는 여인들은 있었지만 (15:40), 그의 제자들은 전혀 찾아볼 수 없었다. 예수는 유대인들로부터만 버림을 받은 것이 아니라, 마지막 순간에는 그의 제자들로부터도 버림을 받았다.

예수의 열두 제자들에 대한 마가복음의 묘사가 시종일관 이런 식이기 때문에, 위든(Weeden)은 마가복음은 "열두 제자들에 대한 공격"(a vendetta against the disciples)[8]이라고 말하기까지 했다. 이런 관점에서 볼 때, 막 16:8은 "예수의 열두 제자들에 대한 공격을 마감하는 최후의 일격"이라고 볼 수도 있다. 이 마지막 구절을 통해 결국 마가는 베드로를 비롯한 예수의 제자들이 예수의 부활 소식을 전해 받지 못한 사람들일 뿐만 아니라, 예수의 갈릴리 부활 현현의 목격자들도 아니라는 점을 암시함으로써 그들의 사도적 권위를 인정하지 않고 있는 것이라고 해석할 수 있기 때문이다.

그렇다면 마가복음에서 예수의 열두 제자들이 이처럼 시종일관 부정적으로 묘사되면서 공격의 대상이 되고 있는 이유는 도대체 무

---

8 Th. J. Weeden, *Mark-Traditions in Conflict*, 50. 그리고 같은 쪽 각주 50에서는 "대부분의 학자들이 16:8b가 a polemic against the Twelve라는 점을 인식하지 못하고 있다"고 말하고 있다.

엇일까? 마가복음에서 드러나고 있는 예수의 열두 제자들에 대한 부정적인 관점을 잘 지적해냈던 위든(Weeden) 자신은 그 이유를 다음과 같이 설명하고 있다: 마가가 그의 복음서에서 예수의 열두 제자들을 공격하고 있는 이유는 마가가 마가복음을 기록할 당시, 그의 신앙 공동체 안에 나타나서 마가 교인들의 신앙을 위협하던 이단적인 기독론, 즉 예수의 이적을 강조하는 "신적 인간 기독론"(the Divine Man Christology)과 영광의 신학(theologia gloriae)을 배격하고 공격하기 위한 목적 때문이라고 말한다. 그래서 마가는 그의 복음서에서 예수의 열두 제자들을 이런 이단적 기독론의 추종자와 수호자로 그리고 그와 대조적으로 마가 자신이 마가 공동체에 제시하려고 하는 올바른 기독론, 즉 고난의 메시아(the Suffering Messiahship)와 고난의 제자직(the Suffering Discipleship)의 주장자와 수호자로 예수를 설정했다. 그래서 제자들이 계속 예수와 그의 교훈을 깨닫지 못하고, 끝내는 예수를 배한 것으로 소개하고 있는 것이라고 주장한다.

그러나 위든(Weeden)의 이런 주장은 오늘날 설득력이 없다는 비판을 받고 있다. 첫째로 위든은 마가복음에 많이 나오는 이적 이야기를 상당히 부정적인 것으로 보고 있다. 그러나 마가복음은 기독교 문헌 역사상 최초로 예수의 이적을 누구보다도 많이 수집하여 그의 복음서에 소개한 사람이다. 마가가 예수의 이적들을 부정적으로 보고 있다는 어떤 증거도 찾아보기 어렵다. 더구나 예수의 이적들은 오히려 예수를 "능력이 더 많은 이"(1:7), 곧 "하나님의 아들"로 전하려는 마가의 의도에 잘 어울린다는 주장이 더 설득력 있어 보인다.[9] 둘

9 이점과 관련해서 Telford는 다음과 같이 말하고 있다: "마가는 이적 전승을… 공격하기 위해서가 아니라 도리어 '하나님의 아들' 혹은 신 현현 기독론(epiphany Christology)

째로 마가복음이 기록될 당시에 초대교회 안에, 특히 마가의 신앙공동체 안에 이적을 강조하는 이단적인 기독론이 있었고, 그와 관련하여 교회 안에 적대적인 긴장이 있었다는 그리고 베드로를 비롯한 열두 제자들이 그런 문제와 연관되어 불신임당하거나 비판을 받았던 때가 있었다는 분명한 증거를 찾아보기가 어렵다. 이런 이유들 때문에 위든의 주장은 쉽게 받아들이기 어렵다는 비판을 받고 있다. 그래서 슈바이저(E. Schweizer)도 "사실상 이적에 근거한 기독론을 대표하고 있는 제자들에 대한 마가의 논쟁은 억지로 꾸며낸 엉뚱한 착상이다"라고 말하면서 위든의 주장을 일축해버리고 있다.[10]

따라서 우리는 당연히 열두 제자들이 마가복음의 처음부터 시작하여 복음서의 마지막 순간인 마지막 구절(16:8)에 이르기까지 계속 부정적으로 공격의 대상이 되고 있는 이유를 다른 곳에서 찾아보아야 할 것이다. 위든(Weeden)의 마가복음 진단, 특히 마가복음에 나타나고 있는 예수의 제자들에 대한 부정적인 관점에 대한 지적에는 동의할 수 있지만, 그러나 그의 마지막 처방만은 그대로 받아들일 수 없기 때문이다. 따라서 마가복음이 열두 제자들에 대해 아주 부정적인 관점을 보이는 이유에 대한 정답을 찾아보기 위해서는 무엇보다도 먼저 마가복음이 기록되던 당시의 초대 기독교회의 역사적 상황에로 눈을 돌려보는 일이 필요할 것으로 생각된다.

을 돋보이게 하기 위해서 사용하였다." Cf. Telford, *The Theology of the Gospel of Mark*, 136.

10 Cf. E. Schweizer, "Neuere Markus-Forschung im USA", *EvTh* 33 (1973), 535.

2. 유대 기독교의 쇠퇴(衰退)와 이방 기독교의 발흥(勃興)

마가복음이 기록되던 때는 주후 70년경에 로마 당국에 의해서 예루살렘이 함락되고 유대 나라가 끝내 멸망하던 시기였다. 이 시기에 우리가 초대교회 안에서 볼 수 있는 상황 중의 하나는 베드로와 특히 주의 형제 야고보가 대표하는, 유대인 출신 기독교인들로 구성된 예루살렘의 유대 기독교(the Jewish Christianity)가 유대 나라의 멸망과 함께 그 힘을 잃어가기 시작한 반면에, 도리어 이방인의 사도인 바울이 대표하는 이방 기독교(the Gentile Christianity)가 점점 힘을 얻어가며 융성하기 시작하던 상황이라고 말할 수 있다.

주후 66년에 열심당원의 주도 아래 로마에 대한 항쟁이 시작될 때까지만 해도, 예루살렘 교회에서는 예수의 형제 야고보가 대표적인 지도자로 건재하면서 예루살렘 사도 회의의 사회권을 행사하고 있었던 것으로 알려지고 있다(행 15장).[11] 반면에 이방 기독교의 대

---

11 주님의 형제 야고보는 주후 62년에 죽은 것으로 알려지고 있다. Cf. Josephus, Ant. xx.197-203; Eusebius, Eccl.Hist. II,23. 그러나 야고보는 죽기 이전까지 예루살렘 교회의 대표적인 지도자였던 것으로 보인다. 베드로가 헤롯 아그립바에 의해 감옥에 투옥되었다가 풀려나온 후에 자기가 감옥에서 풀려난 사실을 야고보에게 꼭 보고하도록 지시하고 다른 곳으로 떠난 것만 보더라도(행 12:17) 그리고 바울이 다메섹 회심 이후 삼 년 후 예루살렘에 올라가 "주의 형제 야고보 밖에는 다른 어느 사도와 만난 일이 없다"(갈 1:19)고 말한 것이나, 그 이후 첫 번째 이방인 선교를 마치고 예루살렘을 방문했을 때에도 자신의 일행을 이끌고 야고보를 찾아가 인사하고 자신의 이방인 선교에 대해 보고한 것만 보더라도(행 21:17-19), 야고보는 초기 예루살렘 교회 안에서 그 누구보다도 더 막대한 영향력을 발휘하고 있던 지도자였던 것으로 생각된다. 그러나 "예루살렘 파괴 이후 수 세기가 지나도록 야고보의 가르침을 따르는 공동체가 있었는데, 이들은 에비온파라고 불렀다"(아슬란, 『젤롯』, 401)는 점으로 볼 때, 야고보의 예루살렘 교회는 다분히 에비온 사상으로 기울어진 유대 기독교의 극우파에 속했다고 볼 수 있다.

표적인 지도자로 알려진 사도 바울이 주후 64년에 있었던 네로 황제의 박해 때, 순교를 당하게 됨으로써 유대 기독교와 이방 기독교의 대립 혹은 갈등 상황에서 이방 기독교가 어느 정도 힘을 잃기 시작하는 것으로 보이기도 했다. 따라서 유대 기독교의 전성기(?)가 어느 정도 계속되고 있었던 셈이고, 이런 상황에서는 초대 기독교가 유대 땅 예루살렘을 중심으로 거의 유대교의 한 분파로 머물러버리는 것이나 아닌가 하는 염려도 나타나고 있었다. 그러나 주후 66년에 열심당원의 주도로 로마에 항쟁했던 유대 전쟁이 주후 70년에 예루살렘의 몰락과 함께 유대 나라의 멸망으로 끝나면서 유대 기독교는 결정적인 타격을 입게 되었다. 예루살렘을 중심으로 새로운 기반을 굳혀가던 유대 기독교가 이제 더 이상 영향력을 확대할 수 없게 되었고, 결국 초대교회 안에서 유대 기독교의 실질적인 지도자인 베드로와 함께 예루살렘의 열두 제자들의 권위와 명성도 전과 같지는 않게 되었을 것으로 보인다.

주후 70년 유대 나라의 멸망으로 시작된 유대 기독교의 이런 쇠퇴 경향 때문에 바울의 죽음으로 인해 자칫 그 영향력을 잃어갈 것으로 생각되던 이방 기독교로서는 새로운 소생의 계기를 만나게 된 셈이다. 우리는 이 시기에 바울의 영향력이 다시 살아난 구체적인 첫 증거를 마가복음에서 찾아볼 수 있다. 우리는 여기서 먼저 마가복음이 이방 기독교의 산물이라는 점을 기억할 필요가 있다.[12] 브랜든 (S.G.E. Brandon)은 마가복음을 가리켜 "유대 나라의 멸망에 대한

---

12 W.R. Telford은 마가복음을 가리켜 "네로 황제 치하에서 복음 때문에 박해와 순교에 직면해 있던 대부분 이방인 기독교인들로 구성된 로마 교회를 격려하는 소책자"(a tract)라고 말한다. Cf. *The Theology of the Gospel of Mark*, 158.

일부 이방 기독교인들의 반작용의 산물(a product of the reaction of some body of Gentile Christians)이라"[13]고 그리고 "마가복음의 변증적 동기는 예수가 그의 민족적 기원과 배경으로부터 완전히 독립한 것으로 소개하는 데 있다"[14]고 말한다. 이것은 곧 마가복음이 그의 복음서 기록을 통해서 강조하려고 했던 일이 바로 예수가 유대인이라는 인종적 배경이나 유대 나라라는 지리적 연관성으로부터 완전히 분리된 분이라는 점을 가능한 한 분명히 밝히면서 기독교를 유대교의 민족주의로부터 끊어내는 일이었는데, 이것이 바로 바울이 했던 일이었다. 바로 이 때문에 마가복음이 "바울의 명성을 회복시키는 첫 번째 징조"(the first sign of a rehabilitation of the reputation of Paul)[15]라는 평을 받고 있기도 하다. 그리고 마가복음이 바로 이런 복음서이기 때문에 마가복음에서 예루살렘 교회의 초기 지도자들이었던 예수의 열두 제자들, 그중에서도 특히 베드로의 명성과 권위가 부정적인 관점에서 폄하되고 있는 것으로 보인다. 그러나 마가의 변증적 관심이 이것으로 끝나고 있는 것이 아니었다. 마가복음에서는 예수가 자라난 유대교의 터전인 유대교와 유대교 신앙의 중심지인 예루살렘과 그 성전에 대해서까지도 아주 부정적인 관점을 드러내고 있기 때문이다. 따라서 우리는 마가복음에서 나타나고 있는 예수의 열두 제자들에 대한 부정적인 관점을 유대교와 예루살

---

13 S.G.F. Brandon, *The Fall of Jerusalem and the Christian Church*, 186, 204.

14 *Ibid.*, 199.

15 *Ibid.*, 201. 다른 한편으로 Telford는 바울과 마가의 유사성을 설명하는 가운데서 R.H. Fuller가 "마가는… 바울의 십자가 케리그마를 '예수의 생애' 형태로 다시 강력하게 주장하고 있다"고 그리고 Volkmar는 "마가복음은 an allegorical presentation of Pauline teaching in the form of a narrative"라고 말한 것을 지적하고 있다. Cf. *The Theology of The Gospel of Mark*, 168-169.

렘 그리고 그 중심부인 성전에 대한 부정적인 관점과 연관시켜 살펴
볼 필요가 있다.[16]

1) 유대교적인 것에 대한 마가복음의 부정적 관점

예수는 로마의 총독 빌라도에 의해 십자가에 처형되었다. 더구나
마가복음은 마가복음의 독자들이 로마의 박해 가운데서 고통을 당
하던 시기에, 보다 구체적으로는 유대인들이 로마에 항쟁한 유대 전
쟁 직후에 기록된 복음서이다. 따라서 우리는 마가복음에서, 특히 마
가복음의 수난 설화에서 로마 군인들이나 로마 총독에 대한 적개심
이 강하게 드러날 것이라고 생각하기 쉽다. 그리고 예수의 십자가 죽
음의 책임과 그로 인한 원한도 주로 예수를 십자가에 처형하도록 결
정한 로마 총독에게로 돌려질 것으로 기대하기 쉽다. 그러나 그런 기
대와는 정반대로 마가복음에 보면 예수의 죽음에 대한 책임은 분명
히 로마 당국보다는 오히려 유대 종교 지도자들(그리고 유대인들)에
게로 돌려지고 있다.

마가복음에 보면, 예수의 공생애 활동 초기부터 유대교 종교 지
도자들인 "바리새파 사람들"이 "헤롯 당원들"과 함께 예수를 잡아 죽
이려고 했다(3:6). 예수도 그들의 그런 의도를 잘 알고 있었기 때문
에, 자신이 장차 유대 종교 지도자들인 "장로들과 대제사장들과 율법
학자들에게 배척을 받아 죽음을 당할 것이라"고 거듭거듭 예언한 바
있다(8:31; 9:31; 10:33-34). 예수가 갈릴리 활동을 마치고 예루살렘

---

16 Telford은 마가복음에서 나타나고 있는 주요 편집적 특징, 강조점 또는 주제 가운데
   하나를 가리켜, "유대인 지도자 그룹, 예수의 가족 그리고 특히 그의 처음 제자들에
   대한 가혹한 취급"이라고 지적했다. Cf. W.R. Telford, *The Theology of the Gospel
   of Mark*, 154.

에 입성한 후에도 계속 "대제사장들과 율법학자들은 흉계를 꾸며 예수를 잡아 죽일 방도를 찾고 있었다"(14:1). 그리고 예수의 제자인 유다를 이용하여 예수를 체포한 후에, 산헤드린 공회를 통해 "일제히 예수는 사형에 해당한다고 정죄하였다"(14:64). 그리고 다음날 새벽에 예수를 로마 총독 빌라도의 손에 넘겨 십자가에 못 박게 하였다.

그러나 오히려 빌라도는 유대 종교 지도자들이 예수를 시기하여 자기에게 끌어온 것을 알고 있었다(15:10). 그래서 빌라도는 명절마다 사람들의 요청에 따라 죄수 하나를 놓아주는 관례에 따라 예수를 놓아주려고도 했지만, 대제사장들의 선동을 받은 유대 백성들은 "예수를 십자가에 못 박으시오!"라고 외쳤고, 빌라도는 "그가 무슨 나쁜 일을 했소?"(15:14)라고 물으면서도, 어쩔 수 없이 예수를 십자가에 못 박도록 내어주고 말았다.

우리는 마가복음의 이런 기록들을 통해 예수의 죽음은 유대 종교 지도자들의 주도면밀한 계획에 의해 이루어졌고, 로마 총독 빌라도는 유대 종교 지도자들의 압력에 밀려 어쩔 수 없이 예수를 처형하게 된 것으로 읽게 된다. 따라서 마가복음에 의하면, 예수 죽음의 책임은 무엇보다도 유대 종교 지도자들과 그들의 선동에 놀아난 유대 백성들에 있는 것이지 로마 당국에 있는 것이 아니다. 이런 기록은 분명히 마가복음 저자가 드러내고 있는 반유대적 관점의 결과라고 생각된다.17

---

17 그러나 Ralph Martin은 마가의 이런 "anti-Jewish polemic"이 그의 "pro-Roman attitudes"와 동시에 나타나고 있다고 말한다. Cf. *Mark-Evangelist and Theologian* (Michigan: Zondervan Publishing House, 1973), 76.

2) 예루살렘과 성전에 대한 마가복음의 부정적 관점

마가복음의 반유대적 관점은 반예루살렘적 관점과도 불가분리적으로 연관되어 있다. 예루살렘이 유대교의 중심지이며, 동시에 유대인들의 신앙생활의 중심지이며 유대 종교 지도자들이 주요 활동본거지이기 때문이다. 이미 오래전에 로마이어(E. Lohmeyer)가 잘밝혔던 바와 같이, 마가복음에서는 갈릴리가 예수 공생애 활동의 성공지로 긍정적으로 소개되고 있는 반면에, 예루살렘은 오히려 예수의 고난과 죽음의 장소로 부정적으로 강조되고 있다.[18] 예수는 갈릴리 사람이며, 갈릴리에서 복음을 전파하기 시작했으며(1:14), 갈릴리에서 제자들을 모집했고, 갈릴리에서 많은 사람들의 환영을 받았다. 그러나 예루살렘에 들어가면서부터 예수는 예루살렘의 유대 종교 지도자들과 충돌하기 시작했고, 예루살렘의 종교 지도자들은 "예수를 잡으려고 했다"(12:12). 예루살렘은 예수께서 그의 제자인 가룟 유다에 의해 배반을 당한 곳이며, 체포당한 곳 그리고 종교 지도자들에 의해 심문을 받고 빌라도에게 넘겨져서 예수가 마지막으로 십자가에 처형당한 곳이다. 그래서 마가복음에서 예루살렘은 예수의 수난과 죽음의 주요 무대가 되고 있다. 이런 점 때문에 마가복음의 예수 공생애 활동과 관련하여 흔히 "갈릴리의 봄과 예루살렘의 겨울"이라는 말로 두 지명의 대조적인 차이가 언급되기도 한다.

그런데 마가복음에서 예수의 예루살렘 입성의 최종 목표는 예루살렘 성전이었던 것으로 보인다. 이 점은 예수가 예루살렘에 입성하

---

18 E. Lohmeyer, *Galillae und Jerusalem*, FRLANT 24 (Goettingen: Vandenhoeck und Ruprcht, 1936); R.H. Lightfoot, *Locality and Doctrine in the Gospels* (New York: Harper and Brothers, 1934).

자마자 곧바로 성전에 들어가셨다는 점에서(11:11) 분명해 보인다. 예수는 예루살렘 성전을 찾아들어가 장사하는 사람들과 돈 바꾸는 사람들 모두를 쫓아냈다. 그리고 "누구든지 물건들을 가지고 성전 뜰을 통로처럼 사용하는 것을 금하셨다"(11:16). 오직 마가복음에서만 읽을 수 있는 이 구절의 의미는 아주 중요한 것으로 생각된다. 여기서 언급된 "물건들"은 이른바 제사용 제기들을 가리키는 것으로 해석될 수밖에 없기 때문에, 마가가 이 구절을 통해 말하고자 하는 것은 결국 예수가 더 이상 성전 뜰에서 제사용 그릇들을 가지고 오가는 것을 금하였다는 의미로 해석된다. 이 때문에 이 본문은 예수가 예루살렘 성전의 제사 기능을 무력화시킨 것이라고 해석되고 있기도 하다.[19]

더구나 마가복음에 의하면, 예수는 성전 모독죄로 산헤드린에 고소당했고, 끝내 성전 모독죄로 "사형에 해당한다고 정죄당했다"(14:64). 예수가 "나는 사람의 손으로 지은 이 성전을 헐고 손으로 짓지 않은 다른 성전을 사흘 만에 세우겠다"(14:59)고 말한 것 때문이다. 그래서 나중에 십자가에 처형당했을 때도 지나가는 행인들이 예수를 향해 "아하 성전을 헐고 사흘에 짓겠다는 자여"(15:29)라고 조롱하며 모욕하기도 했다. 마가는 그의 "반성전 주제(the anti-Temple theme)"를 예수가 운명하실 때, 성전의 휘장이 위에서 아래

---

19 그래서 W.H. Kelber는 이 본문을 "성전 청소"(the cleansing of the temple)이라고 부르는 것은 전혀 적절치 않고, 도리어 "성전의 종말"(the ending of the temple), "성전의 무력화"(the disqualification of the temple), 혹은 "성전이 가지고 있는 상업적이며 종교적인 기능의 폐쇄"라고 불러야 옳다고 말한다. Cf. W.H. Kelber, *Mark's Story of Jesus*, 62. 그러나 마가가 이 본문을 무화과나무 저주 이야기와 함께 묶어서 편집(sandwiching method)한 점에서 본다면, 오히려 "성전 저주 사건"으로 보아야 한다는 주장이 더 설득력을 갖는 것으로 생각된다.

까지 두 폭으로 찢어졌다는 말(15:38)로 매듭짓고 있다. 이와 같이 마가복음에서는 반예루살렘적 관점과 함께 "반성전적 관점"[20]이 강하게 드러나고 있다.

3) 예수의 가족과 혈육에 대한 마가복음의 부정적 관점

마가복음에서 볼 수 있는 이런 반유대교적, 반예루살렘적, 반성전적 관점 등은 모두 유대적인 것들에 대한 거부감에서 나온 것으로 생각된다. 그런데 이런 관점이 마가복음에서는 예수가 유대적 혈통, 가족적 혈육 관계까지도 배격하는 것으로 나타나고 있다. 마가복음의 이런 의도는 막 3:31-35에서 찾아볼 수 있다. 예수의 공생애 활동 중에 예수의 어머니와 형제들이 예수를 찾아와 사람을 보내어 예수를 불렀을 때, 예수는 "내 어머니와 내 형제들이 누구냐?"고 물으면서 도리어 자기를 둘러앉은 사람들을 가리키면서 "보라, 여기 내 어머니와 형제들이 있다. 누구든지 하나님의 뜻을 행하는 자가 곧 내 형제요 자매요 어머니이다"라고 말한 것으로 기록되어 있다. 이 본문은 분명히 예수가 유대인으로서의 뿌리인 자신의 혈육 관계(the blood-rela-tionship)의 중요성을 부인하고 오히려 그것을 제자 관계(disciple-

---

20 마가복음에 반성전적 관점이 강하게 드러나고 있다는 점에 대해서 많은 마가복음 연구가들은 의견을 같이 하고 있다. John R. Donahue는 "the anti-Temple theme" 혹은 "the anti-temple bias"라는 말로(cf. *Are You the Christ? The Trial Narrative in the Gospel of Mark*, SBLDS 10 [Missoula, Mont.: Society of Biblical Literature, 1973], 113), Weeden은 "MKan anti-Temple theology"라는 말로(W.H. Kelber, ed., *The Passion in Mark: Studies on Mark 14-16* [Philadelphia: Fortress Press, 1976], 124) 그리고 Kelber는 "the anti-temple theme" 또는 "Mk's pervasive anti-temple theology" 또는 "Mk's pervasive anti-temple scheme"이라는 말로 (*The Passion in Mark*, 168-172) 표현하고 있다.

relationship)로 대치시키고 있다는 점을 보여주는 본문이라고 생각된다.[21] 더구나 예루살렘 율법학자들은 예수가 귀신을 쫓아내는 것을 보고, 예수 자신이 귀신들려서 귀신의 힘으로 귀신을 쫓아내는 것이라고 비난했는데, 예수의 친족들까지도 예수가 귀신을 쫓아내는 것과 관련하여 예수가 미친 것으로 알고 그를 붙들러 나서기도 했던 것으로 기록되어 있다(3:21).

또한 마가복음에서 예수의 진짜 형제들의 이름이 거론되고 있는 본문(6:1-5)을 보더라도 예수의 인간적 혈연관계가 오히려 믿지 않는 고향 유대인들이 예수의 영적 권위에 대해 의심하며 조롱하며 끝내 "예수를 배척하는"(ἐσκανδαλίζοντο ἐν αὐτῷ)[22] 이야기와 연관되어 소개되고 있을 뿐이다. 그래서 예수는 "그들의 불신앙을 이상히 여기셨다"(6:6)고 했고, "예언자가 자기 고향과 친척과 가족을 제외하고는 어디서나 누구에게나 존경을 받는다"고 말했다. 결국 예수가 유대인으로서 갖고 있는 인간적인, 혈연적인 관계가 별로 중요하지 않다는 의미이며, 그런 관계에 대해 부정적인 관점을 보이고 있는 셈이다. 결국 이런 본문들은 예수의 혈통을 팔레스틴 유대인의 뿌리로부터 완전히 끊어내려는 의도를 드러내는 본문이라고 생각된다.

마가가 그의 복음서에 이처럼 예수의 가족과 혈연의 중요성을 부인하는 것 같은 이런 본문들을 기록할 수 있었던 것은 아마도 분명히 주님의 형제인 야고보가 예수와의 혈연 때문에 예루살렘의 유대 기독교에서 권위를 행사하고 있던 시기와 장소(cf. 행 15:13; 21:18)로

---

21 S.G.F. Brandon, *Jesus and the Zealots* (New York: Charles Scribner's Sons, 1967), 275.
22 헬라어 원문의 의미는 "예수로 말미암아 실족했다"이며, 대부분의 한글 번역 성경에서는 "예수를 배척했다"라고 번역하였다.

부터 멀리 떨어져 있었기 때문에 가능했을 것이다. 달리 말하자면, 이런 기록은 유대 기독교의 영향이 크지 않은 시기와 장소, 곧 주의 형제 야고보가 죽은 주후 62년 이후, 예수의 혈통이 교회 안에서 영향력을 행사하던 예루살렘 교회로부터 멀리 떨어진 이방 기독교의 영역에서나 가능했을 것으로 보는 것이 타당할 것이다.

3. 유대 기독교 지도자들에 대한 이방 기독교의 부정적 관점

유대교의 중심지인 예루살렘에서 시작된 초대 기독교회가 주로 유대인들로 구성된 유대적 기독교(the Jewish Christianity)였고, 그곳의 최초 지도자들이 예수의 열두 제자들이었기에 예루살렘으로부터 멀리 떨어진 곳에서 살고 있던 이방인들을 위해 기록된 마가복음에서 그들이 긍정적인 관점에서 소개되기는 쉽지 않았을 것으로 보인다. 더구나 로마에 끝까지 대항하며 싸웠던 유대인 열심당원들에 대한 좋지 않은 기억을 갖고 있던 로마의 이방 기독교인들로서는 예루살렘에 뿌리를 두고 있는 유대 기독교와 그 지도자들에 대해 긍정적인 감정을 가질 수 없었을 것이다. 그래서 마가복음에서는 "예루살렘 교회 지도자들에 대한 반감의 분명한 조짐들(clearer signs of an antipathy towards the leaders of the Jerusalem Church)이 드러나고 있다."23

베드로는 사도행전 2장-5장을 통해 잘 알 수 있듯이, 요한과 함께 초기 예루살렘 교회의 대표적인 지도자였다. 이 점은 갈라디아서에서 바울이 베드로를 "할례자의 사도"라고 말하면서(갈 2:8), 베드로

---

23 S.G.F. Brandon, *The Fall of Jerusalem and the Christian Church*, 201.

를 야고보와 요한과 함께 예루살렘 교회의 "기둥"으로 인정한 사실에서(갈 2:9) 그리고 또한 고린도 교회 안에 베드로를 추종하는 "게바파"가 있었다는 사실(고전 1:12)에서도 잘 드러나고 있다. 그러나 그럼에도 불구하고 마가복음에서는 베드로에 대한 부정적인 언급이 다음과 같은 본문들에서 강하게 드러나고 있는 것을 볼 수 있다.

첫째로 베드로의 신앙고백 이야기이다. 베드로는 가이사랴 빌립보에서 예수를 향해 "당신은 그리스도(=메시야)입니다"(8:29)라고 고백한 것으로 소개되고 있다. 마가가 전해주는 베드로의 이 신앙고백은 예루살렘 교회 지도자들의 핵심 멤버인 베드로가 예수를 유대인의 "메시야"로만 고백했을 뿐, 하나님께서 보내신 인류의 구원자로, 또는 최소한 마태복음처럼 "하나님의 아들"(마 16:16)로 받아들이지는 못했음을 보여주고 있다.[24] 다른 말로 한다면 마가복음 저자는 바울의 관점에서 기록하면서[25] 그의 독자들에게 예루살렘 교회 지도자들과 그곳 기독교인들의 기독론의 한계를 알려주고 있다는 말이다.[26] 더구나 베드로는 이런 고백을 한 직후에 예수의 죽음에 대한 예언이 갖고 있는 구원론적인 의미와 역할을 제대로 깨닫지 못해서, 끝내 예수로부터 "사탄아 물러가라. 너는 하나님의 일을 생각하지 않고 도리어 사람의 일만 생각하는구나"(8:33)라는 책망을 받은 사람이다. 이런 점에서 볼 때, 예수를 그리스도(=메시야)로 고백한 베드로의 신앙고백은 마가복음에서 민족주의적인 색채가 농후한 편

---

24 마가복음에서 예수를 "하나님의 아들"이라고 고백한 사람은 예수의 십자가 처형을 진두지휘하던 로마의 백부장, 곧 이방인이다(막 15:39).

25 Brandon은 마가복음이 분명히 바울의 신학 영향을 받았다고 주장한다. Cf. *The Fall of Jerusalem and the Christian Church*, 200.

26 S.G.F. Brandon, *Jesus and the Zealots*, 278.

협한 일부 유대 기독교인들의 고백으로 폄하되고 있는 것으로 보인다. 그래서 브랜든은 가이사랴 빌립보에서의 베드로의 신앙고백 이야기가 마가복음에서 "열두 사도들, 특히 베드로의 권위를 훼손하는 표현을 이해할 수 있는 최상의 열쇠"[27]이며, 그래서 "반베드로적인 논쟁의 분명한 일부"(a definite piece of anti-Petrine polemic)[28]라고 단언한다. 그러나 이방 기독교의 산물인 마가복음의 본문과는 정반대로 유대 기독교의 산물인 마태복음에서는, 베드로가 예수를 "그리스도이며 살아계신 하나님의 아들"이라고 모범적인 신앙고백을 한 것 때문에 예수로부터 축복 선언(마 16:17)을 받았고, 교회의 반석(16:18)으로 인정되었으며, 천국 열쇠를 받아서 하늘과 땅의 "매고 푸는" 권세를 다 행사할 수 있는(16:19) 지도자로 높이 칭송되고 있다. 우리는 여기서 베드로를 바라보는 유대 기독교와 이방 기독교의 상반된 관점을 잘 볼 수 있게 된다.

둘째는 변화산 사건에 관한 기록이다. 베드로는 산 위에서 예수가 모세와 엘리야와 함께 눈부시게 빛나는 모습으로 변화된 것을 보고는 예수를 향해 "랍비여, 우리가 여기 있는 것이 좋사오니 우리가 초막 셋을 짓되 하나는 주를 위하여, 하나는 모세를 위하여, 하나는 엘리야를 위하여 하사이다"(9:5)라고 말했다. 그런데 마가는 이 말 직후에 "이는⋯ 그(=베드로)가 무슨 말을 할지 알지 못함이라"(9:6)고 부정적인 단서를 첨가함으로써, 베드로가 변화산 사건의 의미를 제대로 이해하지 못한 저능아처럼 부정적으로 묘사하였다.[29] 그러

---

27 Brandon, *Jesus and the Zealots*, 277: "the best clue to understanding this derogatory presentation of the Twelve Apostles, and particularly of Peter."
28 Brandon, *The Fall of Jerusalem and the Christian Church*, 196.
29 Weeden은 막 9:6에 나오는 베드로에 관한 이 언급이 베드로를 "열등생" 혹은 "저능

나 이와는 반대로 마태복음은 막 9:6에 나오는 이 부정적인 언급을 완전히 삭제함으로써 베드로의 권위와 명성을 그대로 보존하고 있는 것으로 생각된다.

셋째는 겟세마네 동산의 이야기이다. 여기서 예수는 "제자들에게 이르시되 내가 기도할 동안에 너희는 여기 앉아 있으라 하시고 베드로와 야고보와 요한을 데리고 가사… 내 마음이 심히 고민하여 주게 되었으니 너희는 여기 머물러 깨어 있으라"(14:32-34)고 당부했다. 그런데 기도하고 돌아온 예수는 "제자들이 자는 것을 보시고"(14:37)는 오직 베드로의 이름만을 거론하면서 "시몬아, 자고 있느냐? 네가 한 동안도 깨어 있을 수 없더냐?"(14:37)라고 말씀하셨다. "제자들"이 모두 잠들어 있었는데도 오직 베드로("네가")만이 책망의 대상으로 거론되고 있을 뿐이다. 베드로의 부정적인 면에 더 집중하는 마가의 의도가 엿보이는 대목이라고 말하지 않을 수 없다.30

넷째는 예수가 베드로를 향해서 "오늘 밤 닭이 두 번 울기 전에 너는 세 번 나를 모른다고 할 것이라"고 미리 말해주었을 때, 베드로는 "비록 주님과 함께 죽을지라도 결코 선생님을 모른다고 하지 않겠습니다"(14:31)라고 장담했다. 그러나 그럼에도 불구하고 베드로는 대제사장의 계집종 앞에서 세 번씩이나 거듭 "저주하고 맹세하며" 예수를 모른다고 부인한 사람이라는 기록이다(14:71). 마가가 이런

아"(dunce)로 폄하하는 것이고, 결국 베드로에 대한 공격의 일종으로 보고 있다. Cf. Weeden, *Mark-Traditions in Conflict*, 123.

30 그러나 마태복음의 평행 본문에서는, "베드로에게 말씀하시되 너희가 나와 함께 한 시 동안도 이렇게 깨어 있을 수 없더냐?"(마 26:40)라고, 마가복음과는 달리 "베드로" 한 사람이 아닌, 열두 제자 모두("너희가")가 다 깨어있지 못하고 잠들어 있었던 것으로 수정되어 있다. 여기서도 알 수 있듯이, 마가복음과는 달리, 마태복음에서는 베드로가 책망과 비난의 대상이 되고 있지 않다.

이야기를 구태여 그의 복음서에 기록하여 독자들에게 읽히려고 했던 이유는 무엇일까?[31]

다섯째는 다시 빈 무덤 이야기이다. 여인들은 빈 무덤에서 "흰옷을 입은 젊은이"로부터 예수는 부활했다고, 그러니 "가서 그의 제자들과 베드로에게 이르기를 예수께서 너희보다 먼저 갈릴리로 가시나니… 너희가 거기서 뵈오리라 하라"는 말씀을 들었다. 그런데 여인들은 "아무에게 아무 말도 하지 못했다"고 했다. 그런데 여기서도 오직 마가복음만이 제자들 중에서도 유독 "베드로"의 이름을 거론하고 있다.[32] 누가복음(24:12)과 요한복음(20:2)에서 베드로가 안식일 첫날 예수의 부활 현장인 빈 무덤을 직접 찾아갔던 것에 비하면, 마가복음에서는 베드로가 빈 무덤 방문은커녕, 예수 부활의 소식조차 전해 듣지 못했고 또 부활하신 예수를 만나보지도 못한 것으로 기록되어 있다. 이런 모든 점들로 볼 때, 우리는 다른 복음서들의 경우와는 달리 마가복음에서만은 베드로가 아주 부정적으로 언급되고 있다는 점을 부인하기 어렵다.

이처럼 마가복음의 마지막 결론 부분에서 베드로에게 예수 부활의 소식은 물론이고 부활하신 예수와의 만남의 기회까지 주어지지 않았음이 강조되고 있는 것의 의미는 베드로를 비롯한 열두 제자들이 부활하신 예수를 만나본 적이 없기 때문에 그로부터 아무런 위임

---

31 G. Klein은 베드로가 예수를 모른다고 부인한 이 이야기가 마가복음에서 반베드로적인(anti-Petrine) 의도에서 만들어진 이야기라고 보고 있다("Die Verleugnung des Petrus. Eine traditionsgeschichtliche Untersuchung", *ZThK* 58 [1961], 285-328). 그의 말이 맞는다면 이 이야기는 분명히 베드로의 명성과 권위를 폄하하기 위해 구성된 본문이라고 말할 수 있을 것이다.

32 마태복음의 평행 본문에서는 베드로의 이름이 삭제된 채, "빨리 가서, 그의 제자들에게 이르라"(마 28:7)로만 기록되어 있을 뿐이다.

명령도 받은 것이 없고, 따라서 부활절 이후 교회 안에서 지도자의 역할을 행사할 특별한 권위를 위임받지도 못했음을 뜻하는 것일 수 있다.33 이런 관점에서 볼 때, 우리는 복음서들 중에서 마가복음이 베드로의 사도적 권위를 근원적으로 부정하는 가장 반베드로적인 복음서(the most anti-Petrine Gospel)라고 말하지 않을 수 없다. 그리고 이것이 베드로가 예루살렘 유대 기독교의 대표적인 지도자라는 사실과 결코 무관하지 않다고 생각할 수밖에 없다.

이런 모든 것은 결국 마가복음을 기록한 저자가 분명히 이방 기독교에 속한 인물이며, 이방 기독교의 대표자인 바울의 신학에 의해 영감을 받은 사람이기 때문이라고 생각할 때 가장 잘 이해할 수 있게 된다. 주후 70년경에 유대 나라가 망하고 예루살렘 교회가 갑자기 실각 혹은 붕괴됨으로 인해서 이전의 많은 바울의 추종자들은 이방인의 사도였던 바울이 그토록 강조했던 점, 즉 기독교 신앙이 유대교의 뿌리와 지배로부터 벗어나야 한다는 그 위대한 가르침을 더욱 강하게 상기했을 것이다. 이런 점이 결국 마가복음에서는 자연히 예루살렘 교회 지도자들에 대한 거부감 혹은 반감으로 이어졌을 것으로 보인다. 뿐만 아니라, 거기서 더 나아가 마가복음에서는 바울의 가르침이 회복되기 시작하여, 예수가 예루살렘 교회의 전통적인 해석에 따라 유대인의 메시야로 이해되던 것을 넘어서 이제는 "하나님의 아들"로 인식되고 고백되기에 이르기도 했다. 이 점은 마가복음의 제목으로 생각되기도 하는 마가복음 첫 구절(1:1)이 "예수가 그리스도이

---

33 W.R. Telford, *The Theology of the Gospel of Mark*, 149. Weeden은 보다 직접적으로 "여인들의 침묵이 제자들로부터 그들의 사도적 신임장을 빼앗아 버렸다"고 말하기도 했다. Cf. *Mark-Traditions in Conflict*, 117.

며 하나님의 아들이라는 복음의 시작"으로 해석되고 있다는 점에서[34] 그리고 또 마가복음의 마지막 부분인 예수의 십자가 처형 장면에서 이방인 백부장이 예수를 가리켜 "참으로 이 사람은 하나님의 아들이었다"(15:39)고 고백하고 있는 데서 잘 드러나고 있다.

4. 맺는말

마가복음의 마지막 '빈 무덤 이야기'(16:1-8)가 마가복음의 결론이라는 점에서 그리고 특히 예수의 부활을 알리고 또 갈릴리에서의 부활 현현을 예고하고 있다는 점에서 아주 중요한 본문임에 틀림없다. 그러나 이상하게도 빈 무덤 이야기는 무덤을 찾았던 여인들이 "가서 제자들과 베드로에게… 전하라"는 천사의 명령에도 불구하고 "아무에게도 아무 말도 못했다"는 말로 끝나고 있다. 이 마지막 구절의 의미는 결국 여인들의 불순종과 침묵으로 인해서 베드로를 비롯한 예수의 열두 제자들이 예수가 부활했다는 소식과 갈릴리 부활 현현의 약속을 전해 받지 못했고, 그래서 부활하신 주님을 만나 뵙지도 못했다는 점이다. 초대교회 안에서 "부활하신 주님의 목격자"라는 사실이 사도의 자격과 권위의 상징으로 인식되고 있었다는 점(cf. 행 1:22; 고전 15:3-10)을 고려할 때, 여인들의 굳게 닫힌 입술은 베드로와 제자들이 부활 소식과 부활 현현의 약속을 전해 듣지 못했다는

---

34 최근 마가복음 연구가들 중에서는 막 1:1에서 "예수"와 "그리스도"를 분리시키고, "그리스도"와 "하나님의 아들"을 동격으로 병치시켜, "예수가 그리스도이며 하나님의 아들이라는 복음의 시작"(The Beginning of the Gospel of Jesus, Christ, the Son of God)이라고 번역해야 옳다는 제기된 바 있다. Cf. 이진경, "마가복음 1장 1절에 나타난 두 개의 기독론 칭호 연구",「신약논단」, 제20권 제2호 (2013), 409-442.

사실을 말해주는 것이기 때문에, 결국 "여인들의 침묵은 제자들의 사도적인 자격을 유린하고 있다"35고 말할 수 있을 것이다.

이런 점에서 볼 때, 마가복음을 이렇게 끝내고 있는 마가의 저자는 분명히 주후 70년경에 이방 기독교의 입장에서 유대 기독교의 지도자들의 권위를 폄하하며 배격하려는 분명한 의도를 갖고 있는 것으로 보인다. 이런 의미에서 브랜든(S.G.F. Brandon)의 다음과 같은 말은 우리의 논의를 매듭짓기에 적합한 말이 될 수 있다고 생각된다: "일반적으로 이(마가의) 복음서는 주후 40년과 70년간의 암흑 기간 (tunnel period) 동안에 막강한 권력과 영향력을 행사하면서 이방 선교를 저지하거나, 공동체 안에 이방인들을 받아들이는 문제와 관련하여 엄격한 규율을 정해놓기도 했던, 유대 기독교를 향한 논박(a polemic against the Jewish Christianity)이다."36 바로 이런 점 때문에 마가복음은 바울의 영향 아래 있던 이방 기독교가 유대 기독교를 점차로 이겨낸 과정의 초기에 나타난 문학적인 첫 단계(an early literary step in the process which eventually saw the triumph of a Paulinist Gentile Christianity over a Jewish Christianity37)를 보여주고 있다고 말할 수도 있을 것이다.

---

35 Weeden, *Mark-Traditions in Conflict*, 117.
36 Telford, *The Theology of the Gospel of Mark*, 161에서 재인용.
37 *Ibid.*, 163.

"묵은 포도주가 더 좋다"(눅 5:39)

눅 5:33-39에 나오는 본문 이야기는 막 2:18-22와 마 9:14-17에 평행 본문을 갖고 있다. 세 복음서 본문 모두 흔히 "금식 논쟁" 혹은 "금식에 관한 질문"이라는 명칭으로 알려지고 있다. 그러나 본문의 전체 내용을 놓고 볼 때, "금식" 문제가 중심 주제는 아닌 것으로 보인다. 물론 본문 이야기에서 사람들이 예수에게 와서 "요한의 제자들과 바리새파 사람의 제자들은 금식하는데, 왜 선생님의 제자들은 금식하지 않습니까?"(막 2:18)라고 질문하는 것으로 시작되고 있는 것은 사실이다.[1] 그리고 또 예수 자신도 혼인 잔치에 온 손님들이 신랑과 함께 있는 동안에는 금식할 수 없고, 신랑을 빼앗길 날이 오면 그 날에는 그들이 금식할 것이라고 대답하는 것으로 되어있기 때문에 "금식"에 관한 질문과 대답이 주요 내용처럼 생각되기도 한다.

그러나 본문을 좀 더 주의해서 끝까지 읽어보면, 본문의 이야기가 금식에 대한 질문과 예수의 대답으로 끝나고 있는 것이 아니라는

---

[1] 그러나 예수께 와서 "바리새파 사람들과 요한의 제자들은 자주 금식을 하는데, 왜 선생님의 제자들은 금식을 하지 않습니까?"라고 물었던 질문자가 마 9:14에서는 "요한의 제자들"인데, 막 2:18과 눅 5:33에서는 "사람들"로 되어있다.

사실을 금방 알 수가 있다. 예수는 일단 금식 문제에 관한 질문에 대한 대답을 마친 이후에, 곧바로 이어서, 그러나 분명히 금식 문제와 관련해서, 새 옷의 조각을 낡은 옷에 대고 깁지 않으며, 새 포도주를 낡은 가죽 부대에 넣지 않는다는 비유 말씀을 덧붙이고 있다(막 2:21-22; 마 9:16-17; 눅 5:36-38). 특히 누가의 본문의 경우에는 "금식과 기도에 관한 질문과 대답"은 세 구절(5:33-35)로 끝나고 있고, 오히려 새 옷과 새 포도주에 관한 비유 말씀이 네 구절(5:36-39)로 분량적으로 좀 더 길게 기록되어 있다. 따라서 이 비유 말씀이 본문 이야기의 사실상의 주제이며 결론이고, 금식 문제는 다만 이 비유 메시지를 소개하기 위한 "서론"에 지나지 않는다고 생각할 수 있다. 그렇게 생각할 경우, 이 본문의 명칭도 마땅히 "금식 논쟁" 혹은 "금식에 관한 질문"이라고 붙이기보다는 오히려 "새 옷과 새 포도주에 관한 비유"라고 붙여야 할 것으로 생각된다. 세 복음서의 본문 내용이 이런 점에서는 대체로 아무런 차이를 보이고 있지 않다.

그러나 세 복음서 본문들을 좀 더 깊이 비교해서 읽어보면, 우리는 금방 중요한 차이점들이 드러나고 있는 것을 알 수 있다. 특히 누가는 마가복음의 본문을 자료로 이용하여 본문을 소개하고 있으면서도, 다음과 같은 세 가지 점에서 마가의 본문과 분명하고도 중요한 차이를 보이고 있다. 첫째는 마가의 본문과 마태의 본문에서는 오직 "금식" 문제만이 제기되고 있다. 그런데 오직 누가복음에서만 "금식"과 함께 "기도"가 언급되고 있다: "요한의 제자들은 자주 **금식하며 기도하고**, 바리새파 사람의 제자들도 그렇게 하는데, 당신의 제자들은 먹고 마시는군요"(눅 5:33). 오직 누가만이 바리새파 제자들과 요한 제자들의 금식 생활뿐만 아니라 그들의 기도 생활까지 논쟁에 끌어들이고 있는 셈이다. 누가에게는 "금식"만이 주요 관심사는 아니었던 것으로 보인다.

둘째는 오직 누가만이 요한의 제자들과 바리새파 사람들의 제자들이 "자주"(*frequently*) 금식하며 기도한다고 지적하고 있는 점이다. 누가는 요한의 제자들과 바리새파 사람들의 제자들이 다른 일반 유대인들보다 더 "자주" 금식하며 기도한다는 점을 지적하고 있다.[2]

셋째는 앞에서 언급한 두 개의 차이점들보다 더 중요한 차이점이라고 생각되는데, 마가복음과 마태복음의 경우에는 "새 포도주는 새 가죽 부대에 담아야 한다"(막 2:22; 마 9:17)는 말이 본문 이야기의 결론 구절인 데 비해서, 오직 누가만이 마가와 마태와 똑같이 "새 옷과 새 포도주에 대한 비유 말씀"을 덧붙인 후에, 다시 "묵은 포도주가 더 좋다[3]"(눅 5:39)는 예수의 말씀을 자신의 마지막 결론으로 더 첨가하고 있는 점이다. 누가의 본문이 보여주고 있는 이런 세 가지 주요 차이점들은 모두 누가의 독특한 의도를 반영해주는 것으로 생각된다. 따라서 우리가 주목해야 할 점은 누가가 마가의 본문을 소개하는 과정에서 이런 부분적인 편집적 수정 작업을 통해 어떤 의도를 드러내고 있는가 하는 점이며, 또한 누가가 이런 형태의 수정 본문을 통해 독자들에게 주려고 하는 메시지가 과연 무엇인가 하는 점이다.

---

2 누가의 문서 자료인 마가복음 본문에는 "자주"라는 말이 없다. 비록 마 9:14(개역성경)에 "자주"라는 말이 나오기는 하지만, 다른 고대 사본들에서는 마 9:14에 "자주"라는 말이 나오지 않는다.

3 The King James Version에서는 "The old is better"(묵은 것이 더 좋다)라고 번역했으나, The Revised Standard Version에서는 "The old is good"(묵은 것이 좋다)라고 번역했다. 비록 권위 있는 사본들에서 "chrestos"(good)라고 되어 있지만, 많은 주석가들은 문맥상 KJV처럼 비교급의 의미로 "더 좋다"(better)고 번역하는 것이 본문의 본래 의미를 더 잘 전달해주는 것으로 보고 있다.

"금식 논쟁" 혹은 "금식에 관한 질문"이라는 전통적인 명칭에도 불구하고 누가가 소개하는 본문의 주요 초점은 결코 금식 자체에 있는 것이 아니다. 누가는 "금식" 이외에 "기도"까지 거론하고 있지 않은가? 더구나 본문의 뒷부분, 혹은 결론 부분에서 "새 옷과 새 포도주"에 관한 비유와 더불어 "묵은 포도주가 더 좋다"(39절)는 말씀을 마지막 결론으로 강조하고 있지 않은가? 분명히 누가는 이 본문 이야기 가운데서 예수가 금식생활에 관한 질문을 받은 기회를 이용해서, 금식이나 기도 문제보다 더 중요하고 더 심오한 문제에 대해서 더 말씀하고 있는 것으로 소개하고 있다. 그렇다면 그것이 무엇일까?

　　본문 이야기의 중심을 "금식에 관한 문제"로만 볼 경우, 본문의 마지막에 나오는 예수의 말씀, 곧 "묵은 포도주를 마시고 나서, 새 포도주를 원하는 사람은 없다. 묵은 포도주를 마신 사람은 묵은 것이 좋다고 한다"(39절)는 예수의 말씀은 금식 문제와 직접적인 연관성이 없어 보이기 때문에 쉽게 도외시되거나 무시될 수밖에 없다. 기껏해야 "새 포도주는 새 가죽 부대에 담아야 한다"는 마가 본문과 마태 본문의 결론을 근거로 바리새파 사람들의 제자와 세례 요한 제자들의 "금식"을 중심으로 한 경건 생활보다는 새롭게 시작된 예수의 새로운 신앙운동이 오히려 새 시대에 더 적합하고 더 적절하다는 점을 변증하는 이야기로 해석하는 것이 그동안의 일반적인 경향이었던 것으로 생각된다. 그러나 우리는 누가가 본문 이야기의 마지막 결론으로 "묵은 포도주가 더 좋다"는 말씀을 강조하고 있다는 점에 주목해야 한다. 그리고 누가가 제시한 그 결론 말씀을 중심으로 이 본문 이야기를 다시 주의 깊게 읽어볼 필요가 있다. 그럴 경우 우리는 마가와 마태의 본문에서는 찾아볼 수 없는 아주 다른, 아주 새로운 메시지를 읽을 수 있게 될 것이다.

　유대인들에게 있어서 "구제와 기도와 금식"은 경건 생활의 세 가지 주제인데(cf. 마 6:1-18), 특히 그중에서도 금식과 관련해서 유대인들은 전통적으로 율법에 규정된 날들을 택해서 금식을 해왔다. 가령 "욤 키푸르"(Yom Kippur), 곧 속죄일이 되면, 모든 백성들이 금식을 하면서 하나님의 자비와 용서를 구했다. 그런데 유대 백성들 가운데서 "바리새인들"은 늘 하나님 앞에서 영적으로 더 새로워지기를, 그래서 하나님께 더 가까이 나아가기를 원했고, 그래서 본문에서 언급되고 있는 바와 같이, 다른 유대인들이 율법에 규정된 날들에 금식하는 것과는 달리, 그들보다 더 "자주" 금식을 했다. 하나님과 율법 규정들에 대한 "열심"이 좀 더 지극했기 때문이다. 이것은 "세례 요한의 제자들" 경우도 마찬가지였다. 세례 요한의 제자 그룹도 바리새인들에 못지않게 영적 부흥과 쇄신을 갈망했고 그래서 그들도 다른 유대인들보다 더 "자주" 금식을 했다. 따라서 이 본문에 따르면, 바리새인들과 세례 요한은 자기 제자들이 계속 영적으로 새로워지도록 율법에 규정된 금식일 이외에 더 많은 날들을 추가로 금식의 날로 더 정하여, 더 자주 금식을 하도록 요구했고 그래서 그들은 실제로 다른 유대인들보다 더 "자주" 금식을 하며 기도했던 것으로 보인다.

　이런 것에 대해서 예수는 어떻게 생각했을까? 그리고 누가는 이 본문 이야기를 통해 바리새파 사람들과 세례 요한이 그들의 제자들에게 다른 유대인들보다 더 자주 금식하며 기도하도록 요구하는 그들의 신앙생활 행태에 대해 어떤 생각을 갖고 또 어떤 메시지를 독자들에게 주려고 했을까? 예수도 물론 그 당시 유대교 안에서 마지막 때에 하나님 나라를 준비하기 위해 새로운 회개 운동을 시작한 분이기는 하다. 그러나 예수의 신앙 운동은 하나님 앞에서 더 새로워지고, 또 하나님 앞으로 더 가까이 나가려고 애쓰는 바리새파와 세례 요한의 운동에 비해서는 덜 혁명적이며, 덜 철저했던 것으로 보였을 것이다. 분명히 예수의 제자들은 바리새인들의 제자와 세례 요한의 제자들처럼 율법에 의해 정해진 날의 금식 이외에는 더 "자주" 금식하지도 않았고, 더 "자주" 기도하지도 않았던 것으로 보였기 때문이다. 그래서 사람들이 예수를 찾아와서 왜 당신의 제자들이 바리새인들의 제자들과 세례 요한 제자들만큼 그렇게 "자주" 금식하며 기도하지 않느냐고 물었던 것으로 보인다. 그런데 그때 예수는 "너희는 혼인 잔치의 손님들을 신랑이 그들과 함께 있는 동안에 금식하게 할 수 있겠느냐? 그러나 신랑을 빼앗길 날이 올 터인데 그 날에는 그들이 금식할 것이라"(눅 5:34-35)고 대답하시면서, 곧바로 그들에게 짧은 두 비유, 곧 새 옷과 낡은 옷 그리고 새 포도주와 낡은 가죽 부대의 비유를 말씀하였다. 그리고는 그 비유의 마지막 결론의 말씀으로 "묵은 포도주가 더 좋다"(39절)고 하셨다.

왜 누가는 금식에 관한 논쟁 이야기에 "묵은 포두주가 더 좋다"는 결론의 말씀을 붙이고 있는 것일까? 누가가 본문의 마지막에서 강조하고 있는 "묵은 포도주가 더 좋다"는 예수의 말씀은 바리새파와 세례 요한 그룹이 전통적인 유대교 율법의 요구와는 달리, 아니 거기서 더 나아가, 금식과 기도를 더 "자주" 하도록 요구하는 그런 식의 "새로운" 영적 쇄신 운동에 대해 그것이 올바른 최선의 길은 아니라는 점을 말해주고 있는 것으로 생각된다. 새것이라고 다 좋은 것이 아니다. 누가가 마지막 결론으로 강조하고 있듯이, 포도주에 관한 한, 묵은 포도주가 새 포도주보다 더 좋다는 점을 잊어서는 안 될 것이다.

누가가 이 본문 이야기의 결론을 통해 독자들에게 주려고 하는 메시지는 결국 나중에 바리새파나 세례 요한에 의해 더 요구되고 강조된 철저한 금식 생활이나 기도 생활이 유대교가 이미 율법을 통해 오랫동안 가르쳐온 신앙생활 전통보다 더 나은 것이 결코 아니라는 점을 강조하려고 했던 것으로 보인다. 유대교인들의 경건 생활과 관련된 유대교의 오래된 전통, 그 묵은 포도주가 오히려 바리새파와 세례 요한이 새롭게 요구하며 강조하는 새로운 형태의 영적 쇄신 운동보다 더 좋다는 메시지이다. 다른 말로 한다면, 누가복음의 예수는 이 본문 이야기를 통해서 순수한 영적 쇄신을 위해서는 가장 좋은 묵은 포도주, 즉 하나님의 율법에 충실한 유대교의 오랜 신앙 전통으로 다시 돌아가면 된다는 메시지를 던져주고 있는 것이다. 예수에게 있어서 묵은 포도주는 예수 당시의 유대교였고, 그것이 그 당시 유대교 안에서 혹은 유대교 주변에서 우후죽순처럼 일어난 수많은 새로운 영적 갱신운동보다도 훨씬 더 좋은 것이었다.

이 점과 관련해서 우리는 마태복음의 예수가 "내가 율법이나 예언자들의 말을 폐하러 온 줄로 생각하지 마라. 폐하러 온 것이 아니라 완성하러 왔다"(마 5:17)고 말씀하셨던 것을 기억할 필요가 있다. 따라서 "묵은 포도주가 더 좋다"고 말하는 누가의 생각은 유대교 율법의 가치를 인정하고 있는 마태의 생각과도 상당히 비슷한 셈이다. 누가가 특히 예수의 탄생 이야기와 관련해서 예수의 부모가 예수의 정결 예식을 위해서 얼마나 유대교 율법이 정한 바를 충실히 따랐는지를 보여주고 있는 것이라든가(눅 2:22-24,27,39), 마태복음(5:18)의 경우처럼 "율법에서 한 획이 빠지는 것보다 하늘과 땅이 없어지는 것이 더 쉽다"(눅 16:17)고 말하고 있는 것 그리고 부활하신 예수가 "모세의 율법과 예언서와 시편에 나를 두고 기록한 모든 일이 반드시 이루어져야 한다"(눅 24:44)고 말한 것들은 모두 누가가 기독교 신앙 의 뿌리가 되고 있는 유대교와 모세 율법의 중요성을 얼마나 높이 평가하고 있는지를 잘 보여주고 있다.4

아마도 누가는 예수 당시에, 혹은 초대교회 당시에, 예수를 믿고 따르는 제자들의 주변에서, 바리새인의 제자들과 세례 요한의 제자 들의 경우처럼, 경쟁적으로 그리고 열성적으로 다른 신앙 그룹들과 는 달리 그리고 다른 신앙 그룹들보다는 더 열심히 영적 쇄신에 나서 려고 애쓰는 "새로운" 신앙운동들이 일어나고 있는 것을 보면서, 누 가는 오히려 오래된, 그래서 그 가치와 효용성이 이미 인정된 전통적 인 신앙운동이 훨씬 더 좋다는 메시지를 주려고 했고, 그 메시지가 "묵은 포도주가 더 좋다"는 말로 표현되고 있는 것이라고 생각된다. 누가의 이런 메시지는 항상 남보다 나은 "새로운" 영적 운동만을 추 구하며 모색하려는 모든 시대 모든 기독교인들에게 전통적으로 전 해진 본래의 신앙 운동의 깊은 맛과 가치를 되살펴보게 만드는 중요 한 교훈이라고 말하지 않을 수 없을 것이다.

---

4 이 점에서 누가는 (그리고 마태는) "그리스도가 율법을 끝장냈다"(롬 10:40; cf. 갈 3:19,24)고, 그래서 이제 기독교인들은 더 이상 "율법 아래 있지 않고 은혜 아래 있다"(롬 6:14)고 말하면서, 유대교와의 단절을 강조하는 바울과는 분명한 차이를 보이고 있다.

마르다와 마리아 자매 이야기 (눅 10:38-42)

기독교회는 초기 교부 시대로부터 이 이야기가 행동적인(active) 생활보다는 명상적인(contemplative) 생활이 더 중요함을 가르치는 것으로 해석되는 경향이 있었다. 최근에 와서도 어떤 주석가들은 그와 비슷하게 교회가 갖고 있는 두 종류의 사역, 곧 예전(liturgy)과 집사(diaconate) 중 예전(禮典)이 더 중요하고 우선함을 강조하는 것으로 생각했다. 그러나 이 이야기의 근본 이슈는 두 종류의 사역을 비교하거나 두 종류 사역의 우선순위를 정해주는 것이라기보다는 오히려 모든 효과적인 봉사의 근거가 되는 그리스도의 말씀을 소홀히 하거나 도외시하는 것을 문제시하며 경계하는 것으로 보인다.

우선 우리는 이 본문이 선한 사마리아인의 비유와 연결되어 편집된 사실에 주목할 필요가 있다. 그룬트만(W. Grundmann)은 이 두 이야기, 곧 '선한 사마리아인의 비유'(눅 10:30-37)와 '마르다와 마리아 자매 이야기'(눅 10:38-42)가 예수의 두 큰 계명, 즉 '하나님 사랑'과 '이웃 사랑'을 역순(逆順)으로 설명해주고 있는데, 곧 선한 사마리아인의 비유가 이웃 사랑에 대한 구체적인 예화로 주어진 것이라면, 마르다와 마리아 자매 이야기는 하나님 사랑에 대한 구체적인 예화로 주어진 것이라고 말한다.[1] 이런 관점에서 본다면 이 본문은 "네 마음을 다하며 목숨을 다하며 힘을 다하며 뜻을 다하여 하나님을 사랑한다는 것"(10:27)이 결국은 주님(예수) 발아래 앉는다는 것을 뜻하는 것으로 해석될 수 있는 것으로 보인다. 어떤 사람의 발아래 앉는다는 것은 "어떤 사람의 밑에서 수학(修學)한다"는, 또는 "어떤 사람의 제자가 된다"는 말과 같은 뜻이다(cf. 바울은 "가말리엘의 발 아래에서" 자라났다). 누가에 의하면 네 모든 것을 다해 하나님을 사랑한다는 것은 곧 예수의 제자가 되는 것이다. 바쁜 일은 아무것도 보장해주지 못한다. 그러나 예수의 말씀에 귀를 기울이는 것이 가장 중요하다.

마르다의 신경질적인 요구에 대한 예수의 대답(40절)에는 사본상의 문제가 있다. 권위 있는 사본들 중에도 다음과 같은 두 가지의 의미를 갖는 본문이 있다: ① "마르다야, 네가 많은 일로 염려하고 걱정하고 있다. 그러나 한 가지가 필요하다"(one thing is needful). ② "마르다야, 네가 많은 일로 염려하고 걱정하고 있다. 그러나 몇 가지나 혹은 하나가 필요하다"(few thing are needful or one). 어떤 것이 최선의 것인지를 결정하기는 어렵다. 그러나 ①의 본문을 택할 경우, 그 의미는 마리아가 필요한 한 가지를 택했는데, 그것은 섬기러 오신 분을 대접하는 주인(hostess)이 되려고 하기보다는 오히려 예수로부터 받아들이는 것을 택한 것이다. "마르다는 자기가 주인(host)이고 예수가 손님(guest)이라고 생각하는 잘못을 범하고 있다. 그러나 실제는 그 반대이다.… 인자는 섬김을 받으러 온 것이 아니라 섬기러 왔다."[2]

1 J.A. Fitzmyer, *The Gospel According to Luke* (New York, 1981), 892.

①의 본문을 택할 경우, 마리아는 "주님의 입으로 나오는 말씀으로" 사는(신 8:3; 눅 4:4; 요 6:27) 사람의 훌륭한 모델이 되는 셈이다. 그리고 여기서 "예수의 말씀을 듣는 것은 아주 다른 종류의 양식(nourishment)을 제공하는 것이 된다."[3] 만약 ②의 본문을 택할 경우, 즉 영어개역표준판(RSV)의 독법(讀法: few things are needful or one)을 택할 경우, 그 요점은 "식사의 중심요리(main course)가 이미 다 끝났기 때문에, 올리브 하나나 둘이면 이제 충분할 것이다"라는 뜻일 것이다.[4] "몇 가지"(few things)라는 독법(讀法)은 예수가 간단한 식사에 만족하실 것이라는 점만을 의미할 뿐이다.[5]

이 본문에서 필요한 "한 가지"가 과연 무엇을 뜻하는 것일까? 예수께서는 본래 음식 한 가지면 충분하다고, 그러니 음식 대접을 위해서 많은 일로 염려하고 걱정할 필요가 없다는 뜻으로 말씀하셨을 수도 있다. 어쩌면 필요하다고 말씀하신 한 가지가 마리아가 택했던 "좋은 편"을 가리키는 것일 수도 있다. 만약 그렇다면 그 한 가지라는 예수의 말씀을 듣는 것이다. 그렇다면 그 "좋은 편"은 예수께서 그의 제자들에게 주시는 은사인 "영원한 생명에 이르게 하는 양식"(요 6:27)일 것이다. 그 본문을 어떤 의미로 읽든, 요점은 하나님을 사랑하는 것은 예수에게 복종하며 그에게서 무엇인가를 받아들이는 것

---

2 F.W. Danker, *Jesus and the New Age: A Commentary on St. Luke's Gospel* (Philadelphia: Fortress Press, 1988), 225-226. E. Schweizer는 다음과 같이 말한다: "Although Jesus is often served, it is ultimately always he who serves... To receive Jesus means to receive his word." Cf. *The Good News According to St. Luke* (Atlanta: Kohn Knox Press, 1984), 189.

3 Schweizer, *The Good News According to St. Luke*, 189.

4 Danker, *Jesus and the New Age*, 225.

5 Schweizer, *The Good News According to St. Luke*, 189.

을 뜻하는 것이라는 점이다.

이 이야기에 나오는 마리아와 마르다는 또 다른 의미에서 배우는 사람의 대조적인 모습을 보여주고 있다. 마리아는 예수 자신에게만 오직 일심으로 전념하는 사람을 나타낸다. 그녀는 또 주님으로부터 무엇인가를 받는 사람이다. 마르다는 마음이 여러 군데로 분산되어, 예수에게만 전적으로 집중하지 못하는 사람이다. 이유는 그녀가 "많은 것으로 섬기기" 때문이다(40절). 예수를 위해 무엇인가를 하겠다는 그녀의 욕심이 그녀로 하여금 예수에게만 집중하지 못하게 만들며, 예수로부터 그녀가 필요로 하는 것을 받지 못하게 만든다. 이런 대조적인 모습에서 마리아는 하나님을 전적으로 사랑한다는 것이 무엇을 의미하는지를 잘 보여주는 구체적인 증거로 대두되고 있다. (이것은 마치 바로 앞에 나오는 선한 사마리아인의 비유에서 사마리아인이 자기 이웃을 사랑한다는 것이 무엇을 의미하는지를 잘 보여주는 구체적인 사례가 되고 있는 것과도 같다.)

이렇게 볼 경우 선한 사마리아인의 비유와 마르다와 마리아 자매 이야기가 연속으로 나란히 편집된 이유는 제자들에게 예수께서 가르치신 "두 큰 계명"의 의미를 해설해주기 위한 목적 때문이었을 것으로 보인다. 곧 이웃을 사랑하는 것은 사마리아인처럼 행동하는 것을 의미하는 것이며, 하나님을 사랑한다는 것은 마리아처럼 행동하는 것을 의미하는 것이다. 그리고 이것이 바로 하나님의 계약 백성에 속하는 사람들이 보여주어야 하는 두 가지 특징이다. 곧 하나님으로부터 받아서(곧 말씀 듣는 일을 통해서) 다른 사람, 곧 이웃에게 나누어 주는 것이다. 전자가 없다면, 후자는 원하는 마음이 생기지도 않거나 또는 자기 몫을 하지 않은 사람들에게 분노만 자아내는 부담이 되고 말 것이다. 따라서 이 이야기는 예수의 말씀에 귀를 기울이는 것이 자기 이웃을 사랑하는 것보다 훨씬 낫다는 그리고 말씀을 도외시한 봉사(diakonia)는 영속적인 가치를 가질 수 없는 반면에 예수의 말씀에 귀를 기울이는 것은 영존하는 선(善)이라는 사실을 강조해주고 있다. 이런 의미에서 "예수께서 마르다와 마리아에게 주신 말씀이 서기관에게 준 대답이기도 하다"고 본 댄커(F.W. Danker)의 말에는[6] 분명히 일리가 있는 것으로 보인다.

다른 한편으로 누가복음에만 나오는 이 본문은 두 여인을 대조적으로 비교하면서 여성의 문제에 관심하고 있는 것으로 보이기도 한다. 예수를 대접하기 위해서 여러 가지 일로 바쁜 마르다와 예수의 발아래 앉아서 그의 말씀을 듣는 마리아가 서로 대조되고 있다. 바로 앞에 나온 선한 사마리아인의 비유에서 한편으로 사마리아인과 다른 한편으로 유대 종교 지도자들인 제사장과 레위 사람이 대조되고 있다면, 여기서는 완벽한 여주인(the perfect hostess)의 모습을 보이고 있는 마르다와 완벽한 제자(the perfect disciple)의 모습을 보이고 있는 마리아가 대조되고 있다.[7] 마르다의 관심이 올바른 여주인(a proper hostess)이 되는 것에 있다면, 마리아의 관심은 올바른 제자(a proper disciple)가 되는 데 있다.[8] "여기서 '많은 것들'이 한 가지의 필요한 것과 대조되고 있다."[9]

이 이야기에서 마르다가 당시 일반적으로 볼 수 있는 여인상을

---

6 Danker, *Jesus and the New Age*, 226.

7 Fitzmyer, *The Gospel According to Luke*, 892.

8 E.E. Ellis, *The Gospel of Luke*, Century Bible, new edition based on the RSV (London, 1981), 162.

9 Schweizer, *The Good News According to Luke*, 189.

대변하고 있다면, 마리아는 당시 유대 여인으로서는 흔히 볼 수 없는 여인상을 대표하고 있다. 예수의 발 앞에 앉아 있는 마리아의 자세나 그녀가 예수의 "말씀"에 귀를 기울이고 있는 모습은 가르침, 즉 종교적 교육을 뜻하는 것으로 보인다. 그러나 그 당시 유대 여인들은 성서에 손을 댈 수 없었고, 토라를 교육받을 수도 없었다. 랍비가 여인에게 토라를 가르치지도 않았다(cf. 고전 14:35, 만일 무엇이나 배우고 싶은 것이 있으면 집에서 자기 남편에게 물어보는 것이 좋습니다).

그런데 마리아는 좋은 편을 택했을 뿐만 아니라, 예수도 마리아와 스승과 제자와의 관계를 긍정적으로 인정하고 있는 것으로 보인다. 예수는 마리아(여성)에게 서재나 연구실을 그리고 말씀 배우는 일을 허락하실 뿐만 아니라, 그녀의 그런 선택을 높이 평가하고 있다. 마리아는 부엌을 반대하고 서재를 선택했다(Mary chose the 'study' as over against the kitchen).[10] 음식은 일시적인 요구만 충족시키지만, 말씀은 영원한 요구를 충족시켜준다. 이 본문에서 "마리아는 최소한 신학을 배우는 예수의 제자 중 한 사람이다."[11] "누가는 이 장면에서 여인을 예수의 발 앞에 앉은 제자로 묘사하기를 주저하지 않고 있다."[12] 따라서 이 이야기는 여자가 부엌 안에만 머물도록 강요되지 않고 도리어 연구실을 선택할 수 있는 권리를 옹호하고 있다. 그래서 댄커(Danker)는 "마르다에게는 여성 정체성을 평가하기 위한 아주 중요한 도구로서 일상적인 가정 일에 대한 의존으로부터의 해방을 제시하고 있는 것이다"[13]라고 말하기도 한다.

---

10 Evelyn and Frank Stagg, *The Woman in the World of Jesus* (Philadelphia: The Westminster Press, 1978), 141.

11 Evelyn and Frank Stagg, *Woman in the World of Jesus*, 118.

12 Fitzmyer, *The Gospel According to Luke*, 892.

예수께서는 두 자매와 사귐으로써 그리고 유대 여인들에게 일반적으로 허락되어 있지 않던 역할에 대한 마리아의 권리를 옹호해줌으로써 이 이야기의 일차적인 의도는 음식보다는 말씀이 더 우선한다는 것을 가리키는 것이다. 물론 마르다의 역할은 적절한 것이다. 그렇지만 마리아는 말씀을 듣는 일에 우선순위를 둠으로써 더 좋은 편을 택했다. 어쩌면 누가는 이 이야기를 통해서 당시의 여성 독자들에게 마리아처럼 부엌 대신에 연구실이나 서재를 택하도록 일깨워 주려고 했는지 모른다. 만약 이것이 사실이라면 이 본문은 여성 해방 운동이나 여성 신학을 위해 아주 중요한 본문이라고 말할 수 있을 것이다.

---

13 Danker, *Jesus and the New Age*, 225.

누가가 전하는 요나의 표징 본문(눅 12:29-31)

    사람들이 예수께 나아와 "표징"(sign)을 "구하는"(to seek) 이야기는 공관복음서 모두에서, 네 형태의 본문으로 소개되고 있다(막 8:11-13; 마 16:1-4; 마 12:38-42; 눅 11:29-32). 그러나 이 네 본문들을 잘 비교해보면, 우리는 이 네 본문이 모두 똑같은 하나의 자료에 근거한 평행 본문은 아니라는 사실을 알게 된다. 이 네 본문들에서 모두 "표징"(semeia)이라는 명사 그리고 표징을 "구한다"(zeteo)는 동사가 사용되고 있는 공통점 때문에 평행 본문으로 생각되기가 쉬운 것이 사실이다. 그러나 "표징"에 관해 말해주는 네 본문들을 면밀히 살펴보면, 막 8:11-13과 마 16:1-4가 서로 평행 본문이고, 마 12:38-42와 눅 12:29-32가 서로 평행 본문이라는 사실을 알게 된다. 따라서 우리는 먼저 이 두 평행 본문을 구별해서 살펴보는 일이 필요하다.

---

1 마가와 누가는 각각 zeteo라는 동사를 사용하고 있는데, 마태는 마 12:39와 마 16:2에서 각각 같은 어근에서 나온 epizeteo라는 동사를 사용하고 있다.

1. "하늘로부터 오는 표징"(막 8:11-13; 마 16:1-4)

"표징"을 "구하는" 것과 관련된 이 네 본문들 중 막 8:11-13과 마 16:1-4는 평행 본문으로 생각되며, 마 12:38-42와 눅 12:39-42 와는 구별되는 것으로 생각된다. 이렇게 생각하는 데에는 처음 두 본문, 곧 막 8:11-12와 마 16:1-4만이 나중 두 본문과는 달리 다음과 같은 두 가지 공통점을 갖고 있기 때문이다. 첫째는 "하늘로부터 오는 표징"(a sign from heaven)이라는 문구는 오직 막 8:11-12와 마 16:1-4에서만 나온다. 다른 두 본문(마 12:38-42; 눅 11:29-32)에서는 전혀 그런 문구가 나오지 않는다. 둘째는 이 두 본문에서만 "바리새인들"[2]이 표징을 요청했고, 또 표징을 요청한 것이 "예수를 시험하기"(to test him) 위한 것이었다는 똑같은 언급이 나온다. 이런 점으로 볼 때, 마 16:1-4은 분명히 막 8:11-12를 문서 자료로 구성된 것으로 보이며, 그래서 이 두 본문을 나름대로 "평행 본문"이라고 부르는 데 아무런 문제가 없을 것으로 생각된다.

그러나 평행 본문임에도 불구하고 막 8:11-13과 마 16:1-4 사이에서 우리는 다음과 같은 중요한 차이점들을 분명히 볼 수가 있다. 첫째로 막 8:12에 보면, 예수는 "하늘로부터 오는 표징"을 요구하는 바리새파사람들을 향해 "어찌하여 이 세대가 표징을 구하느냐? 내가 진실로 너희에게 이르노니 이 세대에게 표징을 주시지 아니하리라"고 말씀하심으로써 "표징"을 요청하는 것에 대해 단호히 "거절"의 뜻을 분명히 밝히고 있다. 그래서 막 8:11-13의 제목은 마땅히 "표징의 거절"(a refusal of sign)이라고 불러야 옳다.[3] 더구나 막 8:11-12에

---

2 막 8:11에서는 "바리새인들" 그리고 마 16:1에서는 "바리새인과 사두개인들."

서는 "요나의 표징"(the sign of Jonah)라는 문구 자체가 전혀 사용된 바 없기 때문에, 이 본문이 "요나의 표징" 이야기와 연관될 여지도 없다. 둘째로 마태는, 오직 마태만이 예수가 "하늘로부터 오는 표징"(a sign from heaven)의 요청에 대한 대답 형식으로 "너희가 저녁에는 하늘이 붉으면 날이 맑겠다 하고 아침에는 하늘이 붉고 흐리니 오늘은 날씨가 사납겠다 한다. 너희가 날씨는 분별할 줄 알면서 '때의 표징'(a sign of time)은 분별하지 못하느냐?"(마 16:2-3)라고, "때의 표징"에 대한 말씀을 소개하면서, 바로 이어서 "악하고 음란한 세대가 표징을 구하나 "요나의 표징"(the sign of Jonah)밖에는 다른 아무 표징도 보여주지 않을 것이다"(마 16:4)라는 말씀을 첨가함으로써, 마가복음의 "표징에 대한 거부" 말씀을 "때의 표징"에 대한 말씀으로 그리고 동시에 "요나의 표징"에 대한 말씀으로 바꾸어 놓았다. 그러니까 "표징의 거부"에 관한 말씀을 소개하면서 그 말씀을 "요나의 표징"에 대한 말씀과 처음으로 연관시킨 사람은 마태였던 것으로 보인다.

---

3 이 본문에 대해서 일반적으로 'The Demand for a Sign'이라는 제목을 붙이고들 있기는 하지만(cf. E. Scheizer, *The Good News According to Mark* [Virginia: John Knox Press, 1970], 157; C.S. Mann, *Mark: A New Translation with Introduction And Commentary*, The Anchor Bible, [New York: Doubleday & Company, 1986], 328), R.H. Gundry는 그의 마가복음 주석에서 'The Power of Jesus' Denying the Request for a Sign'이라는 제목을 붙이고 있는 것처럼(Cf. *Mark: A Commentary on His Apology for the Cross* [Grand Rapids: Eerdmans, 1993], 401), '표징을 거부하심'이라고 붙이는 것이 보다 정확할 것으로 보인다.

2. "요나의 표징"(막 12:38-42; 눅 11:29-32)

마태는 "하늘로부터 오는 표징"에 관한 말씀(마 16:1-4)을 소개하기 위해서 막 8:11-12을 자료로 사용한 것 이외에, 마 12:38-42에서 Q 자료에 나오는 "요나의 표징"에 관한 말씀을 별도로 다시 소개하고 있다. 그리고 바로 여기에서 마태는 눅 11:29-31에서처럼, "요나의 표징"이라는 문구와 함께 "이 세대가 심판을 받는 날에 니느웨 사람들이 나타나 이 세대를 정죄할 것인데, 니느웨 사람들은 요나의 전도를 듣고 회개했기 때문이다"(마 12:40) 그리고 "이 세대가 심판을 받는 날에 남방여왕이 나타나 이 세대를 정죄할 것인데 그 여왕은 솔로몬의 지혜를 듣기 위하여 땅끝에서 왔기 때문이다"(마 12:42), 그러나 "보라, 요나보다 더 큰 이가 여기 있고"(마 12:;41), "보라, 솔로몬보다 더, 큰 이가 여기 있다"(마 12:42)는 말을 소개하고 있다. 따라서 마 12:38-42와 눅 11:29-32는 Q 자료를 근거로 구성된 평행 본문으로 생각되며, 이 두 본문이 똑같이 "요나의 표징"에 관한 말씀이기 때문에, 당연히 "하늘로부터 오는 표징"을 요구한 본문인 막 8:11-13과 마 16:1-4와는 구별되어야 할 것으로 생각된다. 특히 눅 11:29-32에서는 "하늘로부터 오는 표징"(막 8:11; 마 16:1)이라는 말도 그리고 "때의 표징"(마 16:3)이라는 말도 나오지 않는다. 따라서 "요나의 표징"을 다루는 눅 11:29-32를 올바로 이해하기 위해서는 그 평행 본문인 마 12:38-42와 비교하면서, 누가가 마태와 달리 어떤 목적을 가지고 어떤 점을 강조하고 있는지 살펴볼 필요가 있다.

앞에서 지적한 바와 같이, "요나의 표징"에 대한 예수의 말씀이 마태복음과 누가복음에 평행 본문으로 나타나고 있고(마 12:38-42;

눅 11:29-32), 두 본문은 Q 자료에서 나온 것으로 생각된다. 그래서 이 두 평행 본문 사이에는 다음과 같은 공통점들이 나타나고 있다: 첫째로 두 본문에서 모두 이 세대를 가리켜 "악한 세대"라고 부르고 있다(눅 11:29; 마 12:39[4]). 둘째로 이 두 본문에서만 "요나의 표징"이라는 말과 함께 "요나의 표징밖에는 보일 표징이 없다"(마 12:39; 눅 11:29)는 문구가 나온다. 셋째로 "심판 때에 니느웨 사람들이 일어나 이 세대 사람을 정죄하리니 이는 그들이 요나의 전도를 듣고 회개하였음이라"(마 12:41; 눅 11:32)는 말 그리고 "남방 여왕이 일어나 이 세대 사람을 정죄하리니 이는 그가 솔로몬의 지혜로운 말을 들으려고 땅끝에서 왔음이라"(마 12:42; 눅 11:31)는 말과 함께 "요나보다 더 큰 이가 여기 있다"(마 12:41; 눅 11:32)는 말과 "솔로몬보다 더 큰 이가 여기 있다"(마 12:42; 눅 11:31)는 말이 모두 이 두 본문에서 똑같이 나타나고 있다. 마태와 누가가 같은 Q 자료를 사용했기 때문이다.

그러나 누가의 본문과 마태의 본문을 서로 비교해 보면, 두 본문 사이에는 평행 본문임에도 불구하고, 다음과 같이 중요한 차이점들이 드러나고 있다. 첫째로 "표징"을 구한 사람들이 마태복음에서는 "서기관과 바리새인들"인 데 비해서 누가복음에서는 "사람들"(눅 11:16), 혹은 "무리들"(눅 11:29)이다. 표징을 구하는 악한 세대를 마태복음에서는 "서기관과 바리새인들"로 규정하고 있는데, 이것은 마태가 누가보다 유대 종교 지도자들, 특히 서기관과 바리새인들에 대해 더

---

4 마 12:39에서는 "악한"이라는 형용사에 "음란한"이라는 형용사가 하나 더 붙어 "악하고 음란한 세대"라고 되어 있다. 마태는 16:4에서도 "악하고 음란한 세대"라는 말을 사용하고 있는데, 이 표현은 마태복음에서 이 두 곳에서만 나오는 마태적인 표현이다. 막 8:38에서는 "음란하고 죄 많은 이 세대"라는 말이 사용되고 있다.

부정적이고 비판적인 점을 반영하는 것으로 보인다.5 그러나 누가복음에서는 서기관과 바리새인들이 다른 복음서들의 경우처럼 그렇게 부정적으로만 소개되고 있지는 않은 편이다.6 그래서 누가는 "서기관과 바리새인들"을 누가복음 독자들을 염두에 두고 "사람들"과 "무리들"로 바꾸어서 일반화시킨 것으로 생각된다. 둘째로 "요나가 낮과 밤으로 사흘을 큰 물고기 뱃속에 있었던 것같이 인자도 낮과 밤으로 사흘을 땅속에 있을 것이다"라는 말씀은 오직 마태복음에만 나온다.7 따라서 요나가 사흘 동안 큰 물고기 뱃속에 있었던 것을 예수가 사흘 동안 땅속에 있었던 것을 대비시키는 것은 오직 마태복음에서만 볼 수 있는 특징이지 결코 누가복음에서는 찾아볼 수 없는 특징이다. 셋째로 "요나가 니느웨 사람들에게 표징이 되었던 것처럼 인자도 이 세대의 표징이 될 것이다"(눅 11:30)라는 말씀은 오직 누가복음에

---

5 마태복음에서는 예수가 예루살렘에 입성한 후 바리새인들이 여러 번 예수의 적대자들로 나타나고 있는데(마 28:62), 누가복음에서는 "바리새인"이 예수의 예루살렘 입성 이후에는 거의 등장하지 않는다. 유일한 예외가 눅 19:39인데, 여기서도 "바리새인"은 부정적이거나 적대적인 의미로 나타나고 있지 않다.

6 누가복음에서 예수는 바리새인들과 어느 정도 우호적인 관계를 맺고 있었던 것으로 나타나고 있다. 예를 든다면, 예수는 여러 번 바리새인들의 초청을 받아 그들의 집에 들어가 함께 식사를 나누기도 했고(눅 7:36; 11:37; 14:1), 사제간의 대화를 나누기도 했으며(눅 17:20-21), 헤롯이 죽이려고 하니 피신하라고 알려준 사람도 바리새인이었다(3:31). 물론 눅 11:39, 42, 43 등에서 바리새인들을 가리켜 "화가 있으리라"는 저주 선언들이 나타나고 있기는 하지만, 평행 본문인 마태 23장과 비교하면, 바리새인에 대한 저주 선언은 어느 정도 완화되어 있는 것도 사실이다. 눅 11:46과 11:52 의 경우는 저주 선언의 대상이 오히려 "바리새인"으로부터 "서기관들"에게로 돌아서고 있다. 누가는 바리새인 자체를 비난했다기보다 바리새인들의 "위선"을 비판했다. 바리새인에 대한 누가의 이런 호의적인 관점은 아마도 함께 전도 여행을 했던 사도 바울 자신이 "바리새인"(빌 3:5)이었다는 사실 때문이기 했을 것으로 추정된다.

7 마태가 이 말씀을 첨가한 것은 요나에 관한 구약 이야기를 예수의 부활에 대한 알레고리로 발전시킨 것으로 생각된다. 요나의 표징을 예수의 부활에 대한 언급으로 보는 관점은 초대교회의 해석이지 예수 자신의 생각으로 돌릴 수는 없다. Cf. Fitzmyer, *Luke*, 931.

만 나온다. 따라서 누가복음에서는 이 세대에 주는 표징으로 "요나"와 "인자" 예수가 그리고 니느웨 사람들과 이 세대 사람들이 직접 대비되어 강조되고 있는 점이 특징이다. 우리는 이런 차이점들을 통해서 누가가 이 본문을 통해서 소개하려는 마태와는 다른 의도를 읽어낼 수 있게 된다.

3. "요나의 표징"을 소개하는 누가의 의도

같은 문서 자료인 Q 자료로부터 "요나의 표징"에 관한 말씀을 인용하여 소개하면서도 누가와 마태의 두 본문(눅 12:39-42; 마 12:38-42) 사이에는 적지 않은 차이가 있음을 확인했다. 분명히 이런 차이는 두 복음서 기자의 편집 의도의 차이 때문인 것으로, 즉 "요나의 표징" 이야기를 가지고 독자들에게 전하려고 했던 신학적 설교 의도의 차이 때문인 것으로 생각된다. 그렇다면 누가가 마태와 달리 그의 복음서에서 "요나의 표징" 이야기를 가지고 독자들에게 강조하려고 했던 메시지는 무엇일까?

누가는 일찍이 복음서의 서두 부분에서 아기 예수의 탄생과 관련하여 천사의 입을 통해서 "너희가 가서 강보에 싸여 구유에 누인 아기를 보리니 이것이 너희에게 표징이니라"(2:12)고 말한 바 있다. 그리고 이어서 시므온의 입을 통해 예수가 "이스라엘 중에 많은 사람을 넘어지게도 하고 일어서게도 하며 또 사람들의 반대를 받는 표징(sign)으로 세워진 분"(눅 2:34)이라고 말한 바 있다. 예수 자신이 "표징"이라는 말이다. 또 예수가 예루살렘 성전의 멸망을 예언했을 때 제자들이 "이런 일이 생기려고 할 때 어떤 표징(sign)이 있겠느냐고 묻기도 했고(눅 21:7), 예수가 붙잡혀 심문을 당할 때는 혜롯이 예수가 행하는 어떤 표징(sign)을 보기 원하기도 했다(눅 23:8)고 전한 바 있다. 그런데 여기에서 누가는 예수가 표징을 구하는 사람들을 향해서 "요나의 표징 밖에는 아무 표징도 보여주지 않을 것이다" (11:29)라고 말하면서 "요나가 니느웨 사람들에게 표징이 되었던 것처럼 인자도 이 세대의 표징이 될 것이다"(11:30)라고 말했다고 전한다. 예수 자신이 이 세대를 위한 "표징"이 될 것이라는 말이다. 그런데 누가에게 있어서 "요나의 표징"은 마태복음의 경우처럼 예수가 사흘 동안 땅속에 있었던 것을 가리키는 표징이 아니라, 이방인들인 니느웨 사람들이 회개하라는 요나의 말씀을 듣고 회개하였는데, 이 세대 사람들은 "요나보다 더 위대한 분"인 예수의 말씀을 듣고도 회개하지 않고 있는 것을 가리키는 표징이다.

우리는 먼저 여기서 요나가 하나님으로부터 이방 땅인 니느웨로 가서 말씀을 전하라고 보냄을 받은 선지자라는 사실에 주목해야 한다. 요나 1:1-2에 보면 "여호와의 말씀이 아밋대의 아들 요나에게 임하니라 이르시되 너는 일어나 저 큰 성 니느웨로 가서 그것을 향하여 외치라"는 말씀이 나온다. 3:1-2에서 다시금 "여호와의 말씀이 두 번째로 요나에게 임하니라 이르시되, 일어나 저 큰 성읍 니느웨로 가서 내가 네게 명한 바를 그들에게 선포하라"는 말씀이 나온다. 요나는 분명히 구약성서에서 이방인의 땅 니느웨로, 이방인인 니느웨 사람들에게로 보냄을 받은 선지자이다. 바로 이 때문에 많은 학자들은 구약성서 안에 이미 선교의 개념이 있다는 사실을 증명하고자 할 때 대표적으로 이 두 곳, 즉 바로 요나서와 제2 이사야서를 지적하고 있는 것이다.8 그런데 누가는 여기서 요나가 니느웨 사람들에게 표징이 되었던 것처럼 예수가 이 악한 세대에 표징이 된다고 말하고 있다. 요나가 니느웨 사람들에게 보냄을 받은 선지자라면, 예수는 악한 이 세대에 보냄을 받은 선지자, 그러나 "요나보다 더 큰 이"라고 증거하고 있는 것이다.

마찬가지로 남방의 여왕이 아주 먼 곳으로부터 솔로몬의 지혜를 들으려고 왔었는데, 이 세대의 사람들은 가까이 있는 "솔로몬보다 더 위대한 분"인 예수의 지혜로운 말씀을 들으려고도 하지 않았다. 그래서 마지막 심판 때에는 요나의 말씀을 듣고 회개한 니느웨 사람들이 "요나보다 더 위대한 분"이신 예수의 말씀을 듣지 않은 이 세대 사람들을 정죄하게 될 것이라는 말씀처럼, 마지막 심판 때에 솔로몬의 지혜를 듣기 위해 먼 곳으로부터 왔던 남방의 여왕이 아주 가까운 곳에서 "솔로몬보다 더 위대한 분"의 지혜로운 말씀을 듣지 않은 이 세대 사람들을 정죄하게 될 것이라고 말한다. 예수는 "하늘로부터" 보내진 선지자라는 의미에서 요나처럼 "먼 곳으로부터" 온 선지자이다. 그러나 물론 요나보다 더 큰, 더 위대한 분이다(11:32). 누가에게 있어서 예수의 설교는 그리고 말씀이신 예수는, 이 세대에 주어질 유일한 표징이다. 그런데 예수의 설교와 말씀이신 예수에 대한 이 세대의 반응은 누가가 7:32에서 언급한 바와 같이 "피리를 불어도 춤추지 않았고, 애곡을 하여도 울지 않았다." 그런 반응이 요나의 표징에 대한 말씀을 통해 그들에 대한 경고로 나타나고 있다: 요나의 설교를 듣고 회개한 니느웨 사람들이 일어나 마지막 심판 때에 이 세대 사람들을 정죄할 것이다(눅 11:32).

---

8 G. Wilson, *The Gentiles and the Gentile Mission in Luke-Act* (Cambridge At the University Press, 1973), 2.

시므온이 예언했던 바와 같이, 예수 자신이 이 세대를 위한 하나님의 표징(sign)이다. 예수가 솔로몬의 지혜보다 더 위대한 하나님의 지혜이며, 요나가 전한 말씀보다 더 위대한 하나님의 말씀이기 때문이다.9 그러나 예수는 시므온이 예언했던 그대로 "사람들의 반대를 받는 표징"(눅 2:34)이기도 했다. 이 세대 사람들이 예수의 말씀을 듣지 않고 반대하기 때문이다. 누가가 요나의 표징에 관한 말씀(11:29-32)을 눅 11:28에 나오는 예수의 말씀, 곧 "하나님의 말씀을 듣고 이를 지켜 행하는 사람이 오히려 행복하다"는 말씀에 바로 이어서 소개하는 이유가 바로 거기에 있다. 따라서 우리는 "요나의 표징"에 관한 누가의 이 본문 가운데서 니느웨 사람들과 남방의 여왕 등 이방인들이 긍정적인 모델로 제시되고 있다는 점에 주목할 필요가 있다. 피츠마이어(Fitzmyer)는 이것이 누가가 보여주는 "하나님의 보편적인 구원의 관심"(universal salvific concern)10이라고 말한다.

구약에 나오는 요나의 이야기 가운데서 우리는 하나님의 명령에 대해 거부하며 반항했던 성난 유대인 예언자 요나와 순종하며 회개하는 이방인들(뱃사람, 니느웨 사람들 그리고 짐승들과 물고기까지)이 서로 대조되고 있는 것을 보게 된다. 요나의 말씀을 듣고 회개한 사람들은 오히려 이방인들인 니느웨 사람들이며, 솔로몬의 지혜를 들으려 멀리서 찾아온 사람은 오히려 이방인인 남방의 여왕이었다. 니느웨 사람들이 그리고 남방의 여왕이 예수의 말씀을 듣지도 않고 회개하지도 않는 "이 세대 사람들", 곧 하나님의 택함을 받았다고 자부

---

9 Sharon H. Ringe, *Luke*, 170: "both divine Wisdom and divine Word-greater than the wisdom of Solomon and the word of Jonah alike."

10 Fitzmyer, *Luke*, 932.

하는 유대인들을 정죄하게 될 것이라는 말씀은 결국 택함받은 유대인과 이방인의 운명의 역전(reversal)을 말하는 것 이외의 다른 것이 아닐 것이다.

누가는 예수가 백부장의 종을 고치신 이적 이야기 가운데서 이방인 백부장을 향해서 "나는 이스라엘 중에서 아직 이런 믿음을 본 일이 없다"(7:9)고 칭찬했다고 말한 바 있다. 그리고 눅 13:28-30에서는 "아브라함과 이삭과 야곱과 모든 예언자들은 하나님 나라 안에 있는데 너희가 밖에 쫓겨난 것을 알게 될 때, 너희는 거기서 슬피 울며 이를 갈 것이다. 사람들이 동과 서에서 그리고 남과 북에서 하나님 나라 잔치에 참석하기 위하여 모여들 것이다. 보라 나중 된 사람이 먼저 되고 먼저 된 사람이 나중 될 것이다"라고 말한 바 있다. 그런데 여기서는 택함 받은 이 "악한 세대"가 듣지도 않고 회개하지 않고 있는데, 오히려 니느웨 사람들이 말씀을 듣고 회개한 사실에 대해서 그리고 가까이 있는 이 "악한 세대"가 전혀 지혜의 말씀을 듣지 않고 있는데, 오히려 멀리 "땅끝에서부터" 남방 여왕이 솔로몬의 지혜를 듣기 위해서 찾아온 사실에 대해서 말하고 있다. 누가는 이런 말들로서 은연중에 "니느웨 사람들"과 "남방 여왕"과 같은 이방인들을 오히려 긍정적인 모델로 제시하고 있는 것으로 보인다. 그래서 피츠마이어(Fitzmyer)는 여기서 우리는 "이 이야기가 누가가 말하고 있는 구원의 보편주의를 위해 갖고 있는 의미를 간과하지 말아야 한다"[11]고 강조하고 있는 것이다.

---

11 Fitzmyer, *Luke*, 934.

성전을 병원으로 바꾼 예수(마 21:12-17)

예수가 성전에 들어가 장사하는 사람들을 모두 쫓아낸 이야기는 네 복음서 모두에 나온다. 그러나 이 이야기를 전하는 복음서 기자들의 의도가 다 똑같은 것은 아니다. 복음서 기자들이 정확한 역사를 그대로 전해주려는 역사편찬가가 아니라, 전해진 이야기를 통해서 나름대로 자신의 독특한 메시지를 전하려고 했던 설교가들이기 때문이다. 여기서는 특히 마태복음을 기록한 마태가 자신의 문서 자료인 마가복음을 통해 전해진 성전 숙정 혹은 성전 저주 사건을 마가와는 달리 어떤 형태로, 그래서 어떤 메시지로 전해주고 있는지를 살펴보고자 한다. 자료에 가한 차이점들이 복음서 저자의 독특한 의도를 읽어낼 수 있는 열쇠가 될 수 있기 때문이다.

1. 마가 본문과의 차이점들

마태의 성전 숙정 이야기는 그의 문서 자료인 마가복음 본문과 비교할 때 다음과 같은 몇 가지 점에서 아주 분명한 차이점들을 보이고 있다. 첫째로 마가복음에서는 성전 숙정 이야기가 무화과나무 저주 이야기에 의해 샌드위치 되어 마치 하나의 이야기처럼 소개되고 있다.[1] 그러나 마태복음에서는 그 두 이야기가 별개의 이야기로, 즉 한 이야기 후에 다른 이야기가 소개되고 있는 형태로 편집되어 있을 뿐이다.

둘째로 마가복음에 의하면 예수가 예루살렘에 입성한 후 곧바로 성전에 들어가셨다가 둘러보시고 다시 나와 베다니로 돌아가셨다가 이튿날 성전에 들어가 성전을 숙정하시는 것으로 되어 있는데(막 11:11-12), 마태복음에서는 예수가 예루살렘에 입성한 후 곧바로 성전에 들어가셔서 성전을 숙정한 것으로 소개되고 있다. 같은 날에 있었던 사건으로 소개되고 있다. 그래서 마태의 경우 예수의 예루살렘 입성의 목적 자체가 마치 성전의 숙정에 있는 것처럼 보이기도 한다.

셋째로 마태는 막 11:16, 곧 "누구든지 물건들을 가지고 성전 뜰을 통로처럼 사용하는 것을 금하셨습니다"라는 말을 삭제하였다. 예수가 제사용 기구들을 성전 뜰 안에서 옮기는 것을 금하는 것 자체가 성전 기능의 정지를 의미하는 것으로 읽힐 수 있기 때문에, 성전에 대한 직접적인 그리고 아주 부정적인 비판이나 공격을 의미하는 것을 피하기 위한 조치로 생각된다.

넷째로 마태는 막 11:17의 "만민이 기도하는 집"이라는 표현에서 "만민을 위한"이라는 문구를 삭제한 채 그냥 "기도하는 집"이라고 표현하였다. 유대인 기독교 공동체를 상대로 하고 있는 마태로서는 성

---

1 서로 다른 구전 자료들을 하나로 묶어 소개하는 이른바 샌드위치 편집 방법은 마가의 독특한 자료 편집 방법 중 하나로 알려져 있다. 이런 경우 두 이야기는 별개의 이야기가 아니라 하나의 공통된 메시지를 갖는 것으로 해석된다. 그래서 흔히 마가복음의 경우에는 성전 청소 사건이나 성전 숙정 사건이 아니라 무화과나무 저주 사건과 연관된 성전 저주 사건으로 이해해야 한다는 주장이 강하게 대두되었다.

전을 "만민을 위한" 곧 "이방인들을 위한" 기도의 집으로 표현하기를 꺼려했던 것으로 보인다.

다섯째로 마태는 막 11:18-19, 곧 대제사장들과 율법학자들이 예수를 없앨 방도를 찾고 있었다는 말2과 예수와 그 제자들이 성 밖으로 나갔다는 말을 삭제하고 그 대신에 마 21:14-17에서 예수가 성전 뜰에서 병자들을 고친 이야기와 아이들이 "호산나 다윗의 자손이여"를 외치는 이야기를 첨가하였다.

마태는 이 같은 편집적인 수정 작업을 통해서 예루살렘 성전과 관련하여 마가와는 아주 다른 신학적 관심을 몇 가지 분명하게 드러내고 있다. **첫째는** 무엇보다도 예루살렘 성전에 대한 긍정적인 관점이다. 이것은 역시 마태복음의 보수적인 유대적 관점을 반영하는 것으로 생각된다. 그리고 **둘째는** 예수를 다윗보다 더 큰이, 모세보다 더 큰이로 소개하려는 기독론적 관심이다. 이 두 가지를 하나씩 나누어 살펴보기로 하자.

2. 예루살렘 성전에 대한 긍정적인 관점

예루살렘 성전에 대한 마가의 태도가 몹시 부정적이며 비판적이라는 사실은 앞에서도 잠깐 언급한 바와 같이 아주 분명해 보인다. 이 점은 무엇보다도 마가가 예수의 성전 숙정 이야기를 무화과나무 저주 사건과 서로 연결시켜 편집한 사실에서도 잘 드러나고 있다. 즉 마가는 마태복음 저자처럼 성전 숙정 이야기와 무화과나무 저주 이

---

2 마태복음에서는 마가의 경우처럼 성전이 공격과 저주의 대상이 되어 있지 않기 때문에, 대제사장들과 율법학자들로서는 이 사건이 예수를 죽이려고 나설 만한 일로 생각되지 않았을 것이다.

야기를 한 이야기 다음에 다른 이야기를 나란히 연결하여 소개하는 (one after another), 소위 단순한 연결 편집 방법을 택하지 않고, 한 이야기를 다른 이야기 속에 편집해 넣어 두 이야기를 마치 한 이야기처럼(two in one) 소개하는 이른바 "샌드위치 편집 방법"(sand-wiching method)을 택하였다. 이것은 마가에게 있어서 성전 숙정 이야기는 무화과나무 저주 이야기와 함께 그리고 또한 무화과나무 저주 이야기는 성전 숙정 이야기와 함께 서로 연관시켜 읽고 이해해야 한다는 뜻이다.

나인햄(Nineham)은 마가가 두 이야기를 서로 샌드위치 시켜 편집한 의도에 대해 다음과 같이 말하고 있다: "잎만 무성한 무화과나무처럼 유대백성들도 그들의 수많은 예식과 외면적인 준수로 훌륭한 쇼(show)를 하고 있지만, 메시야가 오셔서 의의 열매를 구할 때 찾지 못하면, 그 결과는 무화과나무의 경우처럼 유대교를 위한 정죄와 파멸뿐이다."[3] 결국 예수가 잎사귀만 무성할 뿐 실제로는 아무런 열매도 없는 무화과나무를 "저주"했듯이, 제사 형식과 건물만 화려하고 웅장할 뿐 실제로는 아무런 내용이나 진심도 담겨있지 않은 성전 제사 제도를 "저주"한 것이라고 보고 있는 것이다. 이런 관점에서 볼 때, 마가의 이 본문에 대해 무비판적으로 흔히 붙여왔던 "성전 청소"(the cleansing of the temple)라는 명칭은 결코 마가의 의도를 제대로 파악한 올바른 명칭이라고 볼 수 없다.[4]

막 11:16에 의하면 예수께서는 사람들이 성전을 가로질러 종교

---

3 D.E. Nineham, *The Gospel of St. Mark*, Pelican Gospel Commentary (Baltimore: Penquin Books, 1973), 299.

4 우리말 성서 개역개정에서는 "성전을 깨끗하게 하시다"라는 제목을 붙였고, 영어 성경에서도 대체로 다 "the Cleansing of the Temple"이라는 제목을 붙이고 있다.

예식상의 물건들을 운반하는 것조차 금지시키고 있는데, 이것은 성전의 종교적 예식 자체를 금지 혹은 중지시킨 것을 의미한다. 이것은 곧 성전 비판의 극대화이며, 따라서 성전의 무효화와 성전 기능의 종결을 뜻하는 것이었다. 이런 의미에서는 "성전의 종말"(the ending of the temple) 혹은 "성전의 무력화"(the disqualification of the temple)라는 명칭도 적절해 보인다.5 결국 마가의 경우 무화과나무 저주 이야기는 예수의 성전 숙정 이야기의 의미를 더욱 분명히 강조하기 위해서 소개된 이야기일 뿐이다. 따라서 마가의 이런 의도를 감안한다면 예수가 성전을 숙청 또는 청소하신 본문에 대한 보다 적절한 명칭이나 제목은 "무화과나무 저주 사건"과 짝을 이루는 "성전 저주 사건"일 것이어야 할 것이다.

예루살렘 성전에 대한 이와 같은 마가의 부정적인 태도는 요한복음의 경우도 마찬가지인 것으로 나타나고 있다. 성전에 대한 요한의 부정적인 관점은 무엇보다도 본문 가운데서 예수가 노끈으로 채찍을 만들어 성전 뜰로부터 소와 양과 비둘기 파는 사람들과 돈 장수들을 쫓아내고, 또 돈 장수들의 돈을 쏟고 그 상을 둘러엎은 파괴적인 행동에서 잘 들어나고 있다. 그리고 성전을 "장사하는 집으로 만들지 말라"(16절)고 호통을 치며 "이 성전을 허물라"(19절)고 명하는 데서도 잘 나타나고 있다.

더구나 요한은 성전 숙정 이야기를 예수가 갈릴리 가나의 혼인

---

5 J.D. Kingsbury도 예수로부터 저주를 받아 말라죽은 무화과나무는 "열매를 맺지 못하는 참된 예배, 그래서 어느 날 멸망하게 될 성전을 상징하는 것"으로 보고 있다. Cf. *Conflict in Mark: Jesus, Authorities, Disciples* (Minneapolis: Fortress Press, 1989), 77; 같은 의미에서 Kelber도 "무화과나무는 성전을 예증하며, 죽은 나무는 성전의 죽음을 상징한다"라고 말한다. Cf. *Mark's Story of Jesus*, 62.

잔치에서 물로 포도주를 만든 표적 바로 뒤에 편집하여 소개함으로써, 즉 먼저 나온 포도주보다 나중 나온 포도주가 훨씬 더 맛있다는 이야기를 통해 먼저 나온 유대교 신앙보다 나중 나온 기독교 신앙이 훨씬 더 좋다는 종교적 변증을 소개한 뒤에 편집하였다. 더구나 요한은 다른 복음서에서는 나타나지 않는 말씀들, 곧 "이 성전을 허물라. 그러면 내가 사흘 만에 다시 세우겠다"(요 2:19)라는 말씀을 소개하면서 "예수께서 말씀하신 그 성전은 자기 몸을 두고 하신 말씀이었습니다"(요 2:21)라는 말씀을 첨가함으로써, 유대교의 예루살렘 성전이 그보다 더 나은 성전인 예수에 의해, 아니 부활하신 예수에 대한 신앙에 의해 대치될 것임을 증거하고 있다. 따라서 요한복음의 경우에도 "무화과나무의 저주"와 나란히 "성전의 저주"(the cursing of the temple)를 선언하고 있는 마가복음의 경우와 마찬가지로 예루살렘에 성전에 대한 부정적인 관점이 아주 두드러지게 드러나고 있으며, 이런 요한복음 저자의 관점에서 볼 때, 이 본문은 마가의 경우처럼 "성전의 저주"가 아니라, 도리어 "성전의 대치"(the replace-ment of the temple)라는 명칭으로 불리는 것이 보다 적절할 것으로 보인다.

그러나 누가복음의 경우는 마가나 요한의 경우와 아주 다르다. 우선 우리는 예수의 성전 숙정의 이야기가 누가복음에서 아주 축소된 형태로, 아주 간단히 소개되고 있는 점을 보게 된다. 마가는 이 이야기를 위해 다섯 구절을(막 11:15-19) 그리고 요한은 무려 열 구절을(요 2:13-22) 할애한 반면에, 누가는 단지 두 구절(19:45-46)로 축소하였다. 누가는 이처럼 이야기의 내용 자체를 축소함으로써 예수가 성전에 들어가셔서 했던 부정적인 행동, 곧 채찍으로 짐승들을 쫓아내고 돈 바꾸는 사람들과 비둘기파는 사람들의 상과 의자를 둘러엎으신 파괴적인 행동들은 자연히 삭제되었고, 또한 성전을 가리켜 "강도들의 굴혈"이라던가 혹은 "장사하는 집"이라고 혹평한 말들은 "기도하는 집"이라는 표현으로 바뀜으로써, 예루살렘 성전에 대한 긍정적인 관점이 마가나 요한에 비해서 아주 잘 드러나고 있다. 그리고는 누가는 오히려 이 이야기 바로 직후에(19:47), "예수께서 날마다 성전에서 가르치셨습니다"라는 말을 첨가 삽입함으로써, 예수께서 성전을 청소한 목적이 마치 성전에서 백성들을 가르치기 위한 적절한 분위기를 확보하기 위한 일종의 준비 작업이었다는 인상을 드러내주고 있는 것으로 보이기도 한다.

이렇게 누가는 성전을 예수의 '교육 장소'로 보고 있다는 점에서 그리고 그 교육 장소가 장사하는 사람들에 의해 망쳐지고 있는 것을 바로 잡아 교육하기에 적절한 환경을 만들고 있다는 점에서, 누가의 성전에 대해 태도는 마가나 요한의 경우와는 달리 어느 정도 긍정적이라고 말할 수 있게 된다. 따라서 누가복음의 경우, 예수께서 성전에 들어가 장사하는 사람들을 쫓아낸 사건에 대한 적절한 명칭은 마가처럼 "성전 저주" 사건도 아니고, 요한처럼 "성전 대치" 사건도 아니고, 오히려 교육의 장소를 교육하기에 알맞은 분위기로 만들기 위한 "성전 청소"사건이라고 부르는 것이 더 적절할 것으로 보인다.

그런데 마태는 복음서 기자들 가운데서 예루살렘 성전에 대해 가장 긍정적인 관점을 보이고 있는 것으로 생각된다. 이 점은 다음과 같은 몇 가지 사실에 의해 분명히 드러나고 있다. 첫째로 마태는 누가처럼 성전 숙정 이야기 자체를 단 두 구절로(21:12-13)로 축소시켰고, 그 결과로 마태복음에서는 예수가 성전 안에 들어가서 행한 예수의 부정적인 행동이 크게 부각되고 있지 않다. 특히 "아무나 기구를 가지고 성전 안으로 지나다님을 허락하지 아니하셨다"(막 11:16)는 언급을 완전히 삭제해버림으로써 예수가 성전 안에서의 제사 활동을 금지하거나 정지시켰다는 인상을 전혀 주고 있지 않다.

둘째로 마태는 예수가 성전을 청소한 직후에 "성전 뜰에서" 맹인들과 앉은뱅이와 같은 병자들을 고쳐주었다고 사실을(21:14) 언급함으로써, 성전의 중요한 기능이 사람들을 보다 온전케 만드시는 곳임을 드러내주고 있다. 성전의 주요 기능이 제사를 통해 죄인인 인간을 하나님 앞에 온전히 설 수 있게 만들어주는 일이라면, 예수가 맹인들과 앉은뱅이와 같은 병자들을 고쳐준 일도 제사에 못지않게, 하나님 앞에 온전히 건강한 몸으로 설 수 있게 만들어주는 일도 성전의 중요한 기능인 셈이다. 이런 점에서 마태는 예수가 "성전에 들어가서 성전 뜰 안에서 팔고 사는 사람들과 돈 장수들의 상과 비둘기파는 사람들의 의자를 둘러엎으신" 이유는 그런 것들이 성전의 본래 기능이 아니기 때문이고, 그보다 더 중요한 일, 즉 성전 뜰 안에서 병자들을 고쳐주셔서 그들로 하나님 앞에 바로 설 수 있게 해주는 더 중요한 기능을 소개함으로써 성전의 본래 기능이 무엇인지에 대해 다시 생각하게 해주고 있는 것으로 보이기도 한다. 이런 의미에서 본다면, 마태의 경우에는 성전을 성전 본연의 역할, 즉 사람의 생명을 살리는 일로 되돌린다는 의미에서 "성전 바로 세우기," 혹은 "성전 숙정"이라는 명칭이 좀 더 잘 어울릴 수 있을 것으로 생각된다.

3. 다윗보다 더 위대한 치료자 예수상

마태복음의 대표적인 예수상(像)이 설교자(preacher), 혹은 교사(teacher)라는 사실은 이미 잘 알려져 있다. 이런 이해가 마태복음 연구에서 비교적 지배적이었기 때문에, 마태복음에 소개되고 있는 예수의 주요 이미지 가운데 하나가 "치유자"(healer)라는 사실은 지금까지 별로 관심을 끌지 못했던 것으로 생각된다. 물론 마태가 그의 복음에서 예수를 설교자(preacher), 또는 교사(teacher)로 강조하고 있다는 사실을 부인하기는 어렵다. 그러나 마태의 그 같은 관심에 못지않게 그의 복음서에서 예수가 "치유자"(healer)로 강조되고 있다는 점에도 주목할 필요가 있다. 이 점은 무엇보다도 먼저 마태가 그의 복음서 4:23과 9:35에서 예수의 공생애 사역을 거듭해서 "전도"(preaching), "교육"(teaching) 그리고 "치유"(healing)로 요약하고 있는 사실에서도 밝히 드러나고 있다.[6]

더구나 마태는 예수의 공생애 활동 시작 부분에서 산상 설교(5-7장)에 이어서 주로 병 고침과 관련된 이적 이야기들(8-9장)을 소개함으로써 예수를 말씀의 메시야(the Messiah in word)이며, 동시에 행동의 메시야(the Messiah in deed)라고 증거하고 있다.[7] 결국 마태는 예수의 말씀(word)이 주로 설교와 교훈으로 구성되었다면 그의 행동(deed)은 주로 병 치유였다고 보고 있는 셈이다. 그래서 병 고침의 이적 이야기 시리즈 가운데서 마태는 이사야 선지자의 말을

---

6 Cf. 마 4:23, "예수께서 온 갈릴리에 두루 다니사 저희 회당에서 가르치시며(taught), 천국 복음을 전파하시며(preached), 백성 중에 모든 병과 모든 약한 것을 고치시니(healed)…"; 마 9:35, "예수께서 모든 성과 촌에 두루 다니사 저희 회당에서 가르치시며(taught), 천국 복음을 전파하시며(preached), 모든 병과 모든 약한 것을 고치시니라(healed)."

7 Peter F. Ellis는 이것을 the authority of Jesus "in Word"와 the authority of Jesus "in Deed"로 구분하고 있다. Cf. *Matthew: His Mind and His Message* (The Litergical Press, Minnesota, 1974), 31-40.

인용하여 "그는 몸소 우리의 괴로움을 맡으시고 우리의 병을 짊어지셨다"는 말씀이 이루어졌음을 말하고 강조하고 있다(마 8:17). 예수는 마태에게 있어서 "우리의 병을 짊어지신 분"이며, 울리히 루츠(Ulrich Luz)의 말을 빌리자면 그는 "치료하는 메시야"(the healing Messiah)인[8] 셈이다.

더구나 우리는 마태복음을 그의 자료인 마가복음과 비교해 볼 때, 마태의 "치유자 예수상(像)"에 대한 관심을 더 분명히 이해할 수 있게 된다. 마가복음에서는 예수가 무엇보다도 "귀신 축출 자"(exorcist)로 강조되고 있다. 그래서 마가복음에서는 예수의 공생애 활동 중 첫 번째 이적이 가버나움 회당에서 귀신들린 사람을 고쳐주는 이적이었다고 소개되고 있기도 하다(막 1:21-28). 그러나 마태복음에서는 예수가 "귀신 축출 자"(exorcist)로서보다는 오히려 "치료자"(healer)로서 묘사되고 있다. 이와 관련해서 마태복음에서는 "치유하다"라는 뜻을 가진 헬라어인 therapeuo(heal)와 iaomai(cure)가 마가복음에서보다 거의 세 배나 더 많이 나타나고 있는 사실에 주목할 필요가 있다. 즉 마태에선 therapeuo가 16번 사용되었는데, 마가복음에선 6번밖에 사용되고 있지 않으며, iaomai의 경우 마태복음에서는 4번, 마가복음에서는 오직 한 번만 나타나고 있을 뿐이다.

더구나 마태는 마가복음의 자료들을 다음과 같은 세 가지 편집 과정을 통해서 예수를 "치유자"로 강조하고 있는 것으로 보인다. 첫째로 마태는 자신이 입수한 몇몇 이야기들에서 "귀신축출"(exor-cist)의 요소들을 축소시켜가면서,[9] 그런 이야기들을 오히려 일반적

---

8 Cf. Ulrich Luz, *The Theology of the Gospel of Matthew* (Cambridge University Press, 1993), 117.

인 "치료"(healing)의 이야기로 변형시키고 있다. 예를 들어 본다면, 두 경우에 마태는 마가복음에 나오는 귀신과 마술사적인 요소들을 상당히 축소시키고 있다. 즉 마태는 막 7:31-37에 나오는 귀먹은 병어리를 고친 이적 이야기 가운데 나오는 상세한 설명, 가령 침을 뱉고 혀를 만지는 마술사적인 요소들을 다 삭제한 채, 예수의 치유 사역에 대한 일반적인 요약으로 바꾸어 놓았다(15:30, 큰 무리가 앉은뱅이와 절뚝발이와 맹인과 벙어리와 그 밖의 많은 병자를 데리고 와서 예수의 발 앞에 두었습니다. 그래서 예수께서 그들을 고쳐주셨습니다[healed]). 그리고 귀신들린 아이를 고친 이적 이야기(막 9:14-29; 마 17:14-21)에서도 마태는 마가복음이 갖고 있는 귀신 축출 이야기의 요소를 거의 다 생략하고 있다. 가령 "벙어리와 귀머거리 귀신아 내가 네게 명령한다. 아이에게서 나와 다시는 들어가지 말라"(막 9:25)는 말씀 등을 다 삭제한 채 "예수께서 귀신을 꾸짖으셨습니다. 그러자 귀신이 아이에게서 떠나가고 아이는 그 순간에 나았습니다"(cured, 마 17:18)라고 기록하고 있다. 마태의 이런 수정 작업들은 예수를 귀신 축출자(exorcist)로서보다는 오히려 치유자(healer)로서 제시하려는 의도 때문인 것으로 해석될 수 있다.

둘째로 마태가 이처럼 마가복음에 많이 나오는 귀신축출(exorcism) 이적을 그의 복음서에서 병 고침(healing)의 이적으로 바꾸어 편집한 것도 있지만, 더 나아가 마태는 예수의 가르침(teaching)에 대한 마가의 설명을 예수의 병 고침(healing)에 대한 설명으로 바꾸

---

9 Heinz Joachim Held는 마태가 마가복음의 이적 이야기들을 축소시키는 것 자체가 일종의 "a means of interpretation"이라고 말한다. Cf. G. Bornkamm, G. Barth, and H.J. Held, *Tradition and Interpretation in Matthew* (Philadelphia: The Westminster Press, 1963), 168.

어 놓기도 했다. 가령 막 6:34에 보면 "예수께서 배에서 내려 큰 무리를 보시니 그들은 마치 목자 없는 양과 같아서 불쌍히 여기시고 여러 가지로 **가르치셨습니다**"라고 기록되었는데, 마태는 14:14에서 "예수께서 배에서 내려 큰 무리를 보시고 그들을 측은히 여겨 그들 가운데서 병자들을 **고쳐주셨습니다**"라고 고쳐놓았다. 또 막 10:1에 보면 "예수께서 거기를 떠나 유대 지경과 요단강 건너편으로 가셨습니다. 무리가 또 모여들었습니다. 예수께서는 늘 하시던 대로 그들을 **가르치셨습니다**"라고 예수의 일반적인 "가르침의 사역"(teaching minis-try)에 대한 언급으로 기록되어 있는데, 마태는 19:2에서 "큰 무리가 예수를 따라왔습니다. 예수께서는 거기서 그들을 **고쳐주셨습니다**"라고 오히려 "병 고침의 사역"(healing ministry)의 형태로 고쳐놓았다. 이 부분이 두 복음서에서 모두 논쟁 설화의 서론이기 때문에 오히려 병 고침보다는 가르침(teaching)이 문맥상 더 적절한데도 마태는 교훈을 병 고침(healing)으로 바꾼 것이다.

아마 이런 것들보다 더 중요한 것은 마태복음에 나오는 성전 숙정에 관한 이야기일 것이다. 마태는 성전 숙정 사건을 강조하고 있는 마가와 누가와는 달리 성전 숙정 사건 자체에 대한 언급은 아주 간단히 축소시킨 채, 청소된 성전 뜰에서 병 고침 사건이 있었음을 강조하고 있다: "성전 뜰에서 된 일입니다. 맹인들과 앉은뱅이들이 예수 앞에 나아왔습니다. 예수께서 그들을 모두 고쳐주셨습니다"(마 21:14). 다시 말해서 **마태는 성전 숙정 이야기를 병 고침의 이야기로 바꾸어 놓고 있는 셈이다**.[10] 그리고 마태복음에서는 이것이 예수께서 병을 고

---

10 누가복음의 경우는 마태복음처럼 성전 숙정 사건을 간단히 축소하여 언급한(눅 19:45-46) 후에, 오히려 "예수께서 날마다 성전에서 가르치셨습니다"(19:47)라고

쳐주신 마지막 사건으로 나타나고 있다. 결국 마태복음에서는 예수께서 성전에 들어가신 목적이 마치 성전에서 병자들을 고쳐주시기 위한 것처럼 드러나고 있으며, 결국 성전에서의 병 고침이 마태복음에서는 예수의 병 고침 사역의 마지막 클라이막스로 묘사되고 있다. 이런 본문들에서도 우리는 예수를 무엇보다도 "치유자"(a healer)로 나타내려고 하는 마태의 의도를 분명히 읽을 수 있게 된다.

셋째로 마태가 병 고침을 중요시하며 강조하는 경향은 예수의 공생애 활동에 관한 마가복음의 요약문들을 편집하는 데서도 드러나고 있다. 예를 들어 마태는 예수의 공생애 사역을 마가복음의 경우처럼 "가르치며 귀신을 쫓아내는 것"으로 요약하기보다는 오히려 "가르치며 고치는 것"으로 요약하고 있다. 마가는 예수의 사역을 요약할 때 설교(preaching)와 귀신축출(exorcism)이라는 두 행동을 강조하고 있다: "예수께서 온 갈릴리를 두루 다니시며 여러 회당에서 말씀을 전파하시고(preached) 귀신을 쫓아내셨습니다(exorcized, 막 1:39). 그리고 마가복음에서는 예수께서 열두 제자들 선택하여 내보내실 때 권세를 주실 때도 이 두 가지 일을 하도록 하기 위해서였다: "예수께서 그들을… 내보내어 말씀을 전파하게 하시며(preach) 그들에게 귀신을 쫓아내는(exorcize) 권세를 주시려는 것이었다"(막 3:14-15). 그러니까 마가복음에서는 예수와 그의 제자들의 사역이 "설교(preaching)와 귀신축출(exorcism)"로 가장 잘 요약될 수 있다(물론 마가에게 있어서는 후자가 전자보다 더 중요시되고 더 강조되어 있다).

그러나 마태복음의 경우, 물론 마태가 예수의 "가르침"(teach-

---

teaching 활동을 강조하고 있다.

ing)을 상당히 그리고 그의 "귀신축출"(exorcism)을 어느 정도 소개하고 있는 것이 사실이기는 하지만, 마태가 예수의 공생애 사역을 요약할 때는 오히려 예수의 병 치료 활동을 첨가하거나 더 강조하고 있다. 예를 들어 본다면, 막 1:39에서는 "예수께서 온 갈릴리를 두루 다니시며 여러 회당에서 말씀을 전하시고(preached), 귀신을 쫓아내셨습니다(exorcized)"라고 예수의 공생애 사역이 요약되어 있는데, 마태는 그 구절을 마 4:23에서 "예수께서 온 갈릴리를 두루 다니시며 회당에서 가르치시고 하늘나라의 복음을 전파하시며, 모든 병들고 허약한 사람들을 고쳐주셨습니다(healed)"라고 고쳐 쓰고 있는데, 바로 여기에 병 고침(healing)에 대한 첨가와 강조가 두드러지게 나타나고 있다. 이것은 마 9:35에서도 마찬가지이다.

그리고 마 10:1에 의하면, 제자들의 사역과 관련해서도 예수의 경우와 마찬가지로 병 고침이 강조되고 있다: "예수께서 열두 제자를 자기 앞에 부르시고 더러운 귀신을 제어하는 권세를 주셔서 더러운 귀신을 쫓아내고 모든 병들고 허약한 사람들을 고쳐주게 하셨습니다." 이처럼 마태는 마가복음의 자료를 편집하면서 아주 일관되게 예수를 병 치료자(a healer)로 강조하는 데 관심을 보이고 있음이 아주 분명해 보인다.

그런데 최근에 파펜로스(Kim Paffenroth)는 마태가 이처럼 병 고침에 관심을 기울이고 있는 사실을 마태가 그의 복음서에서 예수를 가리켜 자주 "다윗의 자손"이라고 부르는 것과 연관이 있다고 주장하고 있다.[11] 마태복음에서 "다윗의 자손"이라는 명칭이 마가

---

11 Kim Paffenroth, "Jesus as Anointed and Healing Son of David in the Gospel of Matthew", *Biblica* 80 (1999), 547-554.

(10:47-48; 12:35)에 비해 더 자주 나오고 있고(마 1:1,20; 9:27; 12:23; 15:22; 20:3--31; 21:9,15), 실제로 아주 중요한 의미를 갖고 있다는 사실은 아주 잘 알려져 왔다. 더구나 마태복음 1장에서 "다윗의 자손"이라는 칭호가 "왕"이라는 의미로 사용된 것을 제외한다면, 나머지의 경우는 거의 다 "다윗의 자손"이라는 칭호가 예수의 병 고침과 관련해서 사용되고 있는 것도 아주 흥미 있는 점이다. 두 맹인이 예수께 병 고침을 구할 때 "다윗의 자손"이라는 호칭을 사용하고 있고(9:27), 가나안 여인이 자기 딸을 고쳐달라고 요청할 때도 "다윗의 자손"이라는 호칭을 사용했으며(15:22), 여리고에서 두 맹인이 예수께 병 고침을 요청할 때도 두 번씩이나 "다윗의 자손"이라는 호칭이 사용되어 있다(20:30-31). 뿐만 아니라 예수께서 귀신들려 눈 멀고 벙어리 된 사람을 고쳤을 때도 무리들은 모두 놀라서 "이 사람이 다윗의 자손이 아닌가?"라고 말했다(12:22-23). 또한 예수께서 성전 뜰에서 많은 병자들을 고쳐주셨을 때도 아이들이 "다윗의 자손에게 호산나"라고 소리 질렀다(21:14-15). 이런 사실들은 "다윗의 자손"이라는 명칭이 마태복음에서는 예수의 병 고침과 밀접히 연관되어 있음을, 즉 "다윗의 자손"이 "치유자 예수"와 밀접히 관련된 명칭임을 반영하는 것으로 생각할 수 있다. 그렇다면 마태가 "다윗의 자손"이라는 명칭을 예수의 병 고침과 밀접히 연관시키고 있는 이유는 무엇인가?

사실 구약 전승에서는 "다윗의 자손"이라는 명칭이 병 고침과 관련되어 사용된 경우는 별로 없는 것으로 보인다. 그래서 힐(D. Hill)은 그의 마태복음 주석 책에서 "… 이적적인 병 고침이 유대교에서는 다윗 계통의 메시야와 연관되지는 않았다"고 잘라 말하기도 하였다.[12] 오히려 구약에서는 모세 그리고 엘리야나 엘리사와 같은 선지자들이 이적, 특히 병 고침과 밀접히 연관되어 있는 것을 우리는 잘 알고 있다. 그렇다면 마태복음에서 "다윗의 자손 예수"와 "치유자 예수"가 밀접히 연관되는 이유는 무엇인가?

파펜로스는 그 대답을 마태복음에서 마지막으로 예수가 다윗의 자손으로 불리고 있는 두 본문과, 그 본문이 상기시키고 있는 구약성서에서 찾을 수 있다고 생각한다. 먼저 예수는 성전 숙정 후 성전 뜰에서 병자들, 특히 "맹인과 절뚝발이들"을 고쳐주신 것으로(마 21:14) 기록되어 있다. 그러나 삼하 5:8에 보면 "다윗이 이르기를 누구든지 여부스 사람을 치거든 물 긷는 데로 올라가서 다윗의 마음에 미워하는 절뚝발이와 맹인을 치라 하였으므로 속담이 되어 이르기를 맹인과 절뚝발이는 집(=성전)에 들어오지 못하리라 하더라"라는 말이 나온다. 즉 다윗은 원수인 여부스 사람들을 "맹인과 절뚝발이들"이라고 불렀고, 그래서 "맹인과 절뚝발이들"이 성전에 들어오는 것을 금지했다.[13]

바로 이런 점에서 다윗의 자손이며 치유자이신 예수가 그의 조상인 다윗과 대조되고 있는 것이다. 다윗은 비유적으로 일컬어진 맹인과 절뚝발이들을 죽이고 그들을 성전에서 몰아낸 사람이었다. 그러나 그의 자손인 예수는 문자적으로 그리고 사실적으로 그런 맹인과 절뚝발이들을 그의 "집"인 성전에서 따뜻이 영접하여 주시고 또 고쳐주신 치유자였다. 병자들에 대한 다윗의 부정적인 이미지에 비해

---

12 Cf. D. Hill, *The Gospel of Matthew* (NCB; Grand Rapds - London 1981), 215.

13 그리고 레 21:18에서도 "누구든지 흠이 있는 자는 (성전에) 가까이 하지 못할지니 곧 소경이나 절뚝발이나…"라고 규정되어 있다.

서 예수의 긍정적 이미지가 훨씬 돋보이는 부분이다. 바로 이런 점에서 분명히 마태는 이 본문을 통해서 "다윗의 자손" 예수가 다윗보다 더 훌륭한, 더 위대한 자로 증거 하려고 했던 것으로 해석된다.

다윗은 죽은 자신의 아들도 살리지 못했다. 그러나 다윗의 자손인 예수는 나인 성 과부의 아들도 살렸고, 가나안 여인의 딸도 살렸다. 다윗의 자손 예수가 그의 조상인 다윗보다도 훨씬 더 위대한 자였다. 다윗도 기름부음을 받은 왕이었지만, 결코 그는 치유 자는 아니었다. 그러나 다윗의 자손인 예수 그리스도는 기름부음을 받은 왕이면서도 많은 병자들을 고쳐주신 위대한 치유 자였다. 치유자로서 예수는 다윗보다 훨씬 더 위대한 분인 셈이다. 마태가 예수의 성전 숙정 이야기에 예수가 맹인과 절뚝발이들을 고쳐주신 이야기를 첨가된 의도에 대해 주목해야 할 이유가 바로 여기에 있다.

십자가 처형 당시의 "어두움"(마 27:45)

마 27:45에 의하면, 예수께서 십자가에 달리셨을 때 제육 시로부터 제구 시까지, 그러니까 낮 열두 시부터 오후 세 시까지 온 땅에 어두움이 덮였다. 마태는 마가(15:33)나 누가(23:44)와 마찬가지로 예수 처형 당시의 이 "어두움"에 대해 언급만 하고 있을 뿐, 그 어두움에 대한 아무런 설명이나 해석을 덧붙이고 있지는 않다. "어두움"에 대한 이 언급에는 어떤 의미가 담겨있을까? 그리고 이 언급의 성서적 배경은 무엇일까?

많은 복음서 해석가들은 마 27:45가 암 8:9-10에 나오는 예언을 가리키는 것이라고 생각하고 있다: "주 여호와의 말씀이니라. 그 날에 내가 해를 대낮에 지게 하여 백주에 땅을 캄캄하게 하며, 너희 절기를 애통으로, 너희 모든 노래를 애곡으로 변하게 하며… 독자(an only son [LXX: "agapetou"])의 죽음으로 말미암아 애통하듯 하게 하리라." 이런 생각에는 나름대로의 장점과 근거가 있다. 첫째로 마태에 나오는 예수의 수난 이야기 가운데에는 모든 사건들을 구약 예언의 성취로 주장하려는 암시들이 강하게 드러나고 있다. 둘째로 예수의 죽음이 마태에게 있어서 일종의 종말적인 사건이라고 생각할 경우, 암 8:9-10은 종말을 가리키는 "여호와의 날"에 관련된 말씀이다. 셋째로 암 8:9-10과 마 27:45 간의 연관성이나 공통점이 너무나 분명하다: 두 본문에서 모두 "어두움"이 나타난다. 두 본문에서 모두 "어두움"이 정오에 나타나고 있다. 암 8:10에서 "독자"(an only son 혹은 a beloved son)가 언급되고 있는데, 마태복음에서 예수는 하나님의 사랑하는 아들(a beloved son)이다(cf. 3:17; 12:18; 17:5). 따라서 마 27:45와 암 8:9-10의 연관성은 부인하기 어렵고, 마태가 예수의 십자가 처형을 암 8:9-10의 성취로 이해하고 있는 것이라고 생각할 수 있게 된다.

그러나 마 27:45는 암 8:9-10에 못지않게 출 10:22와 밀접히 연관된 것으로 보이기도 한다: "모세가 하늘을 향하여 손을 내밀매 캄캄한 흑암이 삼일 동안 애굽 온 땅에 있더라." 펜톤(John Fenton)에 의하면, "마가는 '온 땅'(over the whole world)이라고 했는데, 마태는 이것을 '온 땅'(over all the land)라고 바꾸었다.… 이것이 별로 중요해 보이지 않기는 하지만 이것은 출 10:22의 '장자가 죽기 전에 있었던 애굽 온 땅(darkness in all the land)의 어두움'에 대한 기억 때문에 생겨난 수정일 것이다. 예수의 죽음이 이 마지막 재앙과 평행을 이루고 있기 때문이다. 마태가 말한 예수 십자가 처형 당시에 있었던 세 시간 동안의 어두움은 애굽에서 있었던 삼일 동안의 어두움을 성취하는 것이었다."[1] 이 해석은 많은 학자들의 지지를 받고 있다.[2] 실제로 마태가 예수의 십자가 처형 본문을 기록할 때, 출 10:22

---

1 J. C. Fenton, *Saint Matthew*, 442.

2 Cf. R.E. Brown, *Death of the Messiah*, vol. 2, 1035; R.T. France, *The Gospel according to Matthew: An Introduction and Commentary* (TNTC, Leicester: Inter-Vasity, 1985), 398; R.H. Gundry, *Matthew: A Commentary on His* Handbood

을 염두에 두고 있었다고 생각할 만한 근거는 많이 있는 것으로 보인다. ① 마태가 예수의 이야기와 출애굽의 이야기 혹은 모세의 이야기를 늘 연관시키는 경향이 있다는 점은 잘 알려진 사실이다. 이것은 마태복음 1장부터 마지막 장 마지막까지 계속되고 있다.[3] ② 마태복음에서의 "제3시"와 출애굽기에서의 "3일" 간의 유형학적 연관성은 마태 4장에서 예수가 광야에서 "40일" 동안 시험을 받았다는 것과 이스라엘이 광야에서 "40년" 동안 시험을 받았다는 것 간의 연관성과 평행을 이루고 있다(유형학에서는 숫자가 중요하지 기간이 중요하지는 않다). ③ 예수께서 십자가에 달린 때가 유월절 기간이었는데, 출 10:22도 첫 번째 유월절 이야기 중의 일부이다. ④ 펜톤(J.C. Fenton)이 잘 지적했듯이 그리고 아래 세 본문의 비교를 통해서 잘 알 수 있듯이, 마태는 마가복음의 본문을 소개하면서도 의도적으로 그 본문을 출애굽 본문인 10:22에 더 가깝게 수정하였다:

- 막 15:33, "skotos egeneto eph' ... ten gen"

- 출 10:22, "egeneto skotos ... epi pasan gen Aiguptou"

- 마 27:45, "skotos egeneto epi pasan ten gen"

따라서 우리는 마태가 예수의 십자가 처형 이야기를 기록할 때 출 10:22를 염두에 두고 있었다고 생각할 수 있다.

---

for a Mixed Church under Persecution (2nd ed.; Grand Rapids: Eerdmans, 1994, 572 등등.

3 본서 제2장 12에서 다룬 "마태복음의 모세 유형론"(the Moses Typology) 참조. Cf. Dale C. Allison Jr., The New Moses: A Matthean Typology (Minneapolis: Fortress, 1993).

그렇다면 마 27:45는 암 8:9-10과 출 10:22 중 어느 것에 더 의존하고 있는 것일까? 구약의 두 본문이 모두 마 27:45의 근거 본문으로 생각될 수 있기 때문이다. 그러나 우리는 여기서 이것은 양자택일(either-or)의 문제가 아니라 오히려 "둘 다"(both and)의 문제일 수 있다는 사실을 받아들일 필요가 있다. 왜냐하면 마태는 구약을 인용할 때 어느 한 본문에만 의존하기보다 비슷한 다른 본문과 서로 연관시켜 함께 인용하는 경우가 있기 때문이다. 예를 들어, 마 2:6에 나오는 구약 인용 본문("유대 땅 베들레헴아 너는 유대 고을 중에서 가장 작지 아니하도다. 네게서 한 다스리는 자가 나와서 내 백성 이스라엘의 목자가 되리라")은 사실상 미가 5:2, 4와 삼하 5:2= 대하 11:2의 혼합이다. 또 마 3:17에 나오는 본문("이는 내 사랑하는 아들이요 내 기뻐하는 자라")은 실제로 시 2:7과 사 42:1의 본문을 둘 다 상기시킨다. 따라서 마태가 마 27:45를 기록할 때 암 8:9-10과 출 10:22를 함께 염두에 두었다고 볼 수도 있다. 이렇게 생각하는 것이 마태의 의도에 더 가까울 것으로 보인다.

이제 마지막으로 우리는 마태가 27:45에서 예수의 처형 당시 "어두움이 온 땅을 덮었다"고 말할 때, 무엇을 뜻하고자 했는지를 알아보아야 한다. "온 땅을 덮은 어두움"의 의미가 무엇인가 하는 것이다. 이 질문에 대해 일반적으로 제시되고 있는 해석에는 다음과 같은 것들이 있다.

첫째는 "어두움"은 심판을 뜻한다는 해석이다. 구약성서에 나오는 많은 본문들이 어두움을 하나님의 심판과 연관시키고 있기 때문이다. 사 13:9-16에 보면, 이사야 예언자는 "하늘의 별들의 무리가 그 빛을 내지 아니하며, 해가 돋아도 어두우며, 달이 그 빛을 비추지 아니할 것"이라고 선포하면서 하나님의 임박한 심판을 예고하고 있다. 암 5:18과 5:20에 보면, 여호와의 날은 "어둠이요 빛이 아니며", "빛없는 어둠이며 빛남 없는 캄캄함"이라고 말한다. 렘 13:16에서도 "빛이 사망의 그늘로 변하여 침침한 어둠이 되기 전에" 하나님 여호와께 영광을 돌리라는 명령이 주어지고 있다. 이런 구절들이 근거가 되어 많은 주석가들이 마 27:45을 하나님의 진노의 징표로, 그래서 심판의 상징으로 이해하고 있으며, 보다 구체적으로 마태의 본문과 관련해서는 예수를 배척한 유대인들에 대한 하나님의 진노의 징표로 그들로부터 빛을 사라지게 한 것으로 보고 있다.

둘째는 "어두움"이 애통을 뜻한다는 해석이다. 마 27:45의 배경으로 생각되고 있는 암 8:9-10의 본문은 분명 심판의 본문이며 따라서 앞의 해석을 뒷받침해주고 있다. 그러나 아모스는 그 본문에서 애통을 말하고 있기도 하다: "너희 절기를 애통으로… 변하게 하며… 독자의 죽음으로 말미암아 애통하듯 하게 하며 결국은 곤고한 날과 같게 하리라"(10절). 더구나 애통이 구약 다른 곳에서도 어두움과 연관되어 있기도 하다. 가령 렘 4:28에 보면, "이로 말미암아 땅이 슬퍼할 것이며 위의 하늘이 어두울 것이라"고 애통과 어두움이 연관되어 언급되고 있다. 그렇다면 예수의 십자가 처형과 관련해서 "애통하는 자"는 누구인가? "애통"의 주체는 누구인가? 우선 애통의 주체가 하나님이라는 주장이 있다. 암 8:10에서 "너희 절기를 애통으로… 변하게 하여… 독자의 죽음으로 말미암아 애통하듯 하게 한다"는 말에서 애통해하는 하나님을 볼 수 있다는 생각에서이다. 예수의 죽음을 슬퍼하시는 하나님을 뜻하는 것이라는 말이다. 그러나 애통의 주체가 인간들이라는 주장도 있다. 암 8:9-10에서 하나님이 "나는 너희 절기를 애통으로 너희 노래를 애곡으로 변하게 하며 모든 사람에게 굵은 베로 허리를 동이게 하며 모든 머리를 대머리가 되게 하며 독자의 죽음으로 말미암아 애통하듯 하게 하며 결국은 곤고한 날과 같게 하리라"고 말씀하고 계신 것으로 보아 애통할 사람들은 "너희" 곧 백성들이라는 말이다.

세 번째로는 어두움이 종말론적인 의미를 갖고 있다는 해석이다. 마태가 십자가 처형 당시의 "어두움"을 말할 때, 암 8:9-10을 염두에 둔 것이라면, 그것은 종말론적인 의미를 갖는 것이기도 하다. 왜냐하면 암 8:9-10은 "여호와의 날"에 관한 예언이기 때문이며, 여호와의 날이 예수의 수난 가운데서 성취된 것이라면 예수의 수난은 분명히 종말론적인 성격, 혹은 종말론적인 차원의 의미를 갖는다고 보아야 할 것이다. 마태는 마 24:29에서도 마지막 때의 인자의 재림을 우주적인 어두움을 배경으로 소개한 바 있다: "그 날이 환난이 지나면 곧 해가 어두워지고 달은 빛을 잃을 것이라." 따라서 우리는 십자가 처형 당시의 "어두움"을 마지막 날의 어두움으로 또는 그것에 해당되는 것으로 해석할 수 있다.

네 번째 해석은 예수가 십자가에서 처형당하며 고통을 당할 때 하늘이 어두워진 것은 전례가 없는 이런 범죄, 전례가 없는 이런 살인을 사람들로 하여금 보지 못하게 하기 위한 것이라는 설명이다. 이 어두움 때문에 사람들은 예수의 벗은 몸을 볼 수가 없었다. 길(John Gill)은 태양이 빛을 잃은 것은 "사람의 아들들로부터 의로우신 하나님의 아들이 이런 비열하고 모욕적인 대우를 받는 것을 보는 것이 부끄러운 일"이기 때문이라고 말하고 있다.[4]

---

4 John Gill, *Commentary*, 5:275.

이상 네 가지 해석들 중 어느 것이 가장 옳을까? 혹은 가장 적절할까? 이런 질문에 대해 엘리슨(Dale C. Allison)은 다음과 같은 견해를 보이고 있다. "마 27:45와 관련된 다양한 의미들이 서로 대립되는 것이 아니다. 오히려 상호 보충적이다. 암 8:9-10에 대한 암시가 출 10:22에 대한 암시를 배제하는 것이 아니며 그 반대 또한 아니다. 심판의 주제가 애통의 주제를 배제하는 것이 아니며 그 반대도 아니다. 복음서 기자 자신의 아무런 해석을 덧붙이고 있지 않은데 그것은 아마도 그가 해가 빛을 잃었다는 사실이 갖고 있는 풍부한 상징적 의미를 존중하기 원했기 때문일 것이다. 그렇다고 볼 경우, 27:45가 어떤 한 가지 의미만을 갖는 것으로 제한해서는 안 될 것이다."5 다글라스 무(Douglas Moo)도 여러 가지 해석들 자체가 "서로 배타적인 것이 아니라"고, "구약 배경을 어느 하나의 본문에 국한 시키는 것은 아마도 용납될 수 없다"고 말하기도 한다.6 성서 본문이 갖고 있는 의미에 대한 무한한 해석의 가능성을 제한하지 말고 크게 열어놓아야 한다는 의미일 것이다. 무한한 "하나님"의 말씀인 성경 본문의 해석이 유한한 "사람"의 해석(=판단)에 의해 제한되는 일은 없어야 한다는 의미일 것이다. 이것은 단지 성서 해석자들의 겸손에서 나온 진술로 받아들이기보다는 오히려 성서 해석자들이 자신의 유한성에 대한 솔직한 고백으로 받아들이는 것이 더 옳을 것이다. 따라서 이런 점은 성서 해석과 관련하여 우리가 늘 염두에 둘 필요가 있을 것으로 생각된다.

---

5 Dale C. Allison, *Studies in Matthew*, 104.
6 Douglas Moo, *The Old Testament in the Gospel Passion Narratives* (Sheffield: Almond, 1983), 343.

누가가 전하는 처형장 백부장의 신앙고백(눅 23:47)

　　예수의 마지막 십자가 죽음에 대한 기록 가운데서 로마의 백부장이 예수의 운명하심을 보고 나름대로 신앙고백적인 표현을 한 것에 대한 기록은 공관복음 모두에 나온다(막 15:39; 마 27:54; 눅 23:47). 그러나 이 기록과 관련하여서도 누가복음의 기록은 몇 가지 점에서 다른 복음서의 기록들과 분명한 차이를 보이고 있다. 브라운(R.E. Brown)은 누가복음 본문 중 마가복음의 본문과 다른 점이 세 가지가 있다고 지적하고 있다.[1] 그 세 가지 차이점들을 하나씩 살펴보는 가운데 누가가 다른 복음서들과 다르게 기록한 그의 독특한 신학적 강조점이 무엇인지를 알아보기로 하자.

　　첫째로 누가가 다른 복음서의 기록들과 가장 분명하게 다른 점 중 하나는 백부장의 고백 내용이다. 우리가 이미 잘 알고 있는 바와 같이 마가복음과 마태복음에서는 예수께서 십자가에서 운명하시는 것을 보고 예수의 십자가 처형을 진두지휘하던 로마의 백부장이 "이

---

1 그 세 가지는 백부장이 "그 일어난 모든 일"을 보았다고 한 것, "하나님께 영광을 돌린 것" 그리고 "의인"이라고 고백한 것이다. Cf. R.E. Brown, *The Death of the Messiah* (New York: Doubleday, 1994), 1160.

사람은 진실로 하나님의 아들이었도다!"라고 말했던 것으로 전해지
고 있다.2 예수의 십자가 처형을 집행하던 이방인 로마 백부장이 예
수께서 십자가 위에서 숨을 거두시는 것을 보고, "참으로 이 사람은
하나님의 아들이었다"고 기독교의 신앙고백에 해당하는 말을 했다
는 것은 정말이지 일종의 아이러니이며, 놀라운 일이 아닐 수 없다.
더구나 '하나님의 아들 예수 그리스도의 복음의 시작'(막 1:1)을 알리
는 마가복음에서 예수를 "하나님의 아들"이라고 고백한 "사람"은 오
직 로마 백부장뿐이다.3 십자가 처형장에서 나타난 백부장의 신앙
고백은 마가복음에서 세례 장면과 변화산 장면에서 각각 예수가 하
늘 음성을 통해 "하나님의 사랑하는 아들"로 선포된 것과 더불어 '예
수를 하나님의 아들'로 선포하는 중요한 구조적 요소를 보여주고 있
기도 하다.4 더구나 세례 장면과 변화산 장면에서는 "하늘이 갈라지
고" 하늘로부터 예수가 하나님의 아들이라고 선포되었는데, 십자가
처형 현장에서는 "성전의 휘장이 위에서 아래까지 두 쪽으로 갈라지
면서"(막 15:38), 백부장이 예수를 "하나님의 아들"로 선언하고 있다.

그러나 누가에 의하면, 백부장은 마가복음과 마태복음의 경우와
는 달리 "이 사람은 정녕 의인이었도다"(눅 23:47)라고 고백한 것으
로 기록되어 있다. 물론 누가가 소개하고 있는 백부장의 고백은 분명
히 처음 보기에 그 의미상 마가와 마태의 경우보다는 훨씬 빈약해

---

2 물론 마가와 마태 본문 사이에 다음과 같은 차이가 있기는 하다. 즉 마가복음에서는
  "Truly, this man was the Son of God"인데, 마태복음에서는 "Truly, this was the
  Son of God"으로 되어 있다.
3 유일한 예외가 있다면 막 5:6에서 "귀신"이 예수를 하나님의 아들로 인정한 경우이다.
4 Ched Myers, *Binding the Strong Man: A Political Reading of Mark's Story of Jesus*
  (New York: Orbis Books, 1988), 390-391.

보이며, 따라서 일종의 "신앙고백"으로 받아들이기는 좀 어렵게 생각되는 것이 사실이기는 하다. 예수를 "의인"이라고 말한 것을 일종의 신앙고백이라고 말하기 어렵기 때문이다. 그러나 좀 더 깊이 음미해볼 경우, 우리는 누가복음에 기록된 백부장의 고백이 처음 보기보다는 훨씬 더 깊은 의미를 갖고 있는 것을 알 수 있게 된다.

누가복음에서 백부장이 예수가 십자가 위에서 숨을 거두는 것을 보고 "이 사람은 정녕 의인이었도다"라고 말한 것 자체가 누가복음 23장의 현재의 문맥 가운데서, 즉 빌라도 총독이 예수를 심문한 후에 세 번씩이나 무죄를 선언하고(23:4, 14-15, 22), 헤롯 왕도 예수의 유죄 증거를 찾지 못했다고(눅 23:6-12, 특히 23:15) 했고, 또 함께 십자가에 달린 행악자 중 한 사람까지도 예수에게 아무 잘못이 없음을 말한(눅 23:41) 이후에, 백부장의 입을 통해서 "이 사람은 정녕 의인이었도다"라고 말한 것으로 이어지는 것으로 보아서, 백부장의 말 자체가 어느 정도 예수의 무죄를 마지막으로 확증해주는 법정적이며 정치적인 의미를 갖고 있는 것이 사실이기는 하다. 이런 의미에서 탈버트(C.H. Talbert)가 "다른 공관복음서들에서는 백부장이 그리스도 신봉자(a christologist)였는데, 누가복음에서는 그가 변증자(a apologist)이다"[5]라고 말한 것도 어느 정도 옳은 판단이라고 생각된다. 누가복음의 백부장은 단순히 그리스도를 믿는 신봉자가 아니라 그리스도를 변증하며 전파하는 자가 되었다는 의미로 받아들일 수도 있을 것이다.

그러나 누가복음에서 백부장의 고백이 갖고 있는 보다 깊은 신앙

---

5 C.H. Talbert, *Reading Luke: A Literary and Theological Commentary on the Third Gospel* (New York: Crossroad, 1982), 225.

적인 의미를 쉽게 간과해서는 안 될 것이다. 프랭크 마테라(Frank J. Matera)도 누가가 백부장으로 하여금 예수의 무죄를 선언하면서 그를 가리켜 "의인"이라고 말하게 했을 때, 그는(=누가는) 예수의 심문 과정에서 이미 밝혀진 단순한 법적인 무죄 이상의 것을 의도하고 있다는 점을 지적하고 있다.6 누가가 사용했던 "의인"(dikaios)이라는 헬라어는 구약성서에서 "의인"(righteous)을 가리키는 히브리어 sedeq의 뜻을 갖고 있으며, 그 의미는 어떤 사람이 모세의 율법인 토라를 실천하는 하나님의 계약 가운데 있기 때문에 하나님과의 올바른 관계에 있다는 것을 뜻한다. 그래서 누가는 사가랴와 엘리사벳을 가리켜 "의인"이라고 했고(눅 1:6), 또 시므온을 가리켜서도 "의인"이라고(2:25) 불렀다. 누가는 또 세례 요한의 세례의 목적을 두고 "주를 위하여 백성을 준비시키는", 즉 "거스르는 자를 의인의 슬기에 돌아오게" 하기 위한 것이라고 말하기도 했다(눅 1:17). 누가가 사용하고 있는 이 같은 "의인"이라는 단어의 의미에 비추어 볼 때, 백부장이 십자가에서 운명하신 예수를 향해 "이 사람은 정녕 의인이었도다"라고 말한 그 말을 단순히 법정적이며 정치적인 의미로만 받아들여 단순히 예수의 무죄를 확인해주는 것으로 이해하는 것은 누가의 진의를 놓치는 일이 될 수도 있다.

백부장의 말이 갖고 있는 진정한, 궁극적인 의미는 그런 법정적이며 정치적인 의미를 넘어, 예수의 "처형자들"이 아니라 "예수"가 바로 하나님과의 올바른 계약 관계에 서 있는 사람이라는 사실을 고백하는 종교적이며 신앙적인 고백으로 이해되어야 할 것으로 보인

---

6 Frank J. Matera, *Passion Narratives and Gospel Theologies: Interpreting the Synoptics Through Their Passion Stories* (New York: Paulist Press, 1986), 187.

다. 왜냐하면 누가는 특히 사도행전에서 예수를 가리켜 일종의 메시야적 명칭으로 의인(the Just/Righteous One)이라고 말하고 있기 때문이다. 실제로 사도행전 3:14에서 누가는 베드로의 예루살렘 솔로몬 행각에서의 설교 가운데서 메시야이신 예수를 가리켜 "거룩하고 의로운 분(τὸν ἅγιον καὶ δίκαιον, the Holy and Righteous One)이라고 말하고 있으며, 행 7:52에서는 스데반의 설교 가운데서 예수의 죽음에 대해 말하면서 "그들(=유대인들)은 의인이 오실 것을 예언한 사람들을 죽였고, 이제 그대들은 그 의인(τοῦ δικαίου, the Righteous One)을 넘겨주고 죽였습니다"라고 말한다. 그리고 또한 행 22:14에서는 바울이 예루살렘에서 유대인들을 향해 자신의 개종에 대해 설명하는 가운데, 아나니아가 바울 자신에게 "우리 조상의 하나님께서 그대를 택하시어 그의 뜻을 알게 하셨고 의로우신 분(τὸν δίκαιον, the Righteous One)을 보게 하셨다"고 말하고 있다.

이처럼 누가에게 있어서 "의인" 혹은 "의로우신 분"이라는 명칭은 예수의 메시야 신분을 가리키는 명칭으로 사용되고 있다. 이런 점을 고려할 때, 백부장이 예수를 가리켜 "이 사람은 정녕 의인이었도다"(Truly this man was righteous)라고 말한 것은 단순히 그가 예수의 무죄를 고백하는 법정적이며 정치적인 발언이 아니라, 처형자의 한 사람이었던 백부장의 신앙적인 고백이요 그의 신앙적인 선포라고 이해하는 것이 더 옳을 것으로 생각된다.

이렇게 이해할 수밖에 없는 이유는 누가복음의 본문이 다른 복음서 기록들과 다른 두 번째 차이점을 통해서 더 잘 알 수 있게 된다. 누가 본문이 다른 공관복음서 본문과 다른 차이점들 중 두 번째 것은 누가복음에서만 백부장이 "이 사람은 정녕 의인이었도다"라고 고백하기 전에, 혹은 그렇게 고백하면서 "하나님께 영광을 돌렸다"(ἐδό-ξαζεν τὸν θεὸν, he glorified God, 23:47)는 문구가 첨가되어 있다는 점이다. 이 문구가 오직 누가에 의해서만 본문 가운데 첨가 삽입된 것은 아주 중요한 의미를 갖는다. 왜냐하면 "하나님께 영광을 돌렸다"라는 문구는 누가 문서에서 아주 중요한 역할을 하고 있기 때문이다. 피츠마이어(Fitzmyer)가 지적했듯이, "하나님께 영광을 돌리는 일"은 눅 2:20; 5:25, 26; 13:13; 17:15; 18:43; 행 4:21; 11:18; 21:20 등에서 볼 수 있는 바와 같이, "훌륭한 유대인 혹은 훌륭한 기독교인이 할 수 있는"[7] 행동이기 때문이다. 결국 누가의 본문은 예수의 십자가 처형을 지휘하던 로마의 백부장이 예수께서 십자가에서 마지막 숨을 거둘 때 "일어났던 모든 일을 보고"(눅 23:47) "하나님께 영광을 돌리며" 예수를 향해 "이 사람은 정녕 의인이었도다"라고 신앙고백을 함으로써 이방인 백부장이 예수를 믿는 신앙에로 돌아섰음을 보여주고 있는 셈이다.

누가복음에서는 예수가 태어났을 때, 목자들이 "아기를 찾아서"(2:16) "듣고 본 그 모든 것으로 인하여 하나님께 영광을 돌렸고"(눅 2:20), 예수께서 십자가에서 마지막 죽음을 맞이할 때에는, 이방인 백부장이 "그 된 일을 보고 하나님께 영광을 돌렸다"(눅 23:47). 이렇게 누가복음에서 예수의 탄생과 죽음은 각각 "하나님께 영광을 돌리는" 찬양으로 소개되고 있다. 더구나 예수가 운명하시는 것을 보고 백부장이 "하나님께 영광을 돌리며" "이 사람은 정녕 의인이었다"는 신앙고백을 했다고 전해주고 있는 누가의 이런 기록은 단순히 처형자의 마음이 순교자의 편으로 돌아섰다는 것을 의미하는 데 그치지

---

7 Fitzmyer, *The Gospel According to St. Luke*, 2 vol., 1520.

않고, 거기서 더 나아가 처형을 당한 자(=예수)가 도리어 자기를 처형하는 자(=백부장)를 개종시키는 더 놀라운 일을 증거해주는 것으로 이해할 수도 있다. 이런 주제는 실제로 유대교의 순교자들의 기록 가운데서 흔히 볼 수 있는 주제가 아니었던가?[8] 만일 엘리스(E.E. Ellis)가 이 백부장의 반응이 백성들이 보여주는 것과는 아주 대조가 된다는 점을 지적하면서 누가의 이 기록이 "아마도 이방인들의 개종을 미리 예고해주기 위한 의도"[9]를 드러내는 것이라는 말이 맞는다면, 누가복음에서 이미 예수는 그의 죽음과 더불어 또 다른 이방인 개종자의 열매를 맺었다는 사실을 누가는 증거해주고 있는 것으로 받아들일 수도 있을 것이다.

무엇 때문에 누가복음에서는 이처럼 다른 복음서들과 달리 예수의 십자가 처형을 진두에서 지휘하던 이방인인 로마의 백부장이 예수께서 마지막 숨을 거두는 순간에 "하나님께 영광을 돌리며," "정말로 이 사람은 의인이었다"고 고백하게 된 것일까? 무엇이 그로 하여금 그런 행동("하나님께 영광")과 그런 고백("정말로 의인이었다")을 하게 만든 것일까? 이 질문에 대한 누가의 대답을 위해서는 누가복음 본문이 다른 복음서들 본문들과 다른 세 번째 차이점을 살펴보아야 한다. 마가복음에서는 백부장이 "그의 운명하심"을 보고(막 15:39) 신앙고백을 하였다. 마가복음에서 백부장이 "그의 운명하심" 가운데

---

8 C.H. Talbert는 순교자의 행동이 처형자의 개종을 가져온 실례를 전해주고 있는 다음과 같은 전승(b. Abodah Zarah, 18a) 하나를 소개하고 있다. 랍비인 Hanina ben Teradion이 하드리안 황제 때에 토라를 여러 그룹들에 가르친다는 죄목으로 체포되었고, 그 형벌로 화형에 처해지게 되었다. 그런데 처형을 담당했던 자가 처형 과정을 지켜보고는 자신도 불 속에 뛰어들었다. 그때 하늘로부터 "랍비 하니나와 처형자는 내세에 들어갔느니라"라는 소리가 들렸다. Cf. *Reading Luke*, 223.

9 E.E. Ellis, *The Gospel of Luke*, 270.

보았던 일은 온 땅의 어두움(막 15:33), 예수의 마지막 최후 발언(막 15:34), 십자가 곁에 섰던 사람들 중에서 예수께 신포도주를 해융에 적셔 마시게 한 일(막 15:35-36), 마지막으로 큰 소리를 지른 일(막 15:37) 그리고 성전 휘장이 찢어진 일(막 15:38) 등이 포함되기도 했을 것이다. 마태복음의 경우에는 마가가 기록한 일들 이외에 "땅이 진동하며 바위가 터지고 무덤들이 열리며 자던 성도의 몸이 많이 일어난 일"(마 27:51-52)이 더 언급되어 있다. 그러나 누가복음에서 백부장이 마가복음이나 마태복음이 언급한 것 이외의 것, 즉 마가복음과 마태복음의 경우와 다른 것을 본 것은 두 가지이다. 하나는 회개하는 행악자에게 "내가 진실로 네게 이르노니 오늘 네가 나와 함께 낙원에 있으리라"(23:43)고 말씀하신 것과 "아버지여, 내 영혼을 아버지의 손에 부탁하나이다"라고 기도한 것이다.[10] 백부장은 예수가 함께 십자가에 처형되는 행악자들 중 회개하는 행악자를 용납하고 낙원으로 영접하는 일, 예수가 자신을 십자가에 못 박는 군인들을 위해 용서의 기도를 드리는 일 그리고 무엇보다도 죽음에 직면해서도 전혀 평정을 잃지 않고, 자신의 영혼을 하나님 아버지께 맡기는 예수의 모습을 보았던 것이다. 이런 것들이 바로 처형을 당한 자가 처형하는 자를 개종시키는 힘이 되었던 것이다.

마지막으로 누가복음에서 이방인 백부장의 신앙고백과 개종이 "성전의 휘장이 찢어진 일"(눅 23:45)의 직후라는 사실에 주목할 필요가 있다. 이방인이 자유로운 출입을 막던 성전 휘장이 찢어져서 둘

---

10 R.E. Brown은 누가복음에서 백부장이 보았던 "그 된 일"들 가운데 예수가 자신을 처형하는 군인들을 위해 용서의 기도를 드린 것(23:34)을 더 포함시킬 수도 있음을 언급한다. Cf. *The Death of the Messiah*, 1162, n.49.

로 갈라진 직후에 드디어 이방인 백부장의 고백이 있었다는 누가의 기록은 예수가 십자가에 달릴 때, 성전의 휘장이 찢어져 갈라졌고, 그것이 이방인의 개종을 가능하게 했다는 것을 증거해주고 있다. 유대인이나 이방인의 구별이 없이 모든 사람들이 "성소에 들어갈 담력을 얻고… 우리를 위하여 휘장 가운데로 열어 놓으신 새로운 길"(히 10:20)로 하나님께 직접 나갈 수 있게 된 것이 바로 예수께서 십자가에서 죽기 이전에 이미 성전 휘장의 한 가운데가 찢어졌기 때문에 가능해진 것이 아니던가? 그리고 실제로 성전의 휘장이 찢어지고 "예수가 죽은 후에 예수를 고백한 최초의 인물이 바로 이방인 백부장"[11]이 아니던가?

---

11 Matera, *Passion Narratives and Gospel Theologies*, 186.

사마리아 여인을 만난 예수 이야기 (요 4:4-42)

요한복음 4장에 보면 쉽게 이해할 수 없는, 놀라운 이야기가 하나 소개되고 있다. 이야기의 내용은 예수께서 유대를 떠나 갈릴리로 여행하시다가 사마리아 지역에 있는 "수가"란 이름의 동네에 들어갔을 때에 있었던 이야기이다. 우선 유대인인 예수가 사마리아 동네에 들어갔다는 것 자체가 이해하기 어려운 일이며, 놀라운 일이 아닐 수 없다. 왜냐하면 유대인들과 사마리아인들 간의 오랜 적개심의 역사를 고려할 때, 그래서 그 당시 유대인들이 늘 일부러 사마리아 지역을 우회해서 다니던 상황을 생각할 때, 유대인인 예수가 사마리아 사람들이 사는 동네에 직접 들어가셨다는 이야기는 쉽게 이해하기 어려운 일이 아닐 수 없다.[1] 더구나 예수 자신이 자기의 제자들 가운데서 열둘을 택해 사도로 세우시고는 그들을 전도파송하면서 "이방사람들의 길로도 가지 말고 또 사마리아 사람들의 도시에도 들어가지 말고, 오직 이스라엘의 잃은 양에게로 가라"(마 10:5)고 명령하시지

---

1 눅 9:51-56에서도 우리는 예수가 그의 제자들과 함께 사마리아 동네에 들어가신 이야기를 읽을 수 있다. 그러나 거기서도 우리는 사마리아 사람들이 예수와 그의 일행이 예루살렘으로 가는 유대인이라는 것을 알고는 영접하지 않았다는, 그래서 야고보와 요한의 강렬한 반발을 일으켰다는 사실을 확인할 수 있다.

않았던가? 그런데 요한복음이 전하는 본문 이야기에 보면, 자기 제자들에게 그런 명령을 주셨던 예수가 이번에는 친히 사마리아 동네에 들어가신 것이다. 이해하기 어려운 일이고, 놀라운 일이 아닐 수 없다.

그러나 놀라운 일은 그것만이 아니다. 예수는 사마리아의 수가 동네에 들어가서, 야곱의 우물가에서 사마리아 여인을 향해 "물을 좀 달라"고 부탁한다(요 4:7). 이것 또한 놀라운 일이 아닐 수 없다. 이런 사실은 사마리아 여인의 반응에서도 잘 드러나고 있다. 물을 달라는 예수의 부탁을 받은 사마리아 여인은 크게 놀라서, "당신은 유대사람이면서 어떻게 사마리아 여자인 내게 물을 달라 하십니까?"(4:9)라고 반문한다. 더구나 이 이야기를 기록한 요한복음 저자 자신이 이 여인이 이처럼 놀라서 반문한 이유에 대해 그 당시 "유대 사람들과 사마리아 사람들은 상종하지 않았기 때문입니다"(4:9b)라는 설명을 첨가하고 있지 않은가? 이 구절의 본래 의미는 "유대인들이 사마리아인들과 함께 그릇을 사용하지 않았다"는 뜻이다. "함께 사용한다"는 의미의 헬라어 동사인 sungchrontai란 말은 유대인들이 부정하고 불결하다고 생각하는 사마리아 사람들의 그릇으로부터 먹거나 마시는 것을 금지한 정결법을 암시해주고 있다.

그런데 이런 상황에서 유대인인 예수가 대낮에2 공공장소인 우물가에서 사마리아 "여인"을 만나서 예수의 정체성에 대해서(4:12), 그리고 참된 예배 문제에 대해서(4:20-24) 신앙적이며 신학적인 대화를 나누었을 뿐만 아니라, 여인의 개인적인 문제인 여인의 과거 남편들에 대해서까지(4:17-18), 오랜 동안 긴 대화를 나눈 것으로 기록

---

2 원문에는 "제육시쯤"(4:6), 곧 "오정쯤"(새번역)이다.

되어 있다. 이 사실 자체가 또한 놀라운 일이 아닐 수 없다. 그 당시 유대 세계에서 남자가 여자와 더불어, 심지어 자기 아내와도 공개적인 장소에서는 별로 말을 하지 않았으며, 더구나 랍비가 여인과 더불어 신학을 말한다는 것이 전혀 관례화되어 있지도 않았기 때문이다. 제자들이 "예수가 여인과 대화하시는 것을 보고 이상히 여겼다"(4:27)고 한 말에서도 우리는 예수의 행동과 처신이 상식적인 보통 일이 아니라는 점을 잘 알 수 있게 된다.

그러나 본문 이야기 가운데서 가장 이해할 수 없는, 그래서 가장 놀라운 사실은 "사마리아 사람들이 예수께 와서 자기들과 함께 유하시기를 청했고" 예수는 그 요청을 받아들여, 그곳 사마리아 동네에서 "이틀 동안"을 사마리아 사람들과 함께 유숙하셨다는 점이다(4:40). 예수가 유대인의 정결법 규정 때문에 서로 상종하지 않고, 즉 "같은 그릇을 함께 사용하지도 않고" 지내는 그런 사마리아 사람들과 함께 이틀 동안을 그들의 동네, 그들의 집에서, 그들의 침상에서 자면서, 그들의 그릇으로 음식을 함께 나누며 지냈다는 것을 어떻게 이해해야 할 것인가?

이런 의문과 함께 우리는 다음과 같은 질문을 해보게 된다. 첫째는 이런 의외의 놀라운 기록을 전해주는 요한복음 저자는 도대체 어떤 생각, 즉 어떤 신학적 견해를 갖고 있는 사람인가? 이런 기록을 통해서 우리가 발견할 수 있는 요한복음 저자의 신학적 경향은 어떤 것인가 하는 것이다. 둘째는 요한복음을 저자는 도대체 어떤 사람이기에 다른 복음서 기자들과는 달리 이런 의외의 놀라운 기록을 전해주고 있는가 하는 것이다. 먼저 이 이야기에서 엿볼 수 있는 요한복음 저자의 사상은 어떤 것인지부터 살펴보기로 하자.

1. 친사마리아적이며, 친이방적인 사상

일반적으로 요한복음이 정경복음서들 중 가장 유대적인 특징을 많이 보여주고 있는 복음서, 그래서 흔히 "유대적 복음서"(the Jewish Gospel)로 알려지고 있다.[3] 그러나 오직 요한복음만이 예수가 사마리아 동네에 들어가 사마리아 여인을 만났을 뿐만 아니라, 사마리아인들과 더불어 이틀 동안이나 함께 유숙했다는 이야기를 전하고 있다는 사실은 요한복음이 "유대적인 복음서"라기보다는 오히려 "압도적으로 이방 기독교적 성격을 가진 복음서"[4]라고 말할 수 있는 증거가 아닐까 하는 생각을 해보게 된다. 왜냐하면 수가 동네의 사마리아인들은 "반(半) 이방인들(the semi-Gentiles)"로, 모든 이방인들을 대표하고 있기 때문이다.[5]

이런 관점에서 볼 때, 우리는 요한복음의 예수가 왜 유대인들을 향해 "너희의 율법"(8:17; 10:34; cf. 7:19), 혹은 유대인들을 가리키면서 제자들에게 "그들의 율법"(15:25)이라고 말하면서 유대인들과 거리를 두고 있는지 그 이유를 이해할 수 있게 된다. 또한 이런 점은 예수가 사마리아 여인에게 "구원은 유대사람에게서 온다"(요 4:22)

---

3 J.A.T. Robinson과 van Unnik에게 있어서 요한복음은 "기원에 있어서나 기록 목적에 있어서 유대적 복음서"였다. Cf. C.K. Barrett, *The Gospel of John & Judaism* (London: SPCK, 1975), 12. William Temple도 요한의 "복음서는 철저히 팔레스틴적이다. 이 복음서가 어떤 의미에서 헬레니스트적이라는 생각은 그 전체적인 취지에 반하는 것이라"고 말했다. Cf. William Temple, *Readings in St. John's Gospel* (London 1945), xix.

4 "the predominantly Gentile-Christian character of the Johannine school." Cf. Martin Hengel, *The Johannine Question* (London: SCM Press, 1989), 119.

5 Martin Hengel, *The Johannine Question*, 122, 216.

고 말했는데도, 사마리아사람들은 도리어 예수를 가리켜 "세상의 구주"라고 고백하고 있는 사실(요 4:42) 그리고 하나님께 드리는 참 예배의 장소는 유대인들이 하나님께 예배드리는 "예루살렘"이나 사마리아인들이 하나님께 예배드리는 "그리심"도 아니라고, 오히려 "하나님은 영이시니 그에게 예배를 드리는 자는 영과 진리로 드려야 한다"(요 4:21-24)고 말한 사실에서도 잘 드러나고 있다.

결국 이런 증거들은 요한복음이 주로 유대 기독교인들을 염두에 두고 기록된 것이 아니라 도리어 이방 기독교인들을 위해 기록되었다는 것을 그리고 거기서 더 나아가 이방인 선교를 염두에 두고 기록되었다는 것을 의미하는 것으로 생각될 수 있다. 이런 의도는 유대인들이 예수가 "나는 잠시 동안 너희와 함께 있다가 나를 보내신 이에게로 간다. 그러면 너희가 나를 찾아도 만나지 못할 것이요, 내가 있는 곳에 올 수도 없을 것이다"라고 말한 것을 두고 "이 사람이 어디로 가려고 하기에 자기를 만나지 못한다고 하는가? 헬라사람들 가운데 흩어져 사는 유대사람들에게 가서 헬라사람들을 가르칠 셈인가?"(요 7:33-35)라고 반문하는 데서도 엿볼 수 있다.

더구나 요한복음에 의하면 예수가 예루살렘에 입성(12:12-15)한 직후에, 예수의 공생애 활동의 마지막 장면 가운데서 헬라사람들 몇이 빌립을 찾아와 예수를 만나게 해달라고 요청한 것으로 기록되어 있다(요 12:20-22). 그런데 그런 요청에 대한 예수의 대답이 바로 "인자가 영광을 받을 때가 되었다"(요 12:23)는 말이었다. 더욱 흥미로운 점은 헬라사람들이 와서 만나기를 원한다는 말을 예수께 전해준 사람이 빌립이란 사실이다. 소아시아의 전승 및 사도행전의 기록에 따르면, 이 빌립이 사도행전에 등장하는 헬라파 지도자 중의 한 사람인 빌립(행 6:5) 그리고 사도행전에서 맨 처음으로 사마리아 지역에 들어가 사마리아사람들에게 복음을 전했던 빌립(행 8:5-8) 그리고 이방인이었던 에디오피아 여왕 간다게의 내시에게 복음을 전하고 세례를 주었던 빌립(행 8:26-40)과 같은 이름의 제자이기 때문이다.6

이런 모든 증거들은 결국 요한복음이 "그리스도와 율법"(Christ *and* the law) 둘 다 모두를(beide auch) 강조하면서 논쟁을 벌였던 마태를 완전히 넘어서서, 오히려 "그리스도냐? 아니면 율법이냐?" (Christ *or* the law)라고 물으면서 유대교를 완전히 넘어선 바울의 편으로 기울어 있는 것 같다는 생각을 해보게 된다. 이 때문에 "우리는 요한을 바울의 가장 위대한, 참된 후계자로 볼 수 있다"7고까지 생각할 수 있게 된다. 그래서 실제로 벨하우젠(Wellhausen)은 일찍이 "요한이 바울에 근거하고 있다"(John is based on Paul)고 그리고 율리허(Juelicher)는 "요한이 바울의 어깨 위해 서 있다"(John stands on Paul's shoulders)는 말을 한 것이 아니겠는가?8 그렇다면 결국 우리는 특히 요 4장에서 예수가 사마리아 동네에 들어간 이야기를 읽으면서 요한복음이 "유대적인 복음서"가 아니라 도리어 이방인들을 염두에 둔, 그리고 이방인 편향성(the Gentile bias)을 가진, "친이방적 복음서"(the pro-Gentile Gospel)라고 다시 생각해보아야 할 것으로 보인다.

---

6 Martin Hengel은 이것을 요한복음 저자의 의도적인 "문학적 기교"(an artifice of the narrator)로 보고 있다. Cf. *The Johannine Question*, 122-123.

7 Hengel, *The Johannine Question*, 120.

8 Hengel, *The Johannine Question*, 216, n. 77.

2. 친 여성적인 사상

우리는 이 본문 이야기에서 사마리아 사람을 아주 불결하고 부정한 사람들로 바라보는, 그래서 전혀 상종할 수 없는 사람들로 생각하는 그런 당시 유대인들의 관점과는 달리, 의외로 사마리아 사람을, 특히 사마리아 여인을 긍정적이며 호의적인 관점에서 다루고 있는 독특한 점을 발견하게 된다.[9] 우리는 다음과 같은 내용들에서 그런 관점을 찾아볼 수 있다고 생각한다.

첫째로 우리는 본문 이야기를 통해서 요한복음 저자가 예수는 사마리아 여인을 다른 유대인들과 똑같이 대화의 상대로 받아들이고 있음을 그리고 거기서 더 나아가 그녀와 신앙적이며 신학적인 대화까지 나눈 분으로 묘사하고 있음을 보게 된다. 예수는 유대인을 대할 때나 사마리아인들을 대할 때나, 남자를 대할 때나 여인을 대할 때나, 아무런 인간적 편견을 갖지 않으신 분처럼 소개되고 있다. 그래서 예수는 사마리아 동네에 거침없이 들어갔으며, "남자"나 "여자"에 대한 편견도 보이지 않은 채, 사마리아 "여인"과 오랜 시간 대화를 나누었고, 나중에는 유대인이나 사마리아인에 대한 인종적인 편견과는 상관없이, "이틀 동안" 사마리아 동네에서 사마리아 사람들과 함께 유숙한 것으로 전해지고 있다. 다시 말해서 이 본문에서 예수는

---

9 누가복음 저자도 사마리아인을 이웃 사랑의 모범(눅 10:31-37)으로 그리고 고침을 받은 사마리아 문둥병자를 감사하며 하나님께 영광을 돌리는 신앙의 모범(눅 17:11-19)으로 제시함으로써 그리고 사마리아 사람을 하늘로부터 불 심판을 받아 마땅하다고 생각하는 제자들을 예수께서 꾸짖었음(눅 9:51-56)을 말함으로써 사마리아 사람들에 대한 긍정적이며 호의적인 태도를 보이고 있다. 사마리아인들에 대한 이런 누가의 태도는 이방인에 대한 호의적 관점 및 이방인 선교에 대한 관심에서 나온 것으로 생각된다.

이 여인을 여인이라는 이유 때문에 상대하기를 피하지 않았으며, 또한 사마리아 사람이라는 이유 때문에 그들과 함께 유숙하는 일도 거절하지 않았다. 예수는 사람을, 모든 사람을 똑같이 하나의 인격으로, 인간으로 대하고 있는 것뿐이었다. 요한복음 기자는 이처럼 이 본문 이야기를 통해서 예수를 그런 분으로 소개하고 있다.

둘째로 요한복음 저자는 이 사마리아 "여인"을 또 다른 각도에서 아주 긍정적으로 소개하려는 의도를 보이고 있다. 예를 든다면, 사마리아 여인의 이야기를 소개하기 직전인 요 3장에 보면 니고데모는 예수의 표적 때문에 예수를 믿는(3:2), 그러나 예수에 대해서 그리고 예수가 말하는 중생에 대해 잘 깨닫지 못한 사람으로, 그래서 예수로부터 "네가 이스라엘의 선생이면서 이런 것을 알지 못하느냐?"(3:10)는 핀잔을 받은 사람으로 소개되고 있다. 그런데 4장의 사마리아 여인은 예수와의 대화를 통해서 점차로 예수에 대한 올바른 이해에 이르고 있는 믿음의 사람으로 묘사되고 있다. 즉 이 여인이 맨 처음에는 예수를 "유대인"으로만 알았었는데(4:8), 다음으로는 "야곱보다 더 위대한 분"(4:12) 그리고 그 후에는 "주님"(kyrios, 4:15)으로 그리고 마지막에는 "그리스도(=메시야)"(4:29)로 인식한 사람으로 묘사되고 있다.

더구나 이 여인은 예수에 대한 올바른 신앙에 이르렀던 여인으로만 소개되고 있는 것이 아니라, 그 신앙을 다른 사람들에게도 전파해 주고 있는 사람으로 소개되고 있기도 하다(4:28-29). 요 4:28에 의하면 이 여인은 물동이를 버려두고 동네에 들어가 다른 사람들에게 자신이 만난 사람이 그리스도임을 전했다. 실제로 사마리아 동네 사람들은 여인의 증언 때문에(4:39) 많이 믿게 되었다고 했다. 이처럼 사마리아 여인이 이 이야기에서는 마치 선교사 혹은 전도자로서 그 역할과 기능을 잘 발휘한 것으로 소개되고 있다. 이렇게 요한복음 기자는 이 본문 이야기를 통해서 비록 여인이었지만, 이 사마리아 여인이 남자와 똑같이 말씀의 전파자와 증언자가 될 수 있다는 사실을 분명히 밝히고자 했던 것으로 생각된다.

더구나 이 사마리아 여인이 처음에는 분명히 예수로부터 "전도를 받은 자"(the evangelized one)였지만, 그러나 나중에는 자기 동네 사람들, 곧 사마리아 사람들에게 예수를 전해서 예수를 믿게 만든 "전도하는 자"(the evangelist)가 되었다.10 즉 예수가 처음에는 이 여인을 과거로부터 해방시켜 새로운 삶을 살게 하셨는데, 이 여인은 이제는 이 새로운 삶 가운데서 다만 "받은 자"(to receive)로 끝나지 않고 "주는 자"(to give)로 변화되었다. 자신이 해방 받은 자가 될 뿐만 아니라, 동료 사마리아인들을 폐쇄된 인종주의로부터 해방시켜, 유대인과의 새로운 친교에로 이끌기도 했다.

만일 요한복음 1장에 나오는 남자들 가령 예를 들어 베드로를 예수께 인도한 안드레 그리고 또 나다나엘을 예수께 인도한 빌립 등이 요한복음서에서 최초의 "생명 구원자"(soul winners)로 소개되고 있다면, 4장에 등장한 이 사마리아 여인은 요한복음에서 최초의 "말씀 전도자"(evangelist)로 소개되고 있다고 말할 수 있을 것이다.11 그래서 스태그(Stagg)는 사마리아 여인에 대한 이런 기록을 두고 다음

---

10 누가가 기록한 사도행전 8장에서는 기독교 역사상 사마리아 지역에 복음을 전해준 첫 번째 전도자는 "빌립"인 것으로 전해지고 있다. 그러나 요한복음에 의하면, 이름이 밝혀지지 않은 이 사마리아 여인이었던 것으로 언급되고 있다.

11 Evelyn & Frank Stagg, *The Woman in the World of Jesus* (Philadelphia: The Westminster Press, 1978), 117.

과 같이 결론짓고 있다: "이런 이야기를 구성한 사람은 그가 누구든지 간에 여인을 '말씀의 사역자'로 나타내는 것을 주저하는 문화적이며 신학적인 장애로부터 해방된 사람일 것으로 보인다. 요한복음을 만들어낸, 그리고 그것을 받아보게 될 공동체는 분명히 그런 관점을 수용할 것으로 기대되는 공동체였을 것이다."[12] 그리고 바로 이런 점에서 우리는 요한복음을 가리켜 "페미니스트적인 복음서"(feminist Gospel)라고 말해도 좋을 것 같다.[13]

다른 복음서들에서 찾아보기 힘든 이런 독특한 견해와 사상을 보여주고 있는 이 본문 이야기의 이런 신학적인 의미들을 고려할 때, 우리는 이런 이야기를 자기 복음서에 기록하여 소개하는 요한복음 저자는 도대체 어떤 사람인가? 그는 유대인인가, 혹 사마리아인은 아닌가 하는 질문을 해보지 않을 수 없다. 사마리아 사람들을 부정한 사람으로, 그래서 상종하지 못할 사람으로 생각하고 있던 그 당시에, 유대인 예수가 사마리아 동네에 들어가 사마리아 여인과 허물없이

---

12 Stagg, *The Woman in the World of Jesus*, 237.

13 요한복음에서 여성이 아주 중요한 역할을 하는 사람으로 부각되고 있다는 사실은 요한복음에서는 베드로가 고백했던 위대한 신앙고백이 베드로의 입을 통해서가 아니라, 마르다의 입을 통해서 소개되고 있다는 점(요 11:27)에서 그리고 요한복음에서는 부활하신 예수를 맨 처음 만나본 사람이 베드로가 아니라, 막달라 마리아라는 점(20:11-16)에서도 잘 드러나고 있다. 더구나 부활하신 예수의 명령에 의해 예수 부활의 사실을 처음으로 제자들에게 전해준 사람이 마리아라는 점(20:17-18) 때문에, 자주 막달라 마리아는 "사도들에게 보내진 사도"(apostola apostolorum)로 불리기도 한다. Cf. R.E. Brown, "Roles of Women in the Fourth Gospel", in *The Community of the Beloved Disciple* (New York: Paulist Press, 1979), 190. 요한복음이 예수의 모친 이야기로 시작해서 예수 모친의 이야기로 끝나고 있다는 점을 들어서, 그리고 예수의 첫 번째 표적이 있었던 갈릴리 가나의 혼인 잔치에서 포도주가 떨어졌을 때, 예수의 모친이 주도적인 역할을 하고 있는 점을 들어서, 요한의 공동체는 분명히 여성이 주도적인 역할을 하던 공동체였을 것이라는 주장도 강력히 제기되기도 했다.

긴 대화를 나누며, 마지막에 가서는 사마리아 동네에서 그들과 함께 유숙했다고 전해주고 있는 사람이기 때문에 그러하다. 이 질문에 대한 대답도 이미 서로 다른 여러 형태로 제기된 바 있기도 하다.

첫째로 요한복음 저자가 사마리아 사람이었기 때문에 그는 자기 복음서에서 예수를 자기 혹은 자기들과 같은 사마리아 사람인 것처럼 소개하고 있다는 주장이 제기되었다. 이런 주장의 근거는 요 4:43과 8:48-49에 있다. 먼저 요한복음에서 예수가 마치 사마리아 사람인 것처럼 묘사되고 있다는 주장은 요 4장에서 예수가 사마리아 동네에서 사마리아 사람들과 함께 유숙하다가 "이틀이 지나매 예수께서 거기를 떠나 갈릴리로 가시면서 친히 증언하시기를 선지자가 고향에서는 높임을 받지 못한다"(4:43)고 말씀하신 점에 주목하고 있다. 예수는 자신이 마치 사마리아인이거나 한 것처럼 조금도 주저하지 않고 사마리아 사람들과 함께 "이틀 동안"이나 함께 유숙했을 뿐만 아니라, 그 후에 사마리아 동네를 떠나면서 "선지자가 고향에서는 높임을 받지 못한다"고 말씀하셨는데, 이 말씀은 문맥상 마치 예수의 고향이 사마리아 동네인 것 같은 의미로 읽힐 수밖에 없기 때문이다.14 그래서 후리드(E. Freed)는 "문맥상으로 볼 때, 그 본문(40-44절)은 확실히 예수의 고향이 사마리아였다는 것을 의미하는 것으로 해석될 수 있다"고 말했다.15 그러나 요한복음은 다른 곳에서 예수를 분명히 갈릴리 출신이라고 밝히고 있기도 하다(1:46; 7:41,52;

---

14 마가복음에서는 요한복음과는 달리 "선지자가 자기 고향과 자기 친척과 자기 집 외에서는 존경을 받지 못함이 없다"는 말씀이 예수가 자기의 고향, 즉 갈릴리 나사렛을 떠나면서 하신 말씀으로 소개되고 있다(막 6:1-5).

15 E. Freed, "Did John Write His Gospel Partly to Win Samaritan Converts?", *NovT* 12 (1970), 243.

19:19 등등).

그러나 이것만이 아니다. 요한 8장에 보면 예수 자신이 자기가 사마리아 사람이라는 것을 암시하는 것 같은 본문이 하나 더 소개되어 있다. 요 8:48-49에 보면 유대인들이 예수를 공격하면서 두 가지 질문을 던진다. 하나는 "네가 사마리아 사람이 아니냐?"는 것이고, 다른 하나는 "네가 귀신 들렸다는 말이 옳지 않느냐?"(8:48)는 것이었다. 그런데 본문에 보면, 예수는 두 번째 질문에 대해서는 곧바로 "내가 귀신들린 것이 아니다"(8:49)라고 분명히 대답하지만, 첫 번째 질문, 곧 "네가 사마리아 사람이 아니냐?"란 질문에 대해서는 아무런 대답을 하지 않은 채, 다른 말씀으로 넘어감으로써 그 질문을 회피하는 것처럼 보이고 있다. 그래서 이 본문이 예수의 고향이 사마리아일지 모른다는 가정과 함께 예수가 사마리아인일 지도 모른다는 생각을 가능하게 해준다.

그러나 요한복음 저자 자신이 예수를 갈릴리 사람으로 여러 번 언급한 바 있기 때문에, 우리가 예수를 사마리아 사람이라고 생각할 수는 없다. 그래서 자연히 예수가 사마리아 사람이 아니라면, 도리어 요한복음을 기록한 저자가 사마리아 사람이었기 때문에 예수를 마치 사마리아 사람인 것처럼 기록했을 것이라는 생각을 해보게 된다. 실제로 부카난(Buchanan)은 "요한복음 저자는 기독교로 개종한 사마리아 사람이라"[16]고 주장한 바 있고, 다른 학자들은 비록 요한복음 저자가 사마리아인은 아니라고 하더라도 그가 기록한 "요한 전승의

---

16 O. Cullman, *Johannine Circle: Its Place in Judaism Among the Disciples of Jesus and in Early Christianity - A Study in the Origin of the Gospel of John* (London: SCM Press, 1976), 51에서 재인용.

대부분이 사마리아와 갈릴리에 위치한 기독교 공동체 안에서 형성되었기"17 때문일 것이라고 보고 있다.

둘째는 요한복음을 기록한 요한의 공동체가 사마리아 지역에서 뿌리박고 성장하던 공동체였기 때문에 자연히 예수를 사마리아 사람처럼 소개하고 있는 것이며, 따라서 사마리아 사람들에 대해서도 긍정적이며 호의적인 태도를 보이고 있는 것이란 주장이다.18 이런 주장은 "요한 공동체가 사마리아 그룹 출신의 사람들을 포함하고 있었을 것"19이란 주장과 또는 "요한복음이 사마리아 사람들을 위해 기록되었을 것"20이라는 주장과 일맥상통하기도 한다. 그래서 요한복음은 "친사마리아적 경향"(the pro-Samaritan bias)을 가진,21 "북부복음서"(a northern Gospel)22로 인식되고 있기도 하다.

우리는 앞에서 요한복음 저자가 전해주고 있는 이 본문 이야기, 곧 예수가 사마리아 동네에 들어가 사마리아 여인과 만나고, 사마리아 사람들과 더불어 "이틀 동안" 유숙했다고 하는 이 이야기가 이해하기 어려운 아주 놀라운 이야기라고 말했다. 그러나 요한복음 저자

---

17 E.D. Freed, "Samaritan Influence in the Gospel of John", *CBQ* 30(1968), 587.

18 요한복음에 나오는 많은 지명들, 곧 애논(3:23), 살렘(3:23), 수가(4:5), 그리심 산 (4:20), 에브라임(11:54) 등이 사마리아와 밀접히 관련되어 있다는 사실이 이런 점을 뒷받침해주고 있다.

19 W.A. Meeks, *The Prophet-Kings, Moses Traditions and Johannine Christianity* (Leiden: Brill, 1967), 318.

20 J. Bowman, *The Samaritan Problem: Studies in the Relationships of Samaritanism, Judaism, and Early Christianity* (Pennsylvania: The Pickwick Press, 1975), 57.

21 D. Moody Smith, *John*, Proclamation Commentaries (Philadelphia: Fortress Press, 1977), 77.

22 Charles H.H. Scobie, "The Origin and Development of Samaritan Christianity", *NTS* 19 (1973), 404에서 재인용.

가 사마리아인이라고 생각할 때 우리는 쉽게 모든 기록을 쉽게 이해할 수 있게 된다. 분명히 요한복음 저자는 친사마리아적인 관점을 가진 사람이었고, 또 분명히 사마리아 사람들을 독자층으로 염두에 둔 사람이었을 것으로 생각된다. 그리고 요한복음을 기록해낸 공동체 역시 사마리아 지역을 기반으로 발전하던 신앙공동체였을 것으로 보인다. 이런 점들로 염두에 둔다면, 우리는 다음과 같이 결론내릴 수 있을 것으로 보인다: 요한 공동체는 정통 유대교의 관점에서 볼 때, 정통 주류에 속하지 않은 "이단적 유대교"(heterodox Judaism) 혹은 "변두리 유대교"(marginal Judaism)에 속한 공동체였으며, 초대 교회 안에서도 예루살렘을 중심으로 발전하던 열두 사도 중심의 정통 주류로부터도 벗어난 종파적 공동체(a sectarian community)였지만, 그래서 요한복음이 나중에 정경화 과정에서도 끝까지 많은 논란과 문제에 직면하기도 했지만,23 유대 나라와 함께 유대교와 유대 기독교가 힘을 잃어갈 때, 요한복음은 이 본문 이야기를 통해, 바울이 그랬던 것처럼, "유대인이나 헬라인이나, 종이나 자유인이나, 남자나 여자나 다 그리스도 예수 안에서 하나"(갈 3:28)라는 생각에서 예수는 세상에 온 참 빛이며 모든 사람을 비추는 빛이라(요 1:9)는 복음을 선포하고 있다고 생각된다.

---

23 요한복음이 초대교회 시절에 이단 종파들에게 환영받고 그런 종파들 가운데서 널리 사용되었다는 사실 때문에도 초대 기독교가 요한복음을 사도적 복음서로, 즉 정경으로 받아들이기를 꺼려하여 상당한 시간이 걸렸을 것으로 보인다. Cf. "the church... so slow to accept the Gospel as apostolic"(S.S. Smally, "Diversity and Development in John", *NTS* 17 [1970-1], 291); "the slowness with which the Fourth Gospel itself gained acceptance in orthodox circles"(J.M. Robinson, "The Johannine Trajectory", in Robinson and Helmut Koester, *Trajectories Through Early Christianity* [Philadelphia: Westminster Press, 1971], 240).

마태복음의 모세 유형론(Moses Typology)

마태복음은 유대 기독교인 저자가 유대 기독교인 독자들로 구성된 기독교 공동체를 위해 기록한 복음서로 알려지고 있다. 그래서 마태복음은 흔히 "유대적인 복음서"(the Jewish Gospel)라고 불리기도 한다. 마태는 그의 복음서에서 예수를 "메시야(=그리스도)이며 하나님의 아들"로 증거하고 있다(cf. 마 16:16). 마태에게 있어서 예수를 나사렛의 목수의 아들로만 알고 있는 주변의 많은 유대인들에게(cf. 마 13:53-56) 예수를 "메시야(=그리스도)이며 하나님의 아들"이라고 전할 수 있는 효과적인 방법은 무엇이었을까?

유대인들에게 있어서 모세는 하나님의 보내신 자로서, 유대 민족의 지도자이며 구원자이고, 이스라엘과 하나님 사이를 다리 놓은 중보자이기도 하다. 모세라는 인물과 그 이름이 유대인들의 민족적이며 종교적인 자의식 속에서 그처럼 너무나 중요한 위치를 차지하고 있는 점을 고려할 때, 예수를 믿고 따르게 된 유대인들이 특히 구약성서와 후기 유대교 안에서 종말론적 사건들을 일종의 "새로운 출애굽"(a new exodus)로 이해하려는 경향과 관련하여 그들의 새로운 지도자인 예수가 유대 민족의 지도자이며 하나님의 율법을 자기들

에게 전해준 모세와 어느 정도 연관성이 있다고 생각하는 것은 불가
피한 일이며 오히려 당연한 일이었을 것이다.[1] 비록 마태복음에서
실제로 "모세"라는 단어가 그렇게 많이 나타나고 있는 것은 아니지
만,[2] 마태복음 전반에 걸쳐서 모세의 이미지나 그의 그림자는 아주
강하게 나타나고 있는 것이 사실이다. 마태는 분명히 모세를 하나님
이 보내신 지도자요 구원자로 높이 신망하고 있는 유대인들을 향해
예수를 "모세와 같은 이"로 증거하고자 했던 것으로 생각된다. 그래
서 데이비스(W.D. Davies)는 산상설교에 관한 그의 저서 가운데서
마태가 산상설교에서만 아니라 그의 복음서 다른 부분들에서도 예
수를 "새로운 모세"(the new Moses)로 제시하고 있다는 주장을 내
세웠다.[3] 그 이외에도 다른 많은 마태복음 연구가들이 마태복음의
여러 곳에서 예수와 모세 간의 유사점(parallel)이 나타나고 있다고
그래서 마태가 의도적으로 예수를 모세의 유형이나 패턴에 따라 소
개하고 있다는 주장을 하고 있다. 그러나 마태는 예수를 다만 모세의
유형에 따라 "모세와 같은 이"로 소개하고 있을 뿐만 아니라, 실제로
는 예수를 "모세보다 더 나은 분", "모세보다 더 큰 분"으로 소개하고
있다고 말한다(Matthew's Jesus appears as Mosaic, and yet
more-than-Mosaic). 예수가 단지 "또 다른 모세"일 뿐 아니라 모세
를 훨씬 능가하는 분(Jesus is not just 'another Moses', but some-

---

1 R.T. France, *Matthew: Evangelist and Teacher* (The Paternoster Press, 1992),
  186.
2 마태복음에서는 모세라는 이름이 모두 일곱 번 사용되고 있다(8:4; 17:3, 4; 19:7, 8;
  22:24; 그리고 23:2).
3 W.D. Davies는 "New Exodus and New Moses"라는 주제로 그의 책, *The Setting of
  Sermon on the Mount*, 25-93에서 상세히 다루고 있다.

thing far higher)으로 증거하는 것이 마태의 의도라는 것이다.

마태복음 중에서도 모세 유형론이 가장 분명하게 그리고 가장 두드러지게 나타나고 있는 부분은 특히 예수의 탄생과 관련된 이야기이다.[4] 예수가 탄생했을 때 헤롯왕이 두 살 이하의 어린아이들을 다 죽여 버리라고 학살 명령을 내린다(마 2:16). 이것은 모세가 탄생했을 때 바로 왕이 히브리 족속의 어린아이들이 태어났을 때 다 죽여 버리라고 학살 명령을 내린 것을(출 1:22) 반영한다. 수많은 어린아이들이 학살당했는데, 그런 와중에서 모세가 기적적으로 구원을 받아 죽음을 면했는데, 예수도 애굽으로 피신함으로써 죽음을 모면한다. 그리고 학살 명령을 내렸던 왕이 죽은 후에 모세와 예수는 각각 자기 고향으로 돌아와 거기서 하나님의 사업을 시작한다(출 4:18 이하; 마 2:19-21). 이런 형태의 기록은 분명히 하나님이 이스라엘 백성들의 구원을 위해서 모세가 태어날 때부터 하나님의 도움의 손길이 모세에게 있었던 것처럼, 예수가 태어날 때도 똑같이 새로운 이스라엘 백성들의 구원을 위해서 하나님의 도움의 손길이 예수에게 함께 했었음을 보여주려는, 그래서 예수를 "모세와 같은 인물"로 소개하려는 의도에서 나온 해석된다.

그래서 모세와 예수의 탄생과 관련된 유아 시절 이야기들은 다음과 같이 거의 동일한 형태와 동일한 문구로 기록되어 있다:

■ 출 2:15, 바로가 모세를 죽이고자 하여 찾았다.

---

4 Cf. R.T. France, *Matthew*, 187: "the first two chapters of the gospel form a particularly striking 'manifesto' on the subject of fullfilment, and in chapter 2 the Moses typology has a determinative place."

- 마 2:13-14, 헤롯이 아이를 찾아 죽이려 하니 요셉이 일어나 아기 와 그의 어머니를 데리고 애굽으로 피하였다.

- 출 1:22, 바로가 모든 백성에게 명하여 사내아이가 태어나거든 모 두 나일강에 던지라고 했다.
- 마 2:16, 헤롯이 사람을 보내어 베들레헴과 그 부근에 있는 두 살 이하의 사내아이들을 모두 죽였다.

- 출 2:23, 애굽의 왕이 죽었다.
- 마 2:19, 헤롯이 죽었다.

- 출 4:19, "여호와께서… 모세에게 이르시되 애굽으로 돌아가라. 네 목숨을 노리던 자가 다 죽었느니라."
- 마 2:19f, "주의 사자가… 요셉에게… 이르되, 일어나 아기와 그의 어머니를 데리고 이스라엘 땅으로 가라. 아기의 목숨을 찾던 자들 이 죽었느니라."

- 출 4:20, "모세가 그의 아내와 아들들을 나귀에 태우고 애굽으로 돌아갔다."
- 마 2:21, "요셉이 일어나 아기와 그의 어머니를 데리고 이스라엘로 들어가니라."

물론 예수와 모세 간의 평행이 모든 점에서 아주 정확히 일치하는 것은 아니라고 말할 수도 있을 것이다. 예를 들어, 헤롯 왕의 학살 명령은 구체적인 왕위 경쟁자를 제거하기 위한 것인 데 반해서, 바로 왕의 학살 명령은 인구 조절이 목적이었다.[5] 예수가 학살 명령에서 살아남은 것은 피난했기 때문인 데 반해서, 모세는 피난이 아니라 바로 왕의 딸에 의한 입양 때문이었다. 모세도 나중에 피난했지만 그건 성인이 되었을 때의 일이다. 예수는 애굽으로(to Egypt) 피난했지만, 모세는 이스라엘 백성들을 이끌고 애굽으로부터(from Egypt) 피난, 곧 출애굽했다(exodus). 그러나 이런 차이에도 불구하고 분명히 공통의 요소들이 존재하고 있다. 왕의 두려움, 많은 어린아이들의 학살, 구원자의 생존, 피난의 주제, 그리고 애굽이라는 지명의 사용 등은 독자들로 하여금 예수와 모세 간의 유사점을 생각하게 만들기에 충분하다.

예수는 나이 30이 되어 공생애 활동에 나섬으로써, 30년 동안 갈릴리에서 알려지지 않은 삶을 살았던 것으로 기록되었는데, 이것은 모세가 애굽에서의 탄생 이후 공식적으로 구원 사업에 나서기까지 미디안에서 40년 동안 알려지지 않은 삶을 살았던 것과도 비슷하다. 그리고 예수가 요단강 물속에 들어가 세례를 받은 것도 모세가 이스라엘 백성들을 이끌고 홍해 바다를 건넌 것에 비교되고 있기도 하다.[6]

예수가 공생애 활동에 나서기 전에 "광야에서"(in the wilder-ness), "사십 주야"(forty days and nights)를[7] 금식한 것은 모세가

---

5 그러나 Josephus, 팔레스틴 Targum 그리고 후기 랍비들의 Midrash에 나오는 이야기에서는 바로가 히브리 아이들을 학살한 이유가 단순히 인구 조절 때문이 아니라, 헤롯의 경우처럼 이스라엘의 해방자가 탄생했다는 예언을 전해 들었기 때문인 것으로 소개되고 있다. Cf. R.T. France, *Matthew: Evangelist and Teacher* (The Paternoster Press, 1992), 188.

6 A. Farrar, *St. Mark and St. Matthew* (London: Dacre, 1954), 177-197.

7 공관복음서 기자들 중 오직 마태만이 마가와 누가와는 달리 예수의 광야 시험 설화에서

시내 산에서 "사십 주야"(forty days and nights)를 금식한 것과 아주 비슷하다(출 34:28; cf. 신 9:9, 18). 다른 한편으로 예수가 광야에서 사십 주야를 사탄에게 시험받은 이야기는 모세에 의해 출애굽한 이스라엘 백성들이 홍해를 건넌 후 사십 년 동안 광야에서 시험받은 것과도 아주 비슷하다. 구약성경에 보면, 모세가 이스라엘 백성들을 향해 "너희는 지난 사십 년간 광야에서 너희 하나님 야웨께서 어떻게 너희를 인도해 주셨던가 더듬어 생각해 보아라. 하나님께서 너희를 고생시킨 것은 너희가 당신의 계명을 지킬 것인지 아닌지 시련을 주어 시험해 보려고 하신 것이다"(공동번역, 신 8:2)라고 말하고 있는데, 여기에서 사용된 네 문구, 곧 "사십 년", "광야에서", "인도하여", "시험하다"는 예수의 광야 시험 이야기에서 그대로 반복되고 있다. 이 때문에 우리는 마태가 예수의 광야 시험 이야기를 의도적으로 모세가 출애굽시켰던 이스라엘 백성들이 광야에서 당했던 시험 이야기에 빗대서 소개하고 있는 것으로 볼 수 있게 된다.

마태가 누가와 달리 소위 예수의 "산상 설교"를 "평지에서"(눅 6:17)가 아니라 "산 위에서"(마 5:1) 하신 것으로 기록한 것도 모세의 옛 법이 산에서, 곧 시내산 위에서 주어진 것이기에 예수의 새 법(nova lex)도 산에서 주어진 것으로 소개하기 위해 의도적으로 설교의 장소로 "산"을 택했을 것으로 생각된다. 유대인들에게 있어서 "산"은 하나님과 가까운 곳, 그래서 하나님을 만나는 곳, 혹은 하나님으로부터 계시나 신탁을 받는 곳으로 생각되고 있기 때문이다. 실제로 마태는 마 5:21-48에서 이른바 여섯 개의 대구 문장을 통해서 모세

"사십 주야"(forty days and nights)라는 문구를 사용한 것은 모세가 시내산 위에서 "사십 주야"를 보냈다는 기록과 일치시키기 위한 것으로 생각된다.

의 옛 법과 예수의 새 법을 대조시키고 있다.[8]

마태가 예수의 산상 설교에 이어 마 8-9장에서 예수의 이적 10개를 시리즈로 소개하고 있는데, 이것 역시 모세가 그의 공생애 초기에 바로 왕 앞에서 행했던 10가지 이적적인 재앙을 의식한 의도적인 편집 결과로 생각된다. 더구나 마태는 예수의 공생애 첫 번째 이적이 문둥병자를 고친 이적이라고 소개하고 있다(8:1-4). 마태가 이용했던 문서 자료인 마가복음에서는 예수의 첫 번째 이적이 회당에서 귀신들린 사람을 고쳐준 이적(막 1:21-28)이었고 문둥병자를 고쳐준 이적은 오히려 네 번째 이적으로 소개되고 있다. 그런데 마태는 문서 자료인 마가복음의 이적 순서를 바꾸어 문둥병자를 고친 이적을 첫 번째 이적으로 소개하고 있다. 마태가 이적 이야기를 예수의 첫 번째 이적으로 소개하는 이유는 아마도 분명히 구약성서의 출 4:6-7과 민 12:10-16에 나오는 모세 이야기 때문이었을 것으로 생각된다. 출애굽기 4장에서 모세가 그의 생애 가운데서 처음으로 문둥병에 걸렸다가 곧 그 병으로부터 고침을 받은 경험을 했고, 민수기 12장에서는 모세가 미리암을 문둥병으로부터 고쳐주는 이적 이야기가 나온다. 결국 모세는 그의 공생애 활동과 관련해서 맨 처음 경험한 사건이 바로 자신이 문둥병에 걸렸다가 치유된 경험이었고, 또한 미리암을 문둥병으로부터 고쳐준 경험이었다. 따라서 마태가 예수의 많은 이적 이야기들 중에서 바로 이 이적 이야기를 그의 복음서에서 예수의 첫 번째 이적으로 선택하여 소개하는 의도는 분명히 예수를

---

8 Allison은 마 5:1-2가 "a Mosaic preface"를 형성하고 있다고 말하면서 다음과 같이 주장한다: "the mountain is typologically analogous to Sinai, and when Jesus sits thereon, his posture evokes the image of the lawgiver." Cf. *The New Moses: a Matthean Typology*, 1.

모세와 연관시키려는 생각 때문이었을 것으로 보인다. 더구나 예수의 첫 이적 이야기에서 구체적으로 모세의 이름을 거명하고 있지 않은가?(8:4, "모세가 명한 대로 행하라"). 따라서 마태가 자신의 문서 자료인 마가복음 기록에도 불구하고 예수가 문둥병자를 고친 이적을 예수의 공생애 활동 중 첫 번째 이적으로 소개하고 있는 것은 의도적으로 예수와 모세를 연관시키기 위한 것이었다고 보아야 할 것이다.

예수가 갈릴리 바다를 건넌 후에 광야에서 수많은 무리를 먹인 이적 이야기(마 14:13-21; 15:32-39)도 모세가 홍해 바다를 건넌 후 광야에서 이스라엘 백성들을 배불리 먹였던 것에 따라 기록함으로써 예수도 모세와 같이 그의 백성들을 먹이시는 분이라는 사실을 강조하려고 했던 것으로 생각된다. 그래서 두 사건이 아주 유사한 형태로 기록되어 있다. 첫째로 사건의 무대가 각기 바다를 건넌 후(출애굽기에서는 홍해, 마태복음에서는 갈릴리 바다) 광야 혹은 빈들이다. 둘째로 "떡"과 "물고기"라는 단어가 모세의 경우에도 나타난다(cf. 출 16:3; 민 11:22). 셋째로 이스라엘 백성들의 불평(출 16:2)과 함께 예수의 제자들의 불평도 나온다(마 14:15). 넷째로, 두 경우 모두 무리가 "먹고 배불렀다."

다음으로 마 17:1-8에 보면 예수께서 데리고 변화산에 올라가 제자들이 보는 앞에서 광채가 나는 모습으로 변화하신 이야기가 나오는데, 이 이야기도 출애굽기에서 모세가 시내 산에 올라가 십계명을 받아가지고 내려올 때 그의 백성들이 그의 얼굴을 보니 모습이 변하고 광채가 났다는 기록을 모형 혹은 모델로 삼은 것으로 생각된다. 첫째로 마태복음에서 변화 산에서 하늘 음성이 들려온 사건이 "엿새 후에"(마 17:1)에 있었다고 기록되었는데, 출애굽기 24:16에서도 "여호와의 영광이 시내산 위에 머무르고 구름이 '육일 동안' 산을 가리더니 제 칠일에 여호와께서 구름 가운데서 모세를 부르셨다"고 했다. 둘째로 마태에 의하면 예수께서 변화산에 오르실 때 세 명의 제자들(베드로, 야고보, 요한)만 데리고 가셨는데(마 17:1), 모세가 시내 산에 오를 때에도 "아론과 나답과 아비후" 세 사람의 이름이 언급되고 있다(출 24:1). 셋째로 출 34:29-30에 의하면, 모세가 산에서 내려올 때 '얼굴 꺼풀에 광채가' 빛났는데, 예수도 변화 산에서 그 얼굴이 해와 같이 빛났다고 했다(17:2).

마지막으로 마태복음의 마지막 결론 부분인 마 28:16-20에서도 모세의 전승이 반영되어 있는 것으로 지적되고 있다. 예수의 지상 생활 마지막 순간과 모세의 마지막 순간 사이에 유사성이 있다는 점 때문이다. 예수가 그의 지상 생활 마지막 순간에 "산"에서 제자들에게 나타나고 있는데(마 28:16), 모세가 이미 그의 생애 마지막 순간에 "산"에서 그의 마지막 모습을 드러내고 있다(신 34:1). 모세가 죽은 후에 여호와께서 모세의 후계자인 여호수아에게 이방 족속들이 살고 있는 땅으로 들어가라고 명한다("내가 그들 곧 이스라엘 자손에게 주는 그 땅으로 가라.… 이 레바논에서부터… 헷 족속의 온 땅과 또 해 지는 쪽 대해까지…" 수 1:2-4). 그런데 부활한 예수도 자신의 후계자들인 제자들에게 "너희는 가서 모든 족속을 제자 삼으라"(마 28:19)고 명한다. 또 여호와는 여호수아에게 율법에 있는 모든 계명들을 다 지키게 하라고 명령했는데("모세가 네게 명령한 그 율법을 다 지켜 행하라," 수 1:7), 마태복음의 결론 부분에서 예수도 제자들에게 "내가 너희에게 명한 모든 것을 가르쳐 지키게 하라"(마 28:20)고 명한다.

또한 마지막으로 여호와는 모세의 후계자인 여호수아에게 "네가 어디로 가든지 네 하나님 여호와가 너와 함께 하느니라"(수 1:9)고 하나님의 계속적인 임재하심을 약속해주었는데, 마태복음에서도 부활하신 예수는 후계자들인 제자들에게 "내가 세상 끝날까지 항상 너희와 함께 있겠다"(28:20)고 계속적인 임재를 약속해주었다. 그래서 엘리슨(Allison)은 다음과 같이 말한다: "마태의 이 같은 결론 구상은 예수와 모세 간의 유사성을 암암리에 드러내기 위해서이다. 율법을 제시한 사람이 그의 생애 마지막 순간에 여호수아에게 이방 족속들이 사는 땅으로 들어가도록 그리고 율법의 모든 계명들을 지키도록 명하면서 더 나아가 그의 후계자에게 하나님의 계속적인 임재를 약속해주었던 것처럼, 그와 비슷하게 예수도 그의 지상 사역 마지막에 그의 제자들에게 모든 민족들에게로 나아가 새로운 모세가 말씀한 모든 계명들을 가르치라고 그리고 자신의 계속적인 임재를 약속하였다."9 잘 알려진 바와 같이 유대인의 전승 가운데는 모세가 죽지 않고 오히려 에녹이나 엘리야처럼 하늘로 올라갔다는 이야기가 있는데, 만일 마태가 그리고 그의 독자들이 이 전승을 알고 있었다면, 예수와 모세간의 유사성(parallel)은 더욱 분명해지게 될 것이다.

결국 마태는 이처럼 예수를 모세 이야기의 모형에 맞추어 설명함으로써 주로 유대인 출신들이었던 마태복음 독자들에게 예수를 마치 "모세와 같은 지도자", "모세와 같은 선지자" 혹은 "새로운 모세"(New Moses), 또는 "다른 모세"(another Moses), 혹은 거기서 더 나아가 "모세보다 더 큰 이", "모세보다 더 위대한 분"이라고 증거하고자 했던 것으로 보인다. 이런 마태의 의도는 마태가 그의 복음서에서 예수를 가리켜 "성전보다 더 큰 이"(12:6), "요나보다 더 큰

---

9 Allison, *The New Moses: a Matthean Typology*, 266.

이"(12:41), "솔로몬보다 더 큰 이"(12:42), "세례 요한보다 더 큰 이"(11:11)라고 계속 빗대어 강조하고 있는 점에서 어느 정도 엿볼 수 있다. 유대인들이 중요시하는 성전이나 구약의 어떤 인물보다 예수가 더 큰 이, 곧 더 위대한 분임을 증거하면서 끝내 암시적으로 혹은 묵시적으로 예수를 "모세보다 더 큰 이"라고 전하기 위한 것으로 생각된다. 막상 "모세보다 더 큰 이"라는 표현은 나오지 않지만 마태의 의도가 거기에 있다는 점은 문맥상으로 그리고 의도상으로 의심할 여지가 없어 보인다. 따라서 마태가 마태복음을 기록할 때 문서자료로 마가복음 이외에 출애굽기를 사용하고 있었다고, 그래서 출애굽기에 나오는 모세의 이야기를 읽어가면서 예수의 이야기를 구성하면서 예수를 새로운 모세, 모세보다 더 큰 이로 증거하고 있다는 주장도 가능하다고 생각된다.

그러나 모세 유형론, 곧 예수를 모세의 패턴에 따라 소개하려는 것이 마태의 주요 의도였다는 데 대해서는 반대의 목소리도 없는 것도 아니다. 그렇지만 반대의 소리가 있다고 하더라도, 앞에서 살펴보았듯이 마태복음에서 모세와 예수 간의 유사성들(parallels)이 복음서 전반에 걸쳐 나타나고 있다는 점, 그래서 "새로운 모세와 새로운 출애굽(the New Moses of the new exodus)이 나타나고 있다는 점을 부인하기는 쉽지 않다. 비록 "새로운 모세"라는 주제, 혹은 모세 유형론이 마태복음에서 비록 가장 중요한 주제는 아니라고 하더라도 최소한 많은 주제 가운데 하나라는 사실(The New Moses theme remains one of many things, and not the most important)만은 부인할 수는 없을 것이다. 그래서 엘리슨도 다음과 같이 말한다: "모세 유형론이 마태 기독론의 줄기도 아니고 단지 말단의 작은 가지도 아니다.

그 중간의 어디쯤일 것이다: 나는 주요 가지에 비유하고 싶다."10

---

10 "The Moses typology is no more the trunk of Matthew's Christology than it
is only a distal twig. It is somewhere in between: I should liken it to a main
branch." Cf. France, *Matthew: Evangelist and Teacher*, 268.

누가복음의 엘리야/엘리사 유형론
(Elijah/Elisha Typology)

1. 선지자이신 예수

신약성서는 모두 다 예수 그리스도를 전하며 증거 하는 문서들이다. 그러나 넓게 말해서 신약성서 저자들, 좁게 말해서 각 복음서 기자들이 전해주고 있는 예수의 모습 그리고 그 증거하고 있는 기독론은 다 똑같은 것은 아니다. 문서들마다 다르다는 말이다.[1] 가령 마가복음의 경우에는, 많은 이적 이야기들을 통해서 예수를 "능력이 많으신 이"로 증거 하는 이른바 "신적 인간 기독론"(the divine man christology)이 그리고 예수의 수난 이야기들을 통해서는 고난당하는 여호와의 종 기독론이 나타나고 있다. 마태복음에서는 다윗 계통에서 태어난 왕의 왕이신 그리스도 이해가 강조되고 있고, 요한복음

---

1 James D.G. Dunn은 그의 책 한 장(章)의 제목을 "One Jesus, Many Christs"라고 붙이고 있다. Cf. *Unity and Diversity in the New Testament* (London: SCM Press, 1990), 216; Earl Richard의 다음과 같은 책 제목도 신약성서 저자들의 기독론의 다양함을 웅변적으로 말해주고 있다. Cf. *Jesus: One and Many: The Christological Concept of New Testament Authors* (Delaware: Michael Glazier, 1988).

에서는 예수를 "태초부터" 계셨던 "하나님"으로 증거 하는(요 1:1) 선재 기독론(the pre-existence christology) 혹은 성육신 기독론(incarnation christology)이 두드러지게 드러나고 있다. 반면에 누가복음에서는 다른 복음서들에 비해서 예수를 선지자로 강조하려는 의도가 아주 강하게 드러나고 있는 것으로 보인다. 일종의 선지자 기독론인 셈이다.

이런 누가의 의도는 무엇보다도 누가가 소개하는 예수의 공생애 첫 설교를 통해서 잘 드러나고 있다. 누가는 예수가 나사렛 회당에서 첫 설교를 하셨는데, 그 설교 때문에 고향 사람들로부터 배척을 받았다고 전한다. 그리고 배척을 당한 예수는 "선지자가 고향에서는 환영을 받는 자가 없느니라"(눅 4:24)는 말씀을 하면서 고향을 떠나심으로써 자신이 "선지자"임을 스스로 밝히고 있다. 그래서 브로울리(R.L. Brawley)는 누가가 전하는 예수의 공생애 첫 설교가 "선지자가 고향에서는 환영을 받는 자가 없느니라"는 격언을 인용하고 또 동시에 예수가 실제로 자신의 고향인 나사렛에서 배척을 받고 있음을 보여줌으로써 누가는 예수가 바로 "선지자"임을 역설적으로 강하게 증거하고 있다고 주장한다.[2]

누가만이 전해주고 있는 이적 이야기, 곧 예수가 나인성 과부의 죽은 아들을 살리는 이적 이야기에 보면, 예수가 과부의 죽은 아들을 살려냈을 때, 그것을 본 "모든 사람들이 두려워하며 하나님께 영광을 돌려 이르되 큰 선지자가 우리 가운데 일어나셨다"(눅 7:16)고 말했다는 사실을 누가는 전해주고 있다. 누가에게 있어서 그리고 또 예수

---

2 Robert L. Brawley, *Luke-Acts and the Jews: Conflict, Apology, and Conciliation* (Society of Biblical Literature Monograph Series, Scholars Press, 1987), 6-27.

당시 사람들에게 있어서 예수는 선지자, 그것도 "큰 선지자"라는 말이다.

이런 일이 있은 후에 누가는 예수가 바리새인 시몬의 초청을 받아 그의 집에 들어간 이야기를 전해주고 있는데(7:36-50), 그곳에서 예수가 죄 많은 여인으로 하여금 자기 발에 입 맞추고 기름을 바르는 일을 허락하자, 바리새인 시몬은 "이것을 보고 마음에 이르기를 이 사람이 만일 **선지자**였다면 자기를 만지는 이 여자가 누구며, 어떠한 자, 곧 죄인 줄을 알았으리라"(7:39)고 말한다. 비록 본문 가운데서 바리새인 시몬이 예수가 선지자라는 사실에 대해 분명한 확신을 갖고 있지는 못한 것처럼 묘사되고 있기는 하지만, 바리새인 시몬의 예수에 대한 인식은 역시 선지자였던 것으로 증거되고 있다.

누가복음 9장에 보면, 분봉 왕 헤롯이 예수에 관한 모든 소문을 듣고 "이 사람이 누군고?"(9:9)라고 예수의 정체에 관한 질문을 제기하고 있는데, "어떤 사람은 엘리야가 나타났다고… 어떤 사람은 옛 선지자 한 사람이 다시 살아났다"(9:8)고 대답한다. 이 본문에 이어 소개되는 베드로의 신앙고백 이야기에서도 예수가 제자들에게 사람들이 "나를 누구라고 하느냐?"고 물었을 때, "더러는 엘리야라, 더러는 옛 **선지자** 중의 한 사람이라"(9:19)라고 대답했다고 전한다. 결국 예수의 정체에 관한 질문은 예수가 선지자 중의 하나라는 대답으로 귀결되고 있는 셈이다.

베드로의 신앙 고백이 있은 후에도 누가는 계속 예수를 선지자로 소개하고 있다. 베드로의 신앙 고백 직후에 소개되고 있는 변화산 이야기(9:28-36)에서 예수는 구약성서의 가장 위대한 두 선지자들인 모세와 엘리야 사이에서 나타난다. 그리고 "이는 나의 아들 곧 택함을 받은 자니 너희는 저의 말을 들으라"(9:35)는 하늘 음성이 들려온다. 특히 이 말씀은 모세가 신명기 18:15에서 했던 말씀, 곧 "네 하나님 여호와께서 너의 중 네 형제 중에서 나와 같은 선지자 하나를 너를 위하여 일으키시리니 너희는 그를 들을 찌니라"는 말씀을 상기시킨다. 누가는 여기서도 예수를 모세와 같은 선지자로 증거하고 있는 것으로 보인다.

누가복음 13장에 보면, 예수가 예루살렘으로 올라가는 길에서 어떤 바리새인을 통해서 헤롯이 자신을 죽이려고 한다는 말을 들었을 때, "오늘과 내일과 모레는 내가 갈 길을 가야 하리니 선지자가 예루살렘 밖에서는 죽는 법이 없느니라"(13:33)고 말씀하신 것이 기록되어 있다. 누가는 이 말씀을 통해 예수 자신이 자신을 선지자로서 분명히 의식하고 있었음을 분명히 밝히고 있다. 이런 본문들이 거의 다 오직 누가복음에서만 소개되고 있는 본문이라는 점에서 우리는 누가의 기독론적 이해가 선지자 기독론에 근거하고 있다고 말해도 큰 잘못은 없다고 생각한다.

2. 예수의 공생애 첫 설교(눅 4:16-30)

누가가 전해주는 예수의 공생애 첫 설교는 다른 복음서 기자들이 전해주는 예수의 첫 설교와 형식과 내용에 있어 크게 다르다. 마가복음에 의하면, 예수의 공생애 활동 중 첫 설교는 "때가 찼다. 하나님의 나라가 가까이 왔다. 회개하고 복음을 믿으라"(막 1:14)이고, 마태복음에서는, "회개하라 천국이 가까웠느니라"(마 4:17)이다. 마가와 마태가 소개하고 있는 예수 설교는 이처럼 종말론적인 설교인 데 비해서, 누가가 소개하고 있는 예수의 공생애 활동 중 첫 설교는 내용과 형식에 있어 크게 다르다. 누가가 전하는 예수의 공생애 첫 설교는 마가와 마태와는 달리 아주 긴 편인데, 그 전반부(4:17-24)에서는 "가난한 자들에게 기쁜 소식"을 전하는 "은혜의 해"를 선포하는 것이고, 그 후반부(4:25-30)에서는 구약 시대에 이미 하나님의 축복이 엘리야와 엘리사를 통해 이방인들인 "시돈"의 사렙다 과부와 "수리아" 사람인 나병환자 나아만에게 주어졌음을 선포하는 것이다.

여기서 특히 우리가 관심을 갖고자 하는 것은 설교 후반부에서 예수가 "엘리야 시대에 하늘이 삼 년 육 개월간 닫히어 온 땅에 큰 흉년이 들었을 때에 이스라엘에 과부가 많이 있었으되 엘리야가 그 중 한 사람에게도 보내심을 받지 않고 오직 시돈 땅에 있는 사렙다의 한 과부에게뿐이었으며, 또 선지자 엘리사 때에 이스라엘에 많은 나병환자가 있었으되 그중의 한 사람도 깨끗함을 얻지 못하고, 오직 수리아 사람 나아만뿐이었느니라"(4:26-27)고 말한 부분이다. 이 본문이 현재의 문맥에서 남부 유대 땅에서가 아니라 이스라엘 북부 지역에서 활동하던 선지자들인 엘리야와 엘리사가 이스라엘이나 유대인 과부나 유대인 나병환자에게 보냄을 받은 것이 아니라, 시돈 땅 사렙다에 살던 이방인 과부와 수리아 땅에 살던 이방인 나병환자에게 보내진 것을 언급하고 있다는 점에서, 이 본문은 한편으로는 이미 2:31-32에 나오는 시므온의 예언, 곧 "만민 앞에 베푸신 구원이며 이방 사람을 비추는 빛"이라는 예언을 반영하고 있으며, 다른 한편으로는 앞으로 계속 될 예수의 주요 사역 내용을 예시해주는 본문이라고 생각되기도 한다.

바로 이런 점 때문에 누가복음 4:16-30에 나오는 예수의 공생애 첫 설교를 가리켜 흔히 "예수의 취임 설교"(the inaugural sermon), 혹은 "누가 문서들을 위한 프로그램적인 본문", 혹은 "복음서와 사도행전의 전체적인 개요" 또는 "뒤에 이어지는 내용을 모두 읽기 위한 안경"[3]이라고 불리기도 한다. 이 본문이 누가의 의도를 해석하기 위한 열쇠로서 그만큼 중요하다는 의미일 것이다. 그런데 여기서 우리가 특별히 더 주목해야 할 점은 이방인인 시돈의 사렙다 과부와 수리아 사람 나병환자인 나아만에게 보냄을 받은 선지자로 "엘리야와 엘리사"가 언급되고 있다는 점이다. 누가는 예수의 이 설교를 통해서, 구약 시대에 북부 이스라엘에서 활동하던 두 선지자인 "엘리야와 엘리사"가 각각 이방인인 시돈 지방 사렙다 과부와 수리아 사람 나아만에게 보냄을 받아 은혜를 베푼 사실이 이미 구약성서에서 하나님이 이방인에게 은혜를 베푸신 구체적인 선례(先例), 혹은 전례(前例)로 강조하고 있는 것으로 보인다. 무엇보다도 먼저 우리는 여기서 시돈 지방 사렙다 과부와 수리아 사람 나아만 장군이 모두 이방인이라는 사실에 주목할 필요가 있다. 그리고 누가는 이 설교를 통해 예수가 하나님의 은혜가 이미 구약 시대에 이방인들인 시돈 지방의 사렙다 과부와 수리아 사람 나아만 장군에게 베풀어졌다는 사실을 강조하며 상기시키고 있기 때문이다.

누가는 특히 사렙다 과부를 "시돈 지방 사렙다"(4:26)의 과부라고 그리고 나아만을 "수리아 사람"(4:27)이라고 그들의 이방인으로서의 정체성을 아주 분명히 밝히고 있는 점에 주목해야 한다. 누가의 신학적 관심이 어디에 있는가를 짐작할 수 있게 해주는 대목이 아닐

---

3 Walter E. Pilgrim, *Good News to the Poor: Wealth and Poverty in Luke-Acts* (Minnesota: Augsburg, 1981), 107.

수 없기 때문이다.[4] 피츠마이어(Fitzmyer)는 이 점을 두고 다음과 같이 말하고 있다: 엘리야와 엘리사의 사역에 대해 언급하고 있는 "이 25-27절들은 이방인들에 대한 기독교 선교를 위한 정당성을 구약성경으로부터 제공해주고 있다."[5] 이런 점에서 그 당시 유대인으로서는 예수의 이 첫 설교 내용이 의외이고 충격적인 것이 아닐 수 없었을 것이다. 그래서 실제로 회당에서 이 말을 들었던 사람들이 "다크게 화를 내기도 했고"(눅 4:28), "일어나 예수를 동네에서 쫓아내어 동네 밖 산벼랑까지 끌고 가서 예수를 밀쳐 떨어뜨리려고도 했었다"(4:29). 만약 이것이 누가의 의도적인 편집에 의한 것이라면, 분명히 누가는 이런 기록을 통해서 예수의 사역을 통해서 시작되게 될 이방인 선교를 강조하고자 했던 것이라고, 그래서 이 이야기를 이방 선교를 위한 구약성서의 "전례"와 "모델"로 제시하고 있는 것이라고 생각할 수 있게 된다.

그래서 많은 학자들은 누가복음 4:18-30, 특히 4:25-27의 본문을 이방 선교를 위한 누가의 관심과 비전을 대변하는 대표적인 본문으로 인식하여 왔다. 이 점을 제일 먼저 잘 지적해준 사람은 아마도 크리드(John M. Creed)였던 것으로 생각된다. 그는 그의 누가복음 주석 책에서 다음과 같이 주장한 바 있다: "엘리야와 엘리사의 생애로부터 인용된 사건들은 이방인들을 향한 선교를 위한 좋은 선례를 제공해주고 있다. 이것이 복음서 기자에게 있어서 진짜 의미였다는 것은 의심할 여지가 없다."[6] 그의 뒤를 이어 최근에 와서는 필립 프라

---

4 F. Bovon은 "26~27절은 유대교적인 구속을 파기한 그런 기독교를 반영한다"고 말한다. Cf. *A Commentary on the Gospel of Luke 1:1-9:50*, 156.

5 J. Fitzmyer, *The Gospel According to St. Luke*, 537.

6 John M. Creed, *The Gospel According to St. Luke: The Greek Text with Introduction,*

는시스 에슬러(Philip Francis Esler)가 다음과 같이 말하기도 한다: "이 세 구절에서 예수 시대 이후에야 비로소 시작된 이방 선교에 대한 예언과 그것에 대한 공식적 승인(prediction and authorization)을 보는 것은 누가 연구의 일종의 상식이다."7 이런 관점에서 볼 때, 누가는 엘리야와 엘리사를 예수의 예표, 혹은 그의 선구자로 생각하고 있는지도 모른다.

예수의 공생애 활동 첫 설교 본문 이외에도 우리는 누가가 예수를 전하면서 "엘리야와 엘리사"을 염두에 두고 있었다고 생각할 수 있는 본문들로 눅 7:1-10; 7:11-17; 9:51-56; 9:61-62; 17:11-19 등을 더 살펴볼 필요가 있다.

3. 나인 성 과부의 아들을 살린 예수(눅 7:11-17)

누가는 예수의 공생애 활동 첫 설교 가운데서 엘리야와 엘리사가 각각 이방인을 찾아가 은혜를 베푼 사실을 언급한 후에, 누가복음 7장에 가서는 먼저 7:1-17에서 백부장의 종을 고쳐준 이야기(7:1-10) 그리고 바로 이어서 나인 성 과부의 아들을 다시 살린 이야기(7:11-17)를 나란히 연결시켜 소개하고 있다는 사실에 주목할 필요가 있다. 이 점이 중요한 이유는 두 이야기가 서로 연결 편집됨으로 인해서 누가가 예수의 공생애 첫 설교를 통해서 이미 강조된 바 있는 사실, 곧 이미 구약에서도 이방인 수리아 장군에게 그리고 이방인 사렙

Notes and Indices (London: Macmillan & Co., 1930, 1953), 66.

7 Philip Francis Esler, *Community and Gospel in Luke-Acts: The Social and Political Motivation of Lucan Theology* (Cambridge University Press, 1987), 35.

다 과부에게 하나님의 은혜가 베풀어진 바 있다는 사실을 우리에게 상기시켜주기 때문이다. 구약에서 수리아 나아만 장군에게 베풀어 졌던 은혜가, 여기서는 로마의 백부장에게 베풀어지고 있고, 구약에서 사렙다 과부에게 베풀어졌던 은혜가, 여기서는 나인 성 과부에게 베풀어지고 있기 때문이다.

비록 나인 성 과부가 사렙다 과부의 경우처럼 이방인 과부는 아니지만, 그러나 누가는 예수가 나인 성 과부의 아들을 살린 이적 이야기를 소개할 때, 의도적으로 구약에서 엘리야가 이방인 사렙다 과부의 아들을 살린 이적 이야기(왕상 17:8-24)와 거의 똑같은 형태로 구성함으로써 나인 성 과부의 이야기를 사렙다 과부의 이야기와 동일시하고 있음을 보여주고 있다. 예를 들어, 첫째로 두 이야기가 모두 과부의 죽은 아들을 살려주는 이야기이다. 사렙다 과부의 죽은 아들은 선지자인 엘리야에 의해 다시 살아났고, 나인 성 과부의 죽은 아들은 선지자(17:16)이신 예수에 의해 살아났다. 둘째로 사건이 일어난 장소가 두 이야기에서 모두 거의 똑같은 문장으로 기록되어 있다. 왕상 17:10에선 "저가… 성문에 이를 때에…"(when he come to the gate of the city)라고 했는데, 눅 7:12에서도 "저가… 성문에 이를 때에"(as he drew near to the gate of the city)라고 기록되어 있다. 셋째로 왕상 17:23에서 엘리야가 "그 아이를… 그 어미에게 주었다"(de-livered him to his mother)라고 기록되어 있는데, 눅 7:15에서는 예수가 "그를 어미에게 주셨다"(he gave him to his mother)고 기록했다. 마지막으로 엘리야가 사렙다의 과부를 처음 만날 때나, 예수가 나인 성 과부를 처음 만날 때나 거의 똑같은 문구로 표현되어 있다(왕상 17:9, "behold… widow"; 눅 7:12, "behold… widow").

따라서 이와 같은 유사점들은 누가가 본문의 이야기를 구성할 때 분명히 열왕기 17장에 나오는 엘리야의 이야기를 문학적인 모델로 사용한 증거라고 생각되며,[8] 결국 누가가 7:1-17에서 백부장의 종을 고쳐준 이야기와 나인 성 과부의 죽은 아들을 살린 이야기를 나란히 연결시켜 기록한 것은 분명히 누가가 예수의 공생애 활동의 첫 설교를 통해서 강조한 바 있는 엘리야와 엘리사의 사역, 곧 그들이 수리아 나아만 장군과 사렙다 과부에게 은혜를 베풀었던 구약 전례가 예수의 사역 가운데서 구체적으로 다시 실현되고 있다는 점을 보여주기 위한 의도 때문이라고 생각된다. 더구나 누가는 이야기의 결론 부분에서 "사람들이 모두 두려움에 싸여 하나님을 찬양하며 '우리에게 큰 예언자(a great prophet)가 나타났다' 하고 말했다"(7:16)고 전함으로써, 예수를 "큰 예언자", 곧 "다시 나타난 엘리야"(Elias re-divivus)로 증거하고 있는 셈이다. 피츠마이어(Fitzmyer)는 본문 가운데서 예수를 "큰 예언자"와 동일시하며(눅 7:16a), 엘리야 이야기를 암시하고 있는 것(눅 7:15)으로 미루어, 누가는 분명히 이 사건을 이용하여 예수를 "다시 나타난 엘리야"(Elias redivivus)로 소개하려는 의도를 갖고 있었다"고 말한다.[9]

---

8 T.L. Brodie는 눅 7장에 나오는 나인 성 과부의 아들을 살린 예수의 이적 이야기가 열왕기상 17장에 나오는 사렙다 과부의 아들을 살린 엘리야의 이적 이야기의 모방이라고 말한다. Cf. "Towards Unravelling Luke's Use of the Old Testament: Luke 7:11-17 as an Imitation of I Kings 17:17-24", *NTS* 32 (1986), 147-167. Fitzmyer는 나인 성 과부의 이야기를 왕하 4:18-36에 나오는 이야기, 곧 엘리사가 수넴 여인의 아들을 살린 이야기와 연관성 혹은 유사성이 있음을 지적한다. Cf. *The Gospel According to Luke*, 656.

9 Fitzmyer, *The Gospel According to Luke*, 656. Sharon H. Ringe도 "누가가 예수를 엘리야와 엘리사 전통의 예언자로 묘사하고 있다"고 주장한다. Cf. *Luke*, 101.

누가가 이처럼 엘리야와 엘리사 선지자에 대해 남다른 관심을 갖고 예수를 특히 엘리야와 엘리사와 같은 예언자로 소개하고 있는 이유는 무엇보다도 그들이 주로 북부 지역인 사마리아 지역에서 활동했던 선지자들이었기 때문이고, 이것이 또한 사마리아에 대해 갖는 누가의 남다른 관심 때문이기도 할 것이다. 그리고 사마리아 지역에 대한 누가의 이 같은 관심이 궁극적으로 누가의 이방 지역에 대한 관심과 밀접히 연관되어 있다는 점을 고려할 때, 우리는 누가가 7:1-17의 본문을 통해서 마치 엘리야와 엘리사가 수리아 나아만 장군과 시돈의 사렙다 과부에게 은혜를 베풀었듯이, 예수도 이방인 백부장과 나인 성 과부에게 은혜를 베풀고 있다는 사실을, 그래서 예수의 공생애 첫 설교 메시지에 반영된 이방인 선교에 대한 비전이 그의 공생애 사역 가운데서 실제로 실현되고 있다는 사실을 보여주려 했다는 생각을 피할 수 없게 된다.

이런 점에서 피츠마이어(Fitzmyer)가 말한 바와 같이 "이 이야기는 '하나님은 외모로 사람을 가리시지 않는 분이어서 그를 두려워하고 의를 행하는 사람이면 어느 나라 사람이든지 다 받으시는 줄 내가 참으로 깨달았습니다'라는 행 10:35를 예증하며 예고하고 있다"[10]고도 볼 수 있다. 따라서 우리는 이 본문이 백부장의 종을 고치신 이야기와 연결되어, 예수의 공생애 첫 설교 메시지의 선교 비전, 즉 누가의 이방인 선교에 대한 관심을 잘 드러내주는 본문 가운데 하나라고 생각하지 않을 수 없다.

---

10 Fitzmyer, *The Gospel According to Luke*, 650.

4. 사마리아 나병 환자를 고친 예수(눅 17:11-19)

누가는 누가복음 17장에서 예수가 사마리아 문둥병자를 고쳐주고 구원해주는 이야기를 전해주고 있는데, 이 이야기도 오직 누가복음에서만 나오는 이야기이다. 그런데 이 이야기도 예수가 그의 공생애 첫 번째 설교(눅 4:18-30) 가운데서 말씀하셨던 내용, 곧 "예언자 엘리사 시대에 이스라엘에 문둥병자들이 많이 있었지만 그들 가운데 아무도 깨끗함을 받지 못하고 다만 수리아사람 나아만이 깨끗함을 받았다"고 말씀하신 내용을 그대로 다시 상기시켜주고 있는 것으로 생각된다.

열 명의 문둥병자들이 예수를 통해서 다 같이 고침을 받았지만, 예수의 구원의 은혜는 아홉 명의 유대인 문둥병자들에게가 아니라, 오직 사마리아 문둥병자에게만 주어졌다. 예수는 "열 사람이 다 깨끗함을 받지 아니하였느냐? 그 아홉은 어디 있느냐? 이 이방인 외에는 하나님께 영광을 돌리러 돌아온 자가 없느냐?"(17:17-18)고 물으시면서 이 사마리아 문둥병자를 향해서만 "네 믿음이 너를 구원하였느니라"고 말씀하셨다. 결국 이 이야기의 요점은 문둥병으로부터 고침을 받았지만 아무런 감사도 하지 않은 아홉 명의 유대인 문둥병자와 병고침을 받고 감사한 사마리아인("이방인", 18절) 문둥병자를 대조시킴으로써 예수 공생애 활동의 첫 설교의 메시지가 여기서도 다시 그대로 실현되고 있음을 강조해주고 있는 것으로 보인다. 그래서 샤론 린지(Sharn H. Ringe)는 "아주 단순한 치료 이야기가 이방인의 구원 이야기로 변형되어 엘리사가 나아만을 치료해준 이야기(왕하 5:1-14)를 반영해주고 있다"[11]고 말한다.

미카엘 굴더(Michael D. Goulder)는 엘리야와 엘리사의 사역에 대한 언급이 누가복음에서 예수의 사역 가운데서 그대로 성취되었다는 점을 다음과 같은 말로 강조해주고 있다: 즉 "사렙다 과부에 대한 엘리야의 미션이 예수께서 나인성 과부의 독자를 다시 살려준 이야기에서 성취되었고, 엘리사가 이방인 문둥병자인 나아만을 고쳐준 이야기는 예수가 사마리아 문둥병자를 고쳐준 이야기에서 성취되었다."[12] 결국 누가에게 있어서 "예수는 또 다른 엘리야이고 또 다른 엘리사인 셈이다(Jesus is another Elijah and another Elisha)."[13]

5. 사마리아 마을에 들어간 예수(9:52-56)

마 10:5에 보면, 예수께서는 열두 제자들을 사도로 세운 후에 그들을 파송하면서, "이방인의 길로도 가지 말고, 사마리아인의 도시에도 들어가지 말라"고 명령하셨다. 그런데 놀랍게도 눅 9:52-56에 보면, 예수가 예루살렘으로 올라가는 길에 "사자들을 앞서 보내" 그들로 하여금 예수를 위해 준비하게 하려고 "사마리아인의 한 마을에 들어가게" 하셨다. 사마리아인의 마을에 들어가는 문제와 관련된 두 복음서의 이런 차이는 마태복음이 전통적인 유대적 관점을 그래도 반영하고 있는 반면에, 누가복음은 이방인에 대한 선교의 관점을 드러내고 있는 것으로 생각된다.

그런데 본문에 의하면, 사마리아 사람들이 예루살렘으로 향하는

---

11 Sharon H. Ringe, *Luke* (Westminster John Knox Press, 1995), 220.

12 Michael D. Goulder, *Luke: A New Paradigm* (Sheffield: Sheffield Academic Press, 1994), 304.

13 Fitzmyer, *The Gospel According to St. Luke*, 537.

예수(와 그의 제자)를 영접하지 않았기 때문에 제자들이 주님께 하늘로부터 불을 내려 사마리아 사람들을 태워버리자고 제안한다. 어떤 사본들에 보면, 제자들의 그런 제안과 관련하여 "엘리야가 그랬던 것처럼"이라는 문구가 첨가되어 있어 왕하 1:9-16을 그대로 반영하고 있는 것으로 생각된다. 왕하 본문에서도 불의 심판을 받을 대상이 사마리아 사람으로 되어 있어, 이 본문 역시 반(反) 사마리아적인 관점을 드러내고 있는 것으로 보인다. 어찌 보면 제자들이 "주여, 우리가 불을 명하여 하늘로부터 내려 저들을 멸하라 하기를 원하시나이까?"라고 말한 것은 당시 유대인들이 사마리아인에 대해 갖고 있었던 일반적인 감정을 그대로 표현한 것일 수도 있다.

그런데 예수는 "엘리야가 그랬던 것처럼"(as Elijah did)[14] 사마리아 사람들에 대해 불 심판을 내리기 원하는 제자들을 꾸짖고, 그런 심판을 거절한다. 누가는 예수가 사마리아 사람들은 하나님의 불 심판을 받아 마땅하다고 생각하는 당시 유대인들의 통념을 배격하고 있는 것으로 소개하고 있다. 또 다른 사본들에 보면 9:55에 "너희는 어떠한 영에 속했는지 모르고 있다. 인자는 사람의 생명을 멸하러 온 것이 아니라 구하러 왔노라"라는 문구가 첨가되어 있는데, 이것을 보면, 누가는 사마리아 사람들도 예수에게는 구원의 대상이라는 점을, 그래서 예수는 "엘리야가 그랬던 것처럼" 사마리아 사람을 멸하러 온 분이 아니라 구하러 온 분임을, 그래서 "엘리야보다 더 큰 선지자"

---

14 E. Earle Ellis는 "'엘리야가 그랬던 것처럼'(as Elijah did)이라는 문구가 어쩌면 원본에 없는 말일 수 있지만, 그러나 그 문구는 정확히 제자들의 질문의 의미를 해석해주고 있다"고 그리고 야고보와 요한이 예수를 Elijah-type messiah로 이해하고 있음을 보여주고 있다고 말한다. Cf. *The Gospel of Luke* (Wm. B. Eerdmans: Grand Rapids, 1987), 151.

임을 강조하려고 했던 것으로 보인다.

흥미롭게도 샤론 린지(Sharon H. Ringe)는 이 본문 이야기가 예수의 공생애 첫 설교와 유사성이 있음을 다음과 같이 지적하고 있다:[15] 첫째로 두 본문 모두에서 엘리야에 대한 언급이 나온다. 예수의 공생애 첫 설교에서는 엘리야/엘리사가 예수 사역의 긍정적인 모델로 제시되고 있는데, 여기서는 엘리야의 흉폭한 부정적인 면이 배격되고 있다. 둘째로 두 이야기가 모두 예수가 배척을 당하는 이야기로 누가복음의 주요 부분을 시작하고 있다. 앞에서는 예수가 갈릴리 고향 땅에서 배척을 당하고 있고, 여기서는 사마리아 동네에서 배척을 당하고 있다. 셋째로 여기서와 눅 4:30에서 모두 예수가 배척을 당한 일이 오히려 예수가 새로운 지역으로 그의 선교 활동을 넓히는 계기가 되고 있다. 이것은 마치 예수가 예루살렘에서 배척을 받은 것이 복음을 "모든 족속에게"(눅 24:47) 그리고 심지어 "땅끝까지"(행 1:8) 전하게 되는 계기가 된 것과도 마찬가지이다.

6. "쟁기를 잡고 뒤를 돌아보는 사람은 하나님 나라에 합당치 않다"(9:61-62)

예수를 따르고자 하는 자들에 대한 말씀을 소개할 때, 마태는 오직 두 종류의 사람을 등장시키고 있다(8:19-22). 첫 번째 사람이 예수 앞에 나와서, "선생님이여, 어디로 가시든지 저는 따르리이다"라고 말했지만, 예수는 그에게 "여우도 굴이 있고 공중의 새도 거처가 있으되 인자는 머리 둘 곳이 없다"고 대답한다. 그리고 두 번째 사람

---

15 Sharon H. Ringe, *Luke* (Westminster John Knox Press, 1995), 149.

이 나서서, "주여 내가 먼저 가서 내 아버지를 매장하게 허락하옵소서"라고 말했지만, 예수는 그에게 "죽은 자들이 그들의 죽은 자들을 매장하게 하고 너는 나를 따르라"고 명하셨다. 그런데 누가는 같은 이야기를 소개하면서, 세 번째 사람에 관한 이야기를 하나 더 첨가하여 소개하고 있다. 세 번째 사람이 나서서 "주여 내가 주를 따르겠나이다마는 나로 먼저 내 가족을 작별하게 허락하소서"(9:61)라고 말했지만, 예수는 그에게 "손에 쟁기를 잡고 뒤를 돌아보는 자는 하나님의 나라에 합당하지 아니 하니라"(9:62)고 말씀하신다.

그런데 누가복음에만 나오는 이 세 번째 사람에 대한 이야기가 왕상 19:19-21에서 엘리사가 엘리야의 부름을 받고 따를 때의 이야기와 어휘적으로 평행을 이루고 있다는 사실에 주목할 필요가 있다. 엘리야가 엘리사를 만나 자신의 겉옷을 그의 위에 던져 제자로 지명했을 때, 엘리사는 엘리야에게 달려와 "청하건대 나를 내 부모와 입맞추게 하소서, 그리한 후에 내가 당신을 따르리이다"(왕상 19:20)라고 말한다. 그리고 엘리야는 그에게 "돌아가라 내가 네게 어떻게 행하였느냐?"라고 말한다. 누가가 첨가한 세 번째 사람의 이야기가 분명히 왕상 19:19-20을 근거로 구성된 것으로 보인다. 그러나 한 가지 다른 점은 예수의 요구가 엘리야의 것보다 더 엄격하다는 점이다. 왜냐하면 엘리야는 엘리사로 하여금 부모에게 돌아가 인사하면서 소를 잡고 쟁기를 불살라 백성들과 함께 나누는 것까지도 허락하는데, 예수는 쟁기를 잡고 뒤를 돌아보는 것조차 허락하지 않기 때문이다. 누가는 예수를 따르는 제자직이 훨씬 더 어렵고 엄격함을 말해주고 있다.

이런 점들을 고려할 때 우리는 부로디(T.L. Brodie)가 주장했던 것처럼 누가복음의 배경에는 열왕기, 특히 엘리야/엘리사 전승이 뿌리 깊게 자리 잡고 있다고 말하지 않을 수 없다.16 예수를 선지자로 강조하면서도, 남부 유다의 여러 선지자들도 있는데, 특히 북부 이스라엘의 대표적인 선지자들인 엘리야/엘리사 선지자의 사역을 근거로 예수의 사역을 증거하고 있는 것은 엘리야/엘리사가 이방인들에게 호의적인 선지자들이었기 때문일 것이다. 그리고 이 점이 누가가 예수를 이방인의 선지자로 증거 하려는 의도에 아주 적절했기 때문일 것으로 보인다.

---

16 T.L. Brodie, "Towards Unravelling Luke's Use of the Old Testament: Luke 7:11-17 as an Imitatio of I Kings 17:17-24," *NTS* 32 (1986), 147-67.

복음서의 다윗 유형론(David Typology)

　　다윗은 예수보다도 천 년 전에 살았던 인물이다. 그러나 유대인들의 마음속에서는 너무나도 큰 영향을 주는 인물이었다. 특히 유대인들이 이방인의 억압 속에서 고통을 당할 때마다 그들의 마음속에서는 더욱 다윗에 대한 향수가 더 커질 수밖에 없었을 것이다. 다윗은 이스라엘 역사상 가장 강한 강대국을 이룩했던 인물, 그래서 "왕중의 왕"으로 기억되는 인물이 아니던가? 따라서 유대 백성들이 이방인들의 억압과 압제로 고통을 당할 때마다 자기들을 구원할 구원자인 메시야가 다윗의 자손 가운데서 나올 것이라는 소망을 가질 수밖에 없었던 것은 오히려 당연한 일이었을 것으로 보인다.[1]

　　이런 점으로 미루어 볼 때, 예수의 동시대인들 그리고 심지어 예수의 추종자들 중에서도 예수를 능력 있는 왕으로, 그래서 자신들을 구원해 줄 "다윗과 같은 구원자"로 기억한 사람들도 많이 있었던 것이라고 생각하는 것이 결코 이상한 일은 아닐 것이다. 비록 예수가

---

1 메시야가 다윗의 자손 가운데서 나올 것이라는 기대와 신앙은 다음과 같은 구약성서 본문들 가운데서 나타나고 있다: 사 9:2-7; 11:1-9; 렘 23:5-6; 33:14-18; 겔 34:23-24; 37:24; 시 89:20-37 등. 그리고 신약성서 마가복음 12:35와 요한복음 7:42 에서도 찾아볼 수 있다.

이 세상의 나라와 군대를 거느렸던 왕은 아니지만, 예수가 다윗 왕에 대한 유대인들의 소망을 성취할 사람으로, 그래서 "이스라엘을 속량할 자"(눅 24:21)라고 생각한 사람들이 실제로 있기도 했다. 그래서 예수가 자주 언급했던 왕국이 일반 백성들의 마음속에서는 고대 다윗의 왕국을 회복하는 것으로 오해되기도 했을 것이다.

예수 당시의 초기 추종자들이 거의 모두 유대인들이었기에, 더구나 로마의 정치적 억압 가운데 처해 있었기 때문에 다윗에 대한 향수는 특히 더 했을 것으로 보인다. 이런 점을 염두에 둘 때, 복음서를 기록한 저자들이 예수에 대해 증거하며 그에 대한 이야기를 전할 때, 예수를 다윗과 같은 이로, 그래서 다윗에 빗대어 소개하려고 했을 것이라는 점은 쉽게 짐작할 수 있다. 이런 점에서 구약 성서에 이미 기록된 다윗의 이야기들이 예수에 대한 이야기의 모델로 이용되는 것도 그렇게 놀랄 일이 아닐 것으로 보인다. 히브리 성경에 나오는 다른 위대한 인물들의 경우, 예를 들어 모세와 엘리야와 엘리사의 경우와 마찬가지로, 다윗의 경우도 마치 예수가 희랍의 옷을 입고 그를 모방하는 것처럼 소개되고 있는 것으로 생각된다. 우리는 여기서 구약성경에 나오는 다윗의 이야기가 어떻게 그리고 얼마나 예수의 이야기 구성에 영향을 주었는지를 살펴보려고 한다.

1. '다윗의 자손' 예수

예수의 탄생 설화 및 유아기 설화에 모세 유형론이 강하게 드러나고 있다는 점이 많은 학자들에 의해 지적된 바 있기는 하지만, 그러나 다른 한편으로 다윗 유형론은 아니더라도 예수를 다윗과 연관시켜 예수를 다윗 계통의 메시야로 강조하려는, 이른바 '다윗 기독론'의 의도가 복음서들 가운데서 분명히 드러나고 있는 것이 사실이기도 하다. 막 12:35에 나오는 예수의 말씀, 즉 "율법학자들은 그리스도가 다윗의 자손이라고 주장하였다"는 말씀은 당시 유대인들이 일반적으로 메시야(=그리스도)는 다윗의 자손 가운데서 나온다, 즉 그리스도인 메시야는 다윗의 자손이어야 한다는 믿음을 가지고 있었다는 사실을 잘 반영해주고 있는 것으로 보인다.

또한 누가복음 1장에 나오는 사가랴의 예언(the Benedictus) 가운데서 "우리를 위하여 구원의 뿔을 그의 종 다윗의 집에서 일으키셨도다"(눅 1:69)라는 말이 나오는 것과 또한 누가복음 1장에 나오는 예수의 탄생 고지 가운데서 "보라, 네가 임신하여 아들을 낳을 터인데 그 아기의 이름을 예수라 하라. 그는 위대한 분이 될 것이요 지극히 높으신 분의 아들이라 불릴 것이다. 주 하나님이 그에게 조상 다윗의 왕위를 주실 것이며, 그는 영원하도록 야곱의 후손을 다스리는 왕이 될 것이요 그의 나라는 무궁할 것이라"(눅 1:31-33)는 말씀이 나오는 것만 보더라도 메시야가 다윗의 집에서 나온다는 기대와 믿음이 이미 예수 당시에 유대인들의 신앙 가운데 자리 잡고 있었음을 알 수 있다. 이런 기대와 믿음의 토대 위에서 초대 교인들은 쉽사리 다른 유대인들과는 달리 예수를 유대인들이 그토록 기다리던 메시야라고 믿으면서, 자연히 예수를 "다윗의 자손"으로 믿게 되었던 것으로 생각된다.

그런데 나중에 복음서에서는 "다윗의 자손"이라는 명칭이 예수의 별명처럼, 혹은 예수의 또 다른 명칭처럼 사용되기도 했다. 가령 막 10:46-52에 나오는 맹인 바디매오의 이야기를 보면, 바디매오가 예수를 향하여 "다윗의 자손, 예수여"라고 불렀을 뿐만 아니라(막 10:47), 예수를 향해 직접 "다윗의 자손이여" 라고 부르기도 했다(막 10:48). 또 마태복음 21:9는 예수가 예루살렘에 입성할 때, 그를 따르던 무리가 예수를 향해 "호산나, 다윗의 자손이여"라고 외쳤다고 전한다. 이런 점들을 보면 초대 교인들이 예수를 메시야인 그리스도로, 그래서 예수를 "다윗의 자손"으로 믿고 선포했다는 사실을 알 수 있다.

마태는 그의 복음서 서두부터 예수 그리스도의 족보를 소개하면서 예수가 '다윗의 자손'임을 강조하고 있다. 마태복음은 예수의 족보로 시작하면서, "다윗"을 아브라함과 함께 예수의 대표적인 조상으로 소개하고 있다, 뿐만 아니라 예수의 족보 자체를 "아브라함부터 다윗까지, 다윗부터 바벨론 포로 생활까지 그리고 바벨론 포로생활부터 그리스도까지" 세 시대로 나누어 소개하되, 이 세 시대를 결국 "다윗"을 중심으로 나누어 소개하고 있다.[2] 예수를 소개하는 마태복음 저자의 머릿속에서 "다윗"이 얼마나 중요한 역할을 하고 있는지를 잘 보여주는 사례가 아닐 수 없다. 그리고 마태는 이어서 예수의 탄생 이야기를 소개하면서도 하나님의 사자인 천사가 요셉에게 나타나 예수의 탄생을 예고할 때, 예수의 아비인 요셉을 가리켜서도 "다윗의 자손, 요셉"(마 1:20)이라고 불렀음을 전해주고 있다.

이 밖에도 성령 잉태와 동정녀 탄생, 베들레헴에서의 탄생 그리고 별들을 따라왔던 동방박사 이야기들은 모두 '다윗 기독론'(Davidic Christology)과 연관되어 있는 것으로 보인다. 별과 동방박사의 이야기는 민 24:17을 상기시키는데 이 본문은 이미 기독교 이전의 유

---

2 마태복음에 나오는 예수의 족보 가운데만 "다윗"이라는 말이 5번 반복적으로 사용되고 있다(1:1에서 한 번 그리고 6절과 17에서 각 2번).

대교에서 다윗 계통의 메시아에 적용했던 본문이다. 동방박사들은 새로 태어난 "유대인의 왕"을 경배하러 왔다고 했다(마태 2:2). 베들레헴에서의 탄생은 미가서 5:2로부터 그 의미를 가져온 것인데 이 구절은 다윗성에서 다윗 계통의 통치자가 나올 것을 예언하는 구절이다. 그리고 성령 잉태와 동정녀 탄생 이야기는 사 7:14와도 밀접히 연관되어 있는데, 이 구절은 다윗의 집안을 향해 말씀한 구약 본문이기도 하다.[3]

2. 배신당한 다윗과 배신당한 예수[4]

다윗 왕에 관한 이야기들 중에서 실제로 예수에 관한 이야기를 위한 모델로 사용된 경우들 가운데 하나는 다윗 왕이 그의 아들 압살롬의 반역에 직면하여 기드론 계곡을 건너 감람산까지 도망했던 이야기(삼하 15-17장)가 아닌가 생각된다. 다윗은 그의 공생애 말년에 배반을 당했다. 입맞춤으로 배반을 시작한 그의 아들에 의해 배반당한 것만이 아니다. 다윗은 그의 모사들 가운데 한 사람이었던 아히도벨에 의해 배반당했다. 다윗의 모사였던 아히도벨이 압살롬의 반역

---

3 어느 누구도 위대한 사람이 출생하는 것을 보기 위해 병원이나 집 밖에서 기다리지 않는다. 어떤 사람이 위대한 인물이 되었을 때에야 비로소 그 사람이 어떻게 태어난 사람인지 그리고 그 사람이 역사 속에 나타나게 된 순간에 대한 관심이 중요하게 된다. 이것의 순서가 뒤바뀌는 경우는 결코 없다. 족보나 탄생 이야기의 형성은 대상 인물의 위대성이 확립된 이후에, 또는 그 위대성을 강조하기 위한 후속 조치에 지나지 않는다.

4 Robert W. Funk and The Jesus Seminar, *The Acts of Jesus: What Did Jesus Really Do?* (HarperSanFrancisco, A Polebridge Press Book, 1998), 150-151. 여기서는 예수의 수난 이야기들, 특히 예수가 가룟 유다에게 배반당한 이야기가 구약성경에서 다윗이 아히도벨에게 배반당한 이야기의 영향으로 구성되었다고 보고 있다.

을 돕는 공모자가 되어버렸다(삼하 15:12, 31). 다윗과 아히도벨의 관계가 바로 예수와 가룟 유다의 관계와 아주 유사하다.

압살롬이 예루살렘을 공격하려는 것이 분명해 보이자, 다윗은 그의 일행과 더불어 기드론 시내를 건너 감람산으로 도망했다(삼하 15:13-18, 23, 30). 예수도 다윗처럼 배반당했던 그날 밤에 똑같이 기드론 시내를 건너 감람산 겟세마네 동산으로 들어갔다. 다윗이 감람산 하나님을 예배하는 곳까지 올라갔을 때, 그는 그의 눈앞에 다가온 비극 때문에, 그의 머리를 가리고 맨발로 울었다고 했다(삼하 15:30). 다윗의 측근 친구인 후새가 다윗을 맞으러 왔을 때, 후새가 옷을 찢고 흙을 머리에 덮어썼다고 했는데, 이것은 기도와 회개의 징표였다. 예수 또한 눈앞에 다가온 비극 때문에 고민과 근심에 싸여 '내 마음이 과로와 죽을 지경이다'라고 말했고(막 14:33-34), 감람산에서 땅에 엎드려 기도하였다(막 14:35).

다윗이 예루살렘을 빠져나갈 때, 외국인인 가드 사람 잇대가 그를 따르고자 했다. 그때 다윗은 잇대에게 예루살렘으로 돌아가라고 말했지만, 잇대는 거절하면서, 자기는 다윗을 버리지 않을 것이라고 맹세했다(삼하 15:19-21). 이와 아주 비슷하게, 예수와 그의 제자들이 마지막 식사를 마치고 찬미를 부르며 감람산으로 갈 때, 베드로도 자기는 결코 예수를 버리지 않겠다고 맹세했다(막 14:27-31).

다윗이 그 당시 상급 제사장들인 아비아달과 사독 면전에서 자기가 여호와 앞에서 은혜를 입지 못하게 될는지도 모른다고 그리고 자기는 하나님께서 기뻐하시지 않으신다면, 하나님께서 선히 여기시는 대로 행하시는 것을 그대로 받아들일 준비가 되어 있다고 고백한다(15:24-26). 그런데 이것이 바로 예수가 감람산에서 기도하신 내용, 곧 "내 원대로 마옵시고, 아버지의 원대로 하옵소서"의 요지이기도 하다(막 14:36).

다윗의 배신자인 아히도벨은 압살롬에게 다윗이 곤하여 힘이 빠졌을 때 기습하면, 그와 함께 있는 백성들이 모두 놀라 도망할 것이니, 자기는 "밤에" 다윗의 뒤를 추적하겠다고 말했다. 아히도벨은 압살롬에게 이런 제안을 하면서 "내가 다윗 왕만 쳐 죽이고 모든 백성이 당신께 돌아오게 하리니… 그리하면 모든 백성이 평안 하리이다"라고 말했다(삼하 17:1-3). 예수께서 감람산에서 기도를 마치셨을 때, 가룟 유다는 대제사장들과 율법학자들과 장로들이 보낸 무리들과 함께 검과 몽둥이를 들고 나타났다(막 14:43). 요한복음에서는 대제사장안 가야바가 "한 사람이 백성을 위하여 죽어서 민족 전체가 망하지 않는 것이 더 유익하다"고 말했다(요 11:49-52).

압살롬은 오히려 다윗의 오랜 친구인 후새의 조언을 더 좋게 생각하여 아히도벨의 그 계략을 받아들이지 않았다. 체면을 잃은 아히도벨은 집으로 돌아와 스스로 목을 매어 죽었다(삼하 17:5-19, 23). 마태가 가룟 유다의 자살 이야기, 곧 유다가 스스로 목을 매어 죽은 이야기를 확대 발전시킨 데는(마 27:3-10) 분명히 아히도벨의 이야기가 영향을 주었던 것으로 보인다. 마태복음에 의하면, 유다는 자신의 행동을 후회하고 은돈 삼십을 성소에 내어던지고 물러가 목매달아 죽었다. 가룟 유다의 최후에 대한 마태복음의 이런 기록은 스가랴서 말씀에 의해 야기된 것으로 보인다: "그들이 곧 은 삼십 개를 달아서 내 품삯을 삼은지라. 여호와께서 내게 이르시되 그들이 나를 헤아린 바 그 삯을 토기장이에게 던지라 하시기로 내가 곧 그 은 삼십 개를 여호와의 전에서 토기장이에게 던졌도다"(슥 11:12-13). 돈의 액수와 행동 모두가 다 스가랴서에 의해 암시된 것이었다.

　당시 제사장들은 피 묻는 돈 은 삼십을 성전 금고에 그대로 넣어 두는 것이 적절치 않다고 결정하여, 그 돈으로 외국인들을 위한 묘지로 사용할 토기장이의 밭을 샀다. 결과적으로 그 밭은 "피의 밭"으로 알려졌는데(마 27:8), 아마도 피 묻는 돈으로 샀다는 이유 때문일 것이다. 마태복음의 이런 기록은 예레미야가 은 십칠 세겔을 주고 하나멜의 땅을 산 일(렘 32:6-15)과 그가 토기장이의 집을 찾아간 일(렘 18:1-3)의 영향을 받아 구성된 것으로 보인다. 그리고 마태는 예레미야서에 나오는 또 다른 이야기(렘 19:1-6), 즉 피 묻은 밭이 위치한 힌놈의 아들의 골짜기가 다시 죽임의 골짜기라고 불리게 된 이야기의 영향도 받은 것으로 생각된다. 그런데 힌놈의 아들의 골짜기는 예루살렘 옛 도시의 북쪽에서 동쪽으로 기드론 골짜기와 만난다. 그리고 신약성서에서는 이 골짜기가 게헨나로 알려지고 있으며 또한 지옥을 가리키는 것으로 알려지고 있다. 이처럼 복음서에 기록된 예수의 수난 이야기들은 대부분 구약성서 본문을 토대로 구성된 것이며, 예수가 그의 제자 가룟 유다에게 배신당한 이야기도 결국은 어느 정도 구약에서 다윗이 그의 신하 아히도벨에게 배신당한 이야기의 영향을 받아 구성된 것으로 생각된다.

3. "모퉁이 돌이 된 건축자의 버린 돌"

　신약성경에서 자주 예수를 "건축자의 버린 돌"에 비유하여 언급한 경우들이 있는데,[5] "건축자의 버린 돌이 모퉁이 돌이 되었다"는

---

5 막 12:10; 마 22:42; 눅 20:17; 행 4:11 등.

이런 언급 자체도 다윗과 연관된 비유의 말씀이고, 예수를 '다윗의 자손'이라는 의미와 연관된 것으로 해석된다. 왜냐하면 유대인들의 사상에서는 "돌", 특히 "버림받은 돌"이 흔히 다윗 왕을 가리키는 것으로 이해되고 있었기 때문이다. 이런 이해는 "집 짓는 사람들이 내버린 돌이 집 모퉁이의 머릿돌이 되었다"는 그리고 이것이 바로 "주께서 하신 일이라"는 시편 118:22-23에 대한 유대인들의 일반적인 이해와 해석을 통해서 잘 알 수 있게 된다. 이 시편 구절에 대한 유대인 해석가들은 자주 이 "돌"을 다윗 왕과 연관시키고 있다. 왜냐하면 다윗이 나중에 이스라엘의 왕 가운데서 가장 위대한 왕이 되기는 했지만, 처음에 왕으로 선정되는 과정에서는 젊은 다윗이 왕을 세우는 건축자들에 의해 버림을 받았던 인물이었기 때문이다. 시편 118:22에서 언급된 "건축자들"은 구체적으로 사무엘과 이새를 가리킨다. 그들이 처음에는 다윗을 이스라엘의 왕이 되기에 적합하지 않다고 생각하여 그를 버렸다. 그들이 보기에 다윗은 왜소했고 머리털도 붉었기 때문이다. 그들은 이새의 다른 아들 중에서 더 보기 좋고 더 강한 아들을 선호했다. 그러나 젊은 소년 목자인 다윗의 힘은 그의 내부에 있었고, 그래서 결국 다윗이 택함을 받아 기름부음을 받게 되었으며 이스라엘의 가장 위대한 왕이 되었다. 다윗이 처음에는 버린 돌이었지만 나중에는 가장 중요한 모퉁이 돌이 되었다.[6]

유대 문헌은 왕을 세우던 건축자들인 예언자 사무엘과 다윗의 아비인 이새가 왜 나중에 왕의 왕이 된 다윗을 처음에 버렸는지를 말해주고 있다. 그들은 처음에 이새의 다른 아들들 가운데서 하나를 사울

---

6 Brad H. Young, *Jesus the Jewish Theologian* (Grand Rapids: Baker Academic, 1995), 218.

의 뒤를 잇는 이스라엘의 왕으로 세워 기름을 부으려 했었다. 애초에 그들은 다윗을 왕으로 세우는 것을 원치 않았고, 오히려 다른 아들을 더 원했었다. 그러나 하나님께서는 이새의 다른 아들을 왕으로 세우려는 사무엘에게 "너는 그의 준수한 겉모습과 큰 키만을 보아서는 안 된다. 그는 내가 세운 사람이 아니다. 나는 사람이 판단하는 것처럼 그렇게 판단하지 않는다. 사람은 겉모습만을 따라 판단하지만 나, 주는 중심을 본다"(삼상 16:7)라고 말하면서, 결국 다윗을 왕으로 세우게 하셨다(삼상 16:1-13). 왕을 세우는 건축자들, 곧 집을 짓는 건축자들인 예언자 사무엘과 다윗의 아비 이새는 결국 하나님의 말씀을 받아들였다. 이처럼 비록 다윗이 처음에는 왕을 세우는 건축자들에 의해 버림을 받았지만, 나중에 결국 모퉁이의 머릿돌이 되었다. 복음서 저자들이 시편 118편을 인용하면서 예수에 대해 "건축자의 버린 돌이 모퉁이 돌이 되었다"고 말했을 때, 당시의 독자들은 오늘의 우리들과는 달리, 자연히 그리고 즉각적으로 "건축자의 버린 돌"이 '다윗의 자손'인 예수를 가리키는 것으로 곧바로 이해했을 것으로 보인다.

4. 다윗보다 더 큰 이: 예수

파펜로스(Kim Paffenroth)는 그의 한 논문7 가운데서 마태가 예수의 병 고침에 관심을 기울이고 있는 사실을 마태가 그의 복음서에서 예수를 가리켜 자주 "다윗의 자손"이라고 부르는 것과 연관이 있

---

7 Kim Paffenroth, "Jesus as Anointed and Healing Son of David in the Gospel of Matthew", *Biblica* 80 (1999), 547-554.

다고 주장한 바 있다. 마태복음에서 "다윗의 자손"이라는 명칭이 마가(10:47-48; 12:35)에 비해 더 자주 나오고 있고(마 1:1, 20; 9:27; 12:23; 15:22; 20:3-31; 21:9, 15), 실제로 아주 중요한 의미를 갖고 있다는 사실은 아주 잘 알려져 왔다. 그런데 마태복음 1장에서 "다윗의 자손"이라는 칭호가 "왕"이라는 의미로 사용된 것을 제외한다면, 나머지의 경우는 거의 다 "다윗의 자손"이라는 칭호가 예수의 병 고침과 관련해서 사용되고 있다는 사실이 아주 흥미 있다고 그는 주장한다. 두 맹인이 예수께 병 고침을 구할 때 "다윗의 자손"이라는 호칭을 사용하고 있고(9:27), 가나안 여인이 자기 딸을 고쳐달라고 요청할 때도 "다윗의 자손"이라는 호칭을 사용했으며(15:22), 여리고에서 두 맹인이 예수께 병 고침을 요청할 때도 두 번씩이나 "다윗의 자손"이라는 호칭이 사용되어 있다 (20:30-31). 뿐만 아니라 예수께서 귀신들려 눈멀고 벙어리 된 사람을 고쳤을 때도 무리들은 모두 놀라서 "이 사람이 다윗의 자손이 아닌가?"라고 말했다(12:22-23). 또한 예수께서 성전 뜰에서 많은 병자들을 고쳐주셨을 때도 아이들이 "다윗의 자손에게 호산나"라고 소리 질렀다(21:14-15). 이런 사실들은 "다윗의 자손"이라는 명칭이 마태복음에서는 예수의 병 고침과 밀접히 연관되어 있음을, 즉 "다윗의 자손"이 "치유 자 예수"와 밀접히 관련된 명칭임을 반영하는 것으로 생각할 수 있다. 그렇다면 마태가 "다윗의 자손"이라는 명칭을 예수의 병 고침과 밀접히 연관시키고 있는 이유는 무엇인가?

물론 "다윗" 혹은 "다윗의 자손"이라는 명칭이 여러 가지의 의미로 사용되고 있는 것이 사실이기는 하다. 즉 이스라엘의 위대한 왕으로, "오실 이"로, 겸손한 참회자로(삼하 12:1-25), 시편의 위대한 시

인(삼하 6:14) 등등으로 언급되기도 했다. 그러나 구약 전승에서는
"다윗의 자손"이라는 명칭이 병 고침과 관련되어 사용된 경우는 별
로 없는 것으로 보인다. 그래서 힐(D. Hill)은 그의 마태복음 주석 책
에서 "… 이적적인 병 고침이 유대교에서는 다윗 계통의 메시야와
연관되지는 않았다"고 잘라 말하기도 하였다.[8] 오히려 구약에서는
모세 그리고 엘리야나 엘리사와 같은 선지자들이 이적, 특히 병 고침
과 밀접히 연관되어 있는 것을 우리는 잘 알고 있다. 그렇다면 마태
복음에서 "다윗의 자손 예수"와 "치유자 예수"가 밀접히 연관되는 이
유는 무엇인가?

파펜로스(K. Paffenroth)는 그 대답을 마태복음에서 마지막으로
예수가 다윗의 자손으로 불리고 있는 두 본문과, 그 본문이 상기시키
고 있는 구약성서에서 찾을 수 있다고 생각한다. 먼저 예수는 성전
숙정 후 성전 뜰에서 병자들, 특히 "맹인과 절뚝발이들"을 고쳐주신
것으로(마 21:14) 기록되어 있다. 그러나 삼하 5:8에 보면 "다윗이 이
르기를 누구든지 여부스 사람을 치거든 물 긷는 데로 올라가서 다윗
의 마음에 미워하는 절뚝발이와 맹인을 치라 하였으므로 속담이 되
어 이르기를 맹인과 절뚝발이는 집(=성전)에 들어오지 못하리라 하
더라"라는 말이 나온다. 즉 다윗은 원수인 여부스 사람들을 "맹인과
절뚝발이들"이라고 불렀고, 그래서 "맹인과 절뚝발이들"이 성전에
들어오는 것을 금지했다.[9] 바로 이런 점에서 다윗의 자손이며 치유자
이신 예수가 그의 조상인 다윗과 대조되고 있는 것이다. 다윗은 비유

---

8 Cf. D. Hill, *The Gospel of Matthew* (NCB; Grand Rapds – London 1981), 215.
9 그리고 레 21:18에서도 "누구든지 흠이 있는 자는 (성전에) 가까이 하지 못할지니 곧
  소경이나 절뚝발이나…"라고 규정되어 있다.

적으로 일컬어진 맹인과 절뚝발이들을 죽이고 그들을 성전에서 몰아 낸 강력한 배척자였다. 그러나 그의 자손인 예수는 문자적으로 그리 고 사실적으로 그런 맹인과 절뚝발이들을 그의 "집"인 성전에서 따뜻 이 영접하여 주시고 또 고쳐주신 강력한 치유자였다. 다윗의 부정적 인 이미지에 비해서 예수의 긍정적 이미지가 훨씬 돋보이는 부분이 다. 분명히 마태는 이 본문을 통해서 "다윗의 자손" 예수가 다윗보다 더 훌륭한, 더 위대한 자로 증거 하려고 했던 것으로 해석된다.

마찬가지로 마태복음에서 마지막으로 예수가 정말로 다윗의 자 손인가라는 문제를 다룬 본문(22:41-46)에서 예수는 그리스도가 다 윗의 자손이지만 다윗이 오히려 그리스도를 가리켜 주님이라고 불 렀다고 설명한다. 이미 예수께서 다윗의 자손으로서 성전에서 병자 들을 고쳐주신 이야기에서 암시된 것을 다윗이 인정하고 있는 셈이 다. 즉 다윗의 자손이 다윗보다 더 위대함을 말하고 있는 것이다. 마 태는 이미 예수가 성전보다 더 큰 이임을(12:6), 요나보다 더 큰 이임 을(12:41) 그리고 솔로몬보다도 더 큰 이임을(12:42) 말한 바 있다. 그리고 성전에서의 병 고침을 통해서도 예수가 다윗보다도 더 큰 이 임을 증거 한 바 있다. 더구나 삼하 12:16-18에 보면 다윗은 죽은 자신의 아들도 살리지 못했다. 그러나 다윗의 자손인 예수는 나인 성 과부의 죽은 아들도 살렸고, 가나안 여인의 딸도 살렸다. 이처럼 다 윗의 자손 예수는 그의 조상인 다윗보다도 훨씬 더 위대한 자였다. 다윗도 기름부음을 받은 왕이었지만, 결코 그는 치유 자는 아니었다. 그러나 다윗의 자손인 예수는 기름부음을 받은 왕이면서도 많은 병 자들을 고쳐주신 위대한 치유자였다. 치유자로서 예수는 다윗보다 훨씬 더 위대한 분, 곧 "다윗보다 더 큰 이"인 셈이다.

| 제3장 |

외경
복음서에
대한
이해를
위해서

외경은 어떤 문서인가

예수가 활동하던 시기 그리고 그 이후 초대교회가 형성되어 발전하던 시기는 오늘날처럼 펜과 종이 등을 이용하여 쉽게 문서를 기록하던 때가 결코 아니었다. 종이가 만들어지고 잉크와 펜을 사용하여 문서를 기록하기 시작한 때는 아주 최근에 이르러서였다. 물론 고대로부터 돌 판이나 나무판 등에 문자를 기록하던 때가 있기는 했다. 그러나 그런 것도 특별한 교육이나 훈련을 받은 사람들에 의해서만 가능한 일이었고, 문서 기록이라는 것 자체가 일반 대중들의 삶에서는 거의 찾아보기 어려운 일이었다. 그런 시대를 가리켜 우리는 구전(口傳, oral tradition) 시대라고 말한다. 모든 것이 입에서 입으로 전해지던 때였다.

그런데 예수가 십자가에 달려 죽은 후, 제1세기 후반부터 예수를 믿고 따르는 신앙 공동체가 여러 곳에서 형성되고 성장하면서 초대교회 안에서 "거룩한 문서들"(the holy scriptures), 이른바 "신앙에 의해서"(by the faith), "신앙을 위해서"(for the faith) 기록한 "신앙의"(of the faith) 문서들이 많이 기록되어 나오기 시작했다.[1] 대부분

---

1 이것을 달리 "of the church, by the church, for the church"라고도 표현한다.

이 선교 혹은 전도를 목적한 기록이거나 아니면 이미 믿는 이들을 계속 신앙적으로 지도하기 위한 교육 목적의 기록들이었다. 요한복음 저자가 그의 복음서를 기록한 목적에 대해 직접 구체적으로 밝히면서 "오직 이것을 기록함은 너희로 예수께서 그리스도이심을 믿게 하려 함이요 또 너희로 믿고 그 이름을 힘입어 생명을 얻게 하려 함이니라"(요 20:31)고 말한 바 있는데, 이것은 그 당시에 기록된 모든 "거룩한 문서들"에 다 해당되는 말일 것으로 생각된다.

이 당시 초대교회 지도자들에 의해서 기록된 "거룩한 문서들"은 그 종류가 아주 다양했으며, 그 숫자도 아주 많았다. 문학적 장르로 구분한다면, "복음서들"(Gospels), "행전 혹은 행적들"(Acts), "서신들"(Epistles) 그리고 "묵시록"(Apocalypse)이 있다. 물론 그 당시 이런 "거룩한 문서들"을 기록한 사람들 중에 자신들이 기록한 문서들 가운데 일부가 나중에 기독교라는 종교의 경전인 "성경"이 될 것이라고 생각한 사람은 아무도 없었을 것이다. 다만 동료 신앙인들의 신앙에 도움을 주기 위해서 그리고 자신의 신앙을 보다 널리 전파하기 위해서 "거룩한 문서들"을 기록한 것뿐이었을 것이다. 그리고 열두 사도들이 다 죽어버린 이후에, 즉 예수의 교훈을 그리고 교회의 복음을 진정성 있게 전해주며 가르칠 권위 있는 직접 지도자를 만나보기 어려운 시기에, 초대 교인들은 거의 대부분 이런 "거룩한 문서들"을 찾아 읽으면서 신앙생활을 지속했을 것이며, 따라서 이런 문서들에 대한 요구도 매우 컸을 것으로 보인다.

그러나 이런 요구에 부응하여 "거룩한 문서들"이 많이 나오기 시작하면서, 곧바로 초대교회는 새로운 문제에 직면하기 시작했던 것으로 보인다. 물론 이때 기록되어 나온 "거룩한 문서들" 가운데는 실제로 예수를 믿고 따르는 신앙생활에 도움이 되는 문서들이 많이 있었을 것이다. 그러나 그중에는 신앙에 전혀 도움이 되지 않는, 오히려 그 당시 이단 사상(예를 들어 그 당시 교회의 신앙을 위협하던 헬라 시대의 영지주의 사상)의 영향을 받은 문서들, 그래서 올바른 신앙생활에 위협이 되는 문서들도 많이 있었던 것도 사실이다. 그 밖에도 그 당시 기록된 "거룩한 문서들" 중에는 다른 거룩한 문서들에 비해서 내용적으로나 질적으로 너무 수준이 떨어져서 다른 거룩한 문서들과 함께 읽으라고 추천하기에 적합하지 않은 것들도 있었을 것으로 생각된다. 그러나 이 당시에는 아직 여러 지역에 산재해 있는 여러 신앙공동체를 전체적으로 다스리면서 통제할 수 있는 중심적인 기구나 조직이 아직 생겨나지 않았던 때였기에, 기록된 수많은 "거룩한 문서들"에 대해 교회가 어떤 통일된, 권위 있는 결정을 내릴 수도 없던 상태였다.

이런 상황에서는 자연히 각 지역 교회 지도자들이 개인적인 차원에서 자기 지역 혹은 자기 교구 교인들에게 "거룩한 문서들" 중에서 어떤 것은 신앙생활에 도움이 된다고 생각해서 추천하면서, 반면에 어떤 것들은 도움이 되지 않으니 오히려 읽지 않는 것이 더 좋다는 식으로 권면하며 지도할 수밖에 없었을 것이다. 이런 상황이 여러 지역들에서 거의 비슷하게 이루어지고 있었다. 그러나 또 다른 문제도 있었다. 똑같은 "거룩한 문서들"이 어떤 지역에서는 교회 지도자들에 의해 강력히 추천되고 있는데, 다른 지역 교회들에서는 인정을 받지 못하고 있어서 교회의 통일된 입장이 무엇인지 헤아리기가 힘들게 되었다. 이런 상황은 오히려 교인들에게 혼란만을 가중시킬 뿐, 신앙에 덕이 되지 못할 수도 있었다. 따라서 초대교인들로서는 어느 지역 어느 교회에서나 똑같이 인정될 수 있는 문서들이 확정되어야 할 필요성에 직면하게 되었다.

마침 이런 때에 초대 교부 가운데 한 사람인 말시온(Marcion, 주후 140년 사망)이 기독교 역사상 처음으로 개인적인 차원에서 "거룩한 문서들" 가운데서 일부를 골라 "정경"으로 확정 짓는 시도를 하였다.[2] 그러나 그의 이런 첫 시도는 곧바로 다른 교회 지도자들의 강력한 반대에 부딪쳤다. 말시온 자신이 그 당시 교회를 위협하던 영지주의 사상의 신봉자였고, 그의 첫 시도가 영지주의적 입장의 결과물처럼 보였기 때문이다. 그러나 말시온의 이 불완전한 정경 확정 시도가 놀랍게도, 그리고 또 역설적으로 보다 완전한 정경 확정을 위한 강력한 촉진제가 되었다.

그 이후 초대교회의 교부이며 성서 학자였던 오리겐(Origen, 주후 254년 사망)이 말시온의 잘못된 정경 확정 시도에 자극을 받아 올바른 정경 형성에 관심을 갖고, 여러 지역 여러 교회들을 직접 탐방하면서, 어떤 문서들이 "거룩한 문서들"로 인정받고 읽혀지고 있는지를 조사하며 자료를 수집하였다.[3] 이런 노력들이 토대가 되어서

---

2 말시온은 자신이 확정한 신약성서 "정경"에 요한복음은 구약적 색채를 많이 갖고 있다고 제외시켰고, 누가복음은 그가 높이 평가하는 바울과의 연관성 때문에 포함시키되 누가복음에 나오는 구약 인용문들을 다 삭제시켰고, 누가복음 이외에 바울의 10개 서신들(갈라디아서, 고린도전서와 후서, 로마서, 데살로니가전서와 후서, 라오디게아서, 골로새서, 빌립보서, 빌레몬서) 그리고 거기에 구약성서와 상반되는 신약성서 구절들을 대립시켜 열거한 자신의 저작인 "대구"(對句, Antithesis)를 포함시켰다.

3 그가 조사해놓은 자료에 보면, 여러 지역 모든 교회들에서 보편적으로 인정받고 있던 호모레고메나(Homolegomena: 네 복음서, 바울의 13 서신, 베드로 전서, 요한일서, 사도행전, 요한계시록)와 일부 지역 교회들에서 인정을 받지 못하고 있던 안티레고메나(Antilegomena: 히브리서, 베드로후서, 요한2서, 요한3서, 야고보서, 바나바서, 헤르마스의 목자, 디다케, 히브리인의복음서)가 구분되어 있다.

나중에 초대교회 지도자들이 여러 번에 걸쳐, 여러 번 모인, 종교 회의들을 거쳐서 최종적으로는 393년 힙포 레기우스 종교 회의와 397년 제3차 아프리카의 카르타고 종교 회의에서 지금의 신약성서 27권이 기독교의 "경전" 즉 "정경"으로 확정되었다. 그리고 다시 419년 카르타고 종교 회의에서 "정경으로 인정되지 않은 책은 어떤 책이라도 교회에서 성경이라는 이름으로 읽을 수 없다"는 결정을 내렸다.

이런 교회 결정에 따라 그 많은 "거룩한 문서들" 중에서 오직 27권의 문서들만을 기독교의 "경전" 곧 "정경"(正經)으로 확정되기에 이르렀고, 이 과정에서 27권에 들지 못한 모든 다른 "거룩한 문서들"은 "외경"(外經)으로 밀려나게 되었다. 따라서 "성경"(聖經)에는 두 가지 종류의 문서가 있는 셈이다. 하나는 "하나님의 말씀"으로 받아들여진 기독교의 경전인 "정경"(Canon)이며, 다른 하나는 "외경"(Aphocrypha)이다.

그러나 우리가 여기서 먼저 주목해야 할 사실은 이들 27권의 문서가 공식적으로 그리고 최종적으로 신약성서 "정경"으로 확정된 주후 4세기 말까지는 초대교회 교인들이 "정경"과 "외경"의 구별이 없이 모든 "거룩한 문서들"을 다 자신들의 신앙생활을 위해 읽었다는 점이다. 다른 말로 한다면, 지금의 "외경"도 주후 4세기 말까지는 초대 교인들에게 있어서 "거룩한 문서들"로, 즉 "정경"과 마찬가지로 "성경"으로 많이 읽혀졌다는 점이다. 따라서 우리는 "외경"들도 초대교회의 신앙상태와 그 당시의 신앙 분위기를 이해하기 위해서는 쉽게 무시할 수 없는 중요한 문서들이라는 점을 부인하기 어렵다. 우리가 초대교회와 성경을 연구할 때 "외경"을 무시할 수 없는 이유가 바로 여기에 있다. 우리가 성경을 연구하면서 "외경"을 함께 연구해야 하는 또 다른 이유 가운데 하나는 "정경"을 통해서는 알 수 없었던 내용들이 일부 "외경"을 통해서 확인할 수 있는 것들이 적지 않기 때문이다.

그래서 펑크(R.W. Funk)는 다음과 같이 말한다: "역사가들과 비판적인 성서학자들에게는 별로 알려지지 않는 이런 (외경) 복음서들이 정경복음서들만큼이나 중요하다: 다른 말로 한다면, 기독교가 어떻게 시작되었는지에 대한 이야기 전부에 관심을 가진 사람에게는 정경의 경계가 진짜 경계가 아니다."4 다른 한편으로 헬무트 케스터(Helmut Koester)는 론 카메론(Ron Cameron)이 편집하여 출판한 *The Other Gospels: Non-Canonical Gospel Texts*의 '머리말'에서 외경복음서들의 중요성에 대해 다음과 같이 말하고 있다: "초기 기독교 문헌들을 연구하는 사람들이 예수의 최초 구전 전승들이 어떻게 사용되었으며, 또 그런 전승들이 기독교 공동체들 안에서 어떻게 변형되었는지를 이해하고자 할 때, (여기에서 소개하는 외경복음서들과 같은) 이런 문서들을 이용한다면 큰 도움을 받을 것이라"고, 또 외경들로 알려진 "'다른 복음서들'은 초대 기독교인들의 생활과 신앙의 확실하고 생생한 일부"로서 "초대 기독교 연구를 위해 아주 중요한" 자료들이기 때문에, "공정하고 편견 없는 연구를 할 만한 가치가 있다."5

앞에서도 잠간 언급한 바와 같이, "외경" 가운데도 여러 개의 "복음서들", "행전들", "서신들", "묵시록" 등이 있다. 참고로 그런 문서들을 몇 개를 소개하면 다음과 같다:

---

4 이 말은 Robert W. Funk가 *The Complete Gospels*라는 책의 Foreword를 쓰면서 한 말이다. Cf. Robert J. Miller(ed.), *The Complete Gospels* (a Polebridge Press Book, 1994), viii.

5 Cf. Ron Cameron(ed.), *The Other Gospels: Non-Canonical Gospel Texts* (Philadelphia: The Westminster Press, 1982), 9-10.

외경복음서

- 도마복음서(the Gospel of Thomas)

- 베드로복음서(the Gospel of Peter)

- 마리아복음서(the Gospel of Maria)

- 히브리인의복음서(the Gospel of the Hebrews)

- 가말리엘 복음서(the Gospel of Gamaliel)

- 마가의 비밀 복음(the Secret Gospel of Mark)

- 니고데모 복음(the Gospel of Nicodemus)

- 도마의 유아기복음서(the Infancy Gospel of Thomas)

- 야고보의 유아기복음서(the Infancy Gospel of James)

외경 행전

- 빌라도 행전

- 안드레 행전

- 도마 행전

- 바울 행전

- 베드로 행전

- 요한 행전 등등

외경 서신

- 바나바서

- 라오디게아서

- 클레멘트 1서, 2서, 3서

- 헤르메스의 목자 등등

외경 묵시록

- 베드로 계시록
- 바울 계시록
- 도마 계시록 등등

여기서는 오직 '외경복음서들' 중에서도 비교적 중요하다고 생각되는, 그래서 정경복음서들을 읽고 연구하는 데 참고해볼 만한 가치가 있다고 생각되는 몇 개의 주요 외경복음서들만을 골라 그 본문의 일부를 해설과 함께 소개하고자 한다. 여기서 소개한 외경복음서들은 전적으로 "예수 세미나 참가자들"(the Fellows of Jesus Seminars)이 중심이 되어 정경복음서와 외경복음서를 한 권으로 묶어 출간한 *The Complete Gospels*를 토대로 그 본문을 번역하면서 해설을 첨가하여 소개하였고, 가끔 론 카메론(Ron Cameron)이 편집하여 출판한 *The Other Gospels: Non-Canonical Gospel Texts*를 참조하였다. 다만 「도마복음서」의 각주 해설은 *The Complete Gospels*와 함께 Robert W. Funk, Roy W. Hooker, and The Jesus Seminar가 공동 저작한 *The Five Gospels: What Did Jesus Really Says?*[6]에서 제시된 해설도 많이 참고하여 소개하였음을 밝힌다.

---

6 이 책의 제목 The Five Gospels는 정경 '네 복음서'와 '도마복음'을 가리키는 명칭이다. Robert W. Funk, Roy W. Hooker, and The Jesus Seminar, *The Five Gospels: What Did Jesus Really Says?* (HarperCollins Publishers, 1997).

'유아기복음서'라는 이름의 문서들

마태복음과 누가복음에 예수의 탄생 이야기와 유아기 이야기들이 잠깐 소개되고 있기는 하지만,[1] 정경복음서들의 관심은 주로 예수가 성년이 된 이후, 즉 "서른 살쯤 되었을 때"(눅 3:23) 시작한 마지막 3년 동안의 공생애 사역에[2] 그리고 그중에서도 특히 예수의 생애 마지막 한 주간에 있었던 예수의 수난과 죽음에 관심이 집중되어 있는 것으로 생각된다.[3] 그리고 정경복음서들보다도 더 앞서서 기록된

---

1 마태복음의 경우에는 예수가 태어난 이후 헤롯 왕의 유아 학살 명령을 피해 애굽으로 피난을 다녀온 이야기(마 2:13-23) 그리고 누가복음의 경우에는 태어난 이후 여드레가 되는 날에 성전에 올라가 할례를 받고 봉헌 예식을 드렸으며 제사장인 시므온의 축복을 받았다는 이야기(눅 2:21-39)와 예수가 열두 살 되었을 때 유월절에 예루살렘 성전에 올라가 성전 선생들과 질문과 대답을 하면서 많은 사람들을 경탄케 했다는 이야기(눅 2:41-52) 등이 그러하다.

2 예수의 공생애 사역을 3년이라고 생각하는 근거는 주로 요한복음에서 예수가 유월절에 세 번 예루살렘에 올라간 기록에 있다(요 2:23; 5:1; 12:12 이하). 그러나 공관복음에서는 예수의 공생애 기간을 3년이라고 생각할 근거가 없다. 예수가 갈릴리 활동을 마치고 예루살렘에 입성한 것이 한 번만 기록되어 있기 때문이다.

3 특히 복음서들 가운데서도 주후 70년경에 기록된 최초의 복음서인 마가복음이 "확대된 서론이 첨가된 수난 이야기"라는 별명으로 불릴 정도로 "수난 이야기" 중심이라는 점 그리고 그 수난 이야기도 주로 예수의 마지막 한 주간에 있었던 일에 치중되어 있다는 점에서도 그렇다.

문서들, 곧 이천 년 기독교 역사상 최초의 기독교 문서로 알려지고 있는 바울의 서신들인 고전 15:3-5와 빌 2:6-11 등을 보더라도 우리는 예수에 관한 최초의 기독교 전승들이 주로 예수의 생애 중 마지막 부분, 곧 예수의 죽음과 부활에 관심이 집중되어 있는 사실을 잘 알 수가 있다. 그래서 예수가 공생애 사역에 나서기 이전, 곧 예수의 소년기와 청년기 이야기들은 정경복음서들 가운데서는 거의 찾아볼 수가 없는 것이 사실이다.

그런데 제1세기 말경에 이르러 초대 기독교인들의 관심이 예수 생애의 초기에, 즉 그의 탄생과 유아 시절에로 점차 돌아섰던 것으로 보인다. 이 점은 마가복음 이후에 기록된 마태복음과 누가복음이 예수의 탄생 이야기로부터 시작되고 있는 사실에서도 어느 정도 엿볼 수 있다. 그런데 예수의 유아기 혹은 소년기에 대한 관심이 더욱 커지기 시작하면서 제2세기에 들어와서는 보다 구체적으로 기독교 문서 역사상 새로운 문학 장르 형태라고 말할 수 있는 '유아기복음서'들이 나오기 시작하였다. 이런 문서들은 주로 예수의 탄생과 예수의 유아기 혹은 소년기 시절에 집중하고 있는 편이다. 이미 알려진 '유아기복음서'들 중에서는 「도마의 유아기복음서」(the Infancy Gospel of Thomas)와 「야고보의 유아기복음서」(the Infancy Gospel of James)가 대표적인 것이다. 비록 이런 문서들이 신약 정경에 포함되어 있지 않은 외경 문서라서 정경복음서와 똑같이 하나님의 말씀으로 읽혀지거나 인정받고 있는 것은 아니지만, 이런 문서들이 정경복음서를 연구하며 이해하는데 적지 아니 도움이 되고 있다는 점은 부인할 수 없다. 이런 문서들 역시 다른 정경복음서들과 마찬가지로 초대교회 시절에 나름대로 교인들의 신앙 교육을 위해 기록된 문서들이기 때문이며, 흔히는 정경복음서에 기록되어있지 않은 내용들을 많이 전해주고 있어서 간혹 복음서 이해와 해석을 보충해주는 역할을 할 수도 있기 때문이다. 이 책에서 대표적인 예수의 '유아기복음서' 두 개를 번역하여 소개하는 이유도 바로 거기에 있다.

「도마의 유아기복음서」(The Infancy Gospel of Thomas)

1. 「도마의 유아기복음서」의 기원과 목적

「도마의 유아기복음서」는 예수가 탄생한 이야기와 그가 열두 살이 되어 부모와 함께 예루살렘을 방문한 이야기(눅 2:41-52) 사이의 공백 기간을 메우기 위해 기록된 복음서로 생각된다. 그래서 이 복음서를 보면, 예수가 다섯 살 되었을 때(2:1), 여섯 살 되었을 때(11:1), 여덟 살 되었을 때(12:4) 그리고 열두 살 되었을 때(19:1)의 이야기들이 전해지고 있다. 처음 이야기들은 예수가 놀면서 화를 잘 내는 모습 그리고 때로는 자기의 특출한 능력들을 간혹 파괴적으로 또는 이기적인 방법으로 사용하는 모습 그리고 학교에서는 가르치는 선생들의 인간적인 한계와 약점을 못 견뎌 하는 아주 비범한 모습을 보여주고 있다. 그리고 시간이 지나면서 부모와 형제들에게 헌신하는 아이로 그리고 나중에는 자신의 능력을 곤궁한 사람들을 돕고 치료해주려고 애쓰는 아이의 모습으로 나타나고 있기도 하다.

「도마의 유아기복음서」는 시리아어, 희랍어, 라틴어와 슬라브어 등 여러 언어로 그리고 여러 형태로 전해지고 있다. 최초로 알려진 것은 6세기경의 것으로 추산되는 한 시리아어 사본이다. 이 복음서에 나온 이야기 가운데 최초로 확인된 것은 제2세기 후반에 리옹의 감독이었던 교부 이레니우스(Irenaeus)의 작품 가운데서였다. 이레니우스는 주후 185년경에 기록한 "이단자들에 대한 반박"(Against Hersie)이라는 글에서는 "주님이 알파벳을 배우는 아이였을 때, 선생이 늘 하는 대로 '알파라고 말해보라'고 그에게 말했을 때, '알파'라고 대답했고, 선생이 이어서 '베타'라고 말해보라고 했을 때, 주님은 '내게 먼저 알파가 무엇인지 말해주시오, 그러면 내가 베타가 무엇인지 말해주겠소'라고 대답했다"고 전해지고 있다.

이레니우스가 전해주는 이 증거는 「도마의 유아기복음서」가 제2세기에 이미 초대교회 안에 유포되고 있었음을 가리킨다. 그러나 이 복음서가 어느 곳에서 그리고 어떤 상황에서 기록된 것인지에 대해서는 전혀 확실치 않다. 후대 정통파 기독교 저자들은 이 유아기복음서가 이단적인 그룹, 특히 영지주의적인 기독교인 그룹의 산물로 생각하고 있다. 어렸을 때부터 신적인 능력을 보이는, 그래서 신적 존재의 성육신으로 나타내는 그 기독론적 특징 때문이다. 그러나 이런 특징이 영지주의자들에게만 국한된 것은 아니고, 다른 정경복음서들에서도 드러나는 특징들이기도 하다. 따라서 예수에 대한 후대의 신앙이 그의 유아기 시절의 예수에 그대로 다시 투영된 것으로 보아야 할 것이다.

2. 「도마의 유아기복음서」의 본문

1

이스라엘 사람인 나 도마가 우리 주님 예수 그리스도의 비상한 어린 시절 행동들, 곧 그가 태어난 이후 나의 지역에서 행한 일들을 유대인이 아닌 나의 모든 형제와 자매들인 너희에게 알려주기 위해 기록하는 바이다.

2

이 아이 예수가 다섯 살이 되었을 때, 물살이 급한 냇가에서 놀고 있었다. ²그는 흐르는 물을 가로막아 못에 가두고는 순식간에 맑은 물로 만들었다. 그는 이것을 단 한마디의 명령으로 끝냈다. ³그리고 그는 부드러운 찰흙을 가지고 열두 마리의 참새를 만들었다. 그가 안식일에 이렇게 했고, 다른 많은 아이들이 그와 함께 놀고 있었다. ⁴그러나 한 유대인이 예수가 안식일에 놀면서 하고 있는 일들을 보고는 곧바로 예수의 아비인 요셉에게 가서 말했다. "이것 보시오, 당신의 아이가 개울에서 찰흙을 가지고 열두 마리의 새를 만들었는데, 이는 안식일을 범한 것이요."¹ ⁵요셉이 가서 아이에게 확인하고는 그에게 소리 질렀다. "왜 네가 안식일에 금지한 일을 하는 것이냐?" ⁶그러나 예수는 손뼉을 치며 참새들에게 말했다. "가라. 날아라. 그리고 나를 기억하라. 너희는 이제 살았도다!" 그러자 참새들이 소리를 내며 날아갔다. ⁷유대인들이 경이롭게 지켜보았고, 그들의 지도자들을 찾아

---

1 병을 고치는 행동으로 안식일을 범했다고 논쟁을 벌이는 이야기들이 정경복음서들에서는 많이 소개되고 있다(막 2:23-28; 3:1-6; 마 12:1=12; 눅 6:1-11; 13:10-17; 14:2-6 등등).

가 예수가 한 일을 본 것을 보고했다.[2]

3

율법학자인 안나스[3]의 아들이 거기서 예수의 곁에 서 있다가 버드나무 가지를 집어서 예수가 모아놓았던 물을 다 흘려보냈다. [2]그때 예수는 일어난 일을 보고는 화를 내며, 그를 향해 "네게 저주가 있을 것이다. 이 불경한 바보야! 이 못의 물이 네게 무슨 해가 된단 말이냐? 이 순간부터 너도 이 나무처럼 말라버릴 것이며, 네가 더 이상 잎이나 뿌리를 내지 못하고 열매도 맺지 못할 것이다"라고 말했다.[4] [3]바로 그 순간에, 그 아이는 완전히 말라버렸다. 그 후 예수는 그곳을 떠나 요셉의 집으로 갔다. [4]말라버린 아이의 부모가 그를 들어 옮기면서 슬퍼했다. 그 아이가 너무 어렸기 때문이다. 그리고 그 부모는 요셉을 찾아와서 "이게 당신 잘못이요, 당신 아이가 이 짓을 다 했오" 하고 비난했다.

4

그 후에 그(예수)는 다시 마을을 지나가고 있었는데, 한 아이가 뛰어 지나가면서 예수의 어깨를 부딪쳤다. 예수는 성이 나서 그에게 말했다. "너는 네 길을 다 가지 못할 것이다." [2]그 순간에 갑자기 그 아이는 넘어져 죽었다.[5] [3]몇몇 사람들이 일어난 일을 보고는 말했다. "이

---

2 이 이적 이야기는 Quran에서도 소개되고 있다: 예수가 말했다. "내가 너희 여호와로부터 표적을 너희에게 가져오리라. 내가 너희를 위해 찰흙을 가지고 새와 비슷한 것을 만들리라. 내가 그것에 숨을 불어넣을 것이며, 하나님의 허락에 의해 그것이 살아있는 새가 될 것이라"(3:49).

3 "안나스"는 야고보의 유아기복음서 15장에서도 나온다. 정경복음서에서는 안나스가 대제사장으로 등장하고 있다(눅 3:2; 요 18:13; 행 4:6).

4 어린아이를 말려 죽인 이야기는 예수로부터 저주를 받아 말라죽은 무화과나무 이야기를 상기시킨다(막 11:12-14; 마 21:18-19).

아이가 도대체 어디서 왔는고? 그가 말하는 것이 다 곧바로 이루어지다니!" ⁴죽은 아이의 부모가 요셉에게 와서 그를 비난하며 말했다. "당신이 저런 아이를 갖고 있기 때문에, 당신은 우리와 이 마을에서 함께 살 수 없소. 그렇지 않다면 아이에게 저주하지 말고 축복하도록 가르치시오. 그가 우리 아이들을 죽이고 있소."

5

그래서 요셉이 아이를 불러 그에게 조용히 충고하면서 말했다: "왜 네가 이런 일을 하느냐? 사람들이 고통을 당하고 있고 그래서 그들이 우리를 미워하며 괴롭히고 있다." ²예수가 대답했다. "나는 내가 하는 말이 내 말이 아니라는 것을 압니다. 하여간 당신을 위해서라도 이젠 입을 닫고 있겠습니다. 그러나 그 사람들은 그들의 벌을 받아야 합니다." 그곳에서 그 순간에 그를 비난하던 사람들의 눈이 멀어버렸다. ³이것을 본 사람들이 몹시 두려워하며 어쩔 줄 몰라 했다. 그들이 할 수 있는 말은 오직 "그가 하는 말마다, 좋은 말이건 나쁜 말이건 행동이, 곧 이적이 되는구나!"이었다. ⁴요셉이 예수가 그런 일을 하는 것을 보았을 때, 화를 내며, 그의 귀를 움켜쥐고 아주 세게 끌어 당겼다. ⁵아이가 그에게 크게 격노하여 다음과 같이 대답했다. "당신이 찾아서 발견하는 것과 당신이 이렇게 현명치 못하게 행동하는 것은 아주 다른 일입니다. ⁶내가 정말로 당신께 속하지 않고 있다는 것을 알지 못합니까? 나를 불편하게 만들지 마세요."⁶

---

5 버릇없는 아이에게 내려진 형벌 이야기는 선지자에게 욕설을 퍼부은 못된 아이들에게 내려진 형벌 이야기(왕하 2:23-35)를 반영하고 있는 것으로 보인다.
6 예수가 요셉에게 그가 찾기는 하지만 발견하지는 못한다는 말은 막 3:31-35, 마 12:47-50에 나오는 예수의 지상 가족들에 대한 비판적인 언급과 평행을 이룬다. 요셉이 예수를 제대로 훈련시키려고 하지만 그러나 그렇게 할 수 있는 방법을 찾을 수는 없다

6

삭캐오라는 이름의 한 선생이 예수가 요셉에게 하는 말을 다 듣고는 놀라서 스스로 말하기를 "그가 단지 아이인데, 이런 말을 하는구나"라고 했다.7 2그리고는 요셉을 불러 그에게 말했다. "당신은 정말 총명한 아이를 가졌소. 그는 훌륭한 지성을 가지고 있소. 내게 그 아이를 맡겨서 글을 배울 수 있게 해주시오. 내가 그에게 그가 알아야 할 것을 다 가르치겠소." 3요셉이 대답했다. "하나님 한 분 이외에는 어느 누구도 이 아이를 지배할 수 없소. 형제여, 그 아이를 하나의 작은 별종으로 생각지 말기 바랍니다." 4예수가 요셉이 이런 말을 했다는 말을 듣고는 웃으며 삭캐오에게 말했다. "선생이여, 나를 믿으시오. 내 아비가 당신에게 한 말은 사실이요. 5나는 이 백성들의 주님이며, 나는 당신과 함께 현존하고 있으며, 당신들 가운데서 태어났고 당신들과 함께 있습니다. 6나는 당신이 어디에서 왔는지 그리고 몇 년이나 더 살 것인지 알고 있습니다. 선생이여, 내가 당신에게 맹세하노니, 나는 당신이 태어났을 때 존재했습니다. 만약 당신이 완전한 선생이 되기 원한다면, 내 말을 들으시오. 그러면 나는 나와 나를 당신에게 보내신 분 이외에는 어느 누구도 알지 못하는 지혜를 당신에게 가르쳐줄 것이요. 7당신이 나의 제자가 되어버렸군요. 나는 당신의 나이를 알고 있고, 당신이 얼마나 오래 살게 될 것인지도 알고 있습니다. 8당신이 내 아비가 말한 십자가를 보았을 때, 당신은 내가 당신에게 말한 것이 모두 사실임을 믿게 될 것입니다." 9곁에 서 있던 유대인들이 예수가 한 놀라운 일을 듣고는 말했다. "얼마나 기이하고

는 의미일 것으로 보인다.
7 삭캐오는 눅 19장에 나오는 세리장의 이름이기도 하다.

역설적인가? 이 아이가 단지 다섯 살인데, 그가 그와 같은 말을 하다니! 사실 우리는 어느 누가 이 아이가 하는 것과 같은 종류의 말을 하는 것을 들어본 적이 없다." ¹⁰예수가 그들에게 대답하기를 "당신들이 정말 그렇게 놀랐단 말입니까? 도리어 내가 당신들에게 말했던 것을 생각해보기 바랍니다. 사실은 나도 당신들이 태어난 때와 당신들의 부모를 알고 있고, 나는 이 역설을 당신들에게 알려 주는 것입니다. 세상이 창조되었을 때, 나는 나를 당신들에게 보내주신 분과 함께 존재했었습니다." ¹¹유대인들은 아이가 이렇게 말하는 것을 듣고 성을 냈지만, 그러나 아무런 대꾸도 할 수가 없었다. ¹²그러나 아이가 앞으로 나서서 그들에게 말했다: "당신들의 속 좁은 마음들이 하찮은 것들을 보고 놀라는 것을 알기 때문에, 내가 당신들에게 장난을 친 것입니다." ¹³그들이 아이의 권면을 듣고 위로를 받은 것으로 생각했을 때, 선생이 요셉에게 말했다. "그를 교실로 데려가시오, 내가 그에게 글자를 가리킬 것이요."

7

삭캐오 선생이 아이가 첫 번째 편지에 대해 그런 난해한 알레고리들을 말한다는 것을 듣고는 자기 교훈을 방어하기를 단념하였다. ²그는 곁에 있는 사람들에게 말했다. "안 되었도다. 내가 난처하고 내가 불쌍하구나. 내가 이 아이를 떠맡았기 때문에 창피만 더 당하는구나. ³그러니 요셉 형제여, 내가 청하노니 제발 그를 데려가시오. 나는 그의 외모 혹은 그의 명석한 말솜씨의 엄정함을 견딜 수가 없소. ⁴이 아이는 결코 보통의 인간이 아니오. 그는 심지어 불까지도 길들일 수 있소! 아마도 그는 세상이 창조되기 전에 태어났을 것이오. ⁵어떤 자궁이 그를 잉태했었으며, 어떤 어미가 그를 길렀는지 난 모르겠소.

⁶친구여, 불쌍하게도 내가 정신을 잃었소. 내가 자신을 속였소. 나야 말로 정말 비참한 사람이요. 나는 학생을 얻으려고 힘썼고 그리고 내가 선생을 가지고 있는 것으로 생각했었소. ⁸친구들이여, 비록 내가 노인이기는 하지만, 어린아이에 불과한 이 아이에게 패배를 당했기 때문에 부끄럽다고 생각되오. ⁹그래서 나는 이 아이 때문에 절망하며 죽을 수밖에 없을 것이요. 바로 지금 나는 그의 얼굴을 볼 수가 없소. ¹⁰모든 사람들이 내가 이 작은 아이에게 패배당했다고 말할 때, 내가 무슨 말을 할 수 있겠소? 그리고 그가 나에 대해 말한 첫 번째 편지의 내용에 관해 내가 무슨 보고를 할 수 있겠소? 친구들이여, 나는 정말 모르겠소. 나는 그 시작 혹은 그 종말을 알지 못하기 때문이요. ¹¹그러니 요셉 형제여, 내가 당신께 청하노니, 그를 당신 집으로 다시 데려가시오. 그가 얼마나 대단한지, 신(神)인지 천사인지 또는 내가 무어라고 불러야 할는지 나는 모르겠소."

8

유대인들이 삭캐오에게 조언을 하고 있을 때, 아이가 크게 웃으며 말했다. "이제 메마른 나무가 열매를 맺으며, 맹인이 볼 것이며, 귀머거리가 그들의 마음으로 들어 이해하게 될 것이다. ²내가 위로부터 온 것은 나를 당신들에게 보내신 분이 내게 명하신 그대로 내가 아래에 있는 자들을 구원하여 그들을 보다 위에 있는 것들에로 이끌기 위해서입니다." ³아이가 말을 마쳤을 때, 저주 아래 넘어졌던 사람들이 모두 즉각 구원을 받았다. ⁴그리고 그때로부터 어느 누구도 저주를 받아 쓸모없는 인생이 되는 것이 두려워 감히 그를 화나게 하지 못했다.

9

며칠이 지난 후에 예수가 어느 집 지붕 위에서 놀고 있을 때, 그와 더불어 놀고 있던 아이들 중 하나가 지붕에서 떨어져 죽었다. 다른 아이들이 일어난 일을 보고는 예수를 혼자 남겨둔 채 도망갔다. ²죽은 아이의 부모가 와서 예수를 비난했다. "너, 말썽꾸러기인 너, 네가 바로 그 아이를 아래로 던져버린 것이다." ³예수가 대답했다: "나는 그 아이를 아래로 던지지 않았습니다. 그 아이가 스스로 뛰어내렸습니다. 그 아이가 조심하지 않아 지붕에서 미끄러져 떨어져서 죽은 것입니다." ⁴그리고는 예수가 친히 지붕에서 뛰어 내려와 아이의 시신 곁에 서서 큰 소리로 외쳤다: "제노야!"—이것이 그 아이의 이름이었다—"일어나 내게 말해봐라. 내가 너를 밀었더냐?" ⁵그 아이가 곧바로 일어나 말했다. "아닙니다. 주님, 당신이 나를 밀지 않았습니다. 당신이 나를 일으켜주셨습니다." ⁶이것을 본 사람들은 놀랐고, 아이의 부모들은 이런 이적이 일어난 일로 인해 하나님을 찬양했고, 예수에게 경배했다.

10

며칠이 지낸 후, 한 젊은이가 근처에서 나무를 쪼개고 있었는데, 그의 도끼가 실수하여 그의 발바닥을 찍어버렸다. 그는 피를 너무 흘려 죽어가고 있었다. ²군중이 소란한 가운데 그곳에 몰려들었고, 소년 예수도 뛰어들었다. 그는 간신히 무리 사이로 다가가, 젊은이의 상한 다리를 움켜쥐었다. 그 순간에 고침을 받았다. ³그가 젊은이에게 말했다. "이제 일어나서 네 나무를 쪼개라, 그리고 나를 기억하라." ⁴무리가 일어난 일을 보고는 아이에게 경배하며, "진실로 하나님의 영이 이 아이 안에 거하시는 도다"라고 말했다.

11

그가 여섯 살이 되었을 때,⁸ 그의 어미가 그를 보내 물을 집까지 길어오게 했다. ²그러나 그는 무리에게 밀려 물통의 손잡이를 놓치는 바람에 물통이 떨어져 깨지고 말았다. ³그러자 예수는 그가 입고 있던 외투를 펼쳐서, 물로 가득 채워 그것을 그의 어미에게로 날라다 주었다. ⁴그의 어미는 일어난 기적을 보고는 그에게 입 맞추었다. 그러나 그녀는 자기가 보았던 신비를 자신만이 알고 있었다.

12

씨 뿌리는 계절이 왔을 때, 아이(=예수)가 아비와 함께 밭에 씨를 뿌리러 나갔다. 그의 아비가 씨를 뿌릴 때, 아이 예수도 한 줌의 씨를 뿌렸다.⁹ ²그가 추수하여 탈곡했을 때, 백배를 거두게 되었다. ³그때, 그는 마을에 사는 가난한 사람들을 모두 타작마당으로 불러서 그들에게 곡식을 나누어 주었다. 요셉이 남은 곡식을 거두어들였다. ⁴그가 이 이적을 행했을 때는 예수가 여덟 살이었을 때였다.¹⁰

13

예수의 아비는 그 당시 쟁기와 멍에를 만드는 목수였다. 그는 한 부자로부터 자기가 쓸 침대를 만들어 달라는 부탁을 받았다. ²한 쪽 널판이 다른 쪽 널판보다 짧게 되어버리자 요셉은 어찌해야 좋을지 몰랐다. 아이 예수가 그의 아비에게 말했다. "널판 두 개를 내려놓고 한 줄로 놓아 보세요." ³요셉은 아이가 말한 대로 했다. 예수는 다른 쪽 끝에 서서 짧은 쪽 널판을 움켜쥐고는 그것을 잡아당겨 다른 쪽 널판과 같은 길이로 만들었다. ⁴그의 아비 요셉은 이것을 보고 감탄했다. 그래서 아이를 껴안고 입 맞추면서 "하나님께서 이 아이를 내

---

8 예수가 "여섯 살"이었을 때 행한 이적으로 소개되고 있다.
9 12:1-17:4는 예수가 여덟 살이었을 때의 이야기들 연속이다.
10 예수가 여덟 살 때의 이야기들은 12:1-17:4에 나온다.

게 주시다니 나는 얼마나 복 받은 사람인가!" 하고 말했다.[11]

14

요셉이 아이의 적성을 그리고 나이에 비해 그의 지성이 뛰어남을 보았을 때, 그는 다시금 예수가 무식한 채로 남아있어서는 안 된다고 다짐했다. 그래서 그는 그를 데리고 가서 다른 선생에게 그를 넘겨주었다. [2]선생이 요셉에게 말했다. "첫째로 나는 그에게 헬라어를 그리고 히브리어를 가르치겠소." 물론 이 선생은 아이의 이전 (선생과의) 경험을 알고 있었고, 그래서 아이를 좀 두려워했다. 그럼에도 그는 알파벳을 써놓고는 한동안 아이를 가르쳤다. 그러나 예수는 별로 반응을 보이지 않았다. [3]그리고 나서 예수가 말했다. "만약 당신이 정말로 선생님이라면 그리고 만약 당신이 문자를 잘 알고 있다면, 내게 알파라는 글자의 의미를 말해주시오. 그러면 내가 베타의 의미를 당신에게 말해줄 것이요." [4]선생이 그만 격분해서 아이의 머리를 때렸다. 예수가 성이 나서 그를 저주했다. 그러자 선생이 곧바로 의식을 잃고, 얼굴을 숙인 채 땅바닥에 넘어졌다. [5]아이가 요셉의 집으로 돌아왔다. 그러나 요셉은 당황해했고, 그래서 아이의 어미에게 이런 지시를 했다. "이 아이를 괴롭히는 사람들이 죽음을 당할 수 있으니 아이를 밖에 내보내지 마시오."[12]

15

얼마 동안의 시간이 지난 후에, 요셉의 가까운 친구인 다른 선생이

---

11 다른 어느 헬라어 사본은 다음과 같은 설명으로 끝나고 있다: "그들이 마을로 돌아왔을 때, 요셉은 마리아에게 말해주었다. 그녀가 아들의 놀라운 행동을 듣고 보았을 때, 그녀는 기뻐하며 이제로부터 영원토록 성부와 성령과 더불어 그(=아이 예수)에게 영광을 돌렸다. 아멘."

12 14장과 15장에 나오는 이야기들은 6-7장에 나오는 이야기의 중복이다.

그에게 말했다. "이 아이를 내 교실로 보내시오. 아마도 내가 좀 추켜세워 가면서 그에게 문자를 가르칠 수 있을 것이오." ²요셉이 대답했다. "만약 자네가 그렇게 용기를 낼 수 있다면, 형제여, 그를 데려가시게." 그래서 그가 상당히 두려워하며 당황하는 가운데 아이를 데리고 갔다. 그러나 아이는 즐겁게 따라갔다. ³예수는 당당하게 학교 교실로 들어가서, 책상 위에 놓여있는 책을 잡았다. 그가 책을 집어 들었지만 책에 쓰인 글자들을 읽지는 않았다. 도리어 그는 그의 입을 열어 성령의 능력으로 말하면서, 그곳에 서 있는 사람들에게 율법을 가르쳤다. ⁴큰 무리가 모여들어, 서서 그에게 귀를 기울였다. 그리고 그들은 그의 가르침이 성숙할 뿐만 아니라 청산유수로 말하고 있는 것을 보고는 어린아이가 그렇게 말할 수 있다는 것에 대해 놀랐다. ⁵요셉이 이런 것에 대해 듣고는 크게 두려워하여, 이 선생이 예수를 괴롭히고 있는 것을 상상하면서 학교 교실로 달려갔다. ⁶그러나 선생은 요셉에게 말했다. "형제여, 내가 이 아이를 학생으로 받아들였음을 알기 바라네. 그러나 이미 이 아이는 은혜와 지혜로 가득 차 있네. 그러니 형제여, 내가 자네에게 청하노니, 이 아이를 집으로 데려가시게." ⁷아이가 이 말을 듣고는 곧바로 그에게 미소를 지으며 말했다. "당신이 올바로 증언하여 말했기 때문에, 나를 때렸던 그 다른 선생이 고침을 받을 것입니다." 그러자 곧바로 그가 고침을 받았다. 요셉은 그의 아이를 데리고 집으로 갔다.

16

요셉이 그의 아들 야고보를 내보내 나무를 묶어 가지고 집으로 가져오게 하였다. 그런데 아이 예수가 따라갔다. 야고보가 땔감을 긁어모으고 있을 때, 뱀 한 마리가 그의 손을 물었다. ²그가 큰 대자로 땅바

닥에 누워 죽어가고 있을 때, 예수가 와서 물린 데에 입김을 불었다. 즉시 고통이 멈추었고, 뱀은 파열해버렸고, 야고보는 즉석에서 좋아졌다.

17

이런 일이 있은 후에, 요셉의 이웃에 사는 한 어린아이가 병에 들어 죽었고, 그래서 그의 어미가 아주 슬퍼했다. 예수가 울부짖는 소리와 소동이 있는 것을 듣고는 곧바로 달려 갔다. ²그가 아이가 죽은 것을 발견하고는 아이의 가슴을 만지며 말했다. "내가 네게 말하노니, 아이야, 죽지 말고 살아라. 그리고 네 어미와 함께 할지어다." ³그러자 곧바로 어린아이는 올려다보며 웃었다. 그러자 예수는 여인에게 말했다. "데려가, 젖을 먹이고,¹³ 나를 기억하시오." ⁴지켜보던 무리들이 이것을 보고 놀라워했다. "진실로 이 아이는 신(god)이거나 하나님의 하늘 사자이다. 그가 말하는 것마다 즉시 그대로 일어나니 말이다." 그러나 예수는 거기를 떠나 다른 아이들과 계속 놀고 있었다.

18

일 년이 지난 후에, 건물이 지어지고 있는 동안에, 사람 하나가 그 꼭대기로부터 떨어져 죽었다. 소동이 일어났다. 그러자 예수가 일어나 그곳으로 갔다. ²그가 죽어 누워있는 사람을 보고는 "내가 당신에게 말하나니, 일어나 다시 일을 계속 하시오"라고 말했다. 그러자 그가 즉시 일어나 그에게 경배하였다. ³무리들이 이것을 보고는 놀라 소리 질렀다. "이 아이는 하늘로부터 온 자이다 —그가 많은 생명을 죽음으로부터 구원했고 계속 그의 모든 생명을 구원할 수 있을 것이기 때문에 그는 틀림없이 그럴 것이다."

---

13 다시 살아난 아이를 먹이는 일에 대한 관심은 막 5:43에서도 나타나고 있다.

그가 열두 살[14]이 되었을 때, 그의 부모는 여느 때처럼 유월절 축제를 위해 동료 여행자들과 함께 예루살렘으로 올라갔다. [2]유월절이 지난 후 그들은 다시 집을 향해 떠났다. 그러나 집으로 가는 도중에 아이 예수가 예루살렘으로 다시 돌아갔다. 물론 그의 부모들은 그가 자기들과 함께 여행하는 줄 알고 있었다. [3]그들이 하루를 더 여행한 후에, 그들은 그들의 친척들 가운데서 예수를 찾기 시작했다. 그들이 예수를 찾지 못했을 때, 그들은 걱정하며 그를 찾기 위해 다시 도성으로 돌아갔다. [4]삼 일이 지난 후에 그들은 성전에서 예수가 선생들 가운데 앉아 율법을 들으며 그들에게 질문을 하는 것을 발견했다. [5]모든 눈들이 그에게 집중되어 있었고, 모든 사람들이 다만 아이에 지나지 않는 그가 백성들의 장로들과 선생들에 질문을 하며 율법의 중요 요점들과 예언자들의 비유들을 설명하는 것에 대해 크게 놀랐다. [6]그의 어미인 마리아가 와서 그에게 말했다. "아이야, 왜 네가 우리에게 이렇게 했니? 우리가 걱정하며 너를 찾는 것을 알지 못했니? [7]"왜 나를 찾았습니까?" 예수가 그들에게 말했다. "내가 내 아버지의 집에 있어야 하는 것을 몰랐습니까?" [8]그러자 율법학자들과 바리새인들이 말했다. "네가 이 아이의 어미냐?" 그녀가 대답했다. "네 그렇습니다." [10]그러자 그들이 그녀에게 말했다. "너는 어느 여인보다 더 축하받을 만하다. 하나님이 네 모태의 열매를 축복하셨음이라! 우리가 그런 영광과 그런 미덕과 지혜를 보지도 듣지도 못했기 때문이다." [11]예

---

14 나이 열두 살이 여자아이와 남자아이에게 갖는 의미는 아주 다르다. 여자아이에게는 열두 살이 결혼과 모성의 때를 알리는 나이이지만, 남자아이에게는 여전히 2년 동안은 더 아이로 생각되는 나이이다.

수가 일어나 그의 어미와 함께 갔으며, 그의 부모에게 순종하였다. 그의 어미는 일어난 모든 일을 주의 깊게 주목했다. [12]그리고 예수는 계속 배우는 일에 뛰어났고, 존경을 받았다. [13]그에게 영광이 영원무궁토록 있을지어다. 아멘.

「야고보의 유아기복음서」 (The Infancy Gospel of James)

1. 「야고보의 유아기복음서」의 내용 분석

「야고보의 유아기복음서」에서는 마리아 자신의 탄생 이야기로부터 시작되며, 그녀가 어떻게 요셉을 만나 예수를 해산하게 되었는지 그리고 예수가 태어났을 때, 천문학자들이 찾아오고, 헤롯 왕이 베들레헴의 어린아이들을 다 죽이도록 명령하는 이야기들로 이어진다. 따라서 야고보가 전해주는 것으로 알려진 유아기복음서는, 다른 유아기복음서가 "예수의" 유아기에 관한 기록이라면, 「야고보의 유아기복음서」는 "마리아의" 유아기복음서와 "예수의" 유아기복음서가 합해진 형태라고 말할 수 있다. 그러나 예수의 유아기복음서에서도 마리아가 무시할 수 없는 역할을 하고 있는 것이 사실이기에, 「야고보의 유아기복음서」의 실제적인 관심이 마리아에게 집중되고 있다고 해서 이상할 것은 없다고 볼 수 있다.

「야고보의 유아기복음서」의 이야기는 대체로 거의 같은 분량의 세 부분으로 나뉘어 있다. 처음 여덟 장(chapters)은 마리아가 탄생할 때에 있었던 이적적인 상황들과 마리아의 어린 시절에 있었던 유별난 이야기들에 관한 것들이다. 즉 "마리아의 탄생과 유아기 이야기"인 셈이다. 이 이야기는 부유하고 의로운 그러나 아이가 없는 부부 요아킴과 안나로부터 시작된다.[1] 그들이 아이가 없어 아주 슬퍼하고 있었지만 끝내 그들의 기도가 하나님께 들려지게 되었고, 그래서 안나가 결국 임신을 하게 되었다. 그들은 감사의 마음이 너무 커서 여호와께 제물을 드리기로 약속했고, 그래서 마리아가 태어나자 나이 세 살 된 마리아를 예루살렘 성전으로 보내서 하나님을 섬기게 한다.

그리고 두 번째 여덟 장(chapters)은 마리아가 여인이 되어 그녀의 임박한 성전 오염으로 인한 위기 상황에서 시작된다. 제사장들은 마리아를 하나님께서 선택한 홀아비 그리고 마리아의 보호자가 되기로 동의는 하지만 그녀와 결혼하기를 거절한 목수 요셉에게 넘겨줌으로써 위기를 해결하고 있다. 요셉이 그의 직업 때문에 마을 떠나 있는 동안 천사가 마리아를 찾아와 그녀가 여호와의 은혜를 입었다고 말해준다. 요셉이 다시 돌아왔을 때에는, 그녀의 몸이 눈에 보이게 임신을 한 모습이었다. 한 제사장은 요셉에게 그 책임이 있다고 의심하여, 그 두 사람을 고소했다. 두 사람이 검사를 받았으나 무사히 통과하여 공개적으로는 무죄 판정을 받았다.

마지막 여덟 장(chapters)은 요셉이 베들레헴에 등록을 해야 할 아구스도 황제의 호적 명령으로 시작된다. (여기서 이야기는 마태복음과 누가복음의 서두에 나오는 이야기들을 거의 그대로 따르고 있는 것으로 보이며, "예수의 탄생과 유아기" 이야기의 형태로 소개되고 있다.) 그러나

---

[1] 우리는 이 복음서의 기록을 통해서 예수의 모친인 마리아의 부모가 "요아킴"과 "안나"라는 사실을 알게 된다.

「야고보의 유아기복음서」는 한편으로 정경복음서의 이야기들을 연상시키면서도 다른 한편으로는 완전히 다른 길을 가고 있다. 그래서 요셉과 마리아가 베들레헴으로 가지만(눅 2:1 참조), 요셉의 이전 결혼에서 태어난 그의 성장한 아들들이 이제 동행하고 있다. 마리아가 예수를 해산했지만(눅 2:7 참조) 그리고 지역 산파들의 방문을 받지만, 그들의 도움을 받지는 못했다(19:1-20:12). 그들은 탄생의 이적적인 성격을 증언했기 때문이다. 그래서 마리아는 비록 해산을 했지만, 여전히 동정녀였다(19:18). 동방박사들이 태어난 아이들을 다 죽이라고 했던 헤롯을 속였지만(마 2:16 참조), 예수는 말구유통에 감추어짐으로써 구원을 받았고(22:4), 어린아이였던 요한조차도 헤롯의 위협을 당했지만 그의 아비 스가랴의 순교로 인해서 그리고 엘리사벳이 요한과 함께 산악지방에 숨어들어서 구원을 받았다(22:5-23:8). 「야고보의 유아기복음서」는 저자인 야고보가 자신이 이 기록을 헤롯의 죽음 직후에 기록했다고 주장하는 말로 끝나고 있다(25:1).

2. 「야고보의 유아기복음서」의 저자와 기록 연대

이 복음서의 저자로 표기된 야고보는 일반적으로 "주님의 형제 야고보"로 알려지고 있다(막 6:3; 갈 1:19 등). 그러나 "주님의 형제" 야고보는 주후 62년에 가야바의 장인인 안나스(Annas) 대제사장의 아들인 대제사장 아나누스(Ananus)에 의해 죽음을 당했다. 그가 이 복음서의 저자라고 보기는 힘들다. 이 복음서의 저자는 분명히 마태복음과 누가복음(의 유아기 이야기들)을 알고 있었던 것으로 보이며,

이 두 복음서들이 각각 1세기 말경에 기록된 것이기에, 62년에 죽은 주의 형제 야고보가 이 복음서의 저자라고 보기는 어렵다. 버튼 맥 (Burton L. Mack)은 정경 「야고보서」 이외에 야고보가 기록한 것으로 전해지고 있는 여러 외경들, 곧 「야고보의 유아기복음서」 이외에도 「야고보의 외경」(Apocryphon of James), 「야고보의 최초 복음서」(Protoevangelium of James) 등이 있는 점 등으로 미루어 주님의 형제인 "야고보"를 자기들의 교훈의 근원으로 알고 그를 신봉하는 어떤 "신앙그룹"이나 "신앙운동" 혹은 "신앙공동체"가 존재하고 있었고, 그런 공동체에서 "야고보"라는 이름으로 기록한 것이라고 생각하고 있는데,2 이렇게 생각하는 것이 아마도 사실에 더 가까울 것으로 보인다.

이렇게 이 복음서의 저자가 누군지는 확실하지 않지만, 그러나 그가 누구든지 마태복음과 누가복음이 기록된 이후에 기록한 것만은 거의 확실해 보인다. 따라서 예수의 유아기, 소년기 전승에 대한 관심이 나타나기 시작한 제2세기 중엽에 기록된 것으로 보는 편이 옳을 것으로 생각된다.

---

2 Burton L. Mack, *Who Wrote the New Testament?: The Making of the Christian Myth* (New York: HarperCollins Publishers, 1995), 124. Andrew Chester도 "야고보는 유대 기독교의 한 특수한 형태의 대표자"라고 말한다. Cf. "The Theology of James", in: Andrew Chester and Ralph P. Martin, *The Theology of the Letters of James, Peter, and Jude* (The New Testament Theology, The Cambridge University Press, 1994), 15.

3. 「야고보의 유아기복음서」의 특징

「야고보의 유아기복음서」의 대표적인 특징이라면, 다른 유아기복음서와 달리 예수의 모친인 성모 마리아의 부모의 정체 그리고 "유아기"와 "성장기" 또 그녀가 요셉을 만나서 예수의 모친이 되기까지의 이야기를 포함하고 있다는 점이다. 따라서 성모 마리아의 전기적인 기록을 소개하고 있는 셈이다. 이런 점에서 「야고보의 유아기복음서」는 성모 마리아를 중시하는 가톨릭 교인들에게는 아주 중요한 문서라고 말할 수도 있을 것이다.

「야고보의 유아기복음서」가 마태복음과 누가복음과 같은 정경복음서의 영향을 많은 받은 것이 사실이고 문서적으로 어느 정도 의존되어 있다고 볼 수 있기도 하지만, 그러나 「야고보의 유아기복음서」는 그 내용에 있어서 그 나름의 독자적인 특징을 갖고 있기도 하다. 예를 든다면, 마태복음과 누가복음의 경우 요셉은 마리아과 정혼했다가, 나중에 결혼한 것으로 기록되어 있다(마 1:18; 24-25; 눅 2:5). 그런데 「야고보의 유아기복음서」에서는 요셉이 마리아를 후견인으로조차도 받아들이기를 꺼려하는 장성한 아들들을 가진 늙은 홀아비로 나타나고 있고, 그래서 기껏해야 마리아의 보호자(protector)가 되어있을 뿐이다(13:1; 14:1; 16:7). 이와 마찬가지로 이 복음서의 중심인물이기도 한 마리아도 더 이상 결혼적령기에 접어든 젊은 여인이라는 일반적인 의미에서의 동정녀가 아니라, 예외적으로 아주 순결한 그리고 기간에 끝이 없는 그런 동정녀로 나타나고 있다. 이처럼 예수의 모친 마리아에 대한 독특한 정보를 제공하고 있다는 점에서도 「야고보의 유아기복음서」가 갖는 의미와 중요성은 아주 크다고 말할 수 있을 것이다.

4. 「야고보의 유아기복음서」의 본문

1

이스라엘 열두 지파의 기록들에 따르면, 한때 요아킴(Joachim)이라는 이름을 가진 한 부자가 있었다. ²그는 언제나 여호와께 드리는 제물을 두 배나 바쳤다. ³그리고 자신에게 말했다. "한 제물은 나의 번영을 대표하면서 모든 사람들을 위한 것이며, 다른 한 제물은 죄 사함을 위해 드려진 것으로서 여호와 하나님께 드리는 내 죄를 위한 제물이다." ⁴이제 여호와의 축제일이 다가오고 있다. 그리고 이스라엘 백성들이 그들의 제물을 드리고 있다. ⁵그런데 루우벨(Reubel)이 요아킴을 만나서 말했다. "당신은 첫째로 이스라엘의 아이를 낳지 않았기 때문에 제물을 드릴 수 없다." ⁶요아킴은 몹시 분개하여 백성들의 열두 지파의 책을 찾으며, 자신에게 말했다. "내가 이스라엘 열두 지파의 책을 찾아, 내가 이스라엘 가운데 자식을 낳지 못한 유일한 사람인지 알아보리라." ⁷그리고 그는 (기록들을) 찾아 이스라엘의 모든 의로운 사람들이 실제로 자식들을 가지고 있는 것을 알게 되었다. ⁸그리고 그는 여호와 하나님께서 마지막 날에 조상인 아브라함에게 아들, 이삭을 주신 것을 기억했다. ⁹그래서 그는 계속 속이 상해서 그의 아내를 보지 않고 혼자 광야로 나가 거기에 그의 장막을 쳤다. ¹⁰그리고 요아킴은 "사십 주야 동안" 금식하였다. ¹¹그는 자신에게 말했다. "여호와 나의 하나님께서 나를 찾아 은혜를 베풀 때까지 나는 먹고 마시는 일을 하지 않으리라."

2

그의 아내 안나(Anna)가 두 가지 때문에 슬퍼하며 애도하고 있었다. "나는 과부와 같은 신세를 한탄한다. 그리고 나는 나의 자식이 없음을 한탄한다." ²그러나 여호와의 축제일이 다가왔다. ³그의 몸종인 유디네(Juthine)가 그녀에게 말했다. "언제까지나 당신 자신을 비천하게 만드실 것입니까? 보세요, 여호와의 축제일이 이르렀으니 슬퍼하지 말아야 합니다. ⁴도리어 작업장의 여주인이 내게 준 이 머리띠를 착용하세요. 이것에는 왕실 표시가 있기 때문에 나는 당신의 종이라서 내가 착용할 수는 없습니다." ⁵그러자 안나가 말했다. "내 앞에서 없어져라! 나는 그걸 착용하지 않으리라. 여호와 하나님이 나를 몹시 부끄럽게 하셨도다. 아마도 요술쟁이가 이것을 네게 주었을 것이고, 그래서 네가 나를 네 죄에 끌어들이기 위해 온 것이다." ⁶그러자 몸종인 유디네가 대답했다. "당신께서 내게 주의를 집중하지 않았기 때문에 내가 당신을 저주해야 한단 말입니까? 여호와 하나님께서 당신의 모태를 마르게 하셔서 당신이 이스라엘을 위해 자녀를 낳을 수 없게 된 것입니다." ⁷안나 역시 몹시 기분이 상했다. 그녀는 자신의 애도하는 복장을 벗어버리고 얼굴을 씻고는 자신의 혼례복을 입었다. ⁸오후 시간에 그녀는 그녀의 정원에 나가 걷고 있었다. 그녀는 월계수를 찾아 그 아래 앉았다. ⁹잠간 쉬고 나서 그녀는 여호와께 기도했다. "내 조상의 하나님이시여, 우리 조상 어머니이신 사라를 축복하시고 그녀에게 아들, 이삭을 주셨듯이, 나를 축복하시고, 나의 기도를 들어주소서."

3

그리고 안나는 하늘을 향해 눈을 들어 월계수에 있는 참새들의 보금

자리를 보았다. ²그리고는 곧바로 탄식하며 자신에게 말하기 시작했다. "불쌍한 나여! 누가 나를 낳았는가? 내가 어떤 모태에서 태어났는가? ³나는 이스라엘 백성들의 눈에 저주 아래 태어났구나. 그래서 나는 욕을 당하며 조롱을 받았고, 나의 하나님 여호와의 성전으로부터 쫓겨났구나! ⁴불쌍한 나여! 나를 무엇에 비할까? 나는 하늘의 새들과 같지도 않도. 이는, 오, 주여, 하늘의 새들까지도 당신 앞에서 다시 새끼를 생산하기 때문입니다. ⁵불쌍한 나여! 나를 무엇에 비할까? 나는 가축들과도 같지 아니하니, 오, 주여, 가축들조차도 당신의 앞에서 새끼를 낳기 때문입니다. ⁶불쌍한 나여! 나를 무엇에 비할까? 나는 땅의 야생 동물들과도 같지 아니하니, 오, 주여, 땅의 야생 동물들조차도 당신의 앞에서 새끼를 낳기 때문입니다. ⁷불쌍한 나여! 나를 무엇에 비할까? 나는 이 물과도 같지 아니하니, 오, 주여, 이 물들조차도 당신 앞에서 생산을 하기 때문입니다. ⁸불쌍한 나여! 나를 무엇에 비할까? 나는 이 땅과도 같지 않도. 오, 주여, 이 땅조차도 때가 되면 소출을 내서 당신을 축복하기 때문입니다."

4

갑자기 주의 천사가 그녀에게 나타나서 말했다. "안나야, 안나야, 여호와 하나님께서 네 기도를 들으셨다. 네가 잉태하여 해산하리니 네 아이의 이야기가 온 세상에 전해지리라." ²안나가 말했다. "여호와 하나님을 두고 맹세하노니, 내가 낳는 것이 아들이건 딸이건 간에, 나는 내 하나님 여호와께 제물을 바칠 것이며 죽을 때까지 그를 섬기리이다." ³바로 그때 두 천사가 그녀에게 말했다. "보라, 네 남편 요아킴이 양떼와 더불어 돌아오고 있다." ⁴보라, 주의 천사가 요아킴에게 내려와 그에게 말했다. "요아킴아, 요아킴아, 여호와 하나님께서 네

기도를 들어주셨다. 거기서 내려올지어다. 보라, 네 아내 안나가 잉태하였도다." [5] 요아킴은 곧바로 달려가 그의 목자들을 불러 이렇게 지시했다. "점과 흠이 없는 어린 양 열 마리를 가져오라. 그 열 마리의 어린 양들은 여호와 하나님을 위한 것이니라. [6] 또 어린 송아지 열두 마리를 가져오라. 송아지 열두 마리는 제사장들과 장로 회의를 위한 것이니라. [7] 또 염소 백 마리를 가져오라. 염소 백 마리는 온 백성들을 위한 것이니라." [8] 그리고는 요아킴이 그의 양떼와 함께 돌아오니 안나가 문 앞에 서 있었다. [9] 그녀가 요아킴이 양떼와 함께 다가오는 것을 보고는 달려가 두 팔로 그의 목을 감싸며 말했다. "이제, 나는 여호와 하나님께서 내게 큰 복을 내리신 줄 압니다. 이 과부가 이젠 더 이상 과부가 아니며, 한때, 아이가 없었지만, 이젠 드디어 잉태하였습니다." [10] 요아킴이 첫날을 집에서 쉬느라.

5

그러나 그 다음날, 그가 그의 제물을 바치면서 그는 마음속으로 생각했다. "만약 여호와 하나님께서 정말로 내게 자비를 베푸셨다면, 제사장의 머리띠에 있는 광택이 나는 원반이 내게 분명해질 것이다." [2] 그리고는 요아킴이 그의 제물들을 바치면서, 여호와의 제단에 올라갈 때까지 제사장의 머리띠에 관심을 기울였다. 그런데 그는 그것 안에서 아무런 죄도 보지 못했다. [3] 그래서 요아킴이 말했다. "이제, 나는 여호와 하나님께서 내게 자비를 베푸시고, 내 모든 죄를 사하여주셨음을 알겠다." [4] 그리고 그는 여호와의 성전으로부터 내려와 집으로 돌아갔다. [5] 그리고 그녀의 임신 기간이 다하여, 아홉 번째 달에 안나가 해산을 하였다. [6] 그녀가 산파에게 말했다. "아들인가? 딸인가?" [7] 산파가 그녀에게 대답했다. "딸입니다." [8] 그러자 안나가 말했다. "나는 오늘 크게 존귀함을 받았도다." 그때 산파가 아이를 침상에 뉘였다. 9정해진 날이 다 찼을 때, 안나는 피의 흐름으로부터 자신을 정결케 하였다.3 10그리고 그녀는 아이에게 젖을 물리고 그에게 마리아라는 이름을 지어주었다.

6

날마다 아이는 강건하게 자라났다. 2그녀가 여섯 달이 되었을 때, 그의 어미가 딸아이가 설 수 있는지 알아보려고 아이를 땅에 내려놓았다. 딸아이가 일곱 발자국을 걸어서 어미의 팔에 안겼다. 3어미가 딸아이를 안아들고는 말했다. "여호와 내 하나님께 맹세하노니, 너는 내가 너를 여호와의 성전으로 데려갈 때까지, 다시는 이 땅을 걷지 않을 것이다." 4그리고는 그녀가 딸아이의 침상을 성소 안으로 들여놓았으며, 불결하거나 더러운 것이 딸아이의 입술을 지나지 못하게 하였다. 5그녀는 히브리인들의 순수한 딸들을 불러서 딸아이를 즐겁게 해주었다. 6그리고 딸아이가 첫 번째 생일을 맞이하게 되자 요아킴이 큰 잔치를 베풀고 대제사장들과 제사장들과 율법학자들과 장로들의 회의와 이스라엘 온 백성들을 초청하였다. 7요아킴이 딸아이를 제사장들에게 보였고, 그들이 그 딸아이를 축복하였다. "우리 조상의 하나님이시여, 이 아이를 축복하시고, 이 아이에게 미래 세대의 입에 영원히 오를 이름을 주시옵소서." 8그러자 모두가 말했다. "그렇게 될 것입니다. 아멘." 9그가 딸아이를 대제사장들에게 보여주었고, 그들이 그 딸아이를 축복했다. "지극히 높으신 하나님이시여, 이

---

3 출산은 여인을 예식적으로 불결하게 만드는 것으로 규정되어 있다. 그래서 거룩한 것을 만지거나 성전에 들어갈 수가 없다. 여인이 출산 이후 자신을 정결케 하는 방법과 때에 관한 규정이 레위기 12:1-8에 나와 있다.

아이를 굽어보시고, 이 아이에게 더 이상의 복이 없는 최고의 복으로 축복하여 주시옵소서". [10]그러자 그 어미가 그녀를 데리고 성소-침실-로 올라가 아이에게 젖을 물렸다. [11]그리고 안나가 여호와 하나님을 위해 노래를 작곡하였다. "내가 여호와 나의 하나님께 거룩한 노래를 부르리니, 이는 그가 나를 찾아오시사, 내 원수들이 내 탓으로 돌린 치욕을 거두어 가셨음이라. [12]여호와 나의 하나님께서 내게 그의 의의 열매를 주셨는데, 하나이지만 그러나 그분 앞에는 가지각색이로다. [13]누가 안나가 그녀의 가슴에 아이를 품고 있다는 것을 루우엘의 자손들에게 알릴 것인가? '들을지어다, 들을지어다, 너희 이스라엘의 열두 지파여. 안나가 그녀의 가슴에 아이를 안고 있구나!'" [14]안나가 침실-성소-에서 휴식을 취하였으며 그리고 나가서 그녀의 손님들을 접대하기 시작했다. [15]만찬이 끝났을 때, 그들은 좋은 기분으로 떠나면서 이스라엘의 하나님을 찬양했다.

7

여러 달이 지나서 아이가 두 살이 되었을 때, 요아킴이 말했다. "우리가 했던 약속을 지키기 위해서라도 이 아이를 여호와의 성전으로 데려갑시다. 그렇게 아니하면 여호와께서 우리에게 진노하실 것이고 우리의 제물이 받아들여지지 않을 것입니다." [2]안나가 말했다. "이 아이가 세 살이 될 때까지 기다려봅시다. 그래야 이 아이가 아비나 어미를 보고 싶어 하지 않을 것입니다." [3]요아킴이 동의했다. "그럼 기다려봅시다." [4]아이가 세 살이 되었을 때, 요아킴이 말했다. "더럽혀지지 않은 히브리인의 딸들을 부르러 보냅시다. [5]그들로 각각 등과 불을 가져오게 합시다. 그래야 이 아이가 돌아서서 여호와의 성전 밖의 것들에게 마음을 빼앗기지 않을 것입니다." [6]이것이 바로 그들이 여호와의 성전에 올라갈 때까지 했던 일이다. [7]제사장이 그 아이를 환영했고, 입을 맞추며, 축복했다. "여호와 하나님께서 네 이름을 모든 세대들 가운데서 크게 높이셨도다. [8]여호와께서 네 안에서 이스라엘 백성들에 대한 그의 구원을 마지막 날에 드러내셨도다." [9]그가 그 딸아이를 제단의 세 번째 계단에 앉혔고, 여호와께서 그에게 은혜를 내리셨다. [10]그 딸아이가 춤을 추었고, 온 이스라엘의 집이 그녀를 사랑했다.

8

아이의 부모들이 집으로 떠나면서 놀라 여호와 하나님을 찬양하며 영광을 돌렸다. 이는 아이가 그들을 돌아보지 아니하였기 때문이다. [2]마리아는 여호와의 성전에서 살았다. 그녀는 그곳에서 비둘기처럼 하늘 천사들의 손으로부터 음식을 받아먹었다. [3]아이가 열두 살이 되었을 때, 제사장들의 모임이 있었다. 그들이 말했다. "보라, 마리아가 여호와의 성전에서 열두 살이 되었다. [4]이 아이가 우리 하나님 여호와의 성소를 오염시키는 일이 없게 하기 위해서 우리가 해야 할 일이 무엇일까?"[4] [5]그들이 대제사장에게 말했다. "당신이 여호와의 제단에 서시오. 들어가서 이 아이에 대해 기도하시오. 그러면 여호와 하나님께서 당신에게 나타내시는 일이 무엇이든지 간에 우리가 다 행할 것입니다." [6]그래서 대제사장이 열두 방울이 달린 예복을 입고 지성소에 들어가서 이 아이에 대해서 기도했다. [7]그때 갑자기 여호와의 천사가 나타났다. "스가랴야, 스가랴야, 밖에 나가 백성들의 과부들을 소집하고, 그들로 하여금 각자 지팡이를 가져오게 하라. [8]이 아이가 여호와 하나님께서 표적을 보이는 사람의 아내가 될 것이니라. [9]

---

4 마리아가 시작하게 될 월경이 "성소를 오염시키는" 것으로 생각되기 때문이다.

그래서 유대 땅 주변 지역에 포고문이 전달되었다. 여호와의 나팔소리가 울렸고, 모든 과부들이 달려왔다.

9

요셉도 목수의 연장을 던져버리고 회의장으로 갔다. [2]그들이 모두 모였을 때, 그들은 그들의 지팡이를 가지고 대제사장에게로 갔다. [3]대제사장이 모든 사람들의 지팡이를 모은 후에 그는 성전에 들어가 기도했다. [4]그가 그의 기도를 마쳤을 때, 그는 지팡이들을 가지고 밖으로 나가 그것들을 각 사람에게 돌려주었다. [5]그러나 그들 어느 누구에게도 아무런 표적이 나타나지 않았다. 요셉이 마지막 지팡이를 받았다. [6]갑자기 비둘기 한 마리가 이 지팡이로부터 나와 요셉의 머리 위에 앉았다. [7]"요셉아, 요셉아," 대제사장이 그에게 말했다. "네가 여호와의 동정녀를 돌보며 보호하도록 제비에 뽑혔느니라." [8]그러나 요셉은 거절했다. "나는 이미 아들들이 있는 몸이고, 나는 늙은이입니다. 그녀는 젊은 여인일 뿐입니다. 내가 이스라엘 백성들 가운데서 조롱거리가 되는 것이나 아닌지 두렵습니다."[5] [9]그러자 대제사장이 대답했다. "요셉아, 여호와 네 하나님을 두려워하며, 하나님께서 다단, 아비론과 코레에게 하신 일을 기억하라. 그들이 거절한 것 때문에 땅이 갈라져서 그들 모두가 삼킴을 당하였도다." [10]"그러니 요셉아, 이제 너는 똑같은 일이 너의 가족에게 일어나지 않도록 조심해야 하느니라." [11]그러자 요셉이 두려워하는 가운데 그녀를 데리고 와서 돌보며 보호하였다. [12]그가 그녀에게 말했다, "마리아여, 나는 너를 여호와의 성전으로부터 데리고 왔지만, 그러나 이제 나는 너를 집에

---

5 정경복음서의 기록과는 달리 여기서는 요셉이 장성한 아들을 가진 늙은 홀아비였는데, 대제사장이 주도한 제비뽑기에 의해 마리아의 보호자로 선택된 것으로 기록되어 있다.

두고 떠난다. 내가 집을 짓는 일을 위해 떠나지만, 그러나 내가 다시 네게 돌아올 것이다. 여호와께서 너를 지켜주실 것이다."

10

그러는 가운데 제사장들의 회의가 있었고, 그들은 동의했다. "여호와의 성전을 위해 휘장을 만들자." ²그리고 대제사장이 말했다. "다윗의 족속으로부터 진정한 동정녀들을 데려오라." ³그러자 성전 보좌진들이 떠나가 모든 곳을 뒤져 일곱을 발견했다. ⁴그때 대제사장이 마리아라는 소녀를 기억했고, 그녀도 다윗 족속의 출신이며 하나님 보시기에 순결하다는 것을 기억했다. ⁵그래서 성전 보좌진들이 나가서 그녀를 데려왔다. ⁶그리고 그들이 동정녀들을 여호와의 성전 안으로 데려왔다. ⁷그리도 대제사장이 말했다. "누가 휘장을 위해, 금색, 흰색, 아마포, 비단, 보라색, 진홍색 그리고 순수한 자줏빛 실을 뽑을 것인지 결정하기 위해 나를 대신해서 제비를 뽑으라." ⁸그런데 순수한 자줏빛과 진홍색 실이 마리아에게 떨어졌다. 그리고 그녀가 그것들을 가지고 집으로 돌아갔다. ⁹바로 이때에, 사가랴가 벙어리가 되었고, 사가랴가 그의 말을 되찾을 때까지 사무엘이 그의 자리를 대신했다. ¹⁰그러는 동안, 마리아가 진홍색 실을 가져다가 옷감을 짜고 있었다.

11

그녀가 물 항아리를 가지고 물을 길러 나갔다. ²갑자기 하늘로부터 그녀에게 음성이 들렸다. "안녕한가! 은혜를 입은 자여! 여호와께서 너와 함께 하시느니라. 여인들 중에 네게 복이 있도다. ³마리아는 이 소리가 어디서 들려오는지 알아보기 위해서 왼편과 오른편으로 주위를 둘러보기 시작했다. ⁴그녀는 무서워져서 집으로 갔다. 그녀는 물 항아리를 내려놓고, 자줏빛 무명실을 들고, 의자에 앉아서 옷감을 짜고 있었다. ⁵갑자기 하늘의 천사가 그녀 앞에 나타났다. "두려워하지 말라, 마리아야. 너는 만군의 여호와 앞에 은혜를 입었노라. 너는 그분의 말씀에 의하여 잉태할 것이다." ⁶그러나 그 말을 듣고 마리아는 의심하며 물었다. "만약 내가 실제로 살아계신 하나님 여호와에 의해 잉태한다면, 나도 여인들이 일반적으로 하는 식대로 해산할 것입니까?" ⁷여호와의 천사가 대답했다. "아니다, 마리아야. 하나님의 능력이 너를 감쌌기 때문이다. 그러므로 태어날 아이는 지극히 높으신 이의 아들, 거룩한 자로 불릴 것이다. ⁸그리고 너는 그의 이름을 예수라고 부르게 될 것이다. 그 이름은 '그가 그의 백성을 그들의 죄로부터 구원하실 것이다'라는 뜻이니라." ⁹그러자 마리아가 말했다. "여기, 여호와의 종인 제가 당신 앞에 있나이다. 당신께서 제게 말씀하신 모든 것이 이루어지기를 기도합니다."

🄵

그녀가 자줏빛과 진홍빛 옷감 짜기를 마치고 자신이 만든 것을 대제사장에게 가져다가 바쳤다. ²대제사장이 그것들을 받아들고는 그녀를 찬양하며 말했다. "마리아야, 여호와 하나님께서 네 이름을 높이셨으며, 그래서 네가 땅의 모든 세대로부터 축복을 받게 될 것이다." ³마리아가 기뻐하며 그녀의 친척인 엘리사벳을 방문하러 갔다.⁶ ⁴그녀가 문을 두드렸다. 엘리사벳이 그녀의 소리를 듣고는 진홍빛 실을 집어던지고 문으로 달려가서, 문을 열고 그녀를 맞았다. ⁵그리고는 그녀를 축복하며 말했다. "내가 누구기에 내 주님의 어머니께서 나를

---

6 저자는 독자들이 엘리사벳이 누구인지 알고 있을 것으로 생각하는 것 같다. 엘리사벳은 사가랴의 아내이며 세례 요한의 어머니이다(22:5; 눅 1:5).

찾으셨습니까? 내 배 속의 아기가 기뻐 뛰며 당신을 축복했습니다."
⁶그러나 마리아는 하늘의 천사인 가브리엘이 말해주었던 신비스런 비밀들을 잊어버렸다. 그래서 하늘을 올려다보며 말했다. "내가 누구이기에 땅의 모든 세대가 나를 축하해주고 있는가?" ⁷그녀가 세 달 동안을 엘리사벳과 함께 지냈다. ⁸날마다 그녀의 배가 솟아올랐다. 그래서 마리아가 놀라서 집으로 돌아가서 이스라엘 백성들로부터 숨어버렸다. ⁹그녀가 열여섯 살이 되었을 때, 이런 신비스런 일들이 그녀에게 일어났다.

🔢 13

그녀가 여섯 달이 되던 어느 날, 요셉이 그가 집을 짓던 일로부터 집으로 돌아와 그의 집에 들어가서 그녀가 임신한 것을 알게 되었다. ²그는 얼굴에 충격을 받고 삼베옷을 입고 땅에 엎드려, 심하게 울기 시작했다. "내가 어떤 얼굴로 여호와 하나님을 대해야 한단 말인가? ³내가 그녀를 여호와 하나님의 성전으로부터 동정녀로 받았는데, 그녀를 보호하지 못했으니, 내가 그녀를 위해 무슨 기도를 할 수 있단 말인가? ⁴누가 나를 위해 이런 덫을 만들었단 말인가? 누가 내 집에서 이런 악한 일을 했단 말인가? 누가 이 동정녀를 나로부터 유혹해 내서 그녀를 범했단 말인가? ⁵아담의 이야기가 내 경우에 그대로 반복되었다. 그렇지 않은가? 아담이 기도할 때 뱀이 와서 이브가 혼자 있는 것을 알고는 그녀를 속여 타락시켰듯이, 똑같은 일이 내게 일어났구나!" ⁶요셉이 삼베옷으로부터 일어나서 마리아를 불러 그녀에게 말했다. "하나님께서 당신에게 특별한 관심을 갖고 계신데, 당신이 어떻게 이럴 수 있습니까? ⁷당신이 여호와 당신의 하나님을 잊었단 말입니까? 지성소에서 자라면서 하늘 천사들로부터 양육을 받은 당신이 어찌하여 이런 수치스런 일을 했단 말입니까? ⁸그러나 그녀는 눈물을 흘리며 외치기 시작했다. "나는 죄가 없습니다. 나는 어느 남자와도 함께 자지 않았습니다." ⁹요셉이 그녀에게 말했다. "그렇다면 당신이 품고 있는 이 아이는 어디서 왔단 말입니까?" ¹⁰그녀가 대답했다. "내 하나님 여호와 앞에 맹세하거니와, 나는 이 아이가 어디서 왔는지 알지 못합니다."

14

요셉은 크게 놀라서, 더 이상 그녀와 이야기하지 않았고, 마음속으로 그녀와의 관계를 어떻게 할지 생각했다. ²요셉은 스스로에게 말했다. "만약 내가 그녀의 죄를 감추려고 한다면, 나는 결국 여호와의 율법을 범하게 될 것이다. ³그리고 만일 내가 그녀의 상태를 이스라엘의 백성들에게 드러낸다면, 나는 그녀의 뱃속에 있는 아이가 하늘이 보낸 아이일 수도 있는 것이 두려우며, 결국 나는 무죄한 피를 사형선고에 넘겨주는 꼴이 되고 말 것이다. ⁴그렇다면 내가 그녀를 어떻게 할 것인가? (알겠다.) 내가 조용히 그녀와 이혼하리라."⁷ ⁵그러나 밤이 되었을 때, 여호와의 천사가 갑자기 꿈에 나타나 그에게 말했다. "이 여자를 두려워 말라. 그녀의 뱃속에 있는 아이는 성령께서 하신 일이다. ⁶그녀가 아들을 낳으리니 네가 그의 이름을 예수라 하라. 그 이름의 뜻은 '그가 그의 백성을 그들의 죄에서 구원할 것이다'이다." ⁷요셉이 잠에서 깨어나 자기에게 이런 은혜를 베푸신 이스라엘의 하나님을 찬양했다. ⁸그리고는 그가 그녀를 지키기 시작했다.

---

7 「야고보의 유아기복음서」에서는 요셉이 마리아와 정혼한 적도 없고, 결혼한 적도 없기 때문에 "조용히 이혼한다"는 말이 여기서는 별로 의미가 없다. 분명히 저자는 마 1:19에 의존하고 있는 것으로 생각된다.

15

율법학자인 안나스가 와서 그에게 말했다. "요셉아, 왜 네가 우리 회의에 참석하지 않느냐?" ²그가 대답했다. "내가 여행 때문에 지쳐버렸고 그래서 나의 첫날을 집에서 쉬었기 때문입니다." ³그러자 안나스가 돌아서서 마리아가 잉태한 것을 보았다. ⁴그가 급히 대제사장에게로 가서 그에게 말했다. "요셉을 기억하시지요. 당신 자신이 보증했던 사람 아닙니까? 그런데, 그가 중대한 범죄를 범했습니다." ⁵대제사장이 물었다. "어떻게 말이냐?" ⁶"요셉이 여호와의 성전으로부터 받은 동정녀를 범했습니다"라고 대답했다. "그가 그녀에게 그의 방식대로 했고, 이스라엘 백성들에게 자신의 행동을 드러내지 않았습니다." ⁷대제사장이 그에게 물었다. "요셉이 정말 그랬단 말이냐?" ⁸그가 대답했다. "성전 보좌진들을 보내보시면, 동정녀가 잉태한 것을 아시게 될 것입니다." ⁹그래서 성전 보좌진들이 가서 그녀가 안나스가 보고한 그대로라는 것을 알게 되었고, 그래서 그들이 그녀를 요셉과 함께 법정으로 데려왔다. ¹⁰"마리아야, 네가 어찌하여 이런 일을 했느냐?" 대제사장이 그녀에게 물었다. "왜 네가 너 자신을 욕보였느냐? ¹¹너를 지성소에서 키우며 하늘 천사들을 통해 너를 먹여 키운 네 하나님 여호와를 잊었단 말이냐? ¹²그들의 찬송을 듣고 그들을 위해 춤을 추었던 모든 백성들에게 왜 이랬단 말이냐?" ¹³그녀는 슬피 울었다. "살아계신 하나님 여호와를 두고 맹세하노니, 나는 당신 앞에 무죄합니다. 나를 믿어주십시오. 나는 여느 남자와도 잔 적이 없습니다." ¹⁴그러자 대제사장이 물었다. "요셉아, 네가 어찌하여 이랬느냐?" ¹⁵요셉이 말했다. "여호와의 사심을 두고 맹세하노니, 나는 그녀와 관련해서 무죄합니다." ¹⁶대제사장이 말했다. "거짓 맹세를 하지 말고, 진실을 말해보라. 네가 그녀에게 네 방식대로 대하였고, 이 행동을 이스라엘 백성에게 드러내지 않은 것이다. ¹⁷그리고 네가 네 자신을 하나님의 능력의 손아래 낮추지 않아서, 네 제물이 축복을 받지 못한 것이다." ¹⁸그러나 요셉은 아무 말도 없었다.

16

그러자 대제사장이 말했다. "네가 여호와의 성전으로부터 받은 동정녀를 돌려다오." ²요셉은 눈물을 터뜨렸다. ³대제사장이 말했다. "내가 네게 여호와의 음료 시험을 해야 하겠다.⁸ 그것이 네 죄를 너희 두 사람에게 분명히 드러낼 것이다. ⁴그리고는 대제사장이 물을 가져다가 요셉에게 마시게 한 후에 그를 광야로 내보냈다. 그러나 그는 아무런 해를 입지 않은 채 돌아왔다. ⁵그리고 그는 여자에게도 마시게 하고는 그녀를 광야로 내보냈다. 그녀도 아무런 해를 입지 않은 채 돌아왔다. ⁶그리고 모든 사람들이 그들의 죄가 드러나지 않았기 때문에 놀랐다. ⁷대제사장이 말했다. "만약 여호와 하나님께서 너희들의 죄를 드러내지 않으신 것이라면, 나도 너희를 정죄하지 않으리라." 그리고는 그들을 가게 했다. ⁸요셉이 마리아를 데리고 집으로 돌아와, 축하하며 이스라엘의 하나님을 찬양했다.

17

유대 땅 베들레헴에 있는 모든 사람들이 인구조사에 등록해야 한다는 아구스도 황제의 명령이 떨어졌다.⁹ ²요셉은 주저했다. "내가 내 아들들은 등록하겠지만 이 여자에 대해서는 어떻게 해야 할까? 이

---

8 "여호와의 음료 시험"의 유사한 실례가 민수기 5:11-31에 기록되어 있다.
9 눅 2:1과 비슷하지만 다른 점도 있다. 누가복음에선 "로마 천하가 호적 등록을 하는 것"이지만, 여기서는 호적 명령이 "유대 땅 베들레헴에" 떨어진 것으로 되어 있다.

여자를 어떻게 등록해야 하나? ³내 아내로? 그렇게 하는 것은 좀 부끄럽다. 내 딸로? 그러나 이스라엘 백성들이 그녀가 내 딸이 아니라는 걸 알고 있다. ⁴이것을 어떻게 결정할지는 여호와께 달려있다." ⁵그래서 그는 그의 나귀에 안장을 얹어서 그 위에 그녀를 태웠다. 그의 아들이 나귀를 이끌었고, 사무엘이 뒤를 따라왔다.¹⁰ ⁶그들이 3마일 표시판에 가까웠을 때, 요셉이 뒤돌아서서 그녀가 실쭉해 있는 것을 보았다. ⁷그는 자신에게 말했다. "아마도 그녀가 잉태하고 있는 아기가 그녀를 불편하게 만들고 있는 것이다." ⁸요셉은 다시 뒤돌아서서 그녀가 웃는 것을 보고는 그녀에게 말했다. "마리아야, 무슨 일이냐? 금방 네가 실쭉해 있는 것을 보았는데, 금방 또 네가 웃는 것을 보다니 말이다." ⁹그녀가 대답했다. "요셉, 내가 내 앞에 두 종류의 사람들을 상상했기 때문입니다. 하나는 울며 애통하는 사람들이고, 다른 하나는 축하하며 기뻐 뛰는 사람들입니다." ¹⁰가던 길을 절반쯤 왔을 때, 마리아가 그에게 말했다. "요셉, 나귀에서 나를 내려주세요. 내 속의 아이가 태어나려고 해요." ¹¹그가 그녀를 내려놓고는 그녀에게 말했다. "이곳은 완전히 야외이니, 내가 너를 어디로 데려가야 좀 사사로운 곳이 될까?"

18

그가 동굴 하나를 발견하여 그녀를 그 안으로 데려갔다. 그는 그의 아들들로 하여금 그녀를 지키게 하였다.¹¹ ²그리고는 베들레헴 근처 지방의 히브리 산파를 찾아 나섰다. ³이제, 나, 요셉은 걷고 있었지만

---

10 막 6:3에 나오는 예수의 형제들 명단에서는 사무엘이라는 이름을 찾아볼 수 없다.
11 마태복음에서는 예수가 "집에서"(2:9-11) 그리고 누가복음에서는 여관에 방이 없어서 "마굿간에서"(2:7) 태어난 것으로 기록되어 있으나, 여기서는 예수가 "동굴에서" 태어난 것으로 기록되어 있다(18:1; 19:5-16).

어느 곳에도 가는 것이 아니었다. ⁴내가 하늘을 바라보았지만, 하늘이 가만히 멈추어있는 것을 보았고, 구름을 보았지만 놀라서 멈추어 있는 것을 보았고, 하늘의 새들을 보았지만, 공중에 멈추어 있는 것을 보았으며, ⁵내가 땅을 보았을 때, 나는 큰 그릇이 하나 거기 있는 것을 보았는데 일꾼들이 그 주변에 비스듬히 누워 그들의 손을 그릇 안에 넣고 있는 것을 보았다. 어떤 사람은 무언가를 씹고 있었지만 씹고 있지 않았고, 어떤 사람은 무언가를 집어 먹고 있었지만, 집어들지 않았다. 그리고 어떤 사람은 음식을 그들의 입안에 집어넣었지만, 그렇게 하지 않았다. ⁷그 대신에, 그들은 모두 위쪽을 바라보았다. ⁸나는 양들을 몰고 있는 것을 보았지만, 양들이 가만히 서 있었다. ⁹목동은 그의 손을 들어 그들을 때리고 있었다. 그러나 그의 손은 들려진 채로 있었다. ¹⁰그리고 나는 강물이 흐르는 것을 보았고, 염소들이 그들의 입을 물에 넣고 있는 것을 보았지만, 그들은 물을 마시고 있지 않았다. ¹¹그때 갑자기 모든 것과 모든 사람이 그들이 하고 있던 일을 계속하였다.¹²

19

"그때 나는 산악 지방에서 한 여인이 내려오는 것을 보았다. 그리고 그녀가 물었다. "어디로 가시는 분입니까?" ²내가 대답했다. "나는 히브리 산파를 찾고 있는 중이요."¹³ ³그녀가 물었다. "당신은 이스라엘

---

12 "걷고 있었지만, 어느 곳에도 가는 것이 아니었다"는 말로 시작된 요셉의 환상 (18:3-11)은, 바람, 새, 일군들, 가축들, 목동 그리고 자기 자신까지 하고 있던 모든 일에서 순간적으로 얼어붙은 경험을 묘사하고 있는 것으로 보인다. 이 순간이 바로 동굴 안에서 예수가 탄생되던 순간이었을 것으로 보인다. 그런데 어떤 사본들에서는 요셉이 이 환상이 나오지 않는다.
13 예수가 태어날 때 마리아 곁에 "히브리인 산파"가 있었다는 기록은 정경복음서에서는 찾아볼 수 없는 내용이다.

사람입니까?" 4나는 '그렇소'하고 대답했다. 5그리고 그녀가 말했다. "그렇다면 동굴에서 아이를 낳는 이는 누구입니까?" 6내가 대답했다. "나의 정혼자입니다." 7그녀가 계속 물었다. "그녀가 당신의 아내입니까?" 8내가 그녀에게 말했다. "그녀는 여호와의 전에서 자라난 마리아입니다. 내가 제비에 뽑혀 그녀를 내 아내로 데려왔습니다. 9그러나 그녀는 사실 내 아내가 아닙니다. 그녀는 성령으로 잉태했습니다." 10산파가 말했다. "정말입니까?" 11요셉이 대답했다. "와서 보십시오." 12그러자 산파가 그와 함께 갔다. 13그들이 동굴 앞에 섰을 때, 검은 구름이 동굴을 뒤덮고 있었다. 14산파가 말했다. "오늘 내 눈이 이스라엘에 구원이 임하는 이적을 보았으니 나는 진실로 특별한 은혜를 입은 사람입니다." 15갑자기 구름이 동굴로부터 걷히고 강렬한 빛이 동굴 안에서 나타났다. 그래서 그들의 눈이 거의 아무것도 볼 수 없었다. 16잠시 후에 그 빛이 물러가고 어린아이가 눈에 보였다. 그 아이가 그의 어미인 마리아의 젖을 빨고 있었다. 17그러자 산파가 소리 질렀다. "내가 이 새로운 이적을 보았으니, 이날이 내게 얼마나 대단한 날이냐!" 18그리고는 산파가 동굴을 떠나서 살로메를 만나 그녀에게 말했다. "살로메야, 살로메야, 내가 네게 새로운 기적을 말해주마. 처녀가 아이를 낳았으니, 불가능한 일이 아닌가!" 19살로메가 대답했다. "나의 하나님 여호와를 두고 맹세하노니, 내가 내 손가락으로 그녀를 검사해보지 않고서는, 처녀가 아이를 낳았다는 것을 결코 믿지 않을 것입니다."[14]

---

14 살로메가 자기 손가락을 집어넣어 보아야 한다고 말한 것은 요 20:24-25에서 의심 많은 도마가 부활하신 예수의 못 자국에 자기 손가락을 넣어보아야 하겠다고 말한 것을 상기시킨다.

20

산파가 들어가 말했다: "마리아여, 검사할 자세를 취하기 바랍니다. 당신은 이제 중대한 시험에 직면해 있습니다." ²마리아가 이런 지시를 듣고는 자세를 취했다. 살로메가 그녀의 손가락을 마리아의 몸에 집어넣었다. ³그리고 살로메가 큰소리를 지르며 말했다. "나의 죄악과 나의 불신앙 때문에 나는 저주를 받게 될 것이다. 내가 살아계신 하나님을 시험하였도다. ⁴보라! 내 손이 사라지고 있다! 손이 불꽃으로 다 타버리고 있다!" ⁵살로메가 여호와의 면전에서 무릎을 꿇고, 이렇게 말했다. "내 조상의 하나님이시여, 나를 기억하옵소서. 나는 아브라함과 이삭과 야곱의 자손입니다. ⁶나를 이스라엘 백성들을 위한 본보기로 징계하지 마옵시고, 나를 다시 가난한 자들 가운데 있게 하옵소서. ⁷여호와여, 당신께서 아시오니 나는 당신의 이름으로 백성들을 치유하였으며, 내 임금을 당신으로부터 받았나이다." ⁸그러자 갑자기 여호와의 천사가 나타나 그녀에게 말했다. "살로메야, 살로메야, 만민의 여호와께서 네 기도를 들으셨도다. ⁹네 손을 아이에게 내밀어 그를 잡으라. 그리하면 네가 구원과 기쁨을 갖게 될 것이다." ¹⁰살로메가 아기에게 다가가 그를 잡으며 이렇게 말했다. "그가 이스라엘의 왕으로 태어났으니, 나는 그를 예배하리로다." ¹¹그러자 살로메가 곧바로 고침을 받았으며 옳다 함을 인정받고 동굴을 떠났다. ¹²그때 돌연히 음성이 들렸다. "살로메야, 살로메야, 네가 본 기적들을 아이가 예루살렘에 갈 때까지 소문내지 말라."¹⁵

---

15 아마도 저자는 요셉과 마리아가 예수가 열두 살이 되었을 때 그를 데리고 예루살렘에 여행했던 것을 가리키는 것으로 보인다.

21

요셉이 유대 땅으로 떠나려고 했다. 그러나 유대 땅 베들레헴에서는 큰 소동이 일어나고 있었다.[16] ²이런 일은 모두 점성술사들이 와서 "새로 태어난 유대인들의 왕이 어디 계신가?"라고 물으면서 "우리가 동방에서 그의 별을 보았고 그래서 그에게 경의를 표하기 위해서 왔다"라고 말했을 때 일어났다. ³헤롯이 그들이 방문했다는 말을 듣고는 두려워하며 부하들을 점성술사들에게 보냈다. ⁴그는 또 대제사장들에게 사람을 보내 그의 왕궁에서 그들에게 물었다. "기름 부음을 받은 자에 대해 기록된 내용이 무엇인가? 그가 태어날 곳으로 생각되는 곳이 어디인가?" ⁵그들이 그에게 말했다. "유대 땅 베들레헴입니다. 성경이 그렇게 말하고 있습니다." ⁶그래서 그는 그들을 보냈다. ⁷그러자 그가 점성술사들에게 물었다. "왕으로 태어났다는 자와 관련해서 당신들이 어떤 표징을 보았단 말입니까?" ⁸점성술사들이 말했다. "우리는 하늘에서 예외적으로 크게 빛나는 별을 보았습니다. 그 별이 다른 별들의 빛을 어둡게 만들어서 그만 그 별들이 다 사라져버렸습니다. 따라서 우리는 이스라엘에 한 왕이 태어난 것을 알게 되었습니다. 그래서 그에게 경의를 표하기 위해서 왔습니다." ⁹헤롯이 그들에게 명했다. "가서 찾아보시오. 그리고 만일 당신들이 그를 찾거든 내게 알려주시오. 그러면 나도 가서 그에게 경의를 표할 것이오." ¹⁰점성술사들은 떠나갔다. 그리고 그들이 동방에서 보았던 그별이 그들을 인도하여 그들이 동굴에 이르게 되었다. 그리고 별이 아이의 머리 위에서 곧바로 멈추었다. ¹¹점성술사들은 아이가 그의 어미 마리아와 함께 있는 것을 보고는 짐 속에서 예물들을, 곧 황금과

---

16 여기서부터는 대충 마태복음 2:1-16의 내용과 일치하고 있다.

순수한 유향과 몰약을 꺼냈다. ¹²그들이 하늘 천사들로부터 유대 땅으로 가지 말라는 권고를 들었기 때문에, 그들은 다른 길을 통해 그들의 나라로 돌아갔다.

22

헤롯이 점성술사들로부터 속임을 당한 줄 알고는 크게 분노하여, ²두 살과 그 이하 어린아이들을 모두 죽이라는 명령과 함께 집행관들을 급히 파견했다. ³마리아는 어린아이들이 죽임을 당하고 있다는 말을 듣고 놀랐다. ⁴그래서 그녀는 자기 아이를 데려다가 강보에 싸서 가축들의 구유에 뉘었다.¹⁷ ⁵다른 한편, 엘리사벳은 그들이 요한을 찾는다는 말을 듣고 요한을 데리고 산언덕으로 올라갔다. 그녀가 아이를 숨길만한 곳을 찾았지만, 그럴만한 곳이 없었다. ⁷그녀는 신음하며 큰 소리로 말했다. "하나님의 산이여, 아이와 함께 그 어미를 받아들일지어다." 엘리사벳으로서는 아이를 잃을까 보아 신경을 써서, 산언덕을 계속 오를 수가 없었다. ⁸그런데 갑자기 산이 갈라지고, 그들을 안으로 받아들였다. 이 산이 빛으로 하여금 그녀를 비추게 하였다. ⁹이는 여호와의 천사가 그들과 함께 하며 보호하였기 때문이다.

23

그러나 헤롯은 계속 요한을 찾았다. ²그리고 제단에서 봉사하고 있는 사가랴에게 자기 부하들을 보내 이런 말을 전했다. "네 아들을 어디에 숨겨놓았느냐?"¹⁸ ³그러나 그는 그들에게 이렇게 대답했다. "나는

---

17 "강보"와 "구유"라는 말이 눅 2:12를 상기시켜주고 있지만, 여기서는 이런 단어들이 마태복음에서 헤롯이 예수의 생명을 위협하는 상황에서 사용되고 있다.

18 사가랴가 살해될 당시 제단 앞에 있었다는 말로 보아 저자는 이 요한의 아버지인 사가랴를 마 23:35에서 언급되고 있는 제단에서 죽은 바라갸의 아들 사가랴와 동일시하고 있는 것으로 보인다.

성전에 출석하여 하나님을 섬기고 있는 사람이다. 내가 내 아들이 어디 있는지 어떻게 안단 말이냐?" [4]그러나 부하들이 가서 이 모든 것을 헤롯에게 보고하였다. 그러나 헤롯은 성을 내며 말했다. "그의 아들이 이스라엘을 다스릴 것인가?" [5]그리고 그는 그의 부하들을 다시 그에게 보내 말을 전했다. "내게 사실을 말하라. 네 아들이 어디 있느냐? 내가 네 목숨을 내 손에 쥐고 있는 것을 모른단 말이냐?" [6]부하들이 가서, 이 말을 그에게 전했다. [7]사가랴가 대답했다. 나는 하나님을 위한 순교자이다. 내 목숨을 취해보라. [8]그러나 너희가 여호와의 성전 입구에 무죄한 피를 흘리고 있기 때문에 여호와께서 내 영혼을 받아주실 것이다." [9]그리고 새벽녘에 사가랴는 죽임을 당했다. 그러나 이스라엘 백성들은 그가 죽임당한 것을 알지 못하였다.

24

공식적으로 인사하는 시간에, 제사장들이 나갔다. 그러나 사랴갸는 늘 하던 대로 그들을 만나 축복해주지도 못했다. [2]그래서 제사장들은 둘러서서 사가랴를 기다렸다. 기도로 그에게 인사하며 지극히 높으신 하나님을 찬양하기 위해서였다. [3]그러나 그가 나타나지 않자, 그들 모두가 다 걱정했다. [4]그러자 그들 가운데 하나가 용기를 내서 성소에 들어가 여호와의 제단 바로 옆에 있는 마른 피를 보았다. [5]그때 음성이 들려왔다. "사가랴는 살해당했다! 그의 피는 그의 원수를 갚는 자가 나타날 때까지 없어지지 않을 것이다." [6]그가 이 말을 들었을 때, 그는 두려웠으며, 그래서 밖으로 나가 제사장들에게 자기가 보고 들은 것을 알렸다. [7]그들은 용기를 내서 안으로 들어가 일어난 일을 보았다. [8]성전 배심원들이 소리를 지르자 제사장들은 그들의 법복을 위에서 아래까지 찢었다. [9]그들이 시체를 발견하지는 못했지만, 그러나 이제 돌로 변해버린 그의 피는 발견하였다.19 10그들은 두려워서 밖으로 나가, 백성들에게 사가랴가 살해당했음을 알렸다. 11백성의 모든 족속들이 이 소식을 듣고는 애통하기 시작했으며, 그들은 삼일 주야에 걸쳐 가슴을 쳤다. 12삼일이 지난 후, 제사장들은 사가랴의 자리에 누구를 임명할 것인지에 대해 숙고했다. 13제비를 뽑아 시므온을 택했다. 14이 사람은 성령으로부터 그가 육신으로 있는 동안 기름부음을 받은 자를 눈으로 보기 전에는 죽음을 보지 않게 될 것이라는 말을 들었던 사람이다.

25

나, 야고보가 헤롯이 죽어 예루살렘에서 소동이 일어났을 때, 이 글을 쓴 사람이다. 2나는 예루살렘의 소동이 진정될 때까지 광야에 나가 있었다. 3거기서 나는 이 글을 쓰도록 내게 지혜를 주신 여호와 하나님을 찬양했다. 4여호와를 경외하는 모든 사람들에게 은혜가 있을지어다. 아멘.

---

19 "그들이 시체를 발견하지 못했다"고 한 것은 아마도 살해자들이 시체를 가져다가 이름 없이 매장해버렸기 때문일 것이다.

「마리아복음서」(The Gospel of Mary)

1. 「마리아복음서」의 사본

정경복음서들의 경우는 각 복음서들마다 거의 수백 개의 사본들이 전해지고 있다. 그러나 그와 달리 「마리아복음서」의 경우, 완전한 사본으로 전해지는 것은 하나도 없다. 수세기 동안 「마리아복음서」는 완전히 알려지지 않았다. 오직 세 개의 단편적인 사본들만이 오늘날 전해지고 있을 뿐인데, 1938년과 1983년에 출판된 두 개의 3세기경 헬라어 사본들(P. Rylands 463과 P. Oxyrhynchus 3525)과 1955년에 출판된 좀 더 긴 5세기경의 콥트어 번역본(Berolinensis Gnosticus 8052m1)이다. 좀 더 초기의 것이라 말할 수 있는 좀 더 짧은 두 개의 사본 단편들은 「마리아복음서」의 원어인 헬라어로 기록되었다. 그러나 가장 온전한 본문 사본은 콥트어(로마 시대에 기록된 토착 애굽 언어 형태)로 번역되어 있다. 그러나 좀 더 온전한 형태의 본문이라고 말할 수 있는 이 번역본 자체도 단편적이다. 사본의 시작 부분의 여섯 쪽과 중간 부분의 네 쪽 이상이 없어져 버렸기 때문이다. 따라서 전체 본문의 거의 절반이 여전히 없는 형태라고 볼 수 있다.

그런데 헬라어 사본들과 콥트어 번역본 사이에는 몇 가지 중요한 차이가 있다. 콥트어 번역본이 나중에 기록된 것이기 때문에 자연히 후대의 신학적 경향을 반영해주고 있는 것이 다르다. 예를 든다면, 헬라어 사본들에서는 "여성으로서의" 막달라 마리아의 지도력에 대한 논란은 없어 보인다. 다만 그녀의 교훈에 대한 도전이 나타나고 있을 뿐이다. 그러나 콥트어 번역본에서는 여성의 지도력 자체에 대한 도전이 드러나고 있고, 또 거기에 대한 방어가 요구되고 있다. 번역본에서 볼 수 있는 이런 변화는 여성들이 기독교 공동체 안에서 누리던 초기의 지도적 역할로부터 제외되기 시작한 후대의 역사적 상황을 반영하는 것으로 보인다.

「마리아복음서」의 원본 저자가 누구인지 그리고 기록된 장소가 어디인지에 대해서는 전혀 알려진 바가 없다. 다만 애굽이나 수리아에서 기록된 것으로 추측되고 있을 뿐이며, 대충 1세기 말이나 2세기 초경에 기록되었을 것으로 생각되고 있을 뿐이다.

2. 「마리아복음서」의 마리아는 누구인가

외경복음서인 「마리아복음서」라는 명칭에서 언급된 마리아는 많은 사람들이 쉽게 그럴 것이라고 생각하는 것처럼, 예수의 모친인 성모 마리아를 가리키는 것이 아니라, 정경복음서들에서도 여러 번 중요한 인물로 언급되고 있는 막달라 마리아이다. 우리들의 머릿속에서 막달라 마리아가 그렇게 중요한 인물로 분명하게 각인되어 있지 않기는 하지만, 조금만 주의해서 살펴보면, 정경복음서들에서도 막달라 마리아가 여러 번 아주 중요한 인물로 등장하며, 그렇게 언급되고 있는 것을 금방 알 수 있게 된다. 우선 눅 8:1-3에 보면, 예수께서 하나님 나라의 복음을 전하시며 여행하실 때 열두 제자들과 함께 "다른 여러 여인들"이 동행했었다는 사실이 언급되고 있는데, 그 여인들 가운데 제일 먼저 언급되고 있는 인물이 바로 "막달라 마리아"이다. 여기서 막달라 마리아와 함께 언급된 다른 여인들도 예수의 전도 여행에 열두 제자들과 함께 동행하였던 "여성 제자들"이었던 것으로 생각된다.

그런데 여기서 언급된 이 막달라 마리아는 "일곱 귀신에 들렸다가" 예수로부터 고침을 받은 여인이었다고 말한다(눅 8:2). 귀신축출의 경험을 통해서 예수의 제자가 된 여인이었던 것으로 생각된다. 이 점은 외경「베드로복음서」에서는 아주 분명히 그녀를 가리켜, "주님의 제자"(a disciple of the Lord)였다고 말하고 있는 사실로도 잘 뒷받침되고 있다(12:1). 「베드로복음서」에서도 부활절 아침에 이 막달라 마리아가 자기의 친구들을 데리고 빈 무덤을 찾은 것으로 기록되어 있다.

마태복음의 빈 무덤 이야기를 보더라도, 막달라 마리아는 천사와 그리스도가 나타나 만나주는(angelophany and Christophany) 중요한 인물로 언급되고 있다. 첫째로 빈 무덤에서 "천사"가 막달라 마리아에게 나타나 예수의 부활을 알려주었으며(28:6, "그가 말씀하신 대로 다시 살아나셨다"), 그래서 막달라 마리아는 빈 무덤의 첫 번째 발견자일 뿐만 아니라, 천사로부터 직접 예수의 부활 소식을 들은 첫 번째 인물이었다. 뿐만 아니라 막달라 마리아(그리고 다른 여인, 곧 "다른 마리아")는 천사로부터 예수가 부활하셨다는 소식을 "제자들에게" 전하라는 명령을 받았다(28:7). 그래서 마리아는 제자들에게 보내진 제자, 다시 말해서 "사도들에게 보내진 사도"의 모습으로 등장하고 있다.

뿐만 아니라 막달라 마리아는 제자들에게 가는 도중에 부활하신 예수를 직접 만나서 예수로부터 "평안하냐?"는 인사를 받았다(28:9). 더구나 막달라 마리아는 부활하신 예수의 "발을 붙잡았고", 그에게 "절했다"(=예배했다)고 했다. 요 20:14에서는 막달라 마리아가 빈 무덤에서 부활하신 예수를 알아보지 못했다고 했고, 요 20:17에서는 부활하신 예수가 막달라 마리아에게 "나를 만지지 말라. 내가 아직 아버지께 올라가지 않았다"는 말을 들은 것으로 기록되어 있지만, 오히려 마태복음에서는 막달라 마리아가 예수의 발을 붙잡고 그를 경배한 인물이었다고 기록되어 있어, 그녀의 역할과 위상이 더 높이 강조되고 있는 것으로 생각된다.

요한복음 20:14에서 막달라 마리아가 부활하신 예수를 알아보지 못했다는 언급 때문에 그리고 또 20:17에서 부활하신 예수가 막달라 마리아에게 자신을 만지지 말하고 말씀하셨다는 것 때문에, 막달라 마리아가 요한복음에서 덜 중요시되고 있다고 생각해서는 안 된다. 누가복음의 경우에는 예수의 빈 무덤을 찾은 "여인들"이 "막달라 마리아와 요안나와 야고보의 어머니인 마리아"와 함께 "다른 여인들"도 더 있었다고 언급되고 있는 반면에(눅 23:10), 그와 달리 요한복음에서만은 빈 무덤을 찾은 여인이 다른 복음서들의 경우와 달리 오직 막달라 마리아 한 사람인 것처럼 기록함으로써 오직 막달라 마리아만을 유독 돋보이게 만들고 있기 때문이다. 그리고 오직 요한복음에서만 부활하신 예수가 막달라 마리아를 향해 "마리아야"라고 그 이름을 불렀다. 목자가 그 양의 이름을 부르듯이 말이다. 이것은 막달라 마리아가 예수의 분명한 양이라는 점을 보여주는 증거일 수 있다.

요한복음에서는 막달라 마리아가 무덤이 비어있는 것을 맨 처음 발견한 인물일 뿐만 아니라, 예수가 부활했다는 소식을 "베드로와 사랑하는 제자"에게 가서 전해준 인물이었다. 막달라 마리아가 요한복음에서 가장 중요한 제자들인 "베드로와 사랑하는 제자"와 함께 등장하고 있는데, 만일 이것이 요한의 의도적인 기록이라면 이것이야말로 막달라 마리아의 중요성을 부각시키고자 하는 분명한 장면이라고 말하지 않을 수 없다. 이처럼 막달라 마리아만이 요한복음에서는 빈 무덤의 첫 목격자이며, 부활하신 예수를 맨 처음 만나 본 사람 그리고 부활의 기쁜 소식을 처음으로 전해 듣고 또한 그것을 형제들에게 가서 전할 것을 명령받은 첫 번째 인물이었다. 그래서 그녀는 "사도들에게 보내진 사도"(the apostle to the apostles; apostola apostolorum)로 불리고 있다.[1]

막달라 마리아의 이런 위상은 외경복음서에서도 마찬가지인 것으로 나타나고 있다. 「도마복음서」(말씀 114)를 보면, 막달라 마리아는 열두 제자들의 시기와 견제를 받는, 그러나 예수로부터 더 강력한 인정과 지지를 받는 인물로 소개되고 있기 때문이다: "시몬 베드로가 그들에게 말했다. 마리아로 하여금 우리 가운데로부터 떠나게

---

1 R.E. Brown, "Role of Women in the Fourth Gospel," In: The Community of the Beloved Disciple (New York: Paulist Press, 1979), 190. Brown은 이것을 가리켜 "여인에게 사도에 준하는 역할을 부여하는 현상"(the phenomenon of giving a quasi-apostolic role to a woman")이라고, 그래서 "남성 제자들만이 교회 설립에서 중요한 인물들이라는 명제를 수정하는데"(to modify the thesis that male disciples were the only important figures in church founding) 도움이 된다고 말한다. Cf. 같은 책, 189.

하라. 여인들은 생명에 합당치 않기 때문이다. 예수가 말씀했다: 보라. 나는 그녀가 너희 남자들처럼 산 영혼이 되게 하기 위하여 그녀를 남자로 만들도록 그녀를 인도할 것이다. 남자가 된 모든 여인이 하늘나라에 들어갈 것이기 때문이다"(말씀 114).

3세기 문서로 추정되는 나그함마디 문서 가운데 「피스티스 소피아」(Pistis Sophia)를 보더라도, 막달라 마리아는 요한과 더불어 예수의 우편과 좌편을 각각 차지하고 있을 것으로 묘사되고 있으며, 예수가 열한 명의 제자들과 대화를 나누는데 대화 중에 막달라 마리아가 가장 탁월한 그래서 가장 많이 대화를 나누는 인물로 등장되고 있다. 그래서 베드로의 불평이 나온다: "주님, 우리에게서 기회를 다 가로채가는 이 여인을 더 이상 참아줄 수가 없습니다. 이 여인은 자기 혼자만 여러 번 말하고 우리는 도무지 말할 기회를 주지 않습니다"(1.36). 그런데 베드로의 이런 불평에 뒤이어 막달라 마리아가 주님에게 다음과 같이 말하고 있다: "주님, 제 마음은 항상 모든 것을 잘 이해하고 있습니다. 그러니 제가 항상 제일 앞에 나와서 그녀(피스티스 쏘피아)가 전하는 말씀들을 해석해야 합니다. 그런데 저는 저 베드로가 무섭습니다. 그가 나를 위협하며 우리 종족을 미워하고 있습니다"(2.72).

정경과 외경 가운데서 막달라 마리아에 대한 이런 이야기들이 전해지고 있는 것을 보면, 초대교회 시절에 막달라 마리아가 그만큼 중요한 인물과 지도자로 인정을 받고 있었다는 사실을 부인할 수가 없다. 이런 점을 염두에 두고 우리가 외경복음서인 「마리아복음서」를 읽어보게 되면, 「마리아복음서」는 분명히 막달라 마리아를 지도자로 따르고 있는, 그래서 막달라 마리가가 중요한 지도자로서 중요한 역할을 하고 있던 신앙공동체에서 기록된 문서라고 생각하게 된다. 우리는 이런 사실을 「마리아복음서」 본문을 통해 더욱 확실히 확인할 수 있게 된다. 우리가 「마리아복음서」의 본문 내용에 관심을 가져야 할 이유이기도 할 것이다.

3. 「마리아복음서」의 주요 특징과 의의

막달라 마리아의 이름으로, 혹은 막달라 마리아를 기리기 위해, 별도로 복음서가 기록되었다는 사실 자체는 막달라 마리아가 초대교회의 어느 한 지역에서 지도력을 발휘하고 있던 상당히 중요한 인물이었다는 점을 반영해주고 있다. 그리고 우리는 앞에서 이미 정경복음서와 다른 외경복음서들을 통해서 그런 사실을 어느 정도 확인할 수 있었다. 바로 이런 점에서 「마리아복음서」는 초대교회 안에서 여성의 위상과 역할이 어떠했는지에 대해 알아볼 수 있는 아주 중요한 문서라고 생각된다.

실제로 제1세기에서 제2세기로 넘어가면서, 초대교회 안에서는 교회 안에서의 여성의 역할에 대해 많은 논란이 있었던 것으로 보이며, 이때 제자들 가운데서 막달라 마리아의 교훈이 과연 얼마나 타당하며 진실한 것인지에 대한 논란도 생겼던 것으로 보인다. 이런 사실은 「마리아복음서」에서 안드레와 베드로가 예수께서는 여성보다 남성을 더 좋아하셨다고는 편견에 사로잡혀 막달라 마리아가 가르치는 교훈의 진리를 이해할 수 없다고 말하고 있는 데서도 드러나고 있다. 안드레가 보기에는 막달라 마리아의 말이 자기가 알고 있는 그리고 자기가 진리의 표준으로 사용하고 있는 주님의 교훈과는 일치하지 않는 것이었다. 그러나 막달라 마리아의 교훈은 복음서 본문의 첫 부분에서 주님께서 친히 주셨던 교훈과 완전히 일치하고 있다. 그래서 「마리아복음서」는 막달라 마리아 교훈의 진리와 권위를 분명히 인정하고 있다.

정경복음서들에서도 제자들이 예수의 교훈의 중요성을 제대로 이해하지 못했음이 자주 언급된 바 있다(막 4:13; 6:52; 7:18; 8:17-21 등등). 그래서 그의 제자들 가운데 하나가 예수를 배반하기도 했고, 베드로가 사탄이라고 예수로부터 꾸짖음을 당하기도 했다. 이런 점들 때문에 초대 교인들 가운데서 그런 제자들이 가르치는 교훈에 과연 신빙성이 있는가 하는 의심을 제기하는 일이 벌어지기도 했다. 「마리아복음서」가 안드레와 베드로가 증거해주는 말의 가치에 대해서, 그래서 결국 사도적 증언의 신빙성에 대해서 의문을 제기하고 있는 것도 이런 관점에서 이해할 수 있을 것이다.

결국 「마리아복음서」는 막달라 마리아의 수월성(preeminence)을 강조하면서 초대 기독교 안에서 여성의 지도자 역할의 한 표본을 보여주고 있다고 생각된다. 물론 그 당시 여기에 대한 도전이 강하게 나타나기도 했다. 특히 좀 더 후대에 기록된 「마리아복음서」의 콥트어 사본은 이런 도전에 대해 강력히 반대하고 있다. 베드로가 기꺼이 주님께서 막달라 마리아를 "다른 모든 여인들보다 더" 사랑했음을 인정하고 있다. 그러나 그는 주님이 남성 제자들보다 여성인 그녀를 더 좋아했다는 점을 받아들이지 않고 있다. 그러나 레위는 그게 사실이었다고 분명히 말한다.

그런데 주님께서 떠나가신 후에 막달라 마리아가 주님의 역할을 대신하고 있다. 그녀가 상심하고 낙심한 제자들을 위로하였고, 그들의 마음을 돌려 주님의 말씀을 생각하도록 했으며 그들에게 세상의 죄를 극복할 수 있는 특별한 교훈을 주기도 했다. 모든 면에서 본문은 다른 제자들에 대한 그녀의 지도력이 뛰어난 영적 이해에 근거되어 있다는 점을 인정하고 있다. 그러나 베드로는 막달라 마리아의 진실한 영적 능력을 보지 못하고 있다. 베드로가 주님의 참된 교훈에 대한 무지를 드러내고 있는 반면에, 「마리아복음서」는 영적으로 뛰어난 여인들의 지도력을 지지하고 있다.

제2세기 말경에 와서, 「마리아복음서」에 드러나고 있는 이런 많은 견해들이 상당한 공격을 받았고, 이단으로 정죄되기도 했다. 그러나 「마리아복음서」의 재발견을 통해 초기 기독교 신학과 역사가 그리고 교회 안에서의 여성 지도자의 지도력에 대한 논의가 다시 재평가될 수 있어야 할 것으로 생각된다.

4. 「마리아복음서」의 본문

1

(사본의 시작 부분에서 여섯 페이지가 사라져버려 전해지지 않고 있다.)

2

"… 그렇다면 물질이 완전히 파괴될 것이냐? 아니냐?[2] [2]구세주(Savior)께서 대답했다. "모든 자연, 모형으로 만들어진 모든 형태, 모든 피조물은 서로 다른 것 안에서 그것과 함께 존재한다. [3]그것들은 다시 그것들의 본래 근원에로 해체된다. [4]물질의 본성은 그 본성

---

2 물질이 처음부터 있었는지 (그리고 따라서 영원한 것인지) 아니면 창조되었는지 (따라서 파멸될 것인지) 하는 문제는 이미 철학자들 가운데서 논란이 된 문제이다.

에 속한 것으로 해체된다. ^{5}두 귀를 가지고 들을 만한 사람은 들을 지어다!"

3

베드로가 그에게 말했다. "당신은 모든 화제를 우리에게 해석해 주셨습니다. 한 가지 더 말씀해주시지요. ^{2}무엇이 세상의 죄입니까?" ^{3}구세주께서 대답했다. "죄와 같은 그런 건 없다. ^{4}도리어, 너희 자신들이 간음의 본성에 따라 행동할 때 죄를 만들어내는 것이고, 그것을 '죄'라고 부르는 것이다. ^{5}이런 까닭에 선한 것(the Good)이 너희 가운데 와서 모든 본질에 속한 것에 다가가고 있는 것이다. ^{6}그것이 모든 것을 그 근원 가운데 다시 배치할 것이다." ^{7}그가 계속해서 말했다. "이것이 바로 너희가 병이 나고, 죽는 이유이니, ^{8}너희가 너희를 속이는 것을 사랑하기 때문이다. ^{9}정신이 있는 사람은 그것을 이용해서 생각해야 할 것이다. ^{10}물질이 아무런 참된 형상도 없는 정욕을 낳았다. 그것이 자연에 반한 것으로부터 나왔기 때문이다. ^{11}그리고는 온 몸 안에 어지러운 혼란이 일어났다. ^{12}이 때문에 내가 너희에게 말한다. '마음의 속 알맹이가 되거라.' ^{13}그리고 몸에 순응하지 말고, 너 자신을 본성의 다른 표상의 면전에서 형성하라. ^{14}들을 수 있는 두 귀를 가진 자는 들을지어다."

4

복 받은 자(the Blessed One)가 이것을 말했을 때, 그는 그들 모두에게 인사했다. "평화가 너희에게 있을지어다!" 그가 말했다. ^{2}'너희들 안에 내 평화를 가질지어다! ^{3}누구도 너희를 속이지 않도록 조심하라. ^{4}'여기를 보라!' 또는 '저기를 보라!'고 말하기 때문이다. ^{5}참된 인간성의 씨앗3이 너희 안에 존재한다. ^{6}그것을 따르라! ^{7}그것을 찾는 자는 발견할 것이다. [8]가서 하늘나라의 복음을 전파하라. [9]내게 너희에게 명한 것 이외에는 어떤 규정도 만들지 말고, [10]입법자처럼 법을 공포하지 말라. 그렇지 않으면 그 법이 너를 지배하게 될 것이다." [11]그가 이런 말을 하고는 그들을 떠나갔다.

5

그러나 그들은 슬퍼하며 큰 소리로 울었다. [2]우리가 어떻게 세상에 나가 참된 인간성의 자손에 관한 하늘나라 복음을 전파합니까? 그들이 말했다. [3]"만약 그들이 그분을 살려두지 않고 죽였다면, 어떻게 그들이 우리를 살려두겠습니까?" [4]그때 마리아가 일어났다. 그녀가 그들 모두에게 인사하며, 그녀의 형제들에게 말했다. [5]"울지 말고 슬퍼하지도 말고, 당신들의 마음을 그렇게 우유부단하게 놔두지 마시오. [6]그의 은혜가 당신들 모두 안에 있을 것이고 당신들을 지켜주실 것이기 때문입니다. [7]도리어 우리는 그의 위대함을 찬양해야 합니다. [8]그가 우리를 함께 결합시켜 주시고 우리로 참된 인간 존재가 되게 하실 것이기 때문입니다." [9]마리아가 이렇게 말했을 때, 그녀는 그들의 마음을 선하신 분(the Good)께로 돌려놓았으며, [10]그래서 그들은 구세주의 말씀에 관해 묻기 시작했다.

6

베드로가 마리아에게 말했다. "자매여, 우리는 구주께서 다른 여인들보다 당신을 더 사랑하신 것을 알고 있소. [2]당신이 알고 있지만, 우리가 들어보지 못했던 구세주의 말씀들을 우리에게 말해주시오."

---

3 "seed of true humanity"라는 말이 다른 곳에서는 "아담의 아들"(son of Adam)이라고 번역되기도 했다. 여기서 달리 번역된 것은 그 문구가 「마리아복음서」에서는 다른 의미를 갖고 있기 때문이다. 즉 여기서는 각자의 내부에 있는 인간성의 원형적 형태를 가리킨다.

³마리아가 대답했다. "내가 당신들이 모르는 것을 기억나는 대로 다 말해주겠소." ⁴그리고 그녀는 이런 말들을 그들에게 말하기 시작했다.⁴

7

그녀가 말했다. "내가 환상 가운데서 주님을 보았소. ²그리고 나는 그분에게 '주여, 내가 오늘 당신을 환상 가운데서 뵈었습니다'라고 말씀드렸습니다. ³그분이 내게 말했습니다. '나를 보고도 동요하지 않았으니⁵ 너를 축하하노라. ⁴이는 마음이 있는 곳에 보화가 있기 때문이니라.' ⁵내가 그분께 말씀드렸다. '주여, 환상을 보는 사람은 그것을 어떻게 보는 것입니까? 마음으로입니까? 아니면 영혼으로입니까? ⁶구세주께서 대답하셨습니다. '환상을 보는 사람은 마음이나 영혼으로 보는 것이 아니라, 환상을 보는 것과 그렇지 않은 것 간에 존재하는 마음으로 보는 것이다."

8

(이 부분에서 사본 네 페이지가 없어져버렸다.)

9

"'… 그것이다.' ²그리고 욕망(the Desire)이 말했다. '나는 네가 내려가는 것을 보지 못했지만, 지금 나는 네가 올라가는 것을 보고 있다.⁶ ³네가 내게 속해 있는데, 왜 네가 거짓말을 하느냐?' ⁴영혼이 대답했

---

4 요 20:14-18도 마리아가 부활하신 예수를 최초로 만나본 첫 번째 제자이고, 그녀가 그 후에 예수의 말씀들을 제자들에게 알려주었다는 전승을 전해주고 있다.
5 "동요하다"라는 용어는 고대 사상에서 "안정성"이라는 말과 대조되는 중요한 의미를 갖고 있다. 마리아의 안정성은 그녀가 영원하시며 변치 않으시는 하나님의 영적 상태에 적응되어 있음을 보여준다. 이것 또한 마리아의 영적 우월설에 대한 또 다른 증거이다.
6 욕망은 영혼이 하늘 위로부터 내려오는 것을 보지 못했다. 그래서 영혼은 아래 세상에 속해 있고, 거짓으로 도피하려고 하는 것으로 추정된다.

다. '내가 당신을 보았습니다. 당신은 나를 보지 못했고 나를 알지도 못합니다. [5]당신이 (내가 입고 있는) 옷을 나의 (참된) 자아로 잘못 보셨습니다. [6]당신은 나를 알아보지 못했습니다.' [7]이런 것들을 말한 후에, (영혼이) 크게 기뻐하며 떠났다. [8]다시, 무지라고 불리는 세 번째 능력[7]에로 옮겨갔다. [9](그것이) 영혼을 면밀히 조사한 후에 말하였다. '네가 어디로 가느냐? [10]너는 간음에 의해 갇혀 있다. [11]정말이지 너는 갇혀 있다! [12]심판을 하지 말아라!' [13]그리고 영혼이 말했다. '내가 심판을 하지 않았는데, 왜 네가 나를 심판하느냐? [14]나는 갇혀 있다. 그러나 나는 갇혀 있지 않다. [15]그들이 나를 알아보지 못했지만, 나는 우주가, 땅의 것과 하늘의 것들이 분해될 것을 알고 있었다.' [16]영혼이 세 번째 능력을 이겼을 때, 위로 올라갔고 네 번째 능력을 보았다. [17]일곱 형태를 갖고 있었다. [18]첫 번째 형태는 어두움이다. [19]두 번째는 욕망이다. [20]세 번째는 무지이고, [21]네 번째는 죽음에 대한 열망, [22]다섯 번째는 육체의 영역, [23]여섯 번째는 육체의 어리석은 지혜, [24]일곱 번째는 분노에 찬 인격의 지혜이다. [25]이것들이 진노의 일곱 능력들이다. [26]그들이 영혼에게 질문했다. '인간 살해자, 당신은 어디서 왔습니까? 그리고 공간 정복자, 당신은 어디로 가는 것입니까?'[8] [27]영혼이 대답했다. '나를 가두고 있는 것[9]이 살해당했으며, 나를 둘러싸고 있던 것이 멸망당했으며, 나의 욕망이 끝장나 버렸고, 나의

---

7 "네 개의 능력들"이 언급되고 있는데, 곧 물질적 세상의 네 요소들인 땅, 물, 불 그리고 공기를 가리킨다. 영혼이 이제 막 어두움이라는 이름을 가진 첫 번째 능력을 이겨냈고, 이제 두 번째 능력인 욕망에로 옮겨가고 있다.

8 "인간 살해자"(human-killer)는 육체를 던져버린 영혼을 가리키며, "영혼 정복자"(space-conqueror)는 영혼이 이겨낸 능력들의 영역들을 가리킨다.

9 "나를 가두고 있는 것"은 곧 물질적 요소들과 몸을 가리킨다.

무지가 죽어버렸다. ²⁸세상 안에서 나는 세상으로부터 풀려났고, 형태 안에서 위에 있는 형태로부터 그리고 시간 안에 존재하고 있는 건망증의 사슬로부터 풀려났다. ²⁹이제부터, 이 시대의 남은 시간 과정 동안, 나는 침묵 속에서 쉬게 될 것이다."³⁰마리아가 이런 것들을 말하고는 침묵에 빠져들어 갔다.10 ³¹구세주께서 그녀에게 말한 것이 여기까지이기 때문이다.

🔟

안드레가 말했다. "형제들이여, 방금 들은 말에 대한 여러분들의 의견이 무엇이오? ²나로서는 구세주께서 이런 것을 말했다고 믿지 못하겠소. 이런 견해들이 그분의 사상과 너무도 다르게 보이기 때문이오."11 ³이런 문제들에 대해 숙고해본 후에, (베드로가 말했다) "과연 구세주께서 우리 모두가 듣지 못하게 공개적으로 말씀하지 않고, 이 여인에게 은밀히 말씀하셨단 말인가? ⁴(분명히) 그분은 그녀가 우리들보다 더 훌륭하다는 점을 지적하시고자 하신 것은 아니지 않소?" 12 ⁵그러자 마리아가 울면서 베드로에게 말했다. "나의 형제, 베드로여! 이것에 대해 무얼 상상하고 있는 것입니까? ⁶당신은 나 자신이 이 모든 것을 다 은밀히 만들어냈다고 또는 내가 구세주에 대해 거짓

---

10 마리아의 침묵은 자유로워진 영혼의 완전한 휴식을 상징하고 있다.

11 콥트어 번역본에서는 이 부분이 이렇게 번역되어 있다: "그때 안드레가 형제들을 향해서 대답했다. '그녀가 말한 것들의 진신성에 대해 당신들은 무슨 말을 할 것이요? 나는 구주께서 이런 것들을 말씀했다고 믿지 못하겠소. 이런 교훈들이 참으로 이상한 사상들이기 때문이오.'"

12 10:3-4가 콥트어 번역본에서는 다음과 같이 번역되어 있다: "베드로가 비슷한 관심을 드러내며 대답했다. 그는 구주에 대해 의문을 나타내면서, '그분이 우리가 알지 못하는 것을 이 여인에게 사사로이 말씀하셨단 말인가? 우리가 이 여인에게 돌아서서 그녀의 말을 들어야 한다는 말인가? 그분이 우리보다 그녀를 더 중하게 선택하셨단 말인가?'"

말을 하고 있는 것이라고 생각하는 것입니까?" [7]레위가 베드로에게 말했다. "베드로여, 당신은 늘 화를 내는 경향이 있고 항상 그렇게 해왔소. [8]지금도 당신은 마치 그녀가 당신의 적이나 되는 것처럼, 그 여인을 의심하면서 정확히 그렇게 성을 내고 있소.[13] [9]만일 구세주께서 그녀를 훌륭하게 생각하셨다면, 당신이 누구기에 그녀를 무시한다는 말이요? [10]그분은 그녀를 완전히 알고 계셨고, (그래서) 그녀를 그토록 사랑하신 것이요.[14] [11]따라서 우리는 오히려 부끄러워해야 할 것이요. 그리고 일단 우리가 완전한 인간성을 입는다면,[15] 우리가 명령받은 것을 행해야 할 것이요. [12]우리는 구주께서 명하신 대로 복음을 선포해야 할 것이요. [13]그리고 어떤 규정들 만들거나 법들을 제정하지 말아야 할 것이요." [14]레위는 이런 말들을 한 후에, 떠나가 복음을 선포하기 시작했다.

---

13 콥트어 번역본의 10:7-8을 보면, 레위가 베드로를 가리켜 "화를 잘 내는 사람"이라고 부르면서, 그가 마리아를 반대할 때, 마치 적대 세력들 가운데 하나처럼 행동한다고 비난하고 있다

14 또 다른 외경복음서인 「빌립의 복음서」에서도 "그들이 그에게 말했다. '왜 당신은 그녀를 우리 모두보다 더 사랑하십니까?' 구주께서 대답하셨다. '내가 너희들을 그녀처럼 사랑하지 않는단 말이냐?'"라는 기록이 나오는 것으로 보아 마리아에 대한 예수의 사랑이 제자들 가운데서는 시기와 질투의 대상이 되기도 했던 것으로 보인다.

15 이 문구는 세례식 문구일 것으로 보인다. 「빌립의 복음서」 75:21-24에도 비슷한 문구가 나온다: "생명수가 몸이다. 우리는 살아있는 인간 존재를 입는 것이 필요하다. 이 때문에 백성들이 물로 내려갈 때, 그들은 입은 옷을 벗는다. 그들이 (살아있는 인간 존재를) 입기 위해서이다."

「베드로복음서」(The Gospel of Peter)

1. 「베드로복음서」의 사본

1886년에 프랑스 고고학자들이 북부 이집트의 아크밈(Akhmim)에 있는 한 수도사의 무덤에서 작은 파피루스 사본을 발견하였다. 이 사본의 2~10 페이지에는 수난 이야기의 중요한 부분들, 그와 관련된 이적적인 사건들, 빈 무덤 이야기 그리고 부활 이야기의 서론 등이 포함된 단편적인 복음서 설화가 포함되어 있었다. 이 사본 각 페이지 주변에 작은 십자가 장식들이 있다는 사실은 저자가 이미 단편적으로 존재하던 본문을 필사한 것이라는 점을 말해준다. 그리고 복음서 설화가 초서체로 기록되어 있다는 점으로 보아 이 사본은 제8세기 혹은 제9세기 것으로 추산된다. 이 복음서 단편이 「베드로복음서」라고 알려지게 된 것은 시몬 베드로가 저자로 제시되고 있는 사실(14:3; 7:2) 때문이다.

2. 정경복음서들과의 관계

이 사본이 발견된 당시부터 학자들 사이에서는 「베드로복음서」가 정경복음서들과는 직접적인 연관이 없이 독자적으로 기록된 것인지 아니면 그것들에 의존된 것인지에 대해 많은 논란이 있었다. 그러나 금세기 초반에 들어와서 대부분의 학자들은 「베드로복음서」가 정경복음서들에 의존되었고, 제2세기 전반부 이후에 기록된 것이라는 데 의견을 같이 하고 있다. 이런 논란과 관련된 것이 바로 「베드로복음서」가 "주님"께서 오직 고난을 당하기 위해서 나타났다고 말하는 것(4:1; 5:5)에 것에 대한 논쟁이었다. 그러나 이 문서에 대한 최근의 분석에 따르자면, 한때 분명히 가현설적인 언급들로 생각되었던 것들이 기껏해야 애매한 정도의 언급들에 지나지 않는 것으로 판명되었다. 결국 오래 계속된 논란의 양편 모두가 「베드로복음서」는 시리아의 한 베드로 전승으로부터 나왔다는 사실에 의견을 모으고 있다.

3. 「베드로복음서」의 의미

최근에 와서 「베드로복음서」가 초대 기독교의 발전에서 어떤 위치를 차지하고 있고 또 어떤 의미를 갖고 있는지에 관한 논란에서 다음의 두 가지의 점이 지적되었다.

첫째로, 1972년에 출판된 Oxyrhynchus Papyrus 2449가 두 개의 아주 작은 단편들이 논란을 일으켰다. 두 단편들 중 더 작은 단편의 내용에 대해서는 별로 알려진 것이 없는데, 보다 큰 단편은 아리마대 요셉이 빌라도에게 예수의 시신을 요구한 이야기를 전해주고 있다. 그런데 여기에 보면, 아리마대 요셉이 빌라도에게 예수의 시신을 요청한 때가 예수의 십자가 처형 이전에 있었던 것으로 기록되어 있어서, 예수의 십자가 처형 이후, 곧 예수께서 숨을 거두신 후, 날이 저물었을 때, 아리마대 요셉이 빌라도를 찾아가 예수의 시신을 내어 달라고 요구했다고 전하는 정경복음서들의 사건 순서 기록과 모순되고 있다. 이 단편들은 2세기 말이나 3세기 초의 것으로 추산되고 있다.

둘째로, 신약성서 학자들은 이미 오래전부터 베드로가 초기 전승의 해석자라는 생각을 받아들이지 않고 있었다. 「베드로복음서」가 정경복음서에 의존했다는 주장이나 독립되어 기록되었다는 주장이나 모두 어느 역사적(즉 사실적) 설명이 존재했다는 것을 전제하고 있다. 이 경우 「베드로복음서」와 정경복음서들 간의 관계를 어떻게 보는가에 따라 둘 중 어느 하나가 보다 초기의 역사적 사실을 보전하고 있다고 주장할 수 있다. 그러나 정경복음서들 자체가 구전 자료이건 문서 자료이건 간에 대단히 복잡한 해석적 작업들을 거친 증언들이라는 점 때문에, 단순히 역사적인 사실을 전해주는 기록이라고 보기 어렵다. 이것은 「베드로복음서」와 같은 다른 외경복음서들도 역시 같은 각도에서 재평가되어야 한다는 것을 의미한다.

이런 재평가는 「베드로복음서」가 소개하고 있는 수난 설화의 모든 구절들이 시편과 예언서에 대한 성찰이나 인용들로 구성되어 있는 것으로 보인다는 사실에도 근거하고 있다. 결과적으로 이것은 "구약성서에 대한 회상과 성찰"이 이런 초기 수난 설화 형성에 주요한 영향을 끼쳤다는 것을 의미한다. 더구나 역사적 사실을 확인하는 데 관심이 없는 최근의 연구들조차 예수의 초기 수난 설화의 형태와 내용이 고난당하는 의인에 대한 유대 전승에 의해 형성되었다는 점까지도 인정하고 있다.

이런 연구들을 통해 확인된 가장 중요한 결과는 「베드로복음서」의 원본은 복음서 전승 가운데서 가장 최초의 수난 이야기일 것이며, 그래서 그 이후에 나타난 수난 설화들의 근원 혹은 그 종자였을 것이라는 점이다. 「베드로복음서」의 초기 해석자들이 이 복음서의 핵심적인 내용이 사실적인 것이었다고 생각했던 것과는 달리, 최근의 연구들은 단순한 역사적 사실에 대한 기록과는 다르다는 점을 말하고 있다. 그들은 예수의 수난 전승이 역사적 사실에 대한 단순한 묘사로 시작되고 있는 것이 아니라, 예수의 마지막 운명이 준 충격에 대한 신앙적이며 신학적인 성찰이 부당하게 박해를 받았지만 곧이어 그 무죄함을 입증받는 의인에 대한 유대인들의 이야기 형식으로 시작되고 있다고 주장한다. 그리고 「베드로복음서」의 최초 기록 연대는 제1세기 중반으로 추산되고 있다.

우리는 「베드로복음서」를 통해서도 정경복음서들을 통해 알 수 없었던 다음과 같은 사실들을 알게 되며, 바로 이런 점에서 외경복음서들이 정경복음서를 연구하며 이해하는 데 도움이 된다고 생각된다. 첫째는 아리마대 요셉이 "빌라도의 친구"이며, "주님의 친구"이기도 했다는 점이다(2:1). 둘째는 예수의 십자가 처형을 진두지휘했던 로마의 백부장이 페트로니우스(Petronius)라는 이름의 사람이었다는 점이다(8:4). 셋째는 막달라 마리아를 가리켜 분명히 "주님의 제자"라고 말하고 있는 점(12:1)이다. 넷째는 빈 무덤 이야기와 관련하여 「베드로복음서」는 무덤을 지키던 군인들이 무덤의 입구를 막고 있던 돌이 굴러 문이 열렸을 때, "두 젊은이"가 그 안으로 들어가는 것을 보았는데(9:4), 나중에 그 둘이 세 번째 사람을 데리고 무덤을 떠나는 것을 보았다고 전한다(10:2). 그런데 두 사람의 머리는 하늘까지 올라갔는데, 그들이 모셨던 세 번째 사람의 머리는 하늘 위까지 올라갔다고 전해준다(10:3). 이런 기록들은 오직「베드로복음서」에서만 볼 수 있는 내용들이다.

그러나「베드로복음서」의 내용 가운데는 정경복음서들의 내용과 상이한 것들도 많이 있는데, 이런 것들도 각 복음서들을 해석하고 이해하는 데 도움이 될 수 있다. 정경복음서들 간에 나타나는 상이한 기록들이 각 복음서의 독특한 신학적 관점을 더 잘 이해할 수 있게 만드는 경우와 마찬가지이다. 중요한 것 중의 첫째는 앞에서 이미 언급한 바 있듯이, 아리마대 요셉이 빌라도에게 나아가 예수의 시신을 요구한 때가 정경복음서들에서는 예수가 십자가 위에서 숨을 거둔 이후였는데,「베드로복음서」에서는 십자가 처형이 있기 이전이었다.[1] 둘째로 예수가 십자가 위에서 마지막으로 남기신 최후 발언이「베드로복음서」에서는 "나의 능력이여, 나의 능력이여, 당신은 나를 버리셨나이다"(5:5)는 말씀으로 마가복음의 것(15:34)과 비슷하면서도 아주 다르다. 셋째는 예수가 십자가 위에서 운명하시는 것을 보고, "이 사람은 진실로 하나님의 아들이었도다"라고 고백한 사람이 정경복음서에서는 십자가 처형을 지휘하던 백부장이었는데(막 15:39),「베드로복음서」에서는 백부장이 아니라, 백부장과 함께 있

---

1 「베드로복음서」에서는 아리마대 요셉이 "예수의 친구"(2:1)라고 말했지만,「요한복음」에서는 아리마대 요셉이 유대인들의 박해 때문에 자신의 정체를 숨겨왔던 "예수의 제자"(19:38)라고 말한다. 아마도 아리마대 요셉은 예수의 처형 이전부터 예수의 장례를 염두에 두었던 것으로 보인다.

던 군인들(those in the centurion's company)이다(11:4). 이런 차이점들은 나름대로 각 복음서 저자의 상이한 관점을 반영해주는 것으로 생각된다.

4. 「베드로복음서」의 본문

1

… 그러나 유대인들은 아무도, 헤롯도 그리고 그의 판관들 어느 누구도 자기 손을 씻지 않았다. 그들이 손을 씻기 원하지 않기 때문에, 빌라도가 일어섰다.2 2그러자 헤롯왕이 주님3을 데려가라고 명하면서, "내가 명령한 대로 그에게 행하라"고 그들에게 말했다.4

2

빌라도와 주님의 친구인 요셉이 일어섰다. 그리고 그들이 그를 십자가에 처형하려고 하는 것을 알고는 빌라도에게 가서 그의 매장을 위해서 주님의 시신을 요구했다.5 2빌라도가 헤롯에게 보내 그의 시신을 요구했다. 3헤롯이 대답했다. "빌라도 형제여, 아무도 그의 시신을 요구하지 않았다면, 우리가 그를 매장할 것입니다. 안식일이 곧 다가오기 때문입니다. 율법에는 이렇게 기록되어 있습니다. '처형된

---

2 「베드로복음서」 본문은 수난 설화의 한 장면 가운데서 갑자기 시작되고 있다. 유대인 관리들은 빌라도처럼 자신의 무죄를 드러내기 위해 손을 씻는 예식에 참여하지 않았다.

3 「베드로복음서」에서는 "주님"(Lord)이 예수를 가리키는 가장 중요한 명칭이다. 다른 것으로는 "하나님의 아들"과 "인류의 구세주"(savior of humanity)가 있다.

4 정경복음서들의 경우와는 달리, 여기서는 빌라도가 아닌 헤롯왕이 예수의 심문을 주도하고 있는 것으로 보인다.

5 정경복음서들과는 달리 여기서는 아리마대 요셉이 예수의 십자가 처형이 있기 전에 그의 시신을 요구한 것으로 되어 있다.

자 위에 해가 떠서는 안 된다.'" 그리고는 그가 그를 그들의 명절인 무교절 전날에 그들에게 넘겨주었다.

3

그들은 주님을 데리고 그를 계속 밀면서 달려갔다. 그러면서 말했다. "우리가 하나님의 아들을 우리 수중에 넣었으니 그를 그냥 끌고 가자. ²그들은 자주색 겉옷을 그에게 두른 채, 그를 심판석 자리에 앉혀놓고는 말했다. "이스라엘의 왕이신 재판장이로구나." ³그리고는 그들 중 하나가 가시 면류관을 가져다가 주님의 머리에 올려놓았다. ⁴ 그리고 곁에 섰던 다른 사람들은 그의 눈에 침을 뱉었고 다른 사람들은 그의 얼굴을 찰싹 때렸으며, 또 다른 사람들은 막대기로 그를 찌르기도 했다. 어떤 사람들은 계속 채찍질을 하면서, "하나님의 아들에게 적절한 경의를 표합시다"라고 말하기도 했다.

4

그들은 두 범죄자들을 끌고 와서 그들 사이에 주님을 십자가에 못박았다. 그러나 그는 마치 아무런 고통도 없는 것처럼 아무 말 없이 조용히 있었다.⁶ ²그들이 십자가를 세워놓고는, 그 위에 "이 사람은 이스라엘의 왕이다"라는 명패를 달았다.⁷ ³그들은 그의 옷을 그의 앞에 쌓아놓았다. 그리고는 그들 가운데 그것을 나누었으며 그것을 위해 제비를 뽑았다. ⁴그러나 죄수들 가운데 하나가 그들을 비난하며

---

6 이 문구가 하나님이 인간처럼 고통을 느끼지 않는다는 가현설적인 관점에서 나온 것이라는 주장이 있기도 했지만, 그것보다는 오히려 구약성경 이사야 53:7을 반영하는 것으로 생각되고 있다.

7 정경복음서에서는 죄 패에 모두 "유대인의 왕"(막 15:26; 마 27:37; 눅 23:38; 요 19:21)이라는 용어를 사용했는데, 여기서는 "이 사람은 이스라엘의 왕이다"라는 용어를 쓰고 있다.

말했다, "우리는 우리가 행한 악행 때문에 고통을 당하지만, 그러나 인류의 구세주가 된 이 사람은 그가 무슨 잘못을 너희에게 행하였던 말이냐?" [5]그러자 그들은 그에게 화를 내며 그가 심한 고통을 당하며 죽도록 그의 다리를 꺾지 못하게 했다.[8]

5

정오가 되었을 때, 어둠이 온 유대 땅을 뒤덮었다. 그들은 당황했고, 그가 아직 살아있는데 해가 지는 것을 두려워하며 불안해했다. "처형된 자 위에 해가 져서는 안 된다"고 기록되어 있기 때문이다. [2]그들 가운데 하나가 말했다. "그에게 식초에 좀 더 쓴 것을[9] 섞어 마시게 하라." 그리고 그들은 그것을 섞어서 그에게 주어 마시게 했다. [3]그들은 모든 것을 다 이행했으며, 그래서 자기들의 머리에 죄를 완성시켰다.[10] [4]이제, 많은 사람들이 등불을 가지고 나서면서, 밤이라고 생각하여 누웠다.[11] [5]그리고 주님께서는 소리 지르며 말했다. "나의 능력이여, 나의 능력이여, 당신은 나를 버리셨나이다." 그가 이 말을 했을 때, 그는 들려 올려졌다.[12] [6]바로 그 순간에 예루살렘 성전의 휘장이 둘로 갈라졌다.

---

8 십자가에 달린 사람의 다리를 꺾는 일은 빨리 죽도록 도와주기 위한 것이었다. Cf. 요 19:31-33.

9 "좀 더 쓴 것"은 아마도 "몰약"을 가리키는 것인데(막 15:23), 이것을 처형당하는 사람에게 주는 것은 고통을 덜 느끼도록 해주기 위한 것이며, 시편 69:21에 대한 암시이다.

10 이 표현은 사람들의 행동을 비판하며 하나님의 진노가 임하는 것으로 이해하는 유대교 예언 전승을 반영하고 있다. Cf. 살전 2:16.

11 이 본문의 번역은 "누웠다" 혹은 "넘어졌다"가 모두 가능하다.

12 "들려 올려졌다"는 말은 죽음을 가리키는 완곡 표현이거나 아니면 하늘로의 승천을 가리킨다. 그리고 후자의 경우, 고통을 당하는 하나님의 아들이 고통으로부터 구출되어 높임을 받은 것을 의미한다.

6

그리고 그들은 주님의 손에서 못을 뽑아내고[13] 그를 땅에 내려놓았다. 온 땅이 흔들렸고, 큰 두려움이 있었다. [2]그때 태양이 나왔고, 때는 제9 시가[14] 되었다. [3]이제 유대인들이 즐거워했고 요셉이 그가 얼마나 많은 선을 행했는지 알고 있었기에 그에게 그의 시신을 주어 매장하게 했다. [4](요셉이) 주님을 모셔다가 (그의 시신을) 씻고, 그를 세마포로 싸서 "요셉의 정원"이라고 불리는 자신의 무덤으로 가져갔다.

7

유대인들과 장로들과 제사장들은 자신들이 했던 악행을 깨닫고는 자신들의 가슴을 치며 소리지르기 시작했다. "우리의 죄가 우리에게 화를 가져오고 말았다! 예루살렘의 심판과 종말이 가까웠도다!"[15] [2]그러나 나는 나의 친구들과 함께 울기 시작했다. 그리고 우리는 마음속으로 공포에 떨면서 숨어버렸다. 그러나 결국 우리는 그들에 의해 범죄자들로 그리고 성전을 불사르기 원하는 자들로 추적을 당하고 있었다. [3]이 모든 일들의 결과로, 우리는 안식일이 되기까지 밤낮으로 금식했고, 앉아서 애통하며 울었다.

8

율법학자들과 바리새인들과 제사장들이 함께 모였다. 그리고 그들은 모든 백성들이 애통하며 가슴을 치고 있다는 말을 듣고는 말했다. "만약 그의 죽음이 이런 놀라운 표징들을 만들어낸 것이라면, 그는

---

13 발에는 못을 박지 않았다는 의미가 암시되어 있다.

14 제9시는 오후 3시를 가리킨다.

15 유대 관리들이 회개하고 있는 것으로 그리고 자기들의 행동이 하나님의 심판을 불러온 것으로 이해하고 있는 것으로 기록되어 있다. 아마도 이 구절은 주후 70년에 있었던 예루살렘의 멸망을 암시하고 있는 것으로 보인다.

전적으로 무죄하였음에 틀림없을 것이다!" ²그들은 놀라서 빌라도에게 가서 그에게 요청했다. ³"우리에게 군인들을 보내주어서, (우리로) 그의 무덤을 삼일 동안 지키게 하옵소서. 혹시 그의 제자들이 와서 그의 시신을 훔쳐가서, 사람들이 그가 죽은 자 가운데서 부활하여 우리에게 해를 끼칠 것이라고 생각할지 모릅니다." ⁴그래서 빌라도가 그들에게 군인들과 함께 백부장 페트로니우스를 보내주어 무덤을 지키게 하였다. 그래서 장로들과 율법학자들은 그들과 함께 무덤으로 갔다. ⁵그리고 백부장과 군인들의 도움을 받아 그곳에 있던 모든 사람들이 큰 돌을 굴려 무덤 입구를 막았다.¹⁶ ⁶그들은 무덤에 일곱 개의 봉인을 했다. 그리고 그들은 그곳에 장막을 치고 계속 지켰다.

9

안식일 일찍이 첫 번째 빛이 비칠 때, 예루살렘과 주변 지역으로부터 한 무리¹⁷가 봉인된 무덤을 보러 왔다. ²그러나 주님의 날이 밝기 전 밤 동안에, 군인들이 교대 시간마다 둘씩 경계를 서고 있을 때, 하늘로부터 큰 소리가 들렸다. ³그리고 그들은 하늘이 열리고 두 사람이 환한 빛 가운데 하늘로부터 내려와 무덤으로 다가가는 것을 보았다. ⁴입구를 막아놓았던 돌이 스스로 구르기 시작하여, 한쪽으로 옮겨졌다. 그래서 무덤이 열렸고, 두 젊은이가 안으로 들어갔다.¹⁸

---

16 군인들이 큰 돌을 굴려 무덤 입구를 막는 일을 도왔다는 사실은 다른 전승에 대한 증거일 수 있다.

17 이 점이 정경복음서들과 아주 다르다. 막 16:1에서는 안식 후 첫날 무덤을 찾은 사람이 "막달라 마리아와 야고보의 어머니 마리아와 살로메", 마 28:1에서는 "막달라 마리아와 다른 마리아", 눅 24:10에서는 "막달라 마리아와 요안나와 야고보의 어머니인 마리아" 그리고 요 20:1에서는 "막달라 마리아"였다. 그런데 「베드로복음서」에서는 "한 무리"였다고 말한다. 아마도 더 많은 사람들을 빈 무덤의 목격자로 제시하려는 의도일 수 있다.

🔟

군인들이 이것을 보고는 장로들과 함께 백부장을 잠에서 깨웠다. (장로들도 그곳에서 계속 지키고 있었음을 기억해야 한다.) ²그들이 자기들이 본 것을 설명해주고 있을 때, 그들은 세 사람이 무덤을 떠나는데, 두 사람이 세 번째 사람을 엄호하고 있고, 십자가가 그들을 따르고 있는 것을 보았다. ³두 사람의 머리는 하늘까지 도달했는데, 그들이 손을 잡고 인도하던 세 번째 사람의 머리는 하늘 위까지 도달했다. ⁴그리고 그들은 하늘로부터 이런 음성을 들었다. "너희는 잠자는 자들에게 전파했느냐?" ⁵그리고 십자가로부터 대답이 들려왔다. "네, 그렇게 했습니다."

11

이 사람들은 이런 것들을 빌라도에게 가서 보고를 해야 할지에 대해 서로 논의하였다. ²그들이 여전히 이것에 대해 생각하고 있을 때, 다시 하늘이 열리고 사람과 같은 존재가 내려와 무덤으로 들어가는 것이 보였다.[19] ³백부장의 일행들이 이것을 보고는 그들이 지켜야 할 것으로 생각되는 무덤을 떠나 밤길로 빌라도에게 달려갔다. 그리고 그들이 보았던 모든 것을 설명할 때, 그들은 몹시 혼란스러워져서 소리 질렀다. "진실로 그 사람은 하나님의 아들이다!" ⁴빌라도가 응답하여 말하였다. "나는 하나님의 아들의 피에 대해 깨끗하다. 이것은

---

18 "두 젊은이"를 언급하고 있는 이 구절과는 달리, 13:1에서는 오직 "한 젊은이"만 언급되고 있다. 정경복음서들의 경우에서도, 마가복음에선 "흰옷을 입은 한 젊은이"(16:5), 누가복음에서는 "찬란한 옷을 입은 두 천사", 요한복음에선 "흰옷 입은 두 천사"(20:12)라고 기록되어 있어, "젊은이" 혹은 "천사"의 숫자에 대해 일치를 보이지 않고 있다.

19 여기서 신적인 존재(a heavenly figure)가 무덤으로 다시 돌아오는 것은 빈 무덤에서 "한 젊은이"가 등장하는 것(13:1)을 위한 준비처럼 보인다.

모두 너희들이 한 짓이다." ⁵그러자 그들 모두가 빌라도 주변에 모여들어, 백부장과 그의 군인들에게 그들이 본 것을 아무에게도 말하지 못하도록 명령을 내리라고 요청했다. ⁶그들이 말했다. "보시오, 우리가 유대 백성들의 손에 잡혀 돌에 맞기보다는 도리어 하나님 앞에 가장 큰 죄를 짓는 것이 더 좋을 것입니다." ⁷그러자 빌라도가 백부장과 그의 군인들에게 아무 말도 하지 말하고 명령했다.

12

주님의 날 일찍이 주님의 제자[20]인 막달라 마리아는 유대인들 때문에 겁이 났다. 그들이 격노하여 날뛰고 있기 때문에 그녀는 주님의 무덤에서 여인들이 사랑하는 사람의 죽음을 위해 늘 해오던 일을 행할 수가 없었다. ²그럼에도 불구하고, 그녀는 그녀의 친구들을 데리고 그분께서 누워계신 무덤으로 갔다. ³그리고 그들은 유대인들이 자기들을 볼까 봐 두려워하며 말했다. "비록 우리가 그가 십자가에서 처형되던 날에, 울며 우리의 가슴을 치지는 못했지만, 이제 우리는 이런 예식들을 무덤에서 행해야 한다.[21] ⁴그러나 누가 우리를 위해 무덤 입구에 놓인 돌을 굴려주어, 우리가 들어가 그의 곁에 앉아 우리가 해야 할 일을 할 수 있단 말인가?" ⁵(그 돌이 아주 크다는 것을 기

---

20 막달라 마리아를 가리켜 "주님의 제자"라고 밝힌 것은 여성들이 남성과 평등하게 예수의 말씀을 전하며 선교하던 초기의 전승을 반영하는 것으로 보인다(cf. 눅 8:1-3). 「마리아복음서」의 초기 헬라어 사본들을 보면, "여성으로서의" 막달라 마리아의 지도력에 대한 논란을 찾아볼 수 없는데, 그보다 후대에 기록된 콥트어 번역본에서는 여성의 지도력 자체에 대한 도전이 드러나고 있는데, 이런 점으로 보건대, 기독교 공동체의 발전 초기에는 여성들의 지도력이 높이 평가되고 또 공공연히 인정된 편이지만, 후대의 역사적 상황 속에서 점차 여성의 지위와 역할이 과소평가되었던 것으로 생각된다.
21 아마도 여인들은 향품을 준비해가지고 가서 시신에 바르며 애곡하며 가슴을 치는 관례적인 예식들을 행하려고 했던 것으로 보인다.

억해야 한다.) "우리는 누가 우리를 볼까 무섭다. 그리고 만일 우리가 (그 돌을 굴려버리는 일을) 할 수 없다면, 우리는 최소한 무덤 입구에 우리가 그를 위해 가져온 기념물을 놓을 수밖에 없고, 우리가 집에 갈 때까지 울며 가슴을 칠 수밖에 없다."

13

그들이 무덤에 가서 문이 열린 것을 발견하였다. 그들이 들어가 몸을 구부렸고, 한 젊은이가 무덤의 한 가운데 앉아 있는 것을 보았다. 그는 잘생겼으며, 빛나는 옷을 입고 있었다. 그가 그들에게 말했다. ² "너희가 왜 왔느냐? 너희가 누구를 찾느냐? 확실히 십자가에 처형된 분은 아니겠지? 그는 부활해서 여기 없다. 만약 너희가 믿지 못하겠거든, 몸을 구부려 그가 누워있던 곳을 보거라. 그는 여기 계시지 않느니라. 보라, 그는 부활했으며, 그가 보냄을 받았던 곳으로 다시 돌아가셨느니라." ³ 그러자 여인들은 두려워 도망했다.

14

무교절 마지막 날이 되어,²² 많은 사람들이 절기가 끝났기 때문에 자기들의 집으로 돌아갔다. ² 그러나 주님의 열두 제자들²³인 우리는 계속 울며 애곡하였고, 각자가 일어난 일 때문에 몹시 슬퍼하면서 자신의 집을 향해 떠났다. ³ 그러나 나, 베드로 시몬²⁴과 내 형제인 안드레는 고기잡이 그물을 가지고 바다로 나갔다. 그리고 알패오의 아들인 레위가 우리와 함께 있었다.… 25

---

22 유월절의 절기가 시작된 이래 칠일이 지났음을 뜻한다.

23 「베드로복음서」에서 "열두 제자들"이 언급된 곳은 오직 여기뿐이다.

24 여기에 기록된 "나, 베드로 시몬"이라는 문구 때문에 「베드로복음서」라고 불리게 되었다.

25 「베드로복음서」의 본문이 여기서 갑자기 끊기고 있다.

「도마복음서」(The Gospel of Thomas)

　　예수에 관한 전승들은 크게 두 종류로, 즉 "설화(deeds) 전승"과 "말씀(words) 전승"으로 구분된다. 설화 전승에 속하는 것들로는 수난 설화, 탄생 설화, 논쟁 설화, 이적 설화 등등이 있고, 말씀 전승에 속하는 것으로는 예수의 설교 말씀(예: 산상 설교 혹은 평지 설교), 비유 설교, 혹은 "나는 … 이다"라는 형식으로 자신의 정체를 밝힌 예수의 말씀들(I … sayings) 등이 있다. 그런데 복음서들 중에서도 마가복음과 베드로복음서는 수난 "설화 중심"의 복음서인 반면에, 도마복음은 오로지 예수의 말씀들만을 수집하여 기록한 "말씀 중심"의 복음서이다.1 이 점에서 도마복음은 이미 잘 알려진 다른 정경복음서들과는 아주 다르다. 도마복음의 목적은 예수의 생애 혹은 그의 활동이나 행적에 대한 설명이나 해석을 제공해주려는 데 있는 것이 아니라, 오로

---

1 그래서 R.W. Funk, R.W. Hoover, and The Jesus Seminar가 출판한 *The Five Gospels*는 「도마복음」을 가리켜, "a gospel without a narrative framework; it is a saying gospel"이라고 규정하고 있다. Cf. *The Five Gospels*(Harper SanFrancis- co Publishers, 1993), 474. 이 *Five Gospels*는 다섯 개의 복음서, 곧 정경에 나오는 네 복음서와 외경인 「도마복음서」를 하나로 묶어 「다섯 복음서들」이라고 명명하면서 그 본문들과 함께 그 본문들의 그 진정성 문제를 다룬 책이다.

지 예수의 말씀과 설교만을 집중적으로 소개하고 있는 편이다.

복음서 연구가들은 오래전부터 마태와 누가가 그들의 복음서를 기록할 때, 도마복음과 비슷한, "Q 문서"라고 알려진 "말씀 수집록"이 있었고, 그것을 문서자료로 이용한 것으로 추정해왔다. 그런데 Q 문서와 도마복음을 연구한 학자들은 도마복음이 Q 문서로부터 나온 것이 아니라 완전히 독자적인 '말씀 복음서'라고 결론지은 바 있다. 여하간 도마복음의 발견은 초기 기독교인들 가운데서 예수의 말씀들로만 구성된 그런 복음서 형태의 문서가 존재했고 사용되었다는 사실을 밝혀준 셈이다.

도마복음은 예수의 말씀 전승 114개를 연속으로 소개해주고 있는데,[2] 모두 "예수께서 말씀하셨다" 혹은 "그가 말씀했다"라는 문구로 시작되고 있다. 물론 이 114개의 말씀들 중에는 정경복음서에서 우리가 읽을 수 있는 말씀들도 유사한 형태로 많이 포함되어 있으며, 정경복음서에서 읽을 수 없는 말씀들도 많이 나온다. 그러나 정경복음서에 나오는 말씀들이라고 하더라도 그 말씀들이 도마복음서에서는 조금씩 다른 표현으로 소개되고 있기도 하다. 바로 이 때문에 정경복음서들에 나오는 예수의 말씀과의 면밀한 비교 연구가 필요하기도 하다. 예를 들어 정경복음서에 나오는 예수의 비유들 가운데 상당수가 도마복음에도 나오는데, 그러나 내용과 표현에서 중요한 차이점들을 보이고 있는 것들이 많이 있다. 이런 차이점들은 정경복음서들 간에서도 드러나고 있으며, 결국 이런 차이들은 각 복음서를 기

---

2 이 114개의 예수 말씀들 중 어떤 것은 두 단어만으로(예: 말씀 42), 혹은 단 한 문장으로만(예: 말씀 10, 31, 32, 34, 36, 66, 67 등등) 되어 있는 짧은 것들도 있지만, 말씀 하나가 긴 하나의 비유인 경우들도 있어서, 114개나 되는 도마복음 전체 분량은 정경복음서의 분량에 못지않은 편이다.

록한 저자 자신들의 신학적 관점의 차이에서 나온 것으로, 그래서 각 복음서의 독특한 신학적 관점을 이해하는 데 도움이 되고 있다.

1. 「도마복음서」의 사본

학자들 가운데는 오래전부터 초기 기독교 시절에 도마복음과 같은 것이 존재하고 있다는 사실에 대해서 이미 알려져 있었다. 그러나 그런 복음서의 사본은 전혀 남아있지 않은 것으로 생각해왔다. 그런 데 1945년에 사라져버린 것으로 알고 있던 복음서의 사본 하나가 나그 함마디 도서관(Nag Hammady Library)이라고 알려진 고대 종교적 문서들의 수집록의 일부로 발견되면서 그런 인식에 큰 변화가 생겼다. 나그 함마디 도서관이라고 불리게 된 것은 그 문서 수집록이 발견된 애굽 도시 명칭을 따랐기 때문이다. 그런데 사실 나그 함마디에서 발견된 도마복음의 사본은 아마도 헬라어로 기록되었을 것으로 생각되는 원본의 콥트어(그 당시 애굽의 일반 언어) 번역본이다. 비록 도마복음의 헬라어 본문들이 단편적으로 나그 함마디에서의 콥트어 번역본이 발견되기 45년 전경부터 이미 발견되기는 했지만, 그런 단편들의 정체가 콥트어 번역본이 알려질 때까지는 확실하게 확인될 수가 없었다. 알려진 세 개의 헬라어 단편들은 파피루스 옥시린쿠스(POxy) 1, 654 그리고 655들이다.

2. 도마복음의 저자 문제와 기록 연대

다른 기독교 복음서들 경우와 마찬가지로, 도마복음의 저자를 가

리켜 도마라고 말하는 것은 정확한 역사적 기억에서 나온 것이라기
보다는 오히려 전승의 신빙성을 보증하기 위해 사도급에 있는 인물
을 저자로 내세우려는 의도에서 나온 것으로 보인다. 따라서 우리로
서는 누가 처음에 이 말씀들을 수집하여 기록했는지 전혀 알 수가
없다.

그러나 복음서의 시작 첫 구절에서 "이것들은 살아계신 예수께서
말씀하시고 디두모 유다스 도마(Didymos Judas Thomas)가 기록한
비밀스런 말씀들이다"라고 말한 것은 주목할 만하다. 디두모 유다스
도마는 사도 시대로부터 특히 시리아에서 잘 알려진 전설적인 인물
이다. 우리는 오직 동부 시리아에서만 이런 형태의 이름을 발견할 수
있다. 초대 기독교 안에서는 특정한 사도들의 이름들이 특정한 지역
과 관련하여 특별한 의미를 갖고 있다. 예를 들어, 베드로는 로마와
연관되어 있고, 요한은 소아시아와 그리고 야고보는 예루살렘과 연
관되어 있다. 우리로서는 그런 연관성이 이런 지역의 복음 전도와 관
련하여 어떤 역사적 기억에 근거한 것인지 아니면 순전히 전설적인
것에 지나지 않는지에 관해서도 전혀 확신할 수가 없다. 도마 혹은
디두모 유다스 도마가 시리아의 수호 사도였던 것으로 보이기는 한
다. 그래서 대부분의 학자들은 도마복음이 본래 시리아에서 나온 것
으로 추측하고 있다. 그러나 초기 번역본 하나는 팔레스틴에서 유래
된 것이 확실시되고 있기도 하다. 도마복음의 〈말씀 12〉는 도마의
권위에 호소하고 있는 것이 아니라 초대 기독교에서 예루살렘 교회
와 연관이 되어있는 야고보(갈 1:19 참조)의 권위에 호소하고 있기
때문이다.

도마복음과 같은 말씀 수집록의 편집 연대는 대충으로만 추산할

수밖에 없다. 다음과 같은 요인들 때문에 예수의 말씀들이 수집되어 기록한 연대는 주후 제1세기의 마지막 십 년 사이였을 것으로 보인다. 첫째로 이 말씀 수집록은 개개의 기독교 공동체들이 자기들이 전하는 전승들의 보증인들로 각각 특정한 사도들("열두 사도들" 전체가 아니라)의 권위에 호소하던 시기에 속하고 있기 때문이다. 이 점에서 도마복음은 주후 70년경에 기록된 마가복음에 비교될 수 있다. 둘째로 말씀 수집록이라는 도마복음의 문학적 장르가 제1세기 말에 이르러서는 거의 사용되지 않았기 때문이다. 셋째로 도마복음서의 말씀들은 마태복음, 마가복음, 누가복음 그리고 요한복음이 제2세기부터 정경화 과정을 밟기 시작하기 이전에 수집되어 기록된 것으로 보인다. 이런 점들로 보아, 도마복음은 대충 정경복음서들이 기록된 주후 70~100년경에 기록된 것으로 생각된다.

3. 「도마복음서」의 주요 신학적 특징

도마복음은 서두에 잠깐 언급한 바와 같이 유대교의 지혜 문학 장르에 속하는 문서이다. 이런 지혜 전승의 산물들이 이미 구약에서는 잠언서, 애가서 그리고 솔로몬의 지혜서 등으로 나타난 바 있다. 도마복음에 기록된 예수의 말씀들 대부분은 바로 이런 전승에 뿌리를 두고 있는 것으로 보인다. 그래서 도마복음은 현인들의 교훈으로 구성된 지혜 복음서(a wisdom gospel)라고 말할 수도 있다. 따라서 도마복음에 나오는 많은 말씀들이 사람들에 대해서, 인생과 세상에 대해서 무엇이 참된 것인지를 말해주고 있다. 또 세상에서 가치 있는 일이 무엇인지, 무엇이 나쁜 것인지, 그리고 인간의 지혜와 인간의 어리석음에 대해 말하고 있다.

이런 점만 고려한다면, 인생과 삶의 지혜를 가르치는 예수의 말씀들만을 수집해 기록한 도마복음과 같은 문서가 왜 정경으로 받아들여지지 않고 외경으로 밀려났는지 의문스러워질 수도 있다. 그러나 도마복음에 나오는 말씀들을 주의 깊게 살펴보면, 우리는 이 복음서가 초대교회 지도자들에 의해 정경으로 받아들여지지 않은 이유를 알 수 있게 되며 그들의 결정에 동의하지 않을 수 없게 된다.

도마복음의 문제점으로 지적되는 것 중 첫째는 일반적으로 지혜 전승이 대체로 보수적인 편이며 그래서 절대로 확실한 것을 따르는 경향이 있다. 그런데 도마복음은 그와 달리 자주 오히려 희한한 지혜, 즉 "이 세상에 속하지 않은"(고전 2:6) 지혜를 제시하고 있다. 도마복음은 세상과 육신을 경멸하고 있으며(도마 56, 80, 110), 그래서 자신을 세상으로부터 격리시키는 경향이 있으며(도마 21:6), 가정과 가족과 같은 인습적인 가치를(도마 55, 99, 101), 전통적인 신앙을(도마 14) 그리고 공동체 지도자들에 대한 존경을(도마 3, 103) 폄하하며 훼손하고 있다. 따라서 도마복음에서 발견하게 되는 지혜는 거의 인습적이거나 보수적이지 않은 편이다. 다른 말로 한다면, 도마복음은 기성 사회의 가치관을 타파하려는 반체제 문화적 성향을 갖고 있는 것으로 생각되는데, 이런 관점은 초대교회의 핵심적인 교훈들에 배치되는 것들이다. 한 가지 대표적인 예로 〈도마 114〉를 들 수 있다: "시몬 베드로가 그들에게 말했다. '여성들은 생명에 합당치 않으니, 마리아로 하여금 우리를 떠나게 하자.' 예수께서 말씀하셨다. '보라, 내가 그녀가 남성이 되도록 그녀를 인도하겠다. 그래서 그녀도 너희 남성들과 비슷한 살아있는 영이 되게 하겠다. 왜냐하면 남성이

되는 모든 여성이 하늘나라에 들어갈 것이기 때문이다." 여기서 드러
나고 있는 여성에 대한 부정적인 시각과 여성을 비하하는 관점은 예
수의 가르침이나 정경복음서들의 교훈(예: 눅 8:1-3)에 정면으로 배
치되고 있다. 만일 이런 말씀을 소개하는 도마복음이 정경으로 확정
되었다면, 아마도 오늘날 교회 안에서 여성들은 한 사람도 찾아볼 수
없게 되었을 것이다.3

　　도마복음의 문제점으로 지적되는 보다 중요한 두 번째 요인은 분
명히 첫 번째 요인과 연관성이 있어 보이는데, 그것은 도마복음이 영
지주의적 성향에 물들어 있다는 점이다. 그래서 흔히 도마복음은 "영
지주의적인 복음서"라고 불린다. 영지주의(gnosticism)는 기독교 문
서들이 형성되고 발전되던 시기에 여러 종교 전승들, 특히 유대교와
기독교에 침투해서 큰 영향을 끼쳤던 헬라 사상으로 일종의 종교적
운동이기도 했다. 영지주의 사상에서 기본적인 견해는 세상이 악하
다고 보는 관점이다. 이런 신념이 영지주의의 창조론에서 잘 나타나
고 있다: 이 세상은 흔히 타락하였거나 반역적인 천사들이기도 한 악
한 조물주 혹은 창조의 신이 유일하신 참 하나님으로부터 돌아서서
세상을 창조했을 때 존재하게 되었다. 따라서 이 세상은 조물주의 개
인적인 세상, 즉 그의 헛된 야망의 소산으로 이해되고 있다.

　　유대교 영지주의에서는 이 악하고 반역적인 신이 바로 창세기의
창조주 하나님으로 알려지고 있다. 그래서 유대인 영지주의자들에
있어서는 여호와가 창조에 관한 진리를 아담과 이브로부터 감춘 악
한 창조자일 뿐이다. 그리고 오히려 뱀이 유일하신 참 하나님의 대리

---

3 도마 64:12에 나오는 "매매하는 자들과 상인들은 내 아버지의 나라에 들어가지 못할
　것이라"는 말씀도 마찬가지 경우일 것이다.

인으로 선한 존재로 생각되고 있다. 왜냐하면 뱀이 최초의 인간인 아담과 이브에게 여호와의 악한 창조 그 너머 혹은 그 배후에 있는 하늘의 실체를 깨닫게 해주려고 시도하였기 때문이다. 그래서 뱀이 오히려 일종의 구세주 같은 존재인 셈이다. 구세주라는 존재들이 영지주의 신화에서는 아주 중요한 역할을 하는데, 즉 이 땅에 내려와 인간들로 하여금 그들의 참된 상태에 대해 올바른 지식을 심어주어, 그들로 하여금 경각심을 갖게 하고는 다시 하늘로 돌아가는데, 영지주의자들은 그런 하나님의 구세주들을 통해서 구원이 가능하게 된다고 믿고 있다.

영지주의자들은 자신들이 이 세상에 속한 존재가 아니라, 유일하신 참 하나님의 자손들이라고 믿는다. 그들은 자신들이 악한 창조신이 만든 이 물질적인 세상에서 악한 창조신에 의해 꺼져버린 하나님의 불꽃이라고 생각한다. 따라서 그들의 목표, 곧 그들이 생각하는 구원은 이 세상을 피하여 그들의 본래 근원인 하늘 영역으로 다시 올라가는 것이다.

기독교 영지주의에서는 "하늘로부터 내려왔다고 다시 하늘로 올라가는 구세주"가 바로 그리스도이다. 그는 다른 영지주의의 사고체계에서처럼 이 땅에 내려와 영지주의자들에게 그들의 참된 본성에 대해 상기시켜주며 그들의 하늘 본향에 대해 말해준다. 그리스도가 그들에게 은밀한 지식 곧 '그노시스'를 전해주어서 그들이 그것을 통해 악한 세상을 떠나 하나님께로 돌아간다고, 그래서 구원을 받는다고 믿는다.

도마복음은 여러 면에서 영지주의 운동의 관점을 반영하고 있다. 예를 든다면, 예수는 하나님으로부터 온 구원자로서 말씀하고 있다.

그는 그를 추종하는 사람들에게 그들의 건망증을 상기시켜주며, 그들에게 그들의 계몽이 필요하다고 말해준다(도마 28). 그는 세상을 반대한다(도마 21:6; 27:1; 56:1-2; 80:1-2,110; 111:3). 그는 사람들에게 그들의 근원을 상기시키며(도마 49), 그들이 이 세상으로부터 어떻게 탈피해야 하는지를 알려준다(도마 50). 그는 또 자기가 왔던 곳으로부터 다시 돌아간다고 말하기도 한다(도마 38).

이런 말들이 어느 정도는 요한복음에서도, 또는 사도 바울의 서신들 가운데서 나타나고 있다. 그래서 도마복음이 정말로 영지주의적인 복음서인지, 또는 단지 초기 정통 기독교에서도 볼 수 있는 영지주의의 몇몇 특징들을 보여주는 것에 지나지 않는 것인지 결정하기가 쉽지 않다는 말도 있다. 그러나 도마복음이 초기의 영지주의를 반영해주고 있다고 하는 사실은 거의 부인할 수 없을 것으로 보이며, 바로 이 점에서 도마복음을 가리켜 영지주의적인 복음서라고 부르는 것이 그리고 바로 그 때문에 정경으로부터 제외된 것이 크게 잘못된 일이 아니라고 생각된다.

4. 「도마복음서」의 본문

서론: 이 비밀스런 말씀들은 살아계신 예수께서 말씀하시고 디두모 유다스 도마가 기록한 것들이다.

1

그리고 그가 말씀하셨다.[4] "누구든지 이런 말씀들의 해석을 발견하

---

4 여기서 "그가"라는 인칭 대명사는 예수를 가리키는 것일 수도 있고 또 도마복음의 편집

는 자들은 죽음을 맛보지 않게 될 것이다."5

2

예수께서 말씀하셨다. "찾는 자들은 그들이 찾을 때까지 찾는 일을 멈추지 말 것이니라. ²그들이 찾게 될 때, 그들은 혼란스러워질 것이다. ³그들이 혼란스럽게 되었을 때, 그들은 놀랄 것이며, ⁴모든 것을 다스리게 될 것이다."

3

예수께서 말씀하셨다. "만약 너희 지도자들이 너희에게 '보라, (성부의) 제국적 통치6가 하늘에 있다'라고 말하면, 하늘의 새들이 너희보다 앞서 갈 것이다. ²만약 그들이 너희에게 '그것이 바다에 있다'고 말한다면, 물고기가 너희보다 앞서 갈 것이다. ³오히려 (성부의) 제국적 통치는 너희 안에 그리고 너희 밖에 있다. ⁴너희가 너희 자신을 알게 될 때, 그때 너희는 알려지게 될 것이며, 너희는 너희가 살아계신 아버지의 자녀들7임을 이해하게 될 것이다. ⁵그러나 만약 너희가 너희 자신들을 알지 못한다면, 너희는 빈곤 가운데서 살게 될 것이며, 너희는 빈곤한 자들이다."

자인 디두모 유다스 도마일 수도 있다.

5 "죽음을 맛보지 않는다"는 문구는 도마복음에서 여러 번 반복되는 문구이다(18:3; 19:4; 85:2; 111:2). 따라서 이 말씀들을 수집하여 편집한 사람의 관심을 반영하는 것으로 보인다.

6 "하나님의 나라"를 가리키는 본래의 용어이기도 하다. 영어로 "kingdom"이라고 번역된 헬라어 "basileia"의 본래 의미가 "통치" 혹은 "지배"라는 더 중요한 뜻을 가지고 있기 때문이다.

7 "살아계신 아버지의 자녀들"이라는 문구는 자신들의 특별한 지식으로 아버지의 하늘나라로 다시 올라갈 수 있는 사람들을 가리키는 영지주의 문구이기도 하다(도마 49-50 비교).

4

예수께서 말씀하셨다. "나이가 늙은 사람은 태어난 지 칠일 밖에 안 되는 어린아이에게 생명의 장소에 대해 묻기를 주저하지 않을 것이며, 그 사람은 살게 될 것이다. [2]왜냐하면 먼저 된 자가 나중 될 것이며, [3]단 한 사람(a single one)[8]이 될 것이기 때문이다."

5

예수께서 말씀하셨다. "네 얼굴 앞에 있는 것을 알지어다. 그리하면 너에게서 감추어진 것들이 네게 나타날 것이다. [2]감추어진 것 중에서 나타나지 않을 것은 하나도 없느니라."

6

그의 제자들이 그에게 물었고, 그에게 말했다. "우리가 금식하시기를 원하십니까? 우리가 기도를 어떻게 해야 합니까? 자선을 베풀어야 합니까? 어떤 음식 법을 지켜야 합니까?" [2]예수께서 말씀하셨다. "거짓말을 하지 말라. [3]네가 싫어하는 것을 하지 말라.[9] 모든 것들이 하늘 앞에 드러나기 때문이다. [4]결국 감추어진 것 중에 드러나지 않을 것은 전혀 없으며, [5]감추어져 있다가 계속 밝혀지지 않는 것도 전혀 없느니라."

---

8 "단 한 사람(a single one)이 된다"는 문구는 도마복음의 다른 곳에서도 나타나는 주제이다. 도마 22:5에서는 남성과 여성이 "단 한 사람이 된다"고 했고, 도마 23에서는 하나와 둘이 합쳐서 단 한 사람이 된다고 했고, 도마 106:1에서는 하나가 된 둘이 아담의 자녀가 된다고 했다. 이 마지막 말씀은 남성과 여성이 아직 구별되지 않았던 인류 창조 이전의 양성 상태를 암시하고 있는 것으로 보인다. 영지주의 이론에서는 남성과 여성을 구별하는 작업을 망친 한 열등한 신이 아담과 이브를 창조한 것으로 보고 있는데, 이런 사상은 예수와는 전혀 상관이 없는 사상이 아닐 수 없다.

9 눅 6:31과 마 7:12에 나오는 이른바 "황금률"(Golden rule)인데, 정경복음서들에서는 긍정적인 형태로 제시되고 있는데, 도마복음에서는 부정적인 형태로 소개되고 있는 점이 다르다.

7

예수께서 말씀하셨다. "사람에게 잡아먹혀서 사람이 되는 사자는 복이 있다. [2]그리고 사자에게 잡아먹힐 인간은 저주받은 것이다. 그리고 사자는 여전히 인간이 될 것이다."

8

그리고 그가 말씀하셨다. "사람은 자기의 그물을 바다에 던지고 바다로부터 작은 물고기를 가득 잡아 올린 지혜로운 어부와 같다. [2]그들 가운데 지혜로운 어부는 훌륭한 큰 물고기를 발견하였다. [3]그는 작은 물고기들은 바다로 다시 던져버리고, 쉽게 큰 물고기만 택했다. [4]여기 두 귀를 가진 자들은 더 잘 들을 것이다!"

9

예수께서 말씀하셨다. "보라, 씨 뿌리는 자가 나가서 한 줌의 씨를 뿌렸다. [2]어떤 것은 길에 떨어져서, 새가 와서 먹어버렸다. [3]다른 것들은 바위 위에 떨어져서 흙에 뿌리를 내리지 못해 이삭을 내지 못했다. [4]다른 것들은 가시덤불에 떨어져 가시들이 씨를 질식시켰고, 벌레들이 먹어버렸다. [5]그리고 다른 것들은 좋은 땅에 떨어져 좋은 열매를 맺었다. [6]그것들은 육십 배, 백이십 배의 열매를 맺었다."[10]

10

예수께서 말씀하셨다. "내가 세상에 불을 던졌다. 보라 나는 그 불이 타오를 때까지 그 불을 지킬 것이다."[11]

---

10 이 비유는 정경복음서들에 나오는 "씨 뿌리는 자의 비유"와 거의 비슷하다. 다만 결론 부분에서 "육십 배, 백 배, 이십 배"라는 표현이 마가가 "삼십 배와 육십 배와 백 배"(막 4:8), 마태가 "백 배, 육십 배, 삼십 배"(마 13:8), 누가가 "백 배"(눅 8:8)과 다르다.

11 눅 12:49에 유사한 말씀이 나온다. 그러나 누가복음에서는 이 말씀이 문맥상으로 예수께서 세상을 구원하러 오셨다는 초대 기독교 공동체의 예수에 대한 믿음을 반영하고

11

예수께서 말씀하셨다. "이 하늘이 없어질 것이다. 그리고 그 위에 있는 것이 없어질 것이다. ²죽은 자는 살아있지 못하며, 살아있는 자는 죽지 않을 것이다. ³너희가 죽은 것을 먹는 날 동안, 너희는 그것을 살아있게 할 것이다.¹² 너희가 빛 가운데 있을 때, 너희는 무엇을 할 것인가? ⁴너희가 하나로 있는 날에는 너희가 둘이 될 것이다. 그러나 너희가 둘이 되었을 때에는 너희가 무엇을 할 것인가?"

12

제자들이 예수에게 말했다. "우리는 당신이 우리를 떠나실 줄 압니다. 누가 우리의 지도자가 될 것입니까?" ²예수께서 그들에게 말씀하셨다. "너희가 어디에 있든지 간에 너희는 의인인 야고보에게 가야한다. 그를 위해서 하늘과 땅이 존재하기 때문이니라."¹³

13

예수가 그의 제자들에게 말했다. "나를 다른 것에 비유해보라. 그리고 내가 무엇과 같은지 말해보라." ²시몬 베드로가 그에게 말했다. "당신은 의로운 천사와 같습니다." ³마태가 그에게 말했다. "당신은 지혜로운 철학자이십니다." ⁴도마가 그에게 말했다, "선생님이여, 당신이 무엇과 비슷한지 내 입이 전혀 말할 수 없나이다." ⁵예수가 말씀

있지만, 도마복음에서는 이 말씀이 단지 독자적인 말씀으로, 더욱이 기독교적 색채가 전혀 없는 형태의 말씀으로 소개되고 있다.

12 11:2-3에 나오는 생명과 죽음에 관한 애매한 진술들은 도마복음에서 반복되는 전형적인 특징이기도 하다(도마 4:1; 58; 101:3, 7, 60).

13 공관복음서에서는 베드로가 유대인들 가운데서 기독교 공동체의 지도자로 묘사되고 있고, 사도행전에서는 누가가 바울을 이방인들을 대상으로 한 지도적인 선교사로 소개하고 있다. 그런데 여기 도마복음에서는 예수의 형제인 야고보가 예루살렘 기독교 공동체의 지도자라고 언급되고 있다.

하셨다. "나는 너희의 선생이 아니다. 너희가 술 취했기 때문에, 너희
는 내가 돌보았던 거품이 이는 샘으로부터 취해버렸다." ⁶그리고 그
는 그를 데리고 물러나서 그에게 세 가지 말씀을 말했다. ⁷도마가 그
의 친구들에게로 돌아왔을 때, 그들이 그에게 물었다. "예수께서 너
에게 무슨 말씀을 하시더냐?" ⁸도마가 그들에게 말했다. "만약 내가
너희들에게 그가 내게 하신 말씀들 가운데 하나를 말해준다면, 너희
는 바위를 들어 나를 돌로 칠 것이며, 불이 바위들로부터 나와 너희
를 삼켜버리게 될 것이다."

14

예수께서 그들에게 말씀하셨다. "만약 너희가 금식한다면, 너희는
죄를 너희 자신들 위에 가져오게 될 것이다. ²그리고 만일 너희가 기
도한다면, 너희는 정죄를 받게 될 것이다. ³그리고 만일 너희가 자선
을 베푼다면, 너희는 너희의 심령을 해치게 될 것이다. ⁴너희들이 어
느 지역에 들어가 어느 한 지방에서 걸을 때, 사람들이 너희를 안으
로 데리고 들어갈 때, 그들이 너희에게 대접하는 것을 먹으라. 그리
고 그들 가운데 있는 병든 자들을 고쳐주라. ⁵결국 네 입으로 들어가
는 것이 너를 더럽히는 것이 아니라, 네 입에서 나오는 것이 더럽게
만드는 것이다."

15

예수께서 말씀하셨다. "너희가 여인에게서 태어나지 않은 자를 보거
든 너희 얼굴을 엎드려 경배하라. 그분이 너희 아버지이시니라."

16

예수께서 말씀하셨다. "아마도 사람들은 내가 세상에 평화를 던지러
왔다고 생각할 것이다. ²그들은 내가 이 땅에 분쟁, 곧 불과 검과 전

쟁을 던지러 온 것을 알지 못하고 있다. ³한 집안에 다섯 사람이 있어, 셋이 둘과 그리고 둘이 셋과 더불어 분쟁하리니, 아비가 아들과 그리고 아들이 아비와 분쟁하게 될 것이다.¹⁴ ⁴그리고 그들은 홀로 서 있게 될 것이다."¹⁵

17

예수께서 말씀하셨다. "내가 너희에게 어떤 눈도 보지 못했던 것, 어떤 귀도 듣지 못했던 것, 어떤 손도 만져보지 못했던 것, 사람들의 마음속에서 생겨나지 않은 것을 줄 것이라."

18

제자들이 예수에게 말했다. "우리의 종말이 어떻게 오는 겁니까?" ²예수께서 말씀하셨다. "너희가 종말을 내다보고 있는데, 그럼 너희는 시작을 발견했느냐? 보라, 종말은 시작이 있는 곳에 있을 것이다.¹⁶ ³시작에 서 있는 사람은 복이 있다. 그 사람은 종말을 알 것이고 죽음을 맛보지 않을 것이다."

19

예수께서 말씀하셨다. "존재하기 전에 존재한 사람은 복이 있다. ²만일 너희가 내 제자가 되고 내 말씀들에 관심을 기울인다면, 이 돌들

---

14 〈도마 16〉의 말씀은 누가복음 12:51-53과 비슷하다. 마태복음 10:34-36에도 유사하지만 약간 다른 말씀이 나온다.

15 "홀로"(alone)라는 단어가 다른 본문들에서는 외로운 자, 혼자 있는 자, 결혼을 하지 않은 자, 또는 (후대에 가서 일종의 전문 용어로) 수도승을 가리키기도 했다.

16 "종말이 시작이 있는 곳에 있을 것이라"는 이 문구는 영지주의적 창조 개념의 관점에서 의미가 있다. 영지주의의 기본에는 세상은 악하며, 반역한 천사가 하나님과는 다른 것을 창조하려고 시도하여 생긴 것이라는 사상이 깔려있다. 영지주의적 존재의 목표 ("끝" 혹은 "종말")는 창조된 이 세상을 피해서 이 세상이 창조되기 이전의 태초에 존재했던 완전의 상태로 다시 돌아가는 것이다.

이 너희를 섬길 것이다. ³낙원에는 너희를 위해 다섯 나무가 있다. 그것들은 여름이나 겨울이나 변하지 않으며, 그 잎들이 떨어지지 않는다. ⁴그것들을 아는 사람들은 누구나 죽음을 맛보지 않을 것이다."

20

제자들이 예수에게 말했다. "우리에게 하늘나라(Heaven's imperial rule)가 무엇과 같은지 말씀해주십시오." ²그가 그들에게 말했다. "그것은 마치 겨자씨와도 같다.¹⁷ ³모든 씨들 중에서 가장 작다. ⁴그러나 그것이 준비된 땅에 떨어지면, 큰 가지를 내고, 그래서 공중의 새들을 위한 쉼터가 된다."

21

마리아가 예수께 말했다. "당신의 제자들은 무엇과 같습니까?" ²그가 말씀했다. "그들은 자기들의 것이 아닌 밭에서 살고 있는 어린아이와 같다. ³밭의 주인들이 왔을 때, 그들은 '우리의 밭을 돌려주시오'라고 말할 것이다. ⁴그들이 그들 앞에서 그들에게 밭을 돌려주기 위해 자기들의 옷을 벗고는¹⁸ 자기들의 밭을 그들에게 돌려준다. ⁵이 때문에 내가 말한다. 만일 집 주인들이 도둑이 올 것을 알았다면, 그들은 도둑이 도착하기 전에 경계하여, 도둑들이 자기들의 집(자기들

---

17 Cf. 막 4:30-32; 마 13:31-32; 눅 13:18-19.

18 "입은 옷을 벗는다"는 문구의 의미는 좀 애매하다. 그러나 후대 문헌으로부터 우리는 그 의미에 대해 다음과 같은 추론을 할 수 있다: 첫째는 자기 옷을 벗는다는 것은 자신의 성적인 무관심, 즉 고행을 통해 성적 욕망을 극복했음을 가리키는 것이고, 둘째는 그 문구가 세례를 받기 위해 입었던 옷을 벗는 세례 예식을 가리키는 것일 수 있다. 초대 기독교인들이 처음 세례를 받을 때는 옷을 다 벗고 나체로 받았다. 셋째는 그 문구가 사람이 죽을 때 영혼이 육신을 벗어던지고(옷을 벗는 것에 대한 은유적 표현으로) 본향인 하늘 영역으로 올라간다는 풀라톤식 그리고 영지주의적 사상을 상징적으로 가리키는 것일 수 있다.

의 영역) 안에 들어와 자기들의 소유를 도적질하지 못하게 할 것이다. ⁶그러니 너희들은 세상에 대해 경계하라.¹⁹ ⁷힘을 다해 너희 자신을 준비하도록 해라. 그래서 강도들이 너희에게 오는 길을 찾지 못하게 하라. 이는 너희가 기대하는 재난이 임할 것임이니라. ⁸너희들 가운데 이해하는 사람이 있게 하라. ⁹농작물이 다 익었을 때, 그가 갑자기 낫을 갖고 와서 추수할 것이다. ¹⁰여기 좋은 두 귀를 가진 자는 더 잘 들으라!"

22

예수께서는 어린 아기를 양육하는 것을 보셨다. ²그는 그의 제자들에게 말씀했다. "양육 받는 이 어린 아기들은 (아버지의) 나라에 들어가는 자들과 같다." ³그들이 그에게 말했다, "그렇다면 우리가 어린 아기들처럼 (아버지의) 나라에 들어갈 것인지요?" ⁴예수께서 그들에게 말씀하셨다. "너희가 둘을 하나로 만들 때 그리고 너희가 안의 것을 바깥 것처럼 그리고 바깥 것을 안의 것처럼 그리고 위에 있는 것을 아래에 있는 것으로 만들 때 ⁵그리고 너희가 남성과 여성을 한 몸으로 만들어, 남성이 남성이 아니고, 여성이 여성이 아닐 때,²⁰ ⁶너희가 눈 대신에 눈을, 손 대신에 손을, 발 대신에 발을, 형상 대신에 형상을 만들 때, ⁷그때 너희는 (아버지의) 나라에 들어가게 될 것이다."

---

19 도마복음에서는 인자의 재림에 대한 묵시문학적 기대를 찾아볼 수 없다. 도마복음에서는 깨어 경계해야 할 대상이 오히려 세상이다. 세상의 것들이 자기들을 잠들게 만들고, 빛의 영역에 있는 자기들의 진짜 고향에 대해 잊어버리게 만든다고 믿는 영지주의자들에게는 "세상" 자체가 큰 위협으로 생각되었다.

20 도마 4:3의 각주 해설에서 설명했듯이, 이 말씀은 남성과 여성이 아직 구별되지 않았던 인류 창조 이전의 양성 상태를 암시하고 있는 것으로 보인다. 영지주의 이론에서는 남성과 여성을 구별하는 작업을 망친 한 열등한 신이 아담과 이브를 창조한 것으로 보고 있는데, 이런 사상은 예수와는 전혀 상관이 없는 사상이 아닐 수 없다.

23

예수께서 말씀하셨다. "내가 너희를, 천 명으로부터 한 사람, 만 명으로부터 두 사람을 택할 것이며, 그들이 단 한 사람으로 서게 될 것이다."21

24

그의 제자들이 말했다. "우리에게 당신이 있는 곳을 보여주십시오. 우리가 그곳을 찾아야만 하겠습니다." 2그가 그들에게 말했다. "여기 두 귀를 가진 사람은 더 잘 들을 것이다! 3빛의 사람 안에는 빛이 있고, 그 빛이 온 세상을 비추게 된다. 만일 그 빛이 비추치 않는다면, 어두울 것이다."

25

예수께서 말씀하셨다. "네 친구를 너 자신의 목숨처럼 사랑하라. 2그들을 네 눈의 눈동자처럼 보호하라."

26

예수께서 말씀하셨다. "네가 네 친구의 눈 속에 있는 작은 티를 보지만, 너는 네 자신의 눈 속에 있는 들보는 보지 못하고 있다. 2네가 네 자신의 눈에서 들보를 빼버리게 되면, 네가 네 친구의 눈에 있는 티를 빼버릴 정도로 네가 더 잘 보게 될 것이다."

---

21 "단 한 사람"이 된다는 것이 도마복음의 일반적인 주제이긴 하지만, 그 의미는 전혀 분명치 않다. 도마 4:3 참조. "단 한 사람"이 되게 "택함을 받았다"는 사상도 도마복음 사상의 특징이다. 이 사상은 도마 49-50에서도 나온다. "천 명으로부터 한 사람 그리고 만 명으로부터 두 사람"이라는 문구는 후기 영지주의 본문들 가운데서 반복되는 문구이다. "천 명으로부터 한 사람"이라는 문구의 사용은 영지주의자들이 자신들을 인류 가운데서 비교적 아주 드문 종류의 엘리트로 생각하였다는 점을 반영해주고 있다.

27

"만일 네가 세상으로부터 금식을 하지 않으면, 너는 (아버지의) 나라를 발견하지 못할 것이다. ²만일 네가 안식일을 안식일로 지키지 않으면, 너는 아버지를 보지 못하게 될 것이다."

28

예수께서 말씀하셨다. "내가 세상 한 가운데 서 있다. 그리고 내가 육신으로 그들에게 나타났다. ²나는 그들이 모두 술 취해 있는 것을 발견했고, 나는 그들 중 어느 누구도 목말라 하는 것을 발견하지 못했다. ³내 영혼이 인류의 자녀들 때문에 아프다. 그들의 마음의 눈이 멀어 보지 못하고 있기 때문이다. 그들이 빈손으로 세상에 왔는데, 그들이 세상으로부터 빈손으로 떠나려고 하기 때문이다. ⁴그러나 그들은 그러는 동안 술 취해 있다. 그들이 그들의 포도주를 던져버릴 때, 그때 그들은 그들의 태도를 바꾸게 될 것이다."

29

예수께서 말씀하셨다. "만약 육신이 영혼 때문에 존재하게 된 것이라면, 그건 놀라운 일이다. ²그러나 만약 영혼이 몸 때문에 존재하게 된 것이라면, 그건 놀라운 일 중의 놀라운 일일 것이다. ³그러나 나는 이런 엄청난 부요함이 어떻게 이런 가난함 속에 거하게 되었는지 놀라고 있다."

30

예수께서 말씀하셨다. "세 신들(deities)이 있는 곳이라면, 그들은 신성(divine)하다. ²둘이나 하나가 있는 곳에, 나는 그 하나와 같이 있다."22

---

22 이 말씀의 콥트어 번역본은 헬라어 원문을 잘못 번역하여 와전된 것으로 보인다.

31

예수께서 말씀하셨다. "선지자가 고향에서는 환영을 받는 자가 없느니라.[23] ²의사들은 자기들을 아는 사람들을 고치지 못한다."

32

예수께서 말씀하셨다. "높은 언덕에 지어져서 요새화된 도시는 멸망할 수 없고, 감추어질 수도 없다."

33

예수께서 말씀하셨다. "너희가 너희 귀로 듣게 될 것을 너희의 지붕 꼭대기로부터 다른 귀로[24] 전파하라. ²결국, 어느 누구도 등불에 불을 켜서 그것을 소쿠리 밑에 두지 않으며, 또 감추어진 곳에 두지도 않는다. ³도리어 그것을 등경 위에 두어, 오고 가는 모든 사람들이 그 빛을 보게 할 것이다."

34

예수께서 말씀하셨다. "만약 눈 먼 사람이 눈 먼 사람을 인도한다면, 두 사람 모두 구덩이에 빠지게 될 것이다."

POxy 1로 알려진 도마복음의 헬라어 단편에 보존된 본문에 보면 다음과 같이 되어 있다: "셋이 있는 곳에는 하나님이 없다. 그리고 오직 하나만 있는 곳에는 내가 그 하나와 같이 있다." 도마 30:1-2는 마 18:20("두세 사람이 내 이름으로 모인 곳에는 나도 그들 중에 있느니라")에 나오는 말씀을 도마복음 식으로 기록한 것이다. 여기서는 "함께 모인 두세 사람"이 아닌 "홀로 있는 한 사람"에게 하나님이 함께 하시는 것으로 되어 있다. 도마복음의 이런 사상은 도마 4:3; 22:5; 23:2 등등에서도 나타나고 있는데, 바로 이런 점 때문에 도마복음은 분명히 "반제도적"(anti-institutional)이며, 따라서 공동체를 반대하고 있는 것으로 알려지고 있다.

23 정경복음서들에서도 조금씩 다른 형태들로 전해지고 있다(막 6:4-6; 눅 4:23-24; 요 4:43-45).

24 "다른 귀로"라는 이 문구는 중복 오기(dittography), 즉 사본 필사자가 이미 기록한 것을 본의 아니게 다시 반복해 기록한 경우일 것으로 보인다. 이게 아니라면, 아마도 "또 다른 귀" 즉 "자신의 내적인 귀"를 가리키는 것일 수도 있다.

35

예수께서 말씀하셨다. "사람이 강한 사람의 집에 들어가, 그 사람의 손을 묶지 않은 채 힘으로 그것을 취할 수는 없다. ²그 후에야 그의 집을 약탈할 수 있다."

36

예수께서 말씀하셨다. "아침부터 저녁까지 그리고 저녁부터 아침까지 무엇을 입을까 염려하지 말라."²⁵

37

그의 제자들이 말했다. "언제 당신께서 우리에게 나타나시겠습니까? 그리고 언제 우리가 당신을 뵐 수 있습니까?" ²예수께서 말씀하셨다. "너희가 옷을 벗고도²⁶ 부끄러워하지 않고, 너희가 어린아이들처럼 너희 옷을 가져다가 너희 발밑에 놓고 그 옷들을 짓밟을 때, ³그때 너희는 살아계신 이의 아들을 보게 될 것이며, 너희가 두려워하지 않을 것이다."

38

예수께서 말씀하셨다. "너희는 내가 너희에게 말해주고 있는 이런 말씀들을 자주 듣기 원했다. 그리고 너희에게는 이런 말씀들을 듣게 해줄 사람이 아무도 없었다. ²장차 너희가 나를 찾을 것이지만, 나를 발견하지 못할 날들이 있을 것이다."

---

25 도마복음의 헬라어 사본에서는 "너희 음식, 곧 네가 무엇을 먹을까에 대해"라는 문장이 더 첨가되어 있다. 그리고 마지막에 다음 문장이 더 붙어 있다: "(너희가) 백합화보다 더 낫지 아니하냐? 너희가 입을 옷이 없을 때, 너희가 무엇을 걸쳤느냐? 누가 너희 생명의 기간을 더할 수 있느냐? 같은 분이 너희에게 너희 옷을 주실 것이다."

26 도마복음에서 입었던 옷을 벗는다는 개념을 이해하기 위해서는 도마 21:4의 각주 해설을 참조할 수 있다.

39

예수께서 말씀하셨다. "바리새인들과 서기관들이 지식의 열쇠들을 가져다가 감추었다. ²그들은 들어가지 않았고, 들어가기를 원하는 사람들을 그렇게 하지 못하게 했다. 3너희들로서는 뱀처럼 교활하고 비둘기처럼 단순해져야 한다."

40

예수께서 말씀하셨다. "아버지와는 상관없이 포도나무가 심어졌다. ² 그 나무가 강하지 않기 때문에, 그 뿌리가 뽑혀져 망하게 될 것이다."

41

예수께서 말씀하셨다. "손에 무엇인가를 갖고 있는 사람에게는 더 주어질 것이고, ²아무 것도 갖고 있지 못한 사람은 그들이 갖고 있는 아주 작은 것까지도 다 빼앗길 것이다."

42

예수께서 말씀하셨다. "지나가는 행인들이 될지어다."[27]

43

그의 제자들이 그에게 말했다. "이런 것들을 우리들에게 말해주는 당신은 누구십니까?" ²"너희는 내가 너희에게 말한 것으로부터는 내가 누구인지 이해하지 못한다. ³도리어 너희는 유대인처럼 되어버렸다.[28] 왜냐하면 그들은 나무는 사랑하지만, 그 열매는 싫어하거나 또

---

27 이 말씀은 오직 도마복음에만 나오는 말씀이며, 도마복음에서도 가장 짧은 말씀이다. 이 말씀은 문자 그대로 제자들에게 떠돌이 생활을 요구하는 말씀일 수 있다. 그러나 이 말씀이 이 세상을 지날 때 세상에 빠지지 말라는 영지주의자들에게 주는 요구로 해석되기도 한다.

28 여기서 "유대인들"을 부정적으로 그리고 적대적으로 언급하고 있는 점은 초대 기독교 문헌의 전형적인 특징이다. 도마복음에서 이런 표현이 사용되고 있는 점 자체가 도마의 신앙공동체 구성원들이 자신들을 더 이상 "유대인들"로 생각하고 있지 않았음을

는 열매를 사랑하지만 나무는 싫어하기 때문이다."[29]

44

예수께서 말씀하셨다. "아버지에 대해 모독하는 자는 용서를 받을 것이다. [2]그리고 아들에 대해 모독하는 자도 용서를 받을 것이다. [3]그러나 성령에 대해 모독하는 자는 이 땅에서나 하늘에서도 용서를 받지 못할 것이다."[30]

45

예수께서 말씀하셨다. "포도가 가시나무에서 추수되지 않으며, 무화과가 엉겅퀴에서 수확되지 않는다. 아무 열매도 맺지 않기 때문이다. [2]선한 사람들은 그들이 쌓아둔 것으로부터 선을 만들어내며, [3]나쁜 사람들은 그들이 그들 마음속에 쌓아둔 사악으로부터 악을 만들어내며, 악한 것들을 말한다. [4]왜냐하면 그들은 마음의 넘쳐흐름으로부터 악을 만들어내기 때문이다."

46

예수께서 말씀하셨다. "아담으로부터 세례 요한에 이르기까지 여인에게서 난 자들 중에 세례 요한보다 더 큰 자가 없기 때문에, 눈이

보여주고 있다.

29 첫 구절의 질문 자체가 적대적인 형태로 되어 있고, 따라서 예수와 그의 제자들 간의 대화 자체도 논쟁적인 형태를 띠고 있다. 그래서 예수도 제자들을 유대인들에 비교하는 것으로 응수하고 있다. 이 말씀은 나무와 열매를 구별하지 말아야 한다는 일반적인 속담을 인용하고 있는 것으로 보인다.

30 이 말씀이 막 3:28-29; 눅 12:10; 마 12:32에서도 비슷한 형태로 소개되고 있다. 그러나 도마복음의 말씀에서 독특한 점은 아버지에 대한 모독이 용서받을 수 있다고 말한 점이다. 이 말씀은 하나님과 그의 거룩한 이름을 아주 존중하는 이스라엘과 유대 백성들의 정서(예: "여호와의 이름을 망령되이 일컫지 말라")와는 완전히 위배되는 그런 다른 관점을 보여주고 있다. 그리고 "아버지와 아들과 성령"에 대한 언급은 새로이 태동되던 정통 기독교의 삼위일체 교리를 반영해주는 것으로 생각된다.

다른 데로 돌려져서는 않을 것이다. ²그러나 나는 너희 중에 아이가 된 자는 누구나 (아버지의) 나라를 인식할 것이며 요한보다 더 큰 자가 될 것이라고 말했다."³¹

47

예수께서 말씀하셨다. "사람이 두 마리의 말에 오를 수 없으며, 두 개의 활을 당길 수 없다. ²그리고 종이 두 주인을 섬길 수 없다. 그렇지 않으면 그 종은 한 주인을 존경하고 다른 주인을 성나게 할 것이다. ³어느 누구도 묵은 포도주를 마시고 나서 곧바로 새 포도주 마시길 원치 않는다. ⁴새 포도주는 낡은 가죽 부대에 넣지 않는다. 낡은 가죽 부대가 터지지 않게 하기 위해서이다. 그리고 묵은 포도주를 새 가죽부대에 넣지 않는다. 새 가죽부대를 못 쓰게 만들지 않기 위해서이다. ⁵낡은 천을 새 옷에 꿰매지는 않는다. 옷이 찢어지게 되기 때문이다."

48

예수께서 말씀하셨다. "만약 두 사람이 한 집안에서 다른 사람과 각각 화평하게 되었다면, 그들이 산을 향해서, '여기로부터 옮겨져라!'라고 말하게 되면, 산이 옮겨지게 될 것이다."³²

---

31 세례 요한을 칭송하는 앞의 구절은 아마도 예수로부터 나온 말이겠지만, 두 번째 구절의 말씀은 세례 요한이 기독교 공동체에 의해 평가절하되던 때에 나온 말씀일 것으로 생각된다.

32 "산을 옮기는" 것과 관련된 말씀이 정경복음서들에서도 여러 번 사용된 바 있는데, 사도 바울이 고전 13:2에서 언급한 내용("내가 산을 옮길만한 모든 믿음이 있을지라도...")에서 알 수 있듯이, 초대교회 안에서는 흔히 "믿음"과 연관이 되어 언급되고 있는데, 도마복음에서는 한 집안에서 "평화를 만드는 것"과 관련해서 사용되고 있다(도마 106:2의 경우에서도 그러하다).

49

예수께서 말씀하셨다. "홀로 있는33 그리고 선택된 자들에게 복이 있도다.34 너희가 (아버지의) 나라를 찾을 것임이로다. 너희가 그곳으로부터 왔고, 너희가 거기로 다시 돌아갈 것임이라."

50

예수께서 말씀하셨다. "만일 그들이 너희에게 '너희가 어디서 왔느냐?'고 말하면, 그들에게 '우리는 빛으로부터, 빛이 스스로 존재하게 된 곳으로부터, (스스로) 정해져서 그들의 형상으로 왔노라'고 말하라. ²만일 그들이 너희에게 '그것이 너냐?'라고 말하거든, '우리는 그 자녀들이며, 우리는 살아계신 아버지의 택함을 받은 자들이라'고 말하라. ³만약 그들이 너희에게 '너희 아버지가 너희 가운데 있다는 증거가 무엇이냐?'라고 묻거든, 그들에게 '그것은 움직임이며 휴식이다'35 라고 말하라."

51

그의 제자들이 그에게 말했다. "죽은 자들을 위한 휴식이 언제 자리

---

33 "홀로 있는"(alone): 이 용어의 의미에 대해서는 도마 16:4의 각주를 참조할 수 있다.

34 도마 49와 50의 말씀은 도마 기독교를 위한 소규모 교리 문답집(a miniature catechism for Thomean Christianity)의 형태이다. 도마 49의 말씀은 도마 신앙공동체 구성원들, 곧 도마 기독교인들을 언젠가는 다시 돌아가야 할 다른 영역으로부터 이 세상에 온 사람들로 묘사하고 있다. 이것이 영지주의 신화의 핵심적인 교리이다. 1절의 언어는 도마복음에 독특한 언어 형태이다("홀로 있는"이라는 용어 사용에 대해 알아보기 위해서는 도마 16:4와 75의 말씀을 참조할 수 있다).

35 "움직임이며 휴식(motion and rest)"이라는 문구는 애매하다. 암호 언어의 기분이 든다. 그래서 의도적으로 불투명할 것 수 있다. "휴식"이라는 말은 도마복음에서 구원을 가리키는 동의어이다(도마 60:6 참조). 영지주의자들과 플라톤주의자들에게 있어서는 "휴식"을 성취하는 것이 자신의 자리를 다시 가장 높으신 하나님과 하나가 되는 것을 의미한다. "움직임"(motion)은 도마 공동체 구성원들이 하늘 영역을 지나 하늘나라로 올라가는 움직임을 가리키는 것일 수 있다.

를 잡을 것이며, 새로운 세상은 언제 오는 것입니까?" ²그가 그들에게 말씀했다. "너희가 기대하고 있는 것이 이미 왔지만, 너희는 그것을 알지 못하고 있다."

52

그의 제자들이 그에게 말했다. "스물네 명의 예언자들이³⁶ 이스라엘에서 말했고, 그들 모두가 당신에 대해 말했습니다." ²그가 그들에게 말씀했다. "너희는 너희 면전에 있는 살아계신 자³⁷를 무시했고, 죽은 자들에 대해 말하고 있다."

53

그의 제자들이 그에게 말했다. "할례를 받는 것이 유익합니까? 아닙니까?" ²그가 그들에게 말했다. "만일 그것이 유익하다면, 그들의 아비들은 그들의 자녀들이 그들의 어미로부터 이미 할례를 받아 태어나게 했을 것이다. ³도리어 심령으로 참된 할례를 받는 것이 모든 점에서 유익하다."

54

예수께서 말씀하셨다. "가난한 자는 복이 있다. 너희에게 하늘나라가 속해 있느니라."

55

예수께서 말씀하셨다. "아비와 어미를 미워하지 않는 자는 누구나 내 제자가 될 수 없으며, ²형제와 자매를 미워하지 않으며, 나처럼 십자가를 지지 않는 자는 누구나 내게 합당치 않을 것이다."

---

36 "스물넷"이라는 수가 아주 흥미롭다. "스물넷"은 히브리 성경에 들어있는 책들의 수이다 (2 Esdr 14:45 참조). 계시록 4:4에서는 "스물네 보좌"와 "스물네 장로"가 나온다.
37 "살아계신 자"라는 표현은 도마복음 서론에서 예수를 가리켜 "살아계신 예수"라고 말한 것을 상기시키며, 실제로 도마복음의 독특한 표현으로 생각된다.

56

예수께서 말씀하셨다. "세상을 알게 된 사람은 누구나 시체를 발견하였고, ²시체를 발견한 사람이라면 누구나 그 사람에게는 세상이 가치가 없다."38

57

예수께서 말씀하셨다. "아버지의 나라는 (좋은) 씨를 가진 사람과 같다. ²그의 원수가 밤에 와서 좋은 씨 가운데 가라지를 심었다. ³그 사람은 일군들에게 가라지를 뽑지 못하게 하면서, 그들에게 말했다. '그러지 말아라. 너희가 가라지를 뽑으려고 나갔다가 그것과 함께 알곡을 뽑게 될 것이다.' ⁴추수하는 날에 가라지들이 눈에 잘 보이게 되면, 그때 뽑아서 불태워버릴 것이다."39

58

예수께서 말씀하셨다. "고생을 해서 생명을 찾은 사람은 복이 있도다."

59

예수께서 말씀하셨다. "네가 살아있는 동안, 살아있는 자40를 바라보

---

38 이 말씀과 쌍을 이루는 말씀이 도마 80:1-2에 나온다("세상을 알게 된 사람은 누구나 몸을 발견하였고, 몸을 발견한 사람은 누구나 그 사람에게는 세상은 가치가 없다"). 거의 똑같은 말씀이 두 가지 형태로 기록되어 있다는 사실은 그와 같은 말씀이 이전에 구전 형태로 실제로 전해졌다는 것을 암시한다. 그런데 두 형태의 말씀 모두 창조된 세상을 부정적으로 경시하고 있는 이런 관점이 바로 도마복음의 전형적인 특징이기도 하다 (27:1; 110; 111:3).

39 마 13:37-43에 가라지 비유에 대한 알레고리적 해석이 첨가되어 있다. 그 해석에 따르면, 하늘나라가 선한 사람과 악한 사람의 혼합으로 구성되어 있는데, 그 구별은 오직 예수의 마지막 재림 때 이루어질 것이다. 이것은 양과 염소가 마지막 심판 때 구별된다는 마태의 최후 심판 비유 교훈과 일치한다. 그러나 도마복음의 비유 본문 가운데서는 마태복음에 나오는 알레고리적 해석과 같은 생각이 구체적으로 드러나고 있지는 않다. 그래서 기독교 전승의 초기 형태를 반영하는 것으로 생각된다.

40 여기서 "살아있는 자"는 예수 자신을 가리키는 말일 수밖에 없다(참조: 도마 52:2).

라. 그렇지 않으면, 너는 죽게 될 것이며, 그때 가서 살아있는 자를 보려고 하더라도 너는 볼 수 없게 될 것이다."

60

사마리아 사람 하나가 어린양을 데리고 유대 땅으로 가는 것을 (그가 보았다). ²그가 그의 제자들에게 말했다. "(…) 사람이 (…) 그 어린 양 주변에." ³그들이 그에게 말했다. "그가 그것을 잡아서 먹으려는 것입니다." ⁴그가 그들에게 말했다. "그 양이 살아있는 동안에는 그가 그것을 먹지 못할 것이며, 오직 그가 그 양을 죽인 후에 그리고 그 양이 시체가 된 후에야 먹게 될 것이다." ⁵그들이 말했다. "그렇게 하지 않으면 그가 그것을 먹을 수 없습니다." ⁶그가 그들에게 말했다. "그러니 너희로서는 스스로 휴식⁴¹할 곳을 찾아라. 아니면 너희는 시체가 되어 잡아먹히게 될 것이다."

61

예수께서 말씀하셨다. "두 사람이 침상에 누울 것이다. 한 사람은 죽을 것이고, 다른 한 사람은 살 것이다." ²살로메⁴²가 말했다. "어르신, 당신은 누구십니까? 당신은 내 침상에 올라와서 마치 당신이 어느 누구로부터 온 것처럼⁴³ 내 식탁으로부터 먹었습니다." ³예수께서

여기서 예수는 자신을 가리켜 자신을 찾는 자들을 죽음으로부터 구원할 능력을 가진 계시자로 말하고 있다. 이 용어는 도마의 기독교 공동체에서 사용하는 말이지 예수의 말은 아니다.

41 "휴식"(rest)이라는 용어는 "구원"을 의미하는 도마복음의 또는 영지주의의 특별한 단어이다. 도마 50:3의 각주 해설을 참조할 것.

42 "살로메"라는 이름이 신약성서 정경 가운데서는 마가복음(15:40; 16:1)에서만 나온다. 그 이외의 다른 초대 기독교 문헌들에서는 그 이름이 「야고보의 유아기복음서」, 「마가의 비밀 복음서」, 「애굽 인들의 복음서」에서, 그리고 또 몇몇 영지주의 문헌들에서도 나온다(「Pistis Sophia」, 「야고보의 첫 번째 묵시록」, 「마니교의 시편」).

43 "마치 당신이 어느 누구로부터 온 것처럼"이라는 콥트어의 의미는 분명치 않다. 아마도

그녀에게 말씀하셨다. "나는 온전한 것으로부터 온 자이다. 내게는 내 아버지의 것들이 주어졌다."⁴⁴ ⁴"나는 너의 제자이다." ⁵"이런 이유 때문에 내가 말하거니와, 만약 누가 (온전하다면), 그는 빛으로 충만할 것이다. 그러나 만일 누가 분열되었다면, 그는 어둠으로 충만할 것이다."

62

예수께서 말씀하셨다. "나는 나의 비밀들에 합당한 자들에게 내 비밀들을 드러낸다.⁴⁵ ²너희의 오른손이 하고 있는 일을 너희의 왼손이 모르게 하라."

63

예수께서 말씀하셨다. "돈을 아주 많이 가지고 있는 부자가 있었다. ²그가 말했다. '내가 내 돈을 투자하여, 내가 심고, 수확하고, 배치하여, 내 창고를 생산물로 가득 채우리라.' ³이것이 그가 그의 마음속으로 생각하고 있던 것이었다. 그러나 바로 그날 밤에 그가 죽었다.⁴⁶

"마치 당신이 특별한 어떤 사람인 것처럼"이나 "마치 당신이 낯선 자인 것처럼"이라는 의미일 것으로 보인다.

44 여기서 예수는 자신의 기원과 관련하여 자기가 자기 아버지인 하나님과 특별한 관계에 있음을 주장하고 있다. 이런 주장은 아마도 자신의 추종자들을 위한 주장일 것이다.

45 "비밀"을 오직 합당한 자들에게만 드러낸다는 이 말씀이 하나님 나라의 비밀이 오직 제자들 곧 내부자들에게만 주어진다는 막 4:11의 말씀과 비슷하다. 그러나 마가복음에서는 비밀이 비유와 연관되어 있는데, 도마복음에서는 오히려 오른손이 하는 일을 왼손이 모르게 하라는 말씀과 연관되어 있다. 그러나 이 말씀이 마 6:3에서는 오히려 선행과 관련하여 소개되고 있다.

46 이 비유 말씀은 눅 12:16-21에 나오는 「어리석은 부자 비유」와 비슷하다. 그러나 차이점 또한 분명하다. 첫째로 누가복음에서는 부자가 "농부"이지만, 도마복음에서는 "투자자"이다. 둘째로 누가복음에서는 하나님이 이 부자를 가리켜 "어리석은 자"라고 명명하지만(눅 12:20), 도마복음에서는 도덕적으로 해석된 그런 말씀이 없을 뿐만 아니라, 누가복음에서처럼 "자기를 위하여 재물을 쌓아 두고 하나님께 대하여 부요하지

⁴여기 두 귀를 갖고 있는 자는 누구나 더 잘 들으라!"

64

예수께서 말씀하셨다. "어떤 사람이 손님들을 초대했다. 그가 만찬을 준비했을 때, 그는 그의 종을 보내 손님들을 초청했다. ²종이 첫 번째 사람에게 가서 말했다. '내 주인께서 당신을 초청하십니다.' 첫 번째 사람이 대답했다. ³ '내게서 돈을 꾼 상인들이 있는데, 그들이 오늘밤에 내게 올 것인즉, 내가 가서 그들에게 지시를 해야 하네. 만찬에 참석치 못하는 나를 용서해주기 바라네.' ⁴종이 다른 사람에게로 가서 그에게 말했다. '내 주인께서 당신을 초청하셨습니다.' ⁵두 번째 사람이 종에게 말했다. '내가 집을 한 채 샀는데, 그 일 때문에 하루를 보내야 하네. 나는 시간이 없을 걸세.' ⁶종이 다른 사람에게로 가서 말했다. '내 주인께서 당신을 초청하십니다.' ⁷세 번째 사람이 종에게 말했다. '내 친구가 결혼을 하는데 내가 잔치를 준비해야 하네. 나는 갈 수가 없네. 만찬에 참석치 못하는 나를 용서해주기 바라네.' ⁸종이 다른 사람에게로 가서 말했다. '내 주인께서 당신을 초청하십니다.' ⁹네 번째 사람이 종에게 말했다, '나는 토지를 산 것이 있어서 소작료를 받으러 가야 하네. 나는 갈 수가 없으니, 용서해주기 바라네.' ¹⁰종이 돌아와 그의 주인에게 말했다. '당신이 만찬에 초청한 사람들이 모두 못 오겠다고 용서를 빕니다.' ¹¹주인이 그의 종에게 말했다. '거리에 나가서 네가 만나는 사람들을 데려다가 만찬에 참여케 하라.⁴⁷ ¹²매매하는 자들과 상인들은 내 아버지의 집에 들어가지 못

못한 자가 이와 같으니라"(눅 12:21)와 같은 결론적인 적용의 말씀도 없다. 결과적으로 도마복음의 비유가 누가복음의 것보다는 훨씬 더 초기에 구전으로 전해지던 형태를 반영하고 있는 것으로 생각된다.

47 이런 "만찬 혹은 잔치 비유"는 마태 22:1-14와 누가 14:16-24에서도 나온다. 그러나

하리라.'"[48]

65

그가 말했다. "어떤 사람이 포도원을 갖고 있었는데 그것을 농부들에게 맡겨 그들도 거기서 일하고 그가 그들로부터 소출을 거둘 수 있도록 했다. [2]그가 그의 종을 보내 농부들이 주인에게 포도원의 소출을 바치게 했다. [3]그들은 그의 종을 잡아 그를 때리고 그를 거의 죽게 만들었다. 그 종은 돌아가 그의 주인에게 말했다. [4]그의 주인이 말했다. '아마도 그가 그들을 알아보지 못했을 것이다.' [5]그는 다른 종을 보냈다. 그런데 농부들이 이 종도 때렸다. [6]그러자 주인은 그의 아들을 보냈고, 이렇게 말했다. '아마도 그들이 내 아들에게는 존경을 표할 것이다.' [7]농부들은 그가 포도원의 상속자인 것을 알았기 때문에, 그들은 그를 잡아다가 죽였다.[49] [8]여기 두 귀를 가진 사람은 더 잘

비유 본문들 간에는 많은 차이점들이 있다. 가령 마태의 경우는 왕이 아들을 위해 베푼 "결혼 잔치"이고, 누가의 경우는 그냥 "큰 잔치"이다. 마태와 누가의 경우는 초청받은 사람들이 세 종류의 사람들인데, 도마복음에서는 네 종류의 사람들이다. 마태 본문이 알레고리적으로 신학적 해석이 가미된 형태이고, 도마복음에서는 영지주의 영향으로 보이는 네 번째 사람(곧 매매하는 사람과 상인들)에 대한 부정적인 관점이 드러나고 있는 형태이다. 여기에 비해 누가의 본문이 예수의 사역과 사상의 관점을 가장 잘 반영하고 있는 것으로 생각된다.

48 만일 이런 예수의 말씀을 소개하는 도마복음이 정경으로 확정되었다면, 오늘날 기독교 교회 안에서는 장사하는 사람들, 즉 상인들은 찾아볼 수 없게 되었을 것이다. 이런 말씀들이 바로 세상을 부정적으로 바라보는 영지주의의 영향인 것으로 생각된다.

49 이 비유는 초대 기독교에서 자주 애용되던 비유였다. 초대교회는 그 비유를 가지고 하나님의 특별한 은혜가 왜 하나님의 백성인 유대인들로부터 새로운 백성인 기독교인들, 주로 이방인들에게로 옮겨지게 되었는지를 가르치는 변증적인 설교로 많이 이용하였다. 그래서 공관복음의 비유 본문들(막 12:1-8; 마 21:33-39; 눅 20:9-15)이 모두 알레고리적인 해석이 첨가된 형태를 보여주고 있다. 거기에 비해서 도마복음의 비유 본문은 알레고리적 특징이 없는, 그래서 예수께서 처음 말씀하신 비유 형태에 보다 가까운 것으로 생각되고 있다.

들었을 것이다!"

66

예수께서 말씀하셨다. "건축자들이 버린 돌을 내게 보여라. 그것이 모퉁이돌이니라."

67

예수께서 말씀하셨다. "모든 것을 알고 있지만, 그러나 무언가 부족한 사람은 전적으로 부족한 사람이다."

68

예수께서 말씀하셨다. "너희가 미움을 받고 박해를 받으면 너희에게 복이 있도다. ²그리고 너희가 어느 곳에서 박해를 받았든 간에 그 장소는 발견되지 않을 것이다."

69

예수께서 말씀하셨다. "자기 마음속으로[50] 박해를 받은 자들에게 복이 있도다. 그들은 진실로 아버지를 알게 된 사람들이다. ²주린 사람들에게 복이 있도다. 빈곤한 자의 위장이 가득 채워질 것이다."

70

예수께서 말씀하셨다. "만일 너희가 너희 안에 있는 것[51]을 끄집어낸다면, 너희가 갖고 있는 것이 너희를 구원할 것이다. ²만일 너희가 너희 안에 그것을 갖고 있지 않다면, 너희가 너희 안에 갖고 있지 않

---

50 "자기 마음속으로"라는 문구는 도마 기독교인들에게 요구되는 통찰력을 위한 내적 갈등을 가리키는 것으로 보인다.

51 "우리 안에 있는 것"이라는 개념은 우리가 구원을 받기 위해서는 우리의 참된 기원이 한 분이신 최고의 신에게 있다는 것을 알려주는 우리 안의 신성하고 거룩한 "불꽃"을 암시해주는 영지주의 사상에서 나온 것이다. 만약 우리가 그것을 갖고 있고 인식하고 있다면, 구원은 확실하다. 만약 우리가 하나님의 불꽃을 갖고 있지 못하다면 그것 없이 우리가 할 수 있는 일은 아무것도 없다.

은 것이 너희를 죽일 것이다."

71

예수께서 말씀하셨다. "내가 이 집을 허물 것이다. 그러면 어느 누구도 그것을 세울 수가 없을 것이다."52

72

그에게 (어떤 사람이 말했다), "내 형제들에게 내 아버지의 재산을 나와 분배하도록 말씀해주십시오." 2그가 그 사람에게 말했다. "이보게, 누가 나를 분배자로 만들었단 말인가?" 3그가 그의 제자들에게 돌아서서 그들에게 말했다. "나는 분배자가 아니다. 내가 그런 사람이라는 말인가?"53

73

예수께서 말씀하셨다. "추수할 것은 많은데 일군들이 적으니, 추수하는 사람에게 밭에 일군들을 보내달라고 요구하라."54

---

52 도마복음에 나오는 "성전" 말씀이 "성전"을 직접적으로 언급하고 있지 않은 것이 주목할 만하다. 물론 "집"이라는 단어가 성전을 에둘러 표현하는 말일 수 있다. 도마복음에 나오는 이 단편적인 말씀은 요 2:19에 나오는 말씀("이 성전을 허물어라, 내가 삼일 만에 다시 세울 것이다")을 반영한다. 막 14:58과 마 26:61에서도 비슷한 말씀이 나온다.

53 이 말씀은 눅 12:13-15에도 나온다. 도마복음의 말씀은 두 부분으로, 즉 대화 부분(1-2절)과 제자들에 대한 질문(3절)으로 나뉘어 있다. 대화 부분은 누가복음과 도마복음이 비슷하다. 예수가 요청한 역할을 거부하는 것이다. 그런데 두 복음서의 두 번째 부분이 아주 다르다. 누가복음에서는 대화 부분이 탐욕을 금지하는 권면으로 끝나고 있어 누가의 관심은 재물 소유 문제에 있어 보인다. 그러나 도마복음에서는 요청 자체는 재물에서 시작되었지만 주요 관심은 결론에서 밝혀지고 있듯이 "나눔"(division) 그 자체에 있는 것으로 보인다. 이 주제는 도마 61:5에서 나타나고 있다("... 만일 누가 분열되었다면, 그는 어둠으로 충만할 것이다"). 결국 "나뉨 혹은 분열"(division)이 도마복음의 주요 주제 가운데 하나인 것으로 보인다.

54 이 말씀은 분명히 초대 기독교 안에서 선교 활동이 주요 관심사가 되었던 때에 나온 말씀으로 보인다. "추수"라는 개념이 보통은 "심판"의 위협과 연관되기도 했지만, 이런 주제가 예수로부터 유래된 것으로는 생각되지 않는다.

74

그가 말씀하셨다.[55] "주여, 물통 주변에는 사람들이 많지만, 우물가엔 아무도 없습니다."

75

예수께서 말씀하셨다. "문 앞에 서 있는 사람들은 많다. 그러나 혼자 있는[56] 사람들이 신랑의 방[57]에 들어가게 될 것이다."

76

예수가 말씀했다. "아버지의 나라는 상품들을 공급하다가 진주를 하나 발견한 장사꾼과 같다. ²그 장사꾼은 현명하였다. 그는 상품들을 팔고는 자신을 위해 한 개의 진주를 샀다. ³너희들에게도 마찬가지이다. 이끼가 먹지 않고, 벌레가 죽이지 않는, 절대로 확실한, 영구적인, 자기의 보물을 찾으라."[58]

77

예수가 말씀하셨다. "나는 모든 것들 위에 있는 빛이다. 나는 모든 것(all)이다.[59] 나로부터 모든 것이 나왔고, 모든 것이 나에게 도달된

---

55 "그가 말했다"는 이 문구의 "그"가 "예수"를 가리키는 것이 아닐 수 있다. 오히려 〈말씀 74〉가 〈말씀 73〉 및 〈말씀 75〉와 함께 하나의 대화를 구성하고 있는 것일 수도 있어 보인다.

56 "혼자 있는" 혹은 "홀로 있는"(alone)이라는 용어가 도마복음에서 갖는 의미를 위해서는 도마 16:4의 각주 해설을 참조할 것.

57 "신랑의 방"이라는 말이 도마 104:에서도 다시 나온다. 이 용어가 제3세기 기독교 영지주의의 문서 가운데 하나인 「빌립의 복음서」(the Gospel of Philip)에서는 아주 중요한 역할을 하고 있는 것으로 보인다. 오직 "자유로운 사람들"과 "처녀들"만이 그곳에 들어갈 수 있고, 죄를 진 "종들"이나 성관계를 가진 "더럽혀진 여인들"은 들어갈 수 없는 곳으로 되어 있다.

58 마 13:45-46에 비슷한 비유 말씀이 나온다. 약간의 차이가 있기 하지만, 하나님 나라는 사람들이 어떤 값을 치루더라도 갖고 싶어 하는 값진 진주보다도 더 값지다는 그 기본 요점에는 별다른 차이가 없다.

다. ²나무 한 조각을 쪼개보라. 내가 거기에 있다. ³돌을 들어보라. 그러면 너희가 거기서 나를 발견하게 될 것이다."

78

예수가 말씀하셨다. "너희가 무엇을 보려고 광야에 나갔더냐? 바람에 흔들리는 갈대를 보기 위해서냐? ²너희 지배자들과 너희 권세 있는 자들처럼, 부드러운 옷을 입은 사람을 보기 위해서냐? ³그들이 부드러운 옷을 입고 있지만, 그들은 진리를 이해할 수가 없다."⁶⁰

79

한 여인이 무리 가운데서 그에게 말했다. "당신을 밴 태와 당신을 먹인 유방은 복이 있나이다." ²그가 그녀에게 말했다. "아버지의 말씀을 듣고 그것을 충실히 지키는 자가 복이 있다. ³이는 너희가 '잉태하지 못한 태와 젖을 먹이지 못한 유방이 복이 있다'라고 말할 날이 있을 것이기 때문이다."⁶¹

80

예수께서 말씀하셨다. "세상을 알게 된 사람은 누구나 몸을 발견하였다. ²그리고 몸을 발견한 사람은 누구나 그 사람에게는 세상이 가치

---

59 "빛"은 도마복음에서 특별한 의미를 갖고 있다(11:3; 24:3; 50:1; 61:5; 83:1-2). 그리고 "모든 것"(all)은 우주적 실재 전체를 가리키는 전문적인 영지주의 용어이다(도마 67). 물론 이런 사상이 초대 기독교의 다른 곳에서도 나타나고 있긴 하지만(요 8:12; 롬 11:36; 고전 8:6), 이런 사상이 예수의 것으로 보이지는 않는다.

60 이 말씀은 아마도 도마복음 전승의 고행주의적 경향의 영향을 받아 소개된 것으로 보인다.

61 79:1-2의 말씀은 눅 11:27-28에도 나온다. 그러나 도마복음에서는 79:3이 더 첨가되어 있다. 79:3에 나오는 말씀은 눅 23:29에도 나온다. 79:3이 첨가된 것은 인류의 생산이 꼭 선한 것이 아니라고 보는 도마복음의 고행주의적 관심 때문일 것으로 보인다. 이런 종류의 고행주의는 독신주의를 추구했던 것으로 보이는 쿰란 공동체에서도 찾아볼 수 있다.

가 없다."[62]

81

예수께서 말씀하셨다. "부유하게 된 사람이 다스려야 할 것이며, [2]힘을 가진 자는 그것을 포기해야 할 것이다."[63]

82

예수께서 말씀하셨다. "누구나 내 가까이 있는 자는 불 가까이 있고, [2]누구나 나로부터 멀리 있는 자는 (아버지의) 나라에서 멀리 있다."[64]

83

예수께서 말씀하셨다. "형상들[65]이 사람들에게 보이지만, 그것들 내

---

62 이 말씀과 거의 비슷한 말씀이 도마 56:1-2에 나온다. "몸"과 "시체"가 거의 같은 의미로 쓰이고 있다. 이런 말씀들은 초대 기독교 안에서 일부가 고행주의로 나가면서 생겨난 것으로 보인다. 그러나 예수는 세상과 몸을 부정적으로 평가절하하지 않았다. 고행주의는 "먹기를 탐하는 자요 포도주를 즐기는 자"라는 비난을 받았던 예수(눅 7:34)에게는 어울리지 않는 것으로 생각된다.

63 이 역설적인 말씀은 도마복음 해석자들에게 수수께끼와 같은 말씀이다. 전반 구절은 세상적 가치들에 일치하는 것으로 보이지만, 도리어 후반 구절은 오히려 세상적 가치들을 정죄하고 있는 것으로 보이기 때문이다. 〈도마 110〉의 말씀도 비슷하다.

64 이 말씀은 "누구나 제우스에 가까이 있는 자는 벼락 가까이에 있다"는 이솝의 속담에 근거한 것으로 생각된다. 이 말씀의 요점은 신의 은총을 받고자 할 때 위험이 따른다는 점이다. 도마복음에서도 이 말씀은 제자직의 위험에 대한 언급으로 생각된다.

65 "형상"(image)이라는 말이 여기서는 플라톤적 의미로, 즉 이데아에 반대되는 물질적인 것들을 가리키는 것으로 사용된 것으로 보인다. 그래서 이 말씀이 한편으로는 발견되지 않은 채 각 사람 내부에 내재하고 있는 빛을 말하고 있고(83:1), 다른 한편으로는 아버지의 압도적인 빛 배후에 감추어져 있는 아버지의 본질이 갖고 있는 접근불가능성에 대해 말하고 있다. 비록 아버지의 빛은 드러나게 되어 있지만, 그의 본질은 그렇치 않다. 따라서 도마복음에 나오는 이 말씀은 초대 기독교가 자신의 신학을 희랍의 철학적 용어로 표현하려는 시도를 반영해주고 있으며, 당시 기독교 세계에서는 여러 곳에서 일반적으로 시도된 것이기는 하지만, 전혀 예수의 것으로는 생각될 수 없는 말씀이다.

부에 있는 빛은 아버지의 빛의 형상 속에 감추어져 있다. ² 그분은 밝혀질 것이다. 그러나 그의 형상은 그의 빛에 의해 감추어져 있다."

84

예수께서 말씀하셨다. "너희가 너희와 비슷한 사람을 보게 될 때,⁶⁶ 너희는 행복하다. ² 그러나 너희가 너희 이전에 존재했던 그리고 죽지도 않고 보이지도 않는 너희의 형상을 볼 때, 너희가 얼마나 참아야 할 것인가?"

85

예수께서 말씀하셨다. "아담은 큰 능력과 큰 부귀로부터 왔다. 그러나 그는 너희에게 존경할 만한 사람은 아니다. ² 그가 너희에게 존경할 만한 사람이었다면, 그는 죽음을 맛보지 않았을 것이다."

86

예수께서 말씀하셨다. "여우도 제 굴이 있고 새들도 제 보금자리가 있다. ² 그러나 인간들은 누워서 쉴 곳이 없다."

87

예수께서 말씀하셨다. "한 몸에 의존해 있는 몸은 얼마나 비참한가. ² 그리고 이 둘에 의존해 있는 영혼은 얼마나 비참한가."⁶⁷

88

예수께서 말씀하셨다. "말씀을 전하는 자들과 예언자들이 너희에게 와서 너희에게 속한 것을 너희에게 줄 것이다. ² 그리고 너희는 너희

---

66 각 사람이 결코 없어지지 않는 하늘의 쌍둥이를 갖고 있다는 영지주의 사상을 반영하고 있는 것으로 보인다.

67 이 말씀이 애매하기는 하지만, 이 말씀은 몸과 혼 중에 몸을 더 열등한 것으로 보는 이원론에 의존한 것으로 보인다. 몸 안에 내재하는 영에 대해서, 도마 29:3은 "이런 엄청난 부요함이 어떻게 이런 가난함 속에 거하게 되었는지"에 대한 놀라움을 표하고 있다.

가 갖고 있는 것을 그들에게 주면서 마음속으로 '그들이 와서 그들에게 속한 것을 가져갈까?'라고 말할 것이다."

89

예수께서 말씀하셨다. "왜 너희는 잔의 외부를 닦느냐? ²내부를 만드신 이가 또한 외부를 만드신 분인 것을 너희는 이해하지 못하느냐?"

90

예수께서 말씀하셨다. "내게로 오라. 내 멍에는 편안하고 내 통치권은 온화하니, 너희가 너희 자신들을 위한 휴식을 찾을 것이니라."

91

그들이 그에게 말했다. "우리가 당신을 믿을 수 있게끔, 당신이 누구인지 우리에게 말해 주시오. ²그가 그들에게 말씀하셨다. "너희가 하늘과 땅의 표면을 검사하였지만, 그러나 너희는 너희들의 현존 가운데 있는 자를 알지 못하였고, 너희가 현재의 순간을 어떻게 검사하는지를 모르고 있다."

92

예수께서 말씀하셨다. "찾으라, 그리하면 찾을 것이다. ²그러나 과거에는 너희가 내게 물었던 것들에 대해 내가 너희에게 말해주지 않았다. 이제 나는 기꺼이 그것들을 말해줄 것이다. 그러나 너희가 그것들을 찾지 않고 있다."

93

"거룩한 것을 개들에게 주지 말라. 개들이 그것을 거름더미 위에 던져버릴 것이다. ²진주를 돼지들에게 던지지 말라."

94

예수께서 말씀하셨다. "찾는 자는 발견할 것이다. ²그리고 (두드리는 자)에게는 열릴 것이다.”

95

(예수께서 말씀하셨다.) “만약 너희가 돈을 가지고 있다면, 이자를 위해 빌려주지 말라. ²도리어 그것을 너희가 돌려받기를 원치 않는 사람에게 주어라.”

96

예수(께서 말씀하셨다). “아버지의 나라는 여인이 ²작은 누룩을 반죽안에 (숨겨서), 큰 빵 덩어리를 만드는 것과 같다. ³여기 두 귀를 가진 자는 더 잘 들을지어다!”

97

예수께서 말씀하셨다. “(아버지의) 나라는 음식이 가득 담긴 (항아리를) 나르는 여인과 같다. ²그녀가 먼 길을 따라 걷는 동안, 항아리의 손잡이가 깨져서 음식이 그녀 뒤로 길을 따라 흩뜨려지고 말았다. ³그녀를 그것을 몰랐다. 그녀는 문제를 알아채지 못했다. ⁴그녀가 그녀의 집에 도착했을 때, 그녀는 항아리를 내려놓았고 그것이 비어있는 것을 발견하였다.”

98

예수께서 말씀하셨다. “아버지의 나라는 강한 사람을 죽이기 원하는 사람과 같다. ²아직 집에 있는 동안 그는 그의 칼을 뽑아서 자기 손이 집안으로 들어갈 수 있는지를 알아보기 위해 칼로 벽을 찔렀다. ³그리고 나서야 그는 강한 사람을 죽였다.”[68]

---

68 “암살자의 비유”로 알려지고 있는 이 비유는 눅 14:28-30에 나오는 망루 건축자의 비유와 눅 14:31-32에 나오는 전쟁을 준비하는 왕의 비유를 상기시킨다. 이 세 비유들은 모두 어떤 행동의 비용이나 그 행동의 성공 가능성 여부를 미리 계산해야 한다는 교훈과 관련이 있다.

99

제자들이 그에게 말했다. "당신의 형제들과 당신의 어머니가 밖에 와 계십니다. ²그가 그들에게 말씀하였다. "여기 내 아버지께서 원하시는 일을 하는 자들이 내 형제들이요 내 어머니이다. ³그들이 내 아버지의 집에 들어갈 사람들이다."⁶⁹

100

그들이 예수께 금으로 된 동전 하나를 보여주며 그에게 말했다. "로마 황제의 백성들 이 우리에게 세금을 내라고 요구합니다." ²그가 그들에게 말씀하셨다. "황제에게 속한 것을 황제에게 주어라. ³하나님께 속한 것을 하나님께 드리고 ⁴내 것은 나에게 주라."

101

"누구든지 내가 그런 것처럼 (아버지)와 어머니를 미워하지 않는 자는 내 (제자가) 될 수 없고, ²누구든지 내가 그런 것처럼 (아버지)와 어머니를 사랑하지 않는 자는 내 (제자가) 될 수 없다. ³내 어머니가 (…). 그러나 내 참된 (어머니가) 내게 생명을 주었다."

102

예수께서 말씀하셨다. "바리새인들은 저주 받을지어다! 그들은 가축 여물통에서 자고 있는 개와 같다. 개는 먹지도 않고, 가축으로 먹게 하지도 않는다."

---

69 이 말씀은 "밖에" 있는 예수의 친척들과 "안에" 있는 예수의 제자들을 대비시키고 있다. 이 대비가 무엇을 가리키는 것일까? "어머니와 형제들"은 예수를 배척하여 결국 밖으로 밀려나 외부인이 되어버린 유대인들과는 대조적으로 나중에 예수의 참된 친척들이 된 이방인들을 가리키는 것일 수 있다. 또는 예수의 진짜 친척들은 초대교회 안에 있었던 경쟁, 곧 예수의 혈족으로 초대교회의 지도자가 되었던 주의 형제 야고보와 혈족은 아니면서 부활하신 예수로부터 직접 위임을 받은 사도 바울과 같은 제자들 간의 경쟁을 반영하는 것일 수도 있다.

103

예수께서 말씀하셨다. "반역자들이 어디서 공격하는지를 아는 사람들은 복이 있도다. 그들은 반역자들이 도착하기도 전에 미리 나서서 그들의 제국의 자원들을 수집하여 준비할 수가 있다."

104

그들이 예수에게 말했다. "자, 우리 오늘 기도하고, 금식하십시다." [2]예수께서 말씀하셨다. "내가 무슨 죄를 지었단 말이며, 어떻게 그것을 되돌릴 수 있다는 말이냐? [3]도리어 신랑이 신부의 일행을 떠날 때, 그때 사람들이 금식하고 기도할 것이다."

105

예수께서 말씀하셨다. "아버지와 어머니를 아는 사람은 누구나 창녀의 자녀라고 불리게 될 것이다."[70]

106

예수께서 말씀하셨다. "너희가 둘을 하나로 만들었을 때,[71] 너희는 아담의 자녀들[72] 이 될 것이다. [2]그리고 너희가 '산이여, 여기서 옮겨

---

70 개인의 정체성 문제와 관련해서 혈통 문제는 오늘날의 서구 사회들에서보다 고대 세계에서 더 중요한 역할을 했다. 이 말씀은 예수가 마리아와 어떤 로마 군인 사이에서 태어난 사생아라는 유대인과 기독교인 간에 있었던 초기 논쟁을 반영하는 것으로서, 예수 자신의 말씀으로 생각되지는 않는다.

71 "둘이 하나가 된다"는 말씀은 도마복음에서 자주 나타나는 주제로서 남성과 여성, 육체와 영혼, 속과 겉의 통합을 가리킨다.

72 콥트어에서는 문자적으로 "사람들의 아들들"이다. 둘을 하나로 만든다는 것이 구별이 생기기 이전의 원시 상태로의 복귀를 의미하는 것일 수 있다(예를 들어 영지주의 그룹들 가운데서 자주 볼 수 있는 양성 상태). 초기 기독교인들 가운데서는 아담이 타락 이전에는 양성 상태였다고, 그래서 창조된 질서에로의 복귀는 곧 양성 상태로의 복귀를 의미하는 것으로 믿는 사람들도 있었다. 그래서 "아담의 자녀들"이라는 표현이 사용되었을 것으로 보인다.

갈지어다'라고 말하면, 산이 옮겨갈 것이다."73

107

예수께서 말씀하셨다. 아버지의 나라는 백 마리의 양을 가진 목자와 같다. 2그 중의 한 마리가 길을 잃었는데, 가장 큰 양이었다. 그는 아흔아홉 마리를 내버려두고 그 한 마리를 찾아다니다가, 결국 그것을 찾아냈다. 그가 고생을 하고 난 후에 그 양에게 말했다. "나는 아흔아홉 마리보다 너를 더 사랑한다."74

108

예수께서 말씀하셨다. "내 입으로부터 마시는 자는 누구나 나와 같이 될 것이다. 2나 자신이 그 사람이 될 것이다. 3그리고 감추어진 것들이 그에게 드러나게 될 것이다."75

109

예수께서 말씀하셨다. "아버지의 나라는 자기 밭에 보화가 숨겨져 있는데 그것을 알지 못하고 있는 사람과 같다. 2그리고 그가 죽었을 때 그는 그것을 그의 아들에게 남겨주었다. 아들도 (그것에 대해) 알지

---

73 산을 옮긴다는 말씀은 기독교 문헌들 가운데서 자주 인용되는 속담과 같은 말씀이다. 이 말씀이 상이한 형태로 그리고 여러 다른 문맥들 가운데서 사용되고 있다.

74 마 18:10-14와 눅 15:4-7에 나오는 "길 잃은 양의 비유"와 비슷한 본문이다. 그러나 정경복음서 본문들과 중요한 차이를 보이고 있다. 첫째는 도마복음에서는 잃은 양이 "가장 큰" 양이다. 이 주제는 도마복음 다른 곳에서도 반복되고 있다(도마 96:1-2에 나오는 누룩 비유와 도마 8:1-3에 나오는 그물 비유 등). 그리고 둘째는 도마복음에서는 목자가 잃은 양을 사랑한 이유가 그 양이 가장 큰 것이기 때문인데, 정경복음서들에서는 그 양이 잃은 양이기 때문인 것으로 나타나고 있다.

75 계시를 물을 받아 마셔서 만족하게 되는 것에 비유하는 것은 지혜 문서와 영지주의 문서들에서 일반적으로 나타나는 주제이다. 여기서 예수의 입을 만족스럽게 물을 받아 마시는 것에 비유한 것은 분명히 도마복음서가 예수를 계시의 말씀을 주시는 분으로 소개하는 것과 연관이 되고 있다. 원칙상으로는 이 사상이 요 4:13-14에 나오는 말씀과 일치한다.

못했다. 그는 밭을 넘겨받아 그것을 팔아버렸다. ³매수자가 밭을 갈다가 보화를 (발견하였다). 그래서 그는 그가 원하는 사람 누구에게나 이자를 붙여 돈을 빌리기 시작했다."

110

예수께서 말씀하셨다. "세상을 발견하고, 부자가 된 사람은 세상을 포기해야 한다."

111

예수께서 말씀하셨다. "하늘과 땅이 너희 면전에서 돌아버릴 것이고, ²살아있는 자로부터 살아있는 자는 누구나 죽음을 보지 않게 될 것이다."[76] ³예수께서 말씀하지 않는가. "자신을 발견한 자들에게는 세상이 가치가 없다"고?[77]

112

예수께서 말씀하셨다, "영혼에 의존해 있는 육체는 저주받을지어다. ²육체에 의존해 있는 영혼은 저주받을지어다."[78]

113

그의 제자들이 그에게 말했다. "아버지의 나라가 언제 임합니까?" ²"그것을 지켜보고 있다고 임하는 것은 아니다. ³그들이 '여기를 보라' 혹은 '저기를 보라'고 말하지는 않을 것이다. ⁴오히려 아버지의 나라는 땅 위에 활짝 전개되지만 사람들이 그것을 보지 못한다."[79]

---

76 "죽음을 맛보지 않다"는 문구는 도마복음에서 여러 번 나온다(1; 18:3; 19:4; 85:2). 1절과 2절은 도마복음과 그의 공동체에 독특한 주제와 언어들로 구성되어 있다.

77 3절은 세상을 부정적으로 평가하는 도마복음의 관심을 그대로 반영하고 있다: 21:6; 27:1; 56:1-2; 80:1-2; 그리고 110.

78 이 말씀은 87:1-2에 나오는 거의 똑같은 쌍둥이 말씀과 마찬가지로 몸이 영혼보다는 열등하다고 보는 몸과 영혼의 이원론을 나타내고 있다.

79 눅 17:20-21에 기록된 말씀과 비슷하다. 도마복음에서는 3:3; 51:2가 이 말씀과 아주

114

시몬 베드로가 그들에게 말했다. "여성들은 생명에 합당치 않으니, 마리아로 하여금 우리를 떠나게 하자." ²예수께서 말씀하셨다. "보라, 내가 그녀가 남성이 되도록 그녀를 인도하겠다. 그래서 그녀도 너희 남성들과 비슷하게 살아있는 영이 되게 하겠다. ³왜냐하면 남성이 되는 모든 여성이 하늘나라에 들어갈 것이기 때문이다."⁸⁰

비슷하다.

80 베드로 전승은 여인들에 대해 긍정적이거나 호의적이지 못한 것으로 알려지고 있다. 신약 정경 벧후 3:1-6에 보더라도 여성이 남성에게 종속된 것으로 언급되고 있다. 외경 전승 가운데서도 베드로는 특히 마리아에 대해서 비판적인 것으로 묘사되어 있다 (예: 마리아복음서와 Pistis Sophia). 영지주의 종파들 가운데서도 어떤 것은 남자와 여자에 대해 평등주의적 입장을 보이기도 하지만, 대개는 악과 죄의 기원을 여성과 연관시키면서 여성 혐오주의적인 견해를 드러내고 있다. 그러나 역사적인 예수에게서 이런 관점은 찾아볼 수 없는 것으로 생각된다.

「히브리인의복음서」 (The Gospel of the Hebrews)

초대 기독교인들 중에는 자기들의 신앙이 유대교에 깊게 뿌리를 두고 있다고 생각하는 유대인들, 그래서 새로이 믿게 된 기독교 신앙을 유대교식으로 이해하고 해석하는 그런 유대인 출신 기독교인들 (the Jewish Christians)이 많이 있었다. 그런 사람들 중에는 자신들이 새로 믿게 된 기독교를 새로운 종교, 또는 유대교와는 아주 다른 종교로 생각하지 않고, 여전히 유대교의 한 형태 혹은 새로운 형태로 생각하면서, 유대교의 법도와 관례 안에서 신앙생활을 하고자 하는 극 보수주의 기독교인들 혹은 극우파 기독교인들도 많았다. 이런 사람들을 일반적인 "유대인 출신 기독교인들"과 구별하여 "기독교적인 유대인"(the Christian Jews)라고 부를 수도 있을 것이다.

그런데 이런 극우파 유대 기독교인들 혹은 기독교적 유대인들이 애용하던 복음서들이 존재했었고, 제2세기 중엽으로부터 제5세기 초까지 초대 교부들이 이런 복음서들을 많이 인용했다는 사실이 알려졌다. 이런 복음서들의 필사본들이 독자적인 형태의 복음서 사본들로 발견된 것은 아직 하나도 없다. 오직 초대 교부들의 인용문들 가운데서만 그 본문들이 단편적으로 알려지고 있을 뿐이다. 따라서 이런 복음서들의 존재와 내용에 관한 정보의 유일한 근거는 초대 교부들이 문서들 가운데서 찾아볼 수 있는 많은 인용문들뿐이다. 따라서 이런 복음서들에 대한 우리의 지식 자체가 아주 단편적일 수밖에 없고, 따라서 그 복음서의 본래 형태가 어떠했는지에 대해서는 아직 확실히 알 수 없는 형편이다.

그러나 초대 교부들이 인용했던 많은 본문들에서 나타나는 문학적 특징과 신학적 경향의 일관성 때문에 그리고 알려진 그런 모든 인용문들을 분석하고 분류한 결과, 학자들은 초대 교부들이 인용했던 모든 인용문들이 같은 복음서들로부터 나온 것이라는 결론을 내리면서, 다음과 같은 독특한 세 복음서가 있었다는데 의견을 모으게 되었다: ① 영지주의 경향을 갖고 있으면서 정경복음서와는 직접 아무런 관련이 없는 「히브리인의복음서」(the Gospel of the Hebrews), ② 공관복음서들에 근거한 복음서인 「에비온파 복음서」(the Gospel of the Ebionites), ③ 마태복음과 아주 비슷한 「나실인의 복음서」(the Gospel of the Nazoreans) 등이다. 따라서 학자들이 찾아놓은 이런 복음서들은 결국 학자들이 인용문들을 모아서 재구성한 인위적인 복음서라고 말할 수밖에 없을 것이다. 여기서는 대표적으로 「히브리인의복음서」 하나만을 소개해보고자 한다.[1]

---

1 여기에 소개된 「히브리인의복음서」 해설과 본문은 Robert J. Miller가 편집인이 되어 출판한 *The Complete Gospels: Annotated Scholars Version* (a Polebridge Press Book, 1994)을 근거로 소개한 것이다.

1. 「히브리인의복음서」의 문학적 장르와 내용

「히브리 복음서」는 초대 교부들이 유대적 기독교 복음서라고 생각하여 가장 많이 인용하면서 자주 사용한 명칭이다. 현존하는 「히브리인의복음서」 단편들만 가지고서는 그 문학적 장르를 말하기는 어렵다. 다만 많은 설화들이 포함된 것만은 틀림없어 보인다. 복음서의 내용과 구조에 대해서 말하기 어려운 것이 사실이지만, 「히브리인의복음서」 1장은 예수의 선재와 탄생을 그리고 2-3장은 예수의 세례를, 4장은 그의 광야 시험을 다루고 있으며, 9장에 부활하신 주님이 야고보에게 나타나신 이야기가 나온다.

2. 「히브리인의복음서」의 신학적 특징

「히브리인의복음서」는 독특한 기독론을 보여주고 있는 것으로 생각된다. 그리스도와 그의 모친이 모두 인간의 모습으로 이 땅에 나타나기 전에 존재했다(1장). 세례 받을 때에 예수는 하나님으로부터가 아니라, 나중에 그의 모친으로 바뀐 성령에 의해 아들로 선포되고 있다. 예수는 성령에 의해서 (누가복음에서처럼) 인도를 받는 것만 아니다. 예수는 완전히 성령과 하나가 되어 있다: "성령의 원천 전부가 내려와 그의 위에 머물렀다"(3장).

「히브리인의복음서」가 성령을 여성으로 묘사하고 있는 것도 독특하다(히브리인의복음서 4c, 4d와 4e). 셈족 언어에서는 "성령"이라는 단어가 여성형이다. 그러나 성령을 여성으로 묘사하는 것이 히브리어 문법의 독특성 때문만은 아니다. 오히려 거룩한 영혼들 안에 내재하는 것으로 믿고 있는 하나님의 속성 중 하나인 하나님의 지혜를 여성적으로 인격화하는 유대인들의 사고에 그 뿌리가 있는 것으로 생각된다. "찾는다-발견한다"(seek-find)와 "다스림-휴식"(rule-rest)이라는 문구들도 유대인들의 지혜 전승으로부터 나온 것이다. 이런 말씀은 구원(휴식)에로 가는 길의 한 단계를 묘사하고 있으며, 믿는 자들로 하여금 하늘의 지혜를 모방하도록 그래서 지혜의 특성들에 참여할 것을 촉구하고 있다.

「히브리인의복음서」에서 눈에 두드러지게 나타나는 점은 의인인 야고보가 부활하신 주님을 최초로 만나본 사람이었다고 말함으로써 그의 중요성을 높이 내세우고 있는 점이다(히브리인의복음서 9). 이 야고보는 사도가 아니었지만, 히브리인의복음서(9)와 신약성서(막 6:3, 갈 1:19)에서는 주님의 형제로 알려지고 있다. 기독교 전승 가운데서는 그가 예루살렘 초대 기독교의 지도자로 그리고 율법 준수를 고집하는 유대적 기독교의 옹호자로 알려지고 있다. 그러나 히브리 복음서의 나머지 부분에서는 그가 엄격한 율법 준수를 옹호하는 사람이라는 언급이 나오지 않는다.

3. 「히브리인의복음서」의 기록 연대와 기록 장소

이 복음서가 정경복음서들을 알고 있었던 것으로 보이는 점 그리고 제2세기 중엽의 초대 교부들이 많이 인용하고 있는 점들 때문에 「히브리인의복음서」는 2세기 초에 기록된 것이 틀림없어 보인다.

이 복음서가 기록된 장소에 대해서는 아무런 직접적인 증거를 찾을 수 없다. 대부분의 인용문들이 애굽에서 살았던 초대 교부들에게서 나오고 있다고 하는 점 그리고 「히브리인의복음서」에 나오는 본문들 중 어떤 것들과 평행을 이루는 본문들이 애굽 기독교에서 발견되고 있다는 점 때문에, 아마도 애굽에서 기록되었을 것이라고 추정하는 것이 타당할 것으로 생각된다.

4. 「히브리인의복음서」의 본문

1

(제4세기 예루살렘 감독이었던 시릴[Cyril]이 하나님의 성모 마리아에 관해 풀어서 쓴 글에서) 「히브리인의복음서」에는 이렇게 기록되어 있습니다: [1]그리스도가 땅에 가고자 원했을 때, 선하신 성부께서 미가엘로 불리는 하늘의 힘센 능력을 불러서 그리스도를 돌보도록 맡겼다. [2]그 능력이 세상에 내려왔다. 그리고 마리아를 불렀고 그리스도가 그녀의 태 속에서 일곱 달을 있었다.[2] [3]그녀가 그를 낳았고 그가 자라나서 사도들을 선택하여 자기를 모든 곳에서 전파하게 했다. [4]그는 자기에게 맡겨진 정해진 시간을 다 채웠다. [5]유대인들이 그를 시기하게 되었고, 그를 미워하기에 이르렀다. 그들은 그들의 율법 관례를 바꾸었고 그를 대항하여 일어나 올무를 놓아 그를 잡았다. [6]그들은 그를 통치자에게 넘겼으며, 그가 그를 다시 그들에게 주어 십자가에 못 박게 했다.[3] [7]그리고 그들이 그를 십자가에 매단 후에 성부께서 그를

---

2 「히브리인의복음서」에 따르면, 그리스도와 그의 모친은 땅에 오기 전에 하늘에 존재했었다. 분명히 미가엘은 마리아의 형태로 땅에 내려온 "하늘의 힘센 능력"이라는 이름이다. "태 속에서 일곱 달"이라는 문구는 많은 고대 영웅들이 일곱 달 후에 태어났다는 유대, 헬라 그리고 로마의 전통으로부터 나온 것이다. 그런 영웅들 가운데는 이삭, 모세, 사무엘, 디오니수스, 아폴로 그리고 줄리어스 시저 등이 거론되고 있다.

자기에게로 하늘로 들어 올리셨다.

2

(4~5세기 경에 제롬[Jerome]이 〈펠라기우스 파에 대한 공박〉에서 인용한 글 가운데)「히브리인들의 복음서」에는… 다음과 같은 이야기가 나온다: ¹주님의 모친과 그의 형제들이 그에게 말했다. "세례 요한이 죄 사함을 위해 세례를 주고 있습니다. 우리도 가서 그에게 세례를 받읍시다." ²그러나 그가 그들에게 말했다. "내가 어떻게 죄를 지었단 말인가? 그러니 내가 왜 가서 그에게 세례를 받아야 하는가?"

3

(제롬이 이사야 11:2를 해설하면서 이사야 4장에 대한 주석 가운데서 인용한 글에서) 나사렛 파들이 읽은「히브리인들의 복음서」에는 다음과 같은 글이 있다: ¹성령의 온전한 원천이 그의 위에 내려왔다. 그래서 주님이 성령이고, 성령이 있는 곳에 자유가 있다. 나중에 같은 복음서에서 우리는 다음과 같은 글을 읽을 수 있다: ²주님께서 물에서 올라오셨을 때 성령의 온전한 원천이 그의 위에 머물렀다. ³그리고 그에게 말했다. "나의 아들아, 내가 모든 선지자들 가운데서 너를 기다려왔고, 내가 네 안에서 쉴 수 있게끔 네가 오기를 기다려왔다. ⁴네가 나의 휴식이기 때문이다. 너는 영원히 다스리게 될 나의 첫 번째 아들이다."

4a

(제3세기에 오리겐[Origen]이 요한복음 2장에 관한 주석서에서 인용하며 설명한 글에서) 구세주께서 "방금 나의 모친인 성령이 나의 머리카락

---

3 통치자가 예수를 다시 유대인들에게 넘겨주어 십자가에 못 박게 했다는 말은 예수 죽음의 책임을 로마인들이 아닌 유대인들에게 돌리려는 말로 해석된다.

중 하나를 잡아 나를 큰 산인 다볼산으로 데려갔다"고 말씀한 것을 전해주는 「히브리인의복음서」를 믿는 사람은 어떻게 그리스도의 "모친"이 로고스를 통해 존재하게 된 성령이 될 수 있는지를 설명해야 할 문제에 직면하게 된다. 그러나 그런 것들은 설명하기 어렵지 않다. 왜냐하면 만일 "하늘 아버지의 뜻을 행하는 자들이 그의 형제요 자매요 모친"이라면 그리고 "그리스도의 형제"라는 이름이 인간들에게만 적용되는 것이 아니라 좀 더 신적인 차원의 존재들에게도 적용된다면, 하늘 아버지의 뜻을 행하는 사람을 가리켜 "그리스도의 모친"이라고 부를 때, 성령이 그의 모친이라고 말하는 것에 이상할 것이 없기 때문이다.

4b

(예레미야서 15장에 대한 설교집에서 오리겐이 인용한 글에서) 만약 어느 누가 "방금 나의 모친인 성령이 나의 머리카락 중 하나를 잡고 나를 큰 산인 다볼 산으로 데려갔다"는 말씀을 받아들인다면, 그는 성령이 그의 모친임을 볼 수 있을 것이다.

4c

(미가서 2장에 대한 주석 가운데서 제롬이 인용하며 설명한 글에서) 「애가서」를 읽은 사람은 하나님의 말씀이 영혼의 신랑이기도 하다는 것을 이해할 것이다. 그리고 최근에 우리가 번역한 「히브리인들의 복음서」라는 제목 아래 유통되고 있는 복음서에서 구세주께서 직접 "방금 나의 모친, 성령이 나의 머리카락 중 하나를 잡았다"고 말씀하신 것을 믿는 사람이라면 하나님의 말씀이 성령으로부터 나왔다고 그리고 말씀의 신부인 영혼이 장모인 성령을 갖고 있다고 말하는 것을 주저하지 않을 것이다.

4d

(제롬이 이사야 11장에 관한 주석에서 인용하며 설명한 글에서) 나실 인들이 읽었던 「히브리인들의 복음서」에 보면 이런 말씀이 있다: "방금 나의 모친, 성령이 나를 잡았다." 이제 어느 누구도 이것 때문에 잘못을 범해선 안 된다. 히브리어에서는 "성령"이 여성 명사이지만, 우리의 언어(라틴어)에서는 남성 명사이고, 헬라어에서는 중성 명사이다. 그러나 신적인 존재는 여성도, 남성도 아니다.

4e

(제롬이 에스겔서 4장에 관한 주석에서 인용하며 설명한 글에서) 사사기에 보면 "드보라"라는 이름의 여자 선지가 그 이름의 의미는 "꿀벌"이다. 그녀의 예언들이 아주 달콤한 꿀이며, 히브리어에서 여성 명사로 불리는 성령을 가리킨다. 나실 인들이 읽고 있던 「히브리인들의 복음서」에 보면, 구세주께서 "방금 나의 모친, 성령이 나를 끌고 갔다"는 말이 나온다.

5

(디두모가 4세기에 시편 33편을 해설한 시편 184편에 관한 주석서에서 전한 글에서) 도마는 디두모라고 불리기도 했다. 그리고 두 이름을 가진 다른 사람들도 많이 있었다. 성경은 누가복음에서 마태를 "레위"라고 부른 것 같다. 그러나 그 둘은 같은 사람이 아니다. 도리어 유다를 대신한 맛디아와 레위가 두 이름을 가진 같은 사람이다. 이 점은 「히브리인들의 복음서」에서 분명해 보인다.[4]

---

4 마 9:9는 막 2:14에 나오는 세리 레위를 마태와 동일시하고 있다. 그러나 「히브리인들의 복음서」는 레위를 예수의 죽음 이후 유다를 대신해서 사도로 선택된 맛디아(행 1:15-26)를 같은 인물로 보는 점에서 아주 독특하다. 헬라어에서는 "마태"(Matthew)와 "맛디아"(Matthias)가 거의 동일한 형태이다(Matthaios와 Matthias).

6a

(2~3세기에 알렉산드리아의 클레멘트가 그의 문집에서 인용한 글 가운데서). 「히브리인의복음서」에는 이렇게 기록되어 있다: "놀라는 사람이 지배할 것이며 지배하는 자가 쉬게 될 것이다."

6b

(알렉산드리아의 클레멘트가 그의 문집에서 인용한 글 가운데서) "찾는 자들은 그들이 발견할 때까지 멈추지 말아야 한다; 그들이 발견하게 되면, 그들은 놀라게 될 것이다. 그들이 놀랄 때, 그들이 지배하게 될 것이며, 그들이 지배하게 되면, 그들은 쉬게 될 것이다."[5]

7

(4~5세기에 제롬이 에베소서 5:4에 대해 해설하는 에베소 3장에 대한 주석에서 인용한 글 가운데서) 우리는 「히브리인의복음서」에서 주님께서 그의 제자들에게 하셨던 다음과 같은 말씀을 읽을 수 있다: "너희가 너희 형제나 자매를 사랑으로 바라볼 때가 아니라면, 반가워하지 말라."

8

(제롬이 에스겔 6장에 해한 주석에서 인용한 글 가운데) 나실 인들이 늘 읽고 있던 「히브리인의복음서」는 이것을 가장 중대한 범죄 가운데 올렸다: 자기의 형제들이나 자매들의 기분을 슬프게 만드는 자들.

9

(제롬이 「유명한 사람들에 대하여」 2에서 인용한 글 가운데) 나는 최근에

---

5 이 말씀의 온전한 형태가 「도마복음」(말씀 2)에 나온다. "놀라는 자가 지배할 것이라"는 말은 "지혜에 대한 갈망이 지배로 이끈다"(지혜서 6:20)는 유대교의 지혜 전승에서 나온 말이다. "쉰다" 혹은 "휴식"(rest)은 지혜를 추구하는 가운데 마지막으로 얻게 되는 구원을 뜻한다(cf. 마 11:28-29; 도마 90).

오리겐도 자주 사용한 바 있는 「히브리인의복음서」라고 불리는 복음서를 헬라어와 라틴어로 번역하였다. 구세주께서 부활하신 후에, 이렇게 기록되어 있다: [1]주님께서는 세마포 옷을 제사장의 종에게 준 후에 야고보에게 가서 그에게 나타나셨다.[6] [2](야고보는 자기가 주님의 잔에서 마신 때로부터 자기가 잠자는 자들로부터 부활하신 그분을 뵙기까지 떡을 먹지 않겠다고 맹세하였다.) [3]이 일이 있은 직후에 주님께서 말씀하셨다: "식탁과 떡을 좀 가져오라." [4]그리고는 곧바로 이렇게 더 기록되어 있다: "그가 떡을 떼어 그것을 축복하고, 떼어 그것을 의인인 야고보에게 주면서 그에게 말씀하셨다. '나의 형제여, 이제 너희 떡을 먹으라. 아담의 아들이 잠자는 자들 가운데서 부활하였기 때문이니라.'"[7]

---

6 「히브리인의복음서」에 나오는 예수 부활 이야기의 독특한 점은 다른 복음서들의 경우와 달리, 부활하신 예수를 최초로 만나본 첫 번째 신자가 베드로(고전 15:7)나 막달라 마리아(요 20:14-18)가 아니라 야고보라는 점이다. 또 「히브리인의복음서」는 무덤을 지킨 사람들이 로마 군인들이 아니라 대제사장의 사람들이라는 점을 전제하고 있다. 「베드로복음서」 8:1-4에 보면, 바리새인들과 장로들과 서기관들 그리고 로마 군인들이 함께 무덤에 있었던 것으로 전해지고 있다.

7 야고보가 주님이 부활하실 때까지 금식하겠다고 맹세했다는 사실은 그가 심정적으로 예수의 운명에 동참했다는 점과 그가 공관복음에 나오는 예수의 수난 예고와 마지막 만찬에서의 중요한 주제인 예수의 죽음에 대한 오해를 극복했다는 점을 보여준다. 이 「히브리인의복음서」에서 야고보가 영웅적인 존재로 부각되고 있는 점은 「도마복음」 12에도 반영되어 있다. 거기서도 예수는 야고보를 제자들 가운데서 가장 중요한 권위자로 선포하고 있다.

참고문헌

1. 성서류

개역 한글판

개역개정판

공동번역

표준새번역

American Standard Verson (ASV)

English Standard Verson (ESV)

Holman Christian Standard Bible (HCSB)

King James Version (KJV)

New American Standard Bible (NASB)

New International Verson (NIV)

New Living Translation (NLT)

Revised Standard Version (RSV)

Twentieth Century New Testament (TCNT)

The Coverdale Bible (Tr. by Miles Coverdale, Latin-English 1538 Paris edition)

The Complete Gospels: Annotated Scholars Version (Ed. by Robert J. Miller, A Polebridge Press Book, 1994)

The Five Gospels: The Search for the Authentic Words of Jesus (Ed. by Robert W. Funk, Roy W. Hoover, and The Jesus Seminar, HarperCollinsPublishers, 1993)

The Other Gospels: Non-Canonical Gospel Texts (Ed. by Ron Cameron, Philadelphia: Westminster John Konx Press, 1982)

The Word: The New Testament from 26 Translations. (Ed. by Curtis Vaughan, Grand Rapids: Zondervan, 1967)

2. 연구 논문과 저서

스마트, 제임스 D./김득중 역. 『왜 성서가 교회 안에서 침묵을 지키는가』. 서울: 컨콜디아
　　사, 1982.

아슬란, 레자/민경식 옮김. 『젤롯』. 서울: 미래엔, 2014.

에르만, 바트 D./민경식 역. 『성경 왜곡의 역사』. 청림출판사, 2005.

이진경. "마가복음 1장 1절에 나타난 두 개의 기독론 칭호 연구." 「신약논단」제20권 제2호
　　(2013), 409-442.

Allison, Dale C., Jr. *The New Moses: A Matthean Typology*. Minneapolis: Fortress, 1993.

Arndt, W. & F.W. Gingrich. *A Greek-English Lexicon of the New Testament and Other
　　Early Christian Literature*, 2d ed. Chicago: University of Chicago, 1979.

Barrett, C.K. *The Gospel of John & Judaism*. London: SPCK, 1975.

Best, E. *The Temptation and the Passion: The Marcan Soteriology*. Cambridge: The
　　University Press, 1965.

Bovon, F. *Luke 1: A Commentary on the Gospel of Luke 1:1-9:50*, Hermeneia. Philadelphia:
　　Fortress Press, 2002.

Bowman, J. *The Samaritan Problem: Studies in the Relationships of Samaritanism,
　　Judaism, and Early Christianity*. Pennsylvania: The Pickwick Press, 1975.

Brandon, S.G.F. *Jesus and the Zealots*. New York: Charles Scribner's Sons, 1967.

_____. *The Fall of Jerusalem and the Christian Church*. London: SPCK, 1981.

Brawley, Robert L. *Luke-Acts and the Jews: Conflict, Apology, and Conciliation*, Society
　　of Biblical Literature Monograph Series. Scholars Press, 1987.

Brodie, T.L. "Towards Unravelling Luke's Use of the Old Testament: Luke 7:11-17 as an Imitation
　　of I Kings 17:17-24." *NTS* 32 (1986), 147-167.

Brown, R.E. ed. *Peter in the New Testament*. New York: Paulist Press, 1973.

_____ ed. *Mary in the New Testament*. New York: Paulist Press, 1978.

_____. "Roles of Women in the Fourth Gospel." *The Community of the Beloved Disciple*.
　　New York: Paulist Press, 1979.

_____. *The Death of the Messiah, I & II*. New York: Doubleday, 1994.

Bruce, F.F. *Peter, Stephen, James & John: Studies in Non-Pauline Christianity*. Eerdmans:
　　Grand Rapids, 1979.

Bultmann, R. *History of the Synoptic Tradition*. Peabody: Hendrickson Publication, 1994.

Butler, B.C. *The Originality of St. Matthew.* Cambridge: University Press, 1951.

Chester, Andrew. *The Theology of the Letters of James, Peter, and Jude,* New Testament Theology. Cambridge: University Press, 1994.

Cranfield, C.E.B. *The Gospel According to Saint Mark.* Cambridge: The University Press, 1959.

Creed, John M. *The Gospel According to St. Luke: The Greek Text with Introduction, Notes and Indices.* London: Macmillan & Co., 1930, 1953.

Cullmann, O. *Peter: Disciple-Apostle-Martyr.* Philadelphia: the Westminster Press, 1953.

_____. *Johannine Circle: Its Place in Judaism Among the Disciples of Jesus and in Early Christianity. A Study in the Origin of the Gospel of John.* London: SCM Press, 1976.

Danker, F.W. *Jesus and the New Age: A Commentary on St. Luke's Gospel.* Philadelphia: Fortress Press, 1988.

Davies, W.D. *The Setting of Sermon on the Mount.* Brown Judiac Studies, 1989.

_____ & D.C. Allison. *Matthew I,* ICC. Edinburgh: T&T Clark, 1988.

Donahue, J.R. "Introduction: From Passion Tradition to Passion Narratives." in: Werner H. Kelber. ed. *The Passion in Mark: Studies on Mark 14-16.* Philadelphia: Fortress Press, 1976.

_____. *Are You the Christ? The Trial Narrative in the Gospel of Mark,* SBLDS 10. Missoula, Mont.: Society of Biblical Literature, 1973.

Dunn, James D.G. *Unity and Diversity in the New Testament: An Inquiry into the Character of Earliest Christianity.* London: SCM Press, 1977.

Ellis, E.E. *The Gospel of Luke,* Century Bible, New edition based on the RSV. London, 1981.

_____. *The Gospel of Luke.* Grand Rapids: Eerdmans, 1987.

Ellis, Peter F. *Matthew: His Mind and His Message.* Minnesota: The Litergical Press, 1974.

Esler, Philip Francis. *Community and Gospel in Luke-Acts: The Social and Political Motivation of Lucan Theology.* Cambridge: University Press, 1987.

Farrar, A. *St. Mark and St. Matthew.* London: Dacre, 1954.

Fitzmyer, J.A. *The Gospel According to Luke.* New York, 1981.

France, R.T. *The Gospel according to Matthew: An Introduction and Commentary,* TNTC. Leicester: Inter-Vasity, 1985.

_____. *Matthew: Evangelist and Teacher.* Exeter: the Paternoster Press, 1989.

Freed, E.D. "Samaritan Influence in the Gospel of John." *CBQ* 30 (1968), 580-587.

_____. "Did John Write His Gospel Partly to Win Samaritan Converts?" *NovT* 12 (1970), 241-256.

Fuller, R.H. *The Formation of the Resurrection Narratives.* Philadelphia: Fortress Press, 1980.

Funk, Robert W. & the Jesus Seminar. *The Acts of Jesus: The Search for the Authentic Deeds of Jesus.* San Francisco: Harper, 1999.

Goulder, Michael D. *Luke: A New Paradigm.* Sheffield: Sheffield Academic Press, 1994.

Gundry, R.H. *Mark: A Commentary on His Apology for the Cross.* Grand Rapids: Eerdmans, 1993.

_____. *Matthew: A Commentary on His Handbook for a Mixed Church under Persecution,* 2nd ed. Grand Rapids: Eerdmans, 1994.

Helder, H.J. "Matthew as Interpreter of the Miracle Stories." G. Bornkamm, Gerhard Barth & H.J. Held. *Tradition and Interpretation in Matthew.* Philadelphia: the Westminster Press, 1963.

Hengel, Martin. *The Johannine Question.* London: SCM Press, 1989.

Hill, D. *The Gospel of Matthew,* NCB. Grand Rapds: Eerdmans, 1981.

Jeremias, J. *New Testament Theology.* SCM Press, 1871, 2012.

Kaehler, Martin. *The So-called Historical Jesus and the Historic, Biblical Christ,* Tr. by Carl E. Braaten. Philadelphia: Fortress Press, 1964.

Kelber, W.H. *Mark's Story of Jesus.* Philadelphia: Fortress Press, 1979.

Kingsbury, J.D. *Matthew: Structure, Christology, Kingdom.* Philadelphia: Fortress Press, 1975.

_____. *Conflict in Mark: Jesus, Authorities, Disciples.* Minneapolis: Fortress Press, 1989.

Klein. G. "Die Verleugnung des Petrus. Eine traditionsgeschichtliche Untersuchung." *ZThK* 58 (1961), 285- 328.

Krenz, E. "The Extent of Matthew' Prologue: Toward the Structure of the First Gospel." *JBL* 83 (1964), 409-414.

Kümmel, W.G. *Introduction to the New Testament.* London: SCM Press, 1978.

Liddell, H.G. & R. Scott. *A Greek-English Lexicon.* Oxford: Clarendon, 1976.

Lightfoot, R.H. *Locality and Doctrine in the Gospels.* New York: Harper and Brothers, 1934.

Lohmeyer, E. *Das Evangelium des Markus.* Goettingen: Vandenhoeck und Ruprecht, 1936.

_____. *Galillae und Jerusalem*, FRLANT 24. Goettingen: Vandenhoeck und Ruprcht, 1936.

Luz, Ulrich. *The Theology of the Gospel of Matthew*. Cambridge University Press, 1993.

_____. *Matthew 8~20. A Commentary*. Minneapolis: Fortress Press, 2001.

_____. *Matthew 21-28. A Commentary*. Minneapolis: Fortress Press, 2005.

Mack, Burton L. *Who Wrote the New Testament?: The Making of the Christian Myth*. New York: HarperCollins Publishers, 1995.

Mann, C.S. *Mark: A New Translation with Introduction and Commentary*, The Anchor Bible. Doubleday & Company: New York, 1986.

Martin, Ralph. *Mark: Evangelist and Theologian*. Michgan: Zondervan Publishing House, 1973.

_____. "The Theology of Jude, 1 Peter, and 2 Peter." 65-66. in: Andrew Chester & Ralph P. Martin, *New Testament Theology: The Theology of the Letters of James, Peter, and Jude* Cambridge University Press, 1994.

Matera, Frank J. *Passion Narratives and Gospel Theologies: Interpreting the Synoptics through Their Passion Stories*. New York: Paulist Press 1986.

Meeks, W.A. *The Prophet-Kings, Moses Traditions and Johannine Christianity*. Leiden: Brill, 1967.

Metzger, Bruce M. *A Textual Commentary on the Greek New Testament*. London, New York: United Bible Societies, 1975.

Moffatt, James. *The New Testament: A New Translation*. 1919, 2014.

Moo, Douglas. *The Old Testament in the Gospel Passion Narratives*. Sheffield: Almond, 1983.

Myers, C. *Binding the Strong Man: A Political Reading of Mark's Story of Jesus*. New York: Orbis Books, 1988.

Nineham, D.E. *The Gospel of Mark*. Baltimore: Penquin Books, 1973.

Paffenroth, Kim. "Jesus as Anointed and Healing Son of David in the Gospel of Matthew." *Biblica* 80 (1999), 547-554.

Pearson, Birger A. *A Companion to Second-Century Christian 'Heretics.'* Leiden & Boston: Brill, 2005.

Pilgrim, Walter E. *Good News to the Poor: Wealth and Poverty in Luke-Acts*. Minnesota: Augsburg, 1981.

Rawlinson, A.E.J. *The Gospel According to St. Mark*, Westminster Commentaries. London: Westminster, 1949.

Reinach, S. "Simon de Cyrene." *Revue de L'Universite de Bruxelles* 17(1912).

Richard, Earl. *Jesus: One and Many: The Christological Concept of New Testament Authors*. Delaware: Michael Glazier, 1988.

Ringe, Sharon H. *Luke*, Westminster Bible Companion. Louisville: Westminster John Knox Press, 1995.

Robinson, J.M. "The Johannine Trajectory." J.M. Robinson and Helmut Koester, *Trajectories Through Early Christianity*. Philadelphia: Westminster Press, 1971.

Schweizer, E. "Neuere Markus-Forschung in USA." *EvTh* 33 (1973), 533-537.

_____. *The Good News According to St. Luke*. Atlanta: John Knox Press, 1984.

Scobie, Charles H.H. "The Origin and Development of Samaritan Christianity." *NTS* 19 (1973), 390-414.

Scroggs, Robin & K.I. Groff. "Baptism in Mark: Dying and Rising with Christ." *JBL* 92 (1973), 531-548.

Smalley, S.S. "Diversity and Development in John." *NTS* 17 (1970-1), 276-292.

Smith, D. Moody. *John*, Proclamation Commentaries. Philadelphia: Fortress Press, 1977.

Stagg, Evelyn and Frank. *The Woman in the World of Jesus*. Philadelphia: The Westminster Press, 1978.

Stanton, G.N. *A Gospel for a New People: Studies in Matthew*. Edinburgh: T. & T. Clark, 1992.

Stein, R.H. *Gospels and Tradition: Studies on Redaction Criticism of the Synoptic Gospels*. Grand Rapids: Baker Book House, 1991.

Talbert, C.H. *Reading Luke: A Literary and Theological Commentary on the Third Gospel*. New York: Crossroad, 1982.

Telford, W.R. *The Theology of the Gospel of Mark*. Cambridge: University Press, 1999.

Temple, William. *Readings in St. John's Gospel*. London: Macmillan, 1945.

Trocme, E. *The Formation of the Gospel According to Mark*, translated by P. Gaughan. Philadelphia: Westminster Press, 1975.

Vögtle, A. "Die Genealogie Mt 1:2-16 und die mattheische Kindheitsgeschichte." *BZ* 8 (1964), 45-58.

_____. "Die Genealogie Mt 1:2-16 und die mattheische Kindheitsgeschichte." *BZ* 9 (1965),

32-49.

Weeden, T.J. *Mark: Traditions in Conflict.* Philadelphia: Fortress Press, 1971.

Weiss, J. *Die Schriften des Neuen Testaments*, vol. 1. Goettingen: Vandenhoeck & Ruprecht, 1917.

Williamson, L., Jr. *Mark*, IBCTP. Atlanta: John Knox Press, 1983.

Wilson, G. *The Gentiles and the Gentile Mission in Luke-Act.* Cambridge: University Press, 1973.

Young, Brad H. *Jesus the Jewish Theologian.* Grand Rapids: Baker Academic, 1995.